マンション紛争の上手な対処法 第4版
──法的解決のノウハウと実務指針

全国マンション問題研究会 編

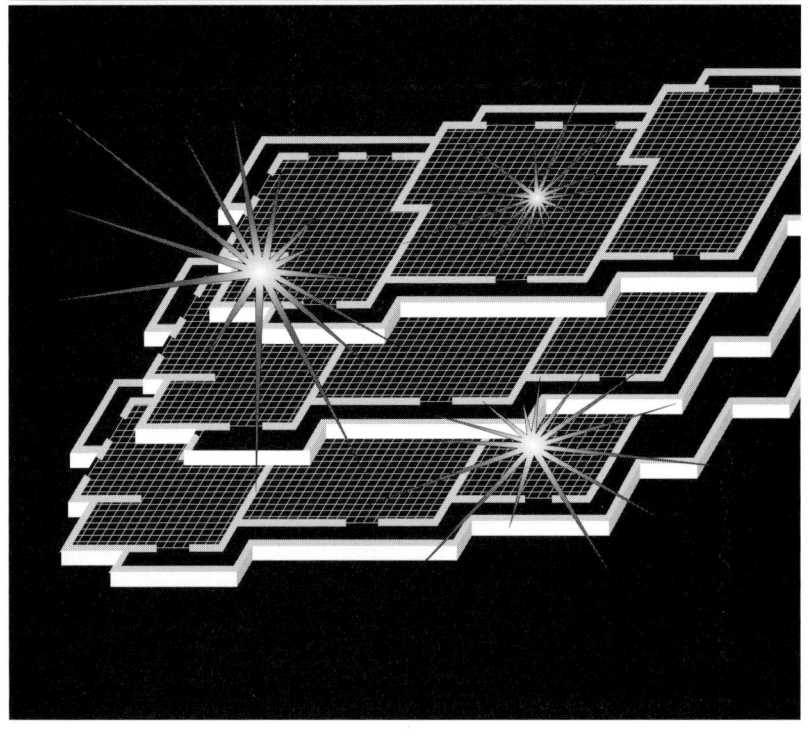

発行 民事法研究会

第4版の刊行にあたって

　本書を最初に刊行した平成10年から16年、平成18年の第3版の刊行から8年が経過した。

　第3版刊行後は、マンション法制について大きな法改正はないが、それでも、平成17年の構造計算書偽造問題を契機に瑕疵担保責任の現実の履行が問題とされ、その確保のために制定されることになった「特定住宅瑕疵担保責任の履行の確保等に関する法律」（平成19年5月30日公布）、マンション標準管理規約の第4次改定（平成23年7月）、平成23年3月11日の東日本大震災による大規模被害マンションの救済の道を広げた「被災区分所有建物の再建等に関する特別措置法」改正（平成25年6月26日公布・施行）という重要な動きがあり、これらは本書の改訂の内容に反映させている。

　わが国の人口、所帯数の減少、あるいは不況が叫ばれているにもかかわらず、マンションは増え続けており、また、マンションをめぐる社会的環境は大きく変化している。

　目に見えるところでは、都市部での超高層マンションの増加が顕著であり、またマンション居住者の永住志向はますます強くなり、マンション管理についての専門的知識をもつ区分所有者も増えている。その結果、マンション紛争は多様化し、その数も増える一方である。

　管理実務の面では、平成12年に誕生したマンション管理士がようやく社会的に認知されるようになり、管理組合を立派にサポートするようになっている。

　このような状況で、日々マンション管理の問題にかかわっている専門家として、従前と違って、管理組合から求められるレベルが一段と高くなってきていることを感じている。しかも、マンション管理に関する大量の知識、情報がインターネットを通じて氾濫しており、誰でも簡単に情報を得られる時代になっている。

　本書は、創刊以来、弁護士等の専門家の実務に貢献することを旨として、

第4版の刊行にあたって

入門編の域を超えた高度の知識・情報を提供してきたものと自負しているが、今後もその気持ちを忘れず、なお一層、深みと広がりをもたせて、読者の期待に応えていかなくてはならないと考えている。

ところで、本書改訂のもう1つの目的は、執筆陣の若返りにあり、大幅に若手を加えた。実務にかかわるだけでなく、本書のような原稿をまとめることは、若手の弁護士には大きな成長の糧となる。早く若手の専門家が育つことによって、少なくとも私は、本書にかかわるのはこれが最後としたいと考えている。

本書には、丸山英氣先生から原稿をいただくことができ、内容に深みをつけることができた。また、いつもながら山上知裕弁護士が率いる北九州マンション問題研究会のメンバーには大変お世話になった。また、本書の発刊において、いつも発破をかけていただいている民事法研究会の田口信義社長にも感謝したいと思う。

　平成26年3月

執筆者を代表して　弁護士　折田泰宏

第3版の刊行にあたって

　平成12年12月のマンション管理適正化法（「マンションの管理の適正化の推進に関する法律」）の制定から始まり、平成14年6月の建替え円滑化法（マンションの建替えの円滑化等に関する法律」）の制定、平成14年12月の区分所有法の改止と建替え円滑化法の改正で終わったマンション法制の平成の大改正については、すでに鎌野邦樹＝折田泰宏＝山上知裕編著『改正区分所有法＆建替事業法の解説』にまとめられ、民事法研究会から出版されている。

　さて、その後に私たちに課せられた課題は、この大改正を盛り込んで、私たちが平成10年4月に初版を出版し、平成14年4月に第2版を出版した本書『マンション紛争の上手な対処法』の大改訂であった。

　民事法研究会の田口社長は、平成14年改正を受けて、第2版の在庫がなくなり、読者からは激しい問合せがあるということで、直ちにハッパをかけてこられた。実際に、私のところまで在庫の問合せがあったところから、嘘ではないらしいと思われ、それならば、と改訂を引き受けることとなった。

　しかし、すでに平成14年改正から3年が経過した。もっと早くに出版ができればよかったのであるが、私の担当部分である建替えについて、改正の重点部分でもあるところから、つい力を入れすぎて思わず時間がかかってしまい、またまた皆様にご迷惑をおかけすることになった。本書を待ち侘びていた方、早くに執筆を終えられた方、イライラと待っておられた田口社長に深くお詫びしたい。

　マンション問題の多様化はとどまることはない。また、その深さ、広さは、首を突っ込めば突っ込むほど、底知れないものを感じる。今、本書の校正、印刷が進む段階でも、アスベスト、耐震偽装等の問題が噴出している。この問題に関連して、宅建業法、建築基準法の改正が俎上にのせられようとしている。その結果、マンションの安全性が確保されることになれば喜ばしいことである。しかし、耐震強度偽装問題の被害者を含めて、保険制度等の欠陥マンションの購入者の救済策が整備されるか否かは、現時点ではみえて

第3版の刊行にあたって

こない。

　今後の予想もできない変化の中で、いずれ、また、本書の改訂をしなければならない時期は必ずくると思うが、ここ当分は、本書で上手な対処ができるものと確信している。

　　平成18年5月

執筆者を代表して　弁護士　折田泰宏

第2版の刊行にあたって

　本書を刊行した平成10年4月から4年が経過したが、この間に、行政のマンションに対する対応が大きく変化し、その胎動は現在も進行している。

　その動きは、平成11年3月30日に公明党が「マンションの再生に関する提言」を公表したことから始まる。同年5月25日には、自民・公明議員が「マンション問題政策協議会」を発足させた。建設省は、この動きに対応して、同年10月、「マンション管理フォーラム」を設置し、さらに11月には「マンション管理研究会」を設置して、マンション管理についての立法も含め行政施策の検討を開始した。

　これらの検討の結果は、自民党、公明党、保守党の議員によって平成12年11月17日に提出された「マンション管理適正化法」（マンションの管理の適正化の推進に関する法律）に結実し、平成12年12月1日に成立、12月8日に公布された。この法律でマンション管理業者は登録制となり、またマンション管理士という国家資格が創設された。

　この動きとは別に、平成11年6月15日、「住宅品質確保法」（住宅の品質確保の促進等に関する法律）が成立した。この法律は、マンションを含め住宅の用に供される建物について、新築住宅に限定してではあるが、住宅性能表示制度を創設し、また売買契約の場合にも瑕疵担保責任の内容として補修請求を認め、さらに、請負契約、売買契約における瑕疵担保責任期間を構造耐力上主要な部分または雨水の浸入を防止する一定の部分については引渡しから10年とする特例が設けられた。

　第2版では、これら新しい法制度を取り入れるとともに、初版刊行以降に出された多くの裁判例から重要なものを加え、章によっては全面的に書き直されたものもある。

　なお、初刊において資料として添付していた「判例総覧」は、本年2月に判例解説も加えて「わかりやすいマンション判例の解説」（北九州マンション問題研究会・福岡マンション問題研究会編）を刊行して独立させたので、本書

第2版の刊行にあたって

の姉妹編として併せてご購読願いたい。

　平成14年3月

執筆者を代表して　弁護士　折田泰宏

は　し　が　き

　最近の建設省の統計によれば、我が国のマンション（区分所有建物）の戸数はついに300万戸に達しているそうである。平成4年に民事法研究会の田口社長から本書の編集を依頼されてから、本年ようやく出版にこぎつけることとなったが、この間にマンションの戸数は約2倍に増え、判例集に登載されるマンション関係の裁判例も大幅に増加し、当初の原稿は大幅に加筆しなければならなくなった。また、平成7年1月にはあの阪神大震災が発生し、編集を企画していた時点では、項目としても考えていなかった復旧・建替えの部分が重要な意味を有するようになった。

　マンション問題のような、まだ法律的に多くの未開拓な分野があり、毎日のように各地で新しい紛争が発生している問題の場合、この1冊でどのような紛争でも対処できるというものは永遠にできそうにない。しかし、本書は、今この時点では、全国の区分所有法の専門家と自負する弁護士から、マンション紛争に対する対処に関して最新のノウハウと情報提供をなしえたものと考えている。

　この本は、日本マンション学会法律実務研究会の編集にかかるものであるが、この組織について若干の紹介をしておきたい。同研究会は、昭和63年9月に結成された全国マンション問題研究会が、平成4年4月25日に設立された日本マンション学会の研究会の1つとして再組織されたものである。全国マンション問題研究会は、当初は全国各地でマンション紛争に取り組んでいた弁護士の集まりであった。その後年2回、全国持ち回りで研究会を重ねていくうちに、法律、住居関係の研究者、建築家、管理組合役員も参加するようになり、管理組合の全国組織である全国マンション管理組合連合会とのつながりも深まっていった。しかし、紛争解決に対処する弁護士としては、この分野において未解明の問題が多いだけでなく、この問題に関心を抱く研究者が少数であり、臨床療法で対処することの限界が強く意識されていた。そのため、平成2年9月に大阪で開催された研究会の席上で日本マンション学

はしがき

会の設立が提案され、以後準備が重ねられて、平成3年秋の第7回研究会を兼ねた学会設立準備大会を経て、上設立にこぎつけたのである。学会はその後順調に発展し、現在は法律・建築実務家、研究者、関連業界関係者、行政関係者等500名を超える会員を擁し、学会誌「マンション学」も6号を重ねるようになっている。

当研究会会員の弁護士がマンション問題に関心を抱くようになった経緯は、民暴、消費者問題、管理問題、建替え問題等さまざまである。しかし、阪神大震災のマンション復興問題がきっかけとなり、全国的にマンションの日常的な維持管理問題に関心が持たれるようになり、多くの弁護士が管理組合から相談を受ける数が着実に増えてきており、マンション問題に詳しい弁護士に対するニーズが高まっている。

本書が少しでも全国の法律実務家の参考に供され、これらのニーズに応えることとなることを念じてやまない。

なお、末筆ながら、私の能力の至らなさから、本書の出版まで多くの執筆者にご心配とご苦労をおかけしたことを心からお詫びさせていただきたい。また、辛抱強く待っていただいた田口社長にも心から感謝の意を表したい。

平成10年4月

弁護士　折田泰宏

目　　次

第1章　総論──管理方式の再検討 …………………1

- Ⅰ　問題の所在 ……………………………………………2
- Ⅱ　マンション管理の2つの類型 ………………………2
- Ⅲ　37年法 …………………………………………………4
- Ⅳ　58年法 …………………………………………………6
- Ⅴ　第三者による管理 ……………………………………7

第2章　欠陥マンション紛争 …………………11

- Ⅰ　欠陥マンション紛争とその民法上の救済内容……………12
  - 1　総　論 ………………………………………………12
    - (1)　専有部分の瑕疵 …………………………………12
    - (2)　共用部分の瑕疵 …………………………………13
  - 2　欠陥──瑕疵の種類 ………………………………14
    - (1)　物の瑕疵 …………………………………………14
    - (2)　権利の瑕疵 ………………………………………18
    - (3)　環境の瑕疵 ………………………………………21
  - 3　耐震強度偽装問題 …………………………………23
    - (1)　売主に対する請求 ………………………………23
    - (2)　建築士や設計事務所に対する請求 ……………24
    - (3)　民間の指定確認検査機関に対する請求 ………24
    - (4)　地方公共団体への請求権（国家賠償請求）……24
    - (5)　参考判例 …………………………………………25
    - (6)　結　論 ……………………………………………26
- Ⅱ　分譲直後の瑕疵の対処方法……………………………27

9

1　専有部分の瑕疵の対処方法……………………………………27
　　　2　共用部分の対処方法……………………………………………28
　　　　(1)　区分所有法の改正　…………………………………………28
　　　　(2)　区分所有法の平成14年改正の内容……………………………29
　　　3　共用部分の瑕疵担保期間………………………………………32
　　　4　建設会社および関与建築士・建築設計事務所に対する請求………33
　　Ⅲ　瑕疵担保期間………………………………………………………35
　　　1　民法上の瑕疵担保期間の規定…………………………………35
　　　2　品確法における瑕疵担保期間…………………………………36
　　　3　瑕疵担保期間の法的性質………………………………………37
　　　4　アフターサービス基準…………………………………………38
　　Ⅳ　救済の方法および請求の内容……………………………………39
　　　1　マンションにおける建物としての基本的安全性を損なう瑕疵……39
　　　2　不法行為の時効期間……………………………………………40
　　　3　欠陥マンションの救済…………………………………………41
　　　4　建売住宅の裁判例………………………………………………42
　　　5　履行利益を認めた判例…………………………………………43
　　Ⅴ　マンションの瑕疵として認められた判例………………………45
　　　1　防音性能の劣るマンションの売主の責任……………………45
　　　2　外壁落下による交換価値下落の有無と損害賠償請求………45

第3章　購入にかかわる紛争……47

Ⅰ　マンション売買の特性………………………………………………48
Ⅱ　売買契約における注意事項…………………………………………50
　1　重要事項説明………………………………………………………50
　2　青田売りマンション分譲…………………………………………52
　3　クーリング・オフ…………………………………………………52

4　ローン特約付売買……………………………………………53
　　5　設計図書の交付……………………………………………53
　Ⅲ　マンション売買契約における紛争……………………………54
　　1　法定共用部分に関する紛争………………………………54
　　2　敷地に関する紛争…………………………………………56
　　3　景観に関する紛争…………………………………………57
　　　(1)　事例①──大阪高判平成11・9・17…………………57
　　　(2)　事例②──東京地判平成18・12・8…………………58
　　　(3)　事例③──東京高判平成11・9・8……………………59
　　　(4)　販売者の責任を認める要件……………………………60
　　4　瑕疵問題──欠陥マンション……………………………60
　　5　解約問題……………………………………………………60
　　　(1)　申込証拠金………………………………………………60
　　　(2)　解約手付金………………………………………………61
　　6　その他の紛争………………………………………………62
　Ⅳ　紛争を防止する対策……………………………………………64

第4章　管理体制と紛争……………………………………………65

　Ⅰ　管理組合のないマンションでの紛争…………………………66
　　1　区分所有者の団体…………………………………………66
　　2　区分所有者の団体と管理組合との関係…………………67
　　3　区分所有者の団体の成熟（管理組合成立）過程………68
　　4　管理組合のないマンションの類型………………………68
　　　(1)　管理組合成立前のマンション…………………………68
　　　(2)　管理組合を設立できないマンション…………………69
　　5　売れ残りマンションにおいて分譲業者が大多数の専有部分を
　　　　所有するケース……………………………………………70

(1) 管理組合の設立が不可能なケース……………………………70
　　(2) 区分所有者の構成員としての裁判上のアクション …………71
　　(3) 区分所有者の団体の構成員有志で組織する任意団体が主体となるアクション………………………………………………72
　Ⅱ　**管理組合の役員**……………………………………………………76
　　1　「管理者」制度と役員体制……………………………………76
　　2　役員の選任………………………………………………………77
　　　(1) 選任手続………………………………………………………77
　　　(2) 役員の資格……………………………………………………77
　　3　役員の権限と責任………………………………………………79
　　　(1) 権　限…………………………………………………………79
　　　(2) 責　任…………………………………………………………80
　　　(3) 役員の責任追及（解任手続）………………………………81
　　　(4) 役員報酬………………………………………………………82
　　　(5) 監事の職務……………………………………………………82
　Ⅲ　**理事会の運営**……………………………………………………84
　　1　理事会の業務……………………………………………………84
　　2　理事会の運営方法………………………………………………85
　　　(1) 招　集…………………………………………………………85
　　　(2) 理事会の議長…………………………………………………85
　　　(3) 理事会の議事…………………………………………………85
　　　(4) 理事の代理出席………………………………………………85
　　　(5) 議事録…………………………………………………………86
　Ⅳ　**管理組合総会の運営と決議方法**………………………………87
　　1　総会の意義と役割………………………………………………87
　　　(1) はじめに………………………………………………………87
　　　(2) 原始規約の改正………………………………………………87
　　2　総会の招集と定数の確保方法…………………………………88

(1) 招集方法 …………………………………………………………88
　　(2) 招集手続の厳格性と招集方法の簡易化 ……………………89
　　(3) 招集通知の記載事項 …………………………………………89
　　(4) 定数の確保 ……………………………………………………90
　　(5) 重要事項の決議 ………………………………………………90
　　(6) 招集手続の瑕疵 ………………………………………………91
　3　総会の議事運営………………………………………………………91
　　(1) 議事運営の主体 ………………………………………………91
　　(2) 議題および議事 ………………………………………………92

第5章　管理規約についての紛争 ……………………93

Ⅰ　管理規約とマンション生活………………………………………………94
　1　マンション生活と規約の設定………………………………………94
　2　「特別の影響」についての判断基準………………………………95
　3　具体的規約内容ごとの争い…………………………………………96
　　(1) 専有部分に関する規約 ………………………………………96
　　(2) 専用使用権に関する規約 ……………………………………98
　　(3) 管理運営に関する規約 ………………………………………98
　　(4) 財務に関する規約 ……………………………………………99
Ⅱ　不公正な原始規約と区分所有法30条3項……………………………101
　1　区分所有法30条3項成立の背景と経緯…………………………101
　　(1) 成立の背景 ……………………………………………………101
　　(2) 成立の経緯 ……………………………………………………103
　2　区分所有法30条3項の解釈論……………………………………106
　　(1) 区分所有法30条3項の意義 …………………………………106
　　(2) 条文の掲げる考慮要素 ………………………………………107
　　(3) 遡及効 …………………………………………………………116

Ⅲ　原始規約と駐車場専用使用権 ……………………………………118
　　1　駐車場専用使用権とは ………………………………………118
　　2　駐車場専用使用権分譲問題と原始規約の問題 …………118
　　3　駐車場専用使用権分譲代金の帰属についての最高裁判例 ………119
　　4　不公正な原始規約の変更 ……………………………………120
　　5　不公正な原始規約の変更に関する最高裁判例 ……………121
　　6　区分所有法30条3項と駐車場専用使用権 …………………123
　　　(1)　分譲方式との関係 ………………………………………123
　　　(2)　留保方式との関係 ………………………………………124
　　7　今後の課題 ……………………………………………………124

第6章　管理会社についての紛争 ……………………127

　Ⅰ　総　論 ……………………………………………………………128
　　1　管理会社とマンション管理事務 ……………………………128
　　2　管理会社との紛争の背景と実態 ……………………………129
　　　(1)　背　景 ……………………………………………………129
　　　(2)　実　態 ……………………………………………………130
　　3　マンション管理適正化法による管理会社に対する規制 ………130
　　　(1)　総　論 ……………………………………………………130
　　　(2)　管理委託契約締結の際の説明会開催、書面交付等の義務 ………131
　　4　マンション標準管理委託契約書 ……………………………135
　　　(1)　管理委託契約書作成の際の指針として ………………135
　　　(2)　管理委託契約の解釈指針として ………………………135
　Ⅱ　管理会社が負う善管注意義務 …………………………………137
　　1　はじめに ………………………………………………………137
　　2　保守、点検等に関する注意義務 ……………………………137
　　3　修繕費等の支出に関する注意義務 …………………………138

4　管理組合と第三者との間における契約締結の際の助言義務 ……140
　　5　帳票、図書等や個人情報の保管に関する管理会社の一般的な
　　　義務 ………………………………………………………………141
Ⅲ　**管理委託契約開始・終了時の問題点** …………………………………142
　1　開始時の問題点 ……………………………………………………142
　　(1)　マンション管理適正化法上の規律 ……………………………142
　　(2)　形式上個々の区分所有者と管理会社との個別の管理委託契約し
　　　か締結されていない場合 ………………………………………142
　2　終了時の問題点 ……………………………………………………143
　　(1)　管理組合と管理会社との間で標準管理委託契約書に準拠した管
　　　理委託契約が締結されている場合 ……………………………143
　　(2)　管理組合と管理会社との間で標準管理委託契約書に準拠した管
　　　理委託契約が締結されていない場合 …………………………143
　　(3)　形式上個々の区分所有者と管理会社との個別の管理委託契約し
　　　か締結されていない場合 ………………………………………144
　　(4)　解除後の清算が争われた事案 …………………………………146
Ⅳ　**管理会社による金銭の管理をめぐる紛争** ……………………………147
　1　管理会社の倒産における預金の帰属 ……………………………147
　　(1)　管理会社の倒産と管理費 ………………………………………147
　　(2)　榮高倒産事件 ……………………………………………………147
　2　マンション管理適正化法とマンション管理業者による横領 ……149
　　(1)　マンション管理適正化法の制定 ………………………………149
　　(2)　管理会社による管理組合財産横領事件の実情と対策 ………150
　3　理事長の横領と管理会社の責任 …………………………………154

第7章 マンション訴訟の当事者——特に訴訟担当に関する問題 …………157

- I　はじめに …………158
- II　マンションにおける通常の事件 …………159
- III　管理者制度の下における訴訟（訴訟担当） …………161
  - 1　管理者の代理権 …………161
  - 2　管理者の訴訟担当 …………161
  - 3　集会決議の必要性 …………162
  - 4　管理者が原告として提起する訴訟に伴う問題 …………163
    - (1)　訴訟担当をすることができる区分所有者の範囲 …………163
    - (2)　区分所有者による請求権の処分 …………165
    - (3)　訴訟上の和解 …………166
    - (4)　判決後の処理 …………168
  - 5　問題の解決の方向 …………169
- IV　管理組合法人の訴訟 …………170
- V　人格なき管理組合が設立されている場合の訴訟 …………171
  - 1　訴訟当事者 …………171
  - 2　2種類の訴訟当事者の区別 …………171
- VI　区分所有法上の特別の訴え …………173

第8章 マンションの財務についての紛争 …………175

- I　マンションの管理費 …………176
  - 1　管理費とは …………176
  - 2　管理費の法的性格 …………177
    - (1)　管理費負担義務は所有者の属性 …………177
    - (2)　管理費の区分所有者に対する帰属関係 …………177

3　管理費の範囲 ………………………………………………178
　　　(1)　はじめに ………………………………………………178
　　　(2)　駐車場、倉庫の専用使用料 …………………………178
　　　(3)　水道料金等 ……………………………………………179
　　　(4)　自治会費等 ……………………………………………180
　　　(5)　付帯サービス等利用料 ………………………………181
　　　(6)　インターネットサービス ……………………………182
　Ⅱ　管理費の支払拒否 ……………………………………………184
　　1　管理費支払拒否の抗弁1＝一部共用部分（法16条）にかかる
　　　ものとの主張 ………………………………………………184
　　2　管理費支払拒否の抗弁2＝売れ残り部分との主張 ………184
　　3　管理費支払拒否の抗弁3＝収益金分配請求権と相殺するとの
　　　主張 …………………………………………………………186
　Ⅲ　管理費支払義務の発生時期と消滅時効 ……………………187
　　1　発生時期 ……………………………………………………187
　　2　消滅時効 ……………………………………………………187
　Ⅳ　特定承継人 ……………………………………………………190
　　1　特定承継人の管理費支払義務（法8条） …………………190
　　2　承継人と滞納者との関係――求償の問題 ………………191
　　3　特定承継人の責任と先取特権 ……………………………193
　　4　中間特定承継人の責任 ……………………………………193
　Ⅴ　管理費の定め方 ………………………………………………196
　　1　管理費は何において定めるか ……………………………196
　　2　管理費設定の基準 …………………………………………196
　Ⅵ　分譲後一度も管理組合集会が開かれたことのないマンションの
　　管理 ……………………………………………………………198
　Ⅶ　不在区分所有者に対する協力金条項 ………………………200
　　1　協力金条項の設定の背景 …………………………………200

目 次

  2　問題の所在 …………………………………………………………200
  3　協力金条項についての判決 ………………………………………200
   (1)　事案の概要 …………………………………………………………200
   (2)　控訴審判決 …………………………………………………………202
   (3)　最高裁判決の要旨 …………………………………………………203
  4　最高裁判決を含めた上記一連の判決の評価 ……………………203
   (1)　協力金賦課の必要性・合理性 ……………………………………203
   (2)　協力金の金額 ………………………………………………………204
  5　協力金条項を設ける際の注意点 …………………………………205
Ⅷ　管理費等の回収 …………………………………………………………206
  1　管理費滞納を予防し、効率化する規約の定め …………………206
   (1)　遅延損害金の定め …………………………………………………206
   (2)　弁護士費用を滞納者の負担とする定め …………………………206
  2　水道、電気等の供給停止 …………………………………………207
  3　管理費の裁判上の請求と先取特権の行使 ………………………208
  4　配当要求の添付書類 ………………………………………………209
Ⅸ　管理費の滞納と専有部分の使用禁止 …………………………………210
  1　はじめに ……………………………………………………………210
  2　問題の所在 …………………………………………………………210
  3　控訴審の判断 ………………………………………………………211
   (1)　第1審判決との相違点 ……………………………………………211
   (2)　控訴審の理由づけ …………………………………………………212
  4　管理費滞納解消手段としての区分所有法58条の位置づけ ………213
Ⅹ　管理費の滞納と区分所有法59条の競売請求 …………………………215
  1　問題の所在 …………………………………………………………215
  2　民事執行法63条2項の無剰余取消しの規定の適用の可否 ……216
   (1)　東京高裁決定における事案の概要 ………………………………216
   (2)　剰余主義（民執法63条）についての考え方 ……………………216

3　民事執行法59条1項の消除主義の規定の適用の可否 ……………217
　　4　管理費滞納解消手段としての区分所有法59条の位置づけ ………218
　　　(1)　東京高裁決定の意義 ……………………………………………218
　　　(2)　適用範囲 …………………………………………………………219
　　5　区分所有法59条に基づく競売実施後の配当手続 …………………220
　　6　区分所有法59条競売と区分所有権の譲渡 …………………………221
　　　(1)　口頭弁論終結後、判決確定前の区分所有権の譲受人 …………221
　　　(2)　競売請求訴訟係属中に区分所有権を譲渡した場合 ……………221
　　　(3)　競売開始決定に基づく差押えの登記がなされた後に区分所有権
　　　　　を譲渡した場合……………………………………………………222

第9章　日常生活をめぐる紛争 ……………………223

Ⅰ　専有部分か共用部分かをめぐる紛争 ……………………………………224
　　1　はじめに ………………………………………………………………224
　　2　専有部分 ………………………………………………………………224
　　　(1)　区分の明確性 ……………………………………………………225
　　　(2)　遮断性 ……………………………………………………………225
　　　(3)　通行の直接性 ……………………………………………………226
　　　(4)　専用設備の存在 …………………………………………………226
　　　(5)　共用設備の不存在 ………………………………………………226
　　3　共用部分 ………………………………………………………………227
　　　(1)　法定共用部分 ……………………………………………………227
　　　(2)　規約共用部分 ……………………………………………………228
　　　(3)　一部共用部分 ……………………………………………………228
　　　(4)　共用部分と登記 …………………………………………………229
　　4　専有部分、共用部分の具体的判断基準──判例を分析・検討
　　　して ……………………………………………………………………230

(1)　駐車場、車庫 …………………………………………230
　(2)　倉　庫 …………………………………………………232
　(3)　管理室、管理人室 ……………………………………233
　(4)　ピロティ ………………………………………………241
　(5)　バルコニー・ベランダ ………………………………242
　(6)　テラス …………………………………………………243
　(7)　屋　上 …………………………………………………244
　(8)　パラペット ……………………………………………244
　(9)　機械室・電機室 ………………………………………244
Ⅱ　専用使用権の用途違反をめぐる紛争 ………………………245
　1　マンション専有部分、共用部分の利用 …………………245
　2　ベランダ・バルコニーの利用 ……………………………246
　　(1)　ベランダ・バルコニーの法的性格 …………………246
　　(2)　ベランダ・バルコニーについての判例 ……………248
　　(3)　ベランダ・バルコニー利用制限の範囲 ……………250
　3　専用庭 ………………………………………………………251
Ⅲ　マンション内におけるペット飼育をめぐる紛争 …………252
　1　ペットの飼育とトラブルの発生 …………………………252
　2　飼育を禁止される「ペット」とは ………………………253
　3　ペット飼育の差止請求 ……………………………………254
　　(1)　管理組合の区分所有法57条に基づくペット飼育の差止請求 ………254
　　(2)　管理組合の管理規約等に基づくペット飼育の差止請求 ……………254
　　(3)　区分所有者個人のペット飼育の差止請求 …………255
　　(4)　その他の問題 …………………………………………256
　4　専有部分の使用禁止請求（法58条）・占有者に対する引渡請求（法60条） ……………………………………………256
　5　損害賠償請求 ………………………………………………257
　　(1)　管理組合の損害賠償請求 ……………………………257

(2)　区分所有者個人の損害賠償請求 ……………………………257
　6　ペット飼育禁止条項の定め方 …………………………………258
　　(1)　はじめに …………………………………………………258
　　(2)　ペット飼育禁止条項を定める場合の手続 ………………258
　　(3)　ペット飼育等禁止条項の具体例 …………………………259
　7　ペット飼育と説明義務違反 ……………………………………260
Ⅳ　マンションの騒音をめぐる紛争 …………………………………262
　1　マンション生活における騒音 …………………………………262
　2　音の種類 …………………………………………………………262
　3　設計・施工上の問題 ……………………………………………263
　4　隣家等からの騒音 ………………………………………………264
　　(1)　ピアノの音等の騒音 ………………………………………264
　　(2)　店舗の騒音 …………………………………………………265
　　(3)　フローリングによる騒音 …………………………………265
　5　自己中心的な生活による騒音 …………………………………266
　　(1)　受忍限度 ……………………………………………………267
　　(2)　差止請求の内容と賠償しうる損害の範囲 ………………267
　6　管理組合の役割 …………………………………………………268
　7　騒音をめぐる裁判例 ……………………………………………268
Ⅴ　マンションの中の事故への対応 …………………………………272
　1　外壁の落下による事故 …………………………………………272
　2　駐車場における事故 ……………………………………………274
　3　住民相互の行事等での事故 ……………………………………276
　4　その他の事故 ……………………………………………………276
　5　裁判例 ……………………………………………………………277
Ⅵ　水漏れ事故への対処 ………………………………………………280
　1　専有部分か共用部分か …………………………………………280
　2　事故の原因 ………………………………………………………281

21

(1) 設備工事の欠陥……………………………………………281
　　　(2) 設備の老朽化………………………………………………282
　　　(3) 人為的原因…………………………………………………282
　　　(4) 定期清掃……………………………………………………283
　　3　事故と責任………………………………………………………283
　　4　裁判例……………………………………………………………286
　Ⅶ　賃借人をめぐる紛争…………………………………………………288
　　1　共同の利益に反する賃借人の行為……………………………288
　　2　規約および集会決議の賃借人に対する効力…………………289
　　3　賃借人に対する管理費請求……………………………………289

第10章　補修・復旧・建替え・再生をめぐる紛争………291

　Ⅰ　はじめに………………………………………………………………292
　Ⅱ　マンションの補修……………………………………………………294
　　1　マンションの「補修」と「復旧」……………………………294
　　2　補修の手続………………………………………………………295
　　　(1) 専有部分の補修……………………………………………295
　　　(2) 共用部分等、敷地の補修…………………………………296
　Ⅲ　マンションの「復旧」………………………………………………303
　　1　「復旧」と「建替え」…………………………………………303
　　2　復旧の手続要件…………………………………………………304
　　　(1) 専有部分の復旧……………………………………………304
　　　(2) 共用部分の復旧……………………………………………305
　　3　買取請求権………………………………………………………310
　　　(1) 復旧決議があった場合の買取請求権……………………310
　　　(2) 復旧・建替えの決議がない場合の買取請求権…………318
　Ⅳ　建替えをめぐる紛争と対処法………………………………………321

1 マンションの建替えと区分所有法の決議要件の変遷 ……………321
  (1) はじめに …………………………………………………………321
  (2) 58年法 …………………………………………………………321
  (3) 平成14年法 ……………………………………………………322
2 建物の全部滅失の場合と区分所有法62条1項の適用 ……………322
3 区分所有法62条1項の建替え決議と建替え円滑化法 ……………324
  (1) はじめに …………………………………………………………324
  (2) 建替え円滑化法の対象マンション ……………………………324
  (3) 建替え円滑化法の概要 …………………………………………325
  (4) 区分所有法と建替え円滑化法との規定上の関係 ……………332
  (5) 区分所有法と建替え円滑化法が取り扱う対象マンションの相違 …333
4 建替え決議の議決要件 ………………………………………………334
  (1) はじめに …………………………………………………………334
  (2) 区分所有者の特定 ………………………………………………334
  (3) 建替えに参加する意思のない決議賛成者の票の効力 ………335
  (4) 敷地についての要件 ……………………………………………336
5 建替え決議の内容 ……………………………………………………338
  (1) はじめに …………………………………………………………338
  (2) 再建建物の設計概要 ……………………………………………338
  (3) 解体費用、再建建物の建築費の概算 …………………………338
  (4) 解体費用、建築費用の費用分担 ………………………………338
  (5) 区分所有権の帰属 ………………………………………………339
6 建替え決議のための総会の招集手続と議事録 ……………………340
  (1) 建替え決議の手続が新設された経緯 …………………………340
  (2) 建替え決議の手続についての平成14年法の内容 ……………341
  (3) 議事録作成の注意点 ……………………………………………345
7 建替え決議の効力 ……………………………………………………345
8 建替え決議と建替え不参加者に対する措置 ………………………345

(1)　はじめに …………………………………………………345
　　　(2)　売渡請求権の行使 ………………………………………346
　　　(3)　建替え円滑化法の手続による場合 ……………………348
　　　(4)　売渡請求権行使の場合の時価 …………………………350
　　9　建替えへの合意形成 …………………………………………358
　　　(1)　建替え円滑化基本方針 …………………………………358
　　　(2)　国土交通省の合意形成の進め方に関する指針 ………359
　　10　建替え決議の有効期間 ………………………………………361
　　11　建替え決議後の具体的手続 …………………………………362
　　　(1)　はじめに …………………………………………………362
　　　(2)　建替事業の主体 …………………………………………363
　　　(3)　管理組合と再建組合 ……………………………………363
　　　(4)　再建組合の業務 …………………………………………365
　　　(5)　建替えに向けての作業項目 ……………………………366
　　12　建替え・再建事業の手法の実際 ……………………………367
　　　(1)　自主再建方式 ……………………………………………367
　　　(2)　事業代行方式 ……………………………………………367
　　　(3)　全部譲渡方式（等価交換方式） ………………………368
　　　(4)　その他の方式 ……………………………………………368
　　13　既存不適格マンションの建替えとその対策 ………………369
　　14　建替えに関する訴訟手続上の諸問題 ………………………370
　　　(1)　保全処分 …………………………………………………370
　　　(2)　売渡請求期間徒過と建替え決議無効確認の訴えの利益 ……370
Ｖ　団地の建替え ………………………………………………………372
　1　はじめに …………………………………………………………372
　2　団地マンションでの1棟あるいは複数棟の建替え（法69条による建替え） ……………………………………………………373
　　　(1)　はじめに …………………………………………………373

(2) 区分所有法69条1項が適用される団地 ……………………………373
　　(3) 建て替える建物の所有者の同意あるいは建替え決議の必要性 ……373
　　(4) 建替え承認で建替えが認められる土地 ……………………………374
　　(5) 承認決議の議決権とその割合 ………………………………………374
　　(6) 承認決議での建替え実施建物の区分所有者の議決権の取扱い ……375
　　(7) 建替え承認決議の手続 ………………………………………………375
　　(8) 他の建物の建替えに特別影響がある場合の措置 …………………375
　　(9) 複数の建物が建替えを行う場合の一括承認 ………………………376
　　(10) 団地内での一部建替えと敷地持分の異動……………………………378
　　(11) 建替え円滑化法との関係 ……………………………………………378
　3　団地マンションでの一括建替え …………………………………………379
　　(1) はじめに ………………………………………………………………379
　　(2) 一括建替え決議ができる団地 ………………………………………379
　　(3) 一括建替え決議の要件と違憲性 ……………………………………379
　　(4) 決議の内容……………………………………………………………381
　　(5) 一括建替え決議の手続 ………………………………………………382
　　(6) 建替え円滑化法との関係 ……………………………………………382
Ⅵ　被災区分所有建物の再建等に関する特別措置法（被災マンション法）……………………………………………………………………………384
　1　はじめに ……………………………………………………………………384
　2　被災マンション法の概要 …………………………………………………385
　　(1) 被災マンション法適用の条件 ………………………………………385
　　(2) 敷地の分割請求の禁止 ………………………………………………385
　　(3) 区分所有法61条12項による買取請求権行使の制限 ………………385
　　(4) 全部滅失の場合における被災マンションの再建手続 ……………386
　　(5) 全部滅失の場合における被災マンションの敷地売却決議手続 ……388
　　(6) 一部滅失の場合における被災マンションの建物敷地売却決議手続 …………………………………………………………………389

(7) 一部滅失の場合における被災マンションの建物取壊し敷地売却決議 …………………………………………………………………390
　(8) 一部滅失の場合における被災マンションの建物取壊し決議手続 …390
　(9) 団地内の被災マンションが滅失した場合における再建決議手続 …391
 3 残された課題 ……………………………………………………392
Ⅶ 建物の単位 ………………………………………………………393

第11章　不良入居者をめぐる紛争 …………395

Ⅰ 総論 …………………………………………………………………396
 1 対応策検討のポイント …………………………………………396
 2 区分所有法と管理規約 …………………………………………396
 3 「共同の利益に反する行為」の類型 …………………………398
 4 法的手段以外の方法 ……………………………………………398
 5 法的手段 …………………………………………………………399
　(1) 法律的構成 ……………………………………………………399
　(2) 区分所有法上の法的根拠 ……………………………………399
　(3) 仮処分か本裁判か ……………………………………………402
Ⅱ 暴力団入居の対処方法 ……………………………………………404
 1 事前阻止の方法 …………………………………………………404
　(1) 専有部分の使用目的をマンション管理規約で限定すること ………404
　(2) 事前阻止のための管理組合の対応 …………………………406
 2 排除方法の類型 …………………………………………………408
　(1) はじめに ………………………………………………………408
　(2) 行為の停止と行為結果の除去 ………………………………410
　(3) 専有部分の使用の禁止 ………………………………………411
　(4) 区分所有権および敷地利用権の競売 ………………………412
　(5) 占有者の専有部分使用の排除 ………………………………414

3　訴え提起の準備 …………………………………………………416
　　　(1)　請求の当事者………………………………………………416
　　　(2)　相手方の特定………………………………………………417
　　　(3)　占有形態の確認……………………………………………418
　　　(4)　総会の招集…………………………………………………419
　　　(5)　都道府県暴力追放運動推進センターによる援助 ………422
　　4　仮処分 ……………………………………………………………423
　　　(1)　仮処分の必要性……………………………………………423
　　　(2)　占有移転禁止・処分禁止の仮処分の可否………………423
　　　(3)　使用禁止請求の仮処分の可否 ……………………………425
　　　(4)　競売請求の仮処分の可否 …………………………………426
　　　(5)　占有者に対する解除・引渡請求の仮処分の可否………426
　　5　不動産明渡しの強制執行の注意点 ……………………………427

執筆者一覧 ………………………………………………………………429
あとがき …………………………………………………………………433

●凡　例●

1　法令等

- 法
- 区分所有法　　　　　平成14年法律第140号による改正後の建物の区
- 現行法　　　　　　　分所有等に関する法律
- 旧法　　　　　　　　平成14年法律第140号による改正前の建物の区
- 58年法　　　　　　　分所有等に関する法律
- 37年法　　　　　　　建物の区分所有等に関する法律（昭和37年法律第69号）
- 建基法　　　　　　　建築基準法
- 建基令　　　　　　　建築基準法施行令
- 宅建業法　　　　　　宅地建物取引業法
- 建替え円滑化法　　　マンションの建替えの円滑化等に関する法律
- 被災マンション法　　被災区分所有建物の再建等に関する特例措置法
- 品確法　　　　　　　住宅の品質確保の促進等に関する法律
- 不登法　　　　　　　不動産登記法
- マンション管理適正化法　マンションの管理の適正化の推進に関する法律
- 民執法　　　　　　　民事執行法
- 民訴法　　　　　　　民事訴訟法
- 標準管理規約　　　　マンション標準管理規約

2　判例集等

- 民集　　　　　　　　最高裁判所民事判例集
- 高民集　　　　　　　高等裁判所民事判例集
- 下民集　　　　　　　下級裁判所民事判例集
- 判時　　　　　　　　判例時報
- 判タ　　　　　　　　判例タイムズ

- 金法　　　　　　　金融法務事情
- 金判　　　　　　　金融・商事判例
- センター通信　　　マンション管理センター通信
- わかりやすい　　　全国マンション問題研究会編『わかりやすいマンション判例の解説〔第3版〕』（□内の数字は、同書の掲載判例番号を表す）
- 欠陥判例　　　　　欠陥住宅被害全国連絡協議会編『消費者のための欠陥住宅判例』

第1章

総　論
――管理方式の再検討――

第1章 総論——管理方式の再検討

I　問題の所在

　マンションは、集合住宅ともいわれているように、専有部分が隣接し、その間に共用部分が存在し、敷地も一般に共有であり、しかもそれを所有者が共同で利用し、管理しなくてはならない住宅様式である。この建物の共用部分や共有敷地をどのように管理するかが、この住宅様式の現在および将来にとって決定的ともいえる。マンションという住宅様式は、第2次世界大戦後に世界において爆発的に普及した。

　しかし、この住宅様式の管理のあり方をめぐって再検討の時期にきているといわれるようになっている。特に、わが国において、そのことがいえる。わが国では、区分所有者が管理組合をつくり、理事会が管理の執行をするという、いわゆる管理組合による管理の方式をとってきたが（この意味で理事会による管理といったほうが管理の様式を正しく言い表しているともいえる）。しかし、区分所有者の高齢化やマンションの普及によって管理に関心をもたない区分所有者の増大によって、危機に瀕しているといわれている。

　ここでは、管理組合による管理という方式は本当に危機に瀕しているのか、瀕しているとすれば、そのどこが問題なのか、そして改革方策はあるのか、などを検討する。

II　マンション管理の2つの類型

　世界におけるマンションの建物や敷地の管理のあり方は、大別するとおおよそ2つの類型に分けることができる。

　第1の類型は、区分所有者が特定の人（法人を含む）に管理の権限を委ねて、その者が管理をするものである。管理を委ねられる者は、自然人であることもあるが、法人であってもよい。また、区分所有者であってもよいし、それ以外の者であってもよい。事柄の性質上、管理を委ねられる者は、マン

で、理事会は日常的決定、中長期的決定を担っている。

　このような役割と、現実の管理業務である清掃や入出金などの処理を誰がするかとは異なる。管理者自身や理事会の一員が行うこともありうるが、第三者に一括して委託する、業務ごとに区分して委託することもありうるのである。

Ⅲ　37年法

　わが国において区分所有法（「建物の区分所有等に関する法律」）が成立したのは昭和37年であった（昭和37年4月4日法律第69号）。

　この37年法は、ドイツ法、フランス法を母法としたもので、その構造は管理者が管理するしくみであった。前記Ⅱの第1類型を予定したものといえよう。正確にいうと、共用部分の管理は共有者である区分所有者がすることを定めているにすぎないといえるかもしれない。なぜなら、管理者という制度は規約、集会とともに任意の制度としているからである。もっとも、かなりの数の区分所有者が1人ひとりが協議し、合意するということは事実上困難であるから、管理者による管理を立法者は勧めていたといえるかもしれない。

　立法者は、管理者に管理会社が就任することを予想していた。そして、その頃に建築された民間マンションのいくつかでは、管理会社が管理者となっていた。

　しかし、わが国でマンションという住居様式を推進した日本住宅公団（当時）では、これとは別のしくみを構想し、推進した。それは、区分所有者が管理組合という団体をつくって理事を選出し、理事会が中心となって管理を行うという方式である（管理組合による管理）。日本住宅公団の建築・分譲するマンションは、人気があり、まだ建築されない段階で完売となった。日本住宅公団は、あらかじめ分譲契約（および規約）の中で管理組合をつくって管理することを譲受人との間で合意しておき、引き渡した時点で管理組合を

ション管理に通じていることが最低限必要である。区分所有者から与えられる受任者の権限は、区分所有者の意思によるが、一般的には管理を現実に実行する権限のほか（事実的権限ともいえよう）、法律上も代理権を与えられるなど、広範囲にわたる。このような権限を与えられた者を管理者と呼ぶことが多い。

　第1の類型に含まれるのが、ドイツやフランス、イタリアなどである（ドイツ法での管理者の実際について、全国マンション問題研究会編集『ドイツ・フランスの分譲マンション管理の法律と実務調査団報告書（2003年3月29日～4月7日）』23頁以下、フランでの管理者の実際について、同書107頁以下を参照されたい）。

　第2の類型は、区分所有者が団体をつくって、この団体がマンションの建物や敷地を管理するものである。ここで団体をつくってというのは、各区分所有者がそれぞれの意思で団体をつくるということを意味しない。当然に成立するということもある。また、この団体性の濃淡もさまざまである。いずれも団体の論理を使いながら管理するのである。ここでいう管理は、週何回廊下を清掃するのか、管理費をいくらにするのか、大規模修繕にいくらかけ、いつするのか、悪質区分所有者を追い出すべきか、などの意思決定をすることである。その決定を団体性の論理によって行うということである。

　第2の類型には、日本が属する。また、アメリカもこの類型に含めることができるだろう。

　注意すべきは、このように決定されたことを誰が行うかは別の問題だということである。いうまでもなく、第1類型においても、たとえば、管理費の値上げをするかどうかの最終的な決定権は区分所有者にある。この場合、管理者は管理費が不足しがちだが、区分所有者の経済状況や意思からすると無理であり、決定を1～2年延ばすか、そうではなく、この次の集会で決議するか、などをまず決めるのは管理者である。管理者は、管理の執行部門として日常的な決定のみならず、中長期的な計画を立て、それを区分所有者の同意をとって実行する役割を担っている。このことは、第2の類型でも

創設し、集会を開き（規約を発動させ）、理事を選任し、その後、理事長を選任して管理体制を確立し、これによってマンションの維持、管理をしていくこととした。加うるに、日本住宅公団は、清掃などの現実の業務をする子会社（管理会社）を設立し、分譲時に契約（および規約）の中で、この子会社に管理業務をさせることをあらかじめ区分所有者と合意しておいた。

　この管理組合による管理の方式は、都道府県の公社分譲でも採用され、その後勢いを増した民間分譲でも多くの会社によって採用されることとなった。

　管理組合による管理という方式が、管理者による管理という方式を排して、なぜわが国で一般化したかについては研究が十分なされているとはいえない。推測するに、この方式による物事の決め方、決まったことの実行の仕方がわが国の区分所有者の思考に合致していたということであろう。

　経済の高度成長期に地方から出てきて大都市で住宅を求めた世代が、出身地での共同体（村落）での物事の決め方、他村との間の水の調整などに、管理組合による管理という方式が類似しており、大方の支持が得られたのではなかろうか（この思考は、コミュニティに過大な期待を寄せる思考を生み出した。その反動が専門職による管理といえる）。

　管理組合による管理ではその意思決定は社団（法人）の法理によってなされた。すなわち、管理組合の実態のいかんにかかわらず、一般的に規約が定められ、総会の多数決で意思決定がなされ、理事長が対外的代表者となった（最判昭和39・10・15民集18巻8号1671頁）。のちの区分所有法の改正で、管理組合は法人格を取得できるようになったとはいえ、管理組合には法人格がないのが一般的である。そこで、管理組合にどこまで法人格なき（権利能力なき）社団の法理が適用できるかが問題となる。

　一方で、権利能力なき社団では、社員は出資をし、出資された財は社団の財産となる。これに対して、区分所有者は管理組合に対して出資しているわけではない。ただ、共用部分や共有敷地の管理を管理組合に委託しているにすぎない。まして、専有部分の管理は管理組合に委託していないのである。

そこで、区分所有権が専有部分への所有権、共用部分への共有持分（そして敷地共有）が不可分に結合しているというしくみからして、その一部（共用部分、共有敷地）の権限を管理組合に譲渡できるのか、という根本的疑問が生ずることになる。

　他方で、区分所有法では管理者という制度を用意している。これは、個々の区分所有者が、その意思で、管理権限のみならず、部分的にあるいは包括的に代理権を管理者に授権するという制度である。個々の区分所有者が基点となって代理権を授権するということであるから、区分所有法上の管理者制度は区分所有権が専有部分への所有権、共用部分への共有持分（共有敷地への持分）から構成されていることとは矛盾しない。

　ところが、管理規約の多くは、理事長は管理者でもあると規定する。ここに混乱の芽が存在する。37年法の下では、この2つのあり方の関係が解決されず、混乱が放置されていた。58年法でも解決されていない。

　このことが、共用部分や共有敷地の瑕疵による損害賠償請求権を権利能力なき社団が請求しうるかという問題につながっていく。この問題は、判例のうえでも決着がついていない。このことは、管理方式の改革を考える場合にネックになってくる。

Ⅳ　58年法

　37年法は管理組合の存否につき、何の立法的手当てを加えなかった。しかし、58年法は、その3条に、区分所有者が団体を構成するとする奇妙な規定をおいた。

　この規定の意味は、その後のマンション管理適正化法の立法とあわせて考えられ、管理組合が当然に存在するとの趣旨だとされている。すなわち、マンション管理適正化法は、管理組合の存在を前提として、その助力機関としてマンション管理士を考え、管理会社の規制を考えているのである。

　そうだとすると、37年法での社団性と管理者の矛盾の手当てが必要だった

のではなかろうか。それ以後の立法においても、立法的解決はなされていない。

そのような法状況の中で第三者による管理の問題が出現したのである。

V　第三者による管理

管理組合による管理という方式が行き詰まってきた、といわれる場合、どこが劣化しているのかの検討から始める必要がある。まず、執行機関としての理事会の機能が劣化している場合と、代表である理事長の機能が劣化している場合がありうるであろう。次に、管理組合の機能が劣化している場合がある。

それぞれの劣化は同一の根から生じていることもありうるだろうが、理論的には区別しなくてはならない。対応が異なるからである。

管理組合による管理が劣化しているといわれることの多くは、管理組合の執行機関である理事会のそれである。役員になり手がいない、役員の専門知識が乏しい、役員の継続性がない、などはすべて理事会が機能不全に陥っていることが原因である。

これに対して、集会への参加者が少ない（決議をしようとしても区分所有者が考えてくれない）、委任状の数が多すぎる、規約に違反してペットを飼育しているがその対応がない、などは管理組合が機能していないことが原因である。

また、滞納が多い、賃貸住宅が多い、などは区分所有制度そのものの劣化ともいえる。

劣化の現象によっては、それぞれの対策がありうる。

理事会の機能が劣化している場合、理事に管理組合の構成員以外の第三者を入れることで理事会の機能を強化することが考えられる（①）。ここでの第三者には、弁護士、マンション管理士などの個人、NPOなどの団体が考えられるであろう。

もっとも、理事に第三者を入れても理事会の機能強化となるかは疑問であろう。理事の１人に第三者を入れても、せいぜい質問に答えるという諮問機関的機能しか有しないからである。１人では、理事会の多数を制することはできない。

　そうすると、理事長に第三者が就任することが考えられる（②）。ここでも問題は、理事長が理事会をリードすることはできても、理事会の意向と異なった決定をすることはできないのではなかろうか。

　理事長を区分所有者が直接に選任することができれば（③）、理事長は区分所有法上の管理者に近づく（規約の改正が必要なことが多いであろう）。しかし、理事会の存在を否定する決定はできないのではなかろうか。

　理事長に決定権をもたせるには、理事会をなくす、そして、その延長線で管理組合をなくすことまで行き着かなくてはならないだろう（④）。そこまで行き着くべきだろうか。

　上記①②の改革は、マンション標準管理規約の改正は必要となろうが、その実現のために現行区分所有法を変える必要はない。③の改革も①②と同様で、区分所有法の改正は不要である。

　これに対して、④の改革、とりわけ管理組合をなくすことは、区分所有法３条との関係で法改正が必要となる可能性がある（もっとも、同条は区分所有者の合意の方式を決めたものだと解すると、その必要はないともいえよう）。

　管理組合の機能が劣化している場合の解決法は、管理組合を廃止して37年法の目論みどおり、管理者による管理を実現することである。本当に管理組合が機能していないなら、区分所有者を啓蒙して、管理組合の意義を説得しても効果はないであろう。

　37年法でのしくみが受容されずに、管理組合による管理が定着したということは、管理のしくみとしてわが国の区分所有者の思考に適合的だったと推測することができる。それが、高齢化の進展で管理方式が変化した、とみることは困難である。管理組合に対するさまざまな助力をすることで今後も機能し続けるのではなかろうか。

考えてみると、管理組合による管理ということは管理のあり方を決定することである。普段は管理組合に関心はないが、いったんことが生ずると関心をもち、臨時総会を招集するということでよいのではないか。

　管理組合が劣化している場合、根本的には管理組合を廃止して、管理者にその権限を委ねるということである。管理組合が廃止されれば、必然的に管理者に広い範囲の権限が集中することになる。また、そうしなくては管理者は機能しない。そうなれば、逆に管理者の権限を弱める装置が必要となってこよう。

　むしろ、専門家の助力を借りつつ、管理組合による管理のほうがよいのではないか。

（丸山英氣）

第2章

欠陥マンション紛争

I　欠陥マンション紛争とその民法上の救済内容

1　総　論

　欠陥マンション紛争が社会問題化したのは、マンションが折り悪く昭和48、49年の石油ショック時代に庶民の住居として普及したため、多数のマンションに欠陥が発見されたことに端を発した。

　紛争の内容を分類すると、マンションが土地と建物が一体として売買されることから、建物部分と敷地の部分の問題に分かれ、また、建物においては専有部分と共用部分に分かれることからその欠陥問題も多岐に及んだ。

　そして、平成17年10月、マンションの建築確認申請にあたり耐震強度偽装という新たな欠陥マンション問題が発生し、社会問題化した。本稿においてもこの問題は看過できないので言及することとする。

　新しく問題となってきた不法行為責任を問う請求について、最近、最高裁判所が建物の安全に関する欠陥につき、建設会社と設計と工事監理を担当した建築士に不法行為責任を認めた判例（別府マンション事件（最判平成19・7・6民集61巻5号1769頁、最判平成23・7・21判時2129号36頁））によって、マンションの欠陥問題は大きな進展をみせた。

　つまり、今までの新築マンションの欠陥問題に加えて、品確法により、10年間の瑕疵担保期間が保証されたが、その10年を経過して後日発見された瑕疵について、不法行為責任が該当した場合、最大20年の間に請求すればよいとの法的救済の途が開けたのである（民法709条・724条）。

　これはマンションの購入者にとって福音であるが、建設会社や設計、工事監理を行った建築士は欠陥工事を行うと20年間責任を追及されるという結果となった。後に詳述する。

(1)　専有部分の瑕疵

　専有部分の瑕疵とは、個別の区分所有者が売主に対し、請求しうる瑕疵で

ある。
　① 建物部分の瑕疵　区分所有者が所有する部分に瑕疵が存する場合で、たとえば内装材のキズ、設備機器の不良、専有部分の設備配管の瑕疵等をいう。
　② 契約違反の瑕疵　売主が、パンフレット、物件説明書、モデルルーム等で表示して売買した場合、表示に違反した部分については契約違反の瑕疵となる。

請求の内容は下記のとおりである。
① 民法では金銭による損害賠償請求のみであった。
② アフターサービスにより、補修請求ができた。
③ 品確法の制度により、補修と金銭賠償の両方法を選択できることが可能となった。

(2) 共用部分の瑕疵

　共用部分の瑕疵とは、共用部分である建物の敷地、建物の共用部分（構造部分、廊下、エレベーター等）、附属設備（給水設備等）の瑕疵をいう。屋上からの雨漏りも共用部分の瑕疵である。共用部分についても専有部分と同じであるが、誰が請求できるかについては問題があった。通常、修補請求は集会の決議に基づき管理者が売主に請求しているが、保存行為として個別の区分所有者が売主に請求することも可能である（法18条1項）。

　しかし、修補費用等の損害賠償請求は、旧法では各人持分割合に応じて請求しなければならないというのが判例であったが、平成14年の改正により、区分所有法26条2項は、「管理者は、その職務に関し、区分所有者を代理する。第18条4項（第21条において準用する場合を含む。）の規定による損害保険契約に基づく保険金額並びに共用部分等について生じた損害賠償金及び不当利得による返還金の請求及び受領についても、同様とする」とされた。

　これは大きな改正であった。マンションの特質から共用部分を集団的に維持・管理するため、共用部分等について生じた瑕疵担保責任や不法行為責任に基づく損害賠償請求を、管理者が各区分所有者を代理して行い、賠償金を

受領できる権限が与えられたのである。マンションの実態からすると、改正前の規定では賠償金の請求について、裁判を提起するにあたって、全区分所有者が参加するとも限らず、受領した賠償金も各区分所有者が受領すると、補修にあたって再集金をしなければならず、共用部分の瑕疵補修が円滑にできないおそれが生ずるからである。

　また、瑕疵に基づく請求についても、瑕疵の調査費用等は管理者・管理組合が主体とならなければ準備できないこともある。たとえば、多額の瑕疵調査費用等が必要となる場合があるからである。

2　欠陥――瑕疵の種類

(1)　物の瑕疵

　物の瑕疵とは一般に、その種類のものとして取引の観念上通常有すべき品質・性能を標準として判断した場合、欠点が認められるもので、マンションの売買においても上記の定義をあてはめれば、通常の品質の材料でもって、通常の施工方法でつくられ、かつ通常の性能や強度をもつという基準から瑕疵が決定されることになる。

　また、前述したとおり、特別に見本売買として、売主が買主に、たとえばパンフレットやモデルルーム等であらかじめ示した事項や保証した性能があれば、それに反する部分は瑕疵となる。なお、パンフレットに仕様が変更されることがある旨、表示されている場合もあるが、品質が同等またはそれ以上の変更は許されても品質の劣るものへの変更は許されない。

　なお、マンションの分譲は売買契約ではあるが、建物の瑕疵が問題となる場合は、請負契約における瑕疵と等しいので、請負契約裁判事例を参考にして判断することができるであろう。瑕疵の種類は無限に存在するが、実際に係争となったもので、特に建築基準法および同法施行令、その他建築関係法規等に違反した重大な瑕疵を列記してみると下記のとおりである。

　なお、建築基準法令等は行政法規であって、民事上の瑕疵を決定するものではないという論争が存したが、建築基準法はその1条に「最低の基準を定

めたものである」と規定しており、建物の最低基準としての安全性等を明確にしている。また、同法令違反を瑕疵と認定した請負契約に関する裁判例（東京地判昭和48・7・27判時731号47頁）やその他多数の欠陥住宅問題の判例が参考となる。

① コンクリートの強度不足（建基令74条1項、建設省告示45—1834違反）。四週強度が120kg／cm³を下回っていた。

② コンクリート材料の不良（建基令72条1項違反）。コンクリートの細骨材に塩分のある浜砂を使用したため鉄筋に錆が異常発生。

③ コンクリート床板の厚さ不足（建基令77条の2違反）。床板の厚さが基準より薄く、床板がたわんでいる。

④ コンクリートの鉄筋のかぶり厚さ不足（建基令79条1項違反）。法で定めたかぶり厚さが不足しているため、鉄筋に錆が発生。鉄筋コンクリートの強度がなくなる。

⑤ 柱の防火被覆不足（建基令70条違反）。火熱による1つの柱の耐力の低下が建物全体の倒壊に至るおそれがある。3階以上の建物の柱に、モルタル等の必要とされる断熱材が被覆されていなかった。

⑥ 防火区画が不完全（建基令112条違反）。火災の拡大しやすい垂直方向の堅穴部分と横への部分が区画されていない。

⑦ 界壁、間仕切壁等の防火措置不完全（建基令114条違反）。耐火構造または防火構造とすべき間仕切壁に間隔があり不完全。

⑧ 受水槽、給水槽に防塵、防錆処理なし。排水管に通気管なし。排水管に必要な勾配、傾斜なし。排水管に掃除口なし。排水トラップなし（建基令129条の2の5、建設省告示50—1597違反）。

⑨ 遮音壁の上端の間隙により遮音性能が悪い（建基法30条、建基令22条の3、建設省告示45—1827）。

⑩ 耐震構造スリットが施工されていない。

⑪ エキスパンションジョイントが施工されていない。

⑫ コンクリートにジャンカ部が大きくかつ個数も多く、鉄筋の錆が進行

している。

⑬　小梁が抜かれていて存在しない。

⑭　壁構造のマンションで上・下の壁がずれていて重なっていない。

物の瑕疵が存在した場合、民法上いかなる請求ができるか問題がある。

分譲マンションの契約も民法上の売買契約であるから民法570条・566条の瑕疵担保責任を追及できる。

なお、民法570条は「隠レタル瑕疵」に限定しているように読めるが、マンションの新築の販売においては、明示の放棄の意思表示のない限り、この要件を不要とする説が有力である（玉田弘毅編著『マンションの法律1〔第4版〕』156頁）。

法律の効果として、契約をした目的が達成できない場合は契約の解除をすることができ、それ以外の場合は金銭による損害賠償の請求をすることとなるが、品確法施行後は修補請求も可能となった。

解除しうる場合を具体的に考察すると、第1には、瑕疵が極めて大きく物理的に住居として使用不可能な場合、たとえばコンクリートの強度が大幅に不足し、床スラブがたわんだ場合や、エキスパンションジョイント部分の上につくられた部屋があった場合等で、実際にも合意解約が成立した事例がある。

第2に、ある程度の修補が可能であっても、契約上の耐力を保持するような完全な修補が不可能であったり、修補後の居住性が劣悪あるいは不体裁となって、不動産としての交換価値が著しく低下することが予想される場合には、契約の解除を請求しうるであろう。たとえば、小梁が抜けているため天井スラブが下がり、スラブ一面に亀裂が入った場合、梁を新しく入れると梁部分が室内に大きく出る場合等で、実際に合意解約が成立した事例がある。

また、バブル経済のときに建築されたマンションで、コンクリート屋根、外壁のあちこちにコンクリートに入れた砂利（骨材）が固まっている、いわゆるジャンカ部が多数あり、そこから雨漏りが長年続き、ついには7棟とも建て替えたマンションがある。

第3に、修補可能であっても、売買代金を超える修補費用を要する場合は、経済的見地から解除をなしうる（大判昭和4・3・30民集8巻226頁）。

なお、一戸建ての住宅の売買契約において不等沈下が生じたため契約解除を求めた裁判で、瑕疵担保責任に基づく損害賠償として建物の価格を最高限度とする瑕疵修補費用相当額を認容した判例がある（千葉地裁松戸支判平成6・8・25判時1543号149頁）。

また、壁量の不足等重大な瑕疵の存在した一戸建ての建売住宅の事例で契約解除を認めた判例が次々と出ている（京都地判平成15・9・3欠陥判例3集96頁）。同じく、基礎の欠陥等の存在する建売住宅についても契約解除を認めた判例も出ている（京都地判平成16・2・27欠陥判例3集116頁）。

契約の解除が「社会的損失が大きい」という理由で認められていない請負契約においてすら、今まで契約の解除と同趣旨の建替え費用を認めた判例が10数例出てきた（大阪高判昭和58・10・27判時1112号67頁ほか）。

そして、最高裁判所において、ついに請負人側に問題があるとして、注文者が建替え費用相当額を請求できるとする判決が出された（最判平成14・9・24集民207号289頁・判時1801号77頁）。

民法制定当時は建物の建築に携わる請負人は資力のない大工であったが、現在は請負人は資力のある会社となり、保護すべき必要性が減少したことも大きな要因となっており、公平の観点からも、注文者がその不利な負担を負うことは不当であると考えられるからである。

次いで、契約解除が認められない場合、民法上いかなる請求が可能であろうか。民法570条では修補請求は認められず、損害賠償は金銭で請求できることとなっている。

平成11年6月23日法律第81号として「住宅の品質確保の促進等に関する法律」が制定された。この法律は、欠陥住宅が多発している現状を認識したうえ、欠陥住宅紛争を少しでも少なくし、良好な住宅の供給と、基本的構造部分（雨漏りを含む）の瑕疵については、注文者に10年間の瑕疵担保期間を保証しようと意図したものである。

17

欠陥マンションの問題として適用を受ける部分は、品確法1条の目的において「新築住宅の請負契約又は売買契約における瑕疵担保責任について特別の定めをすることにより」と明確にするとともに、同法95条に下記のような条項を新設した。同法95条は新築のマンションや建売住宅のような売買契約において民法634条1項および2項の担保責任の条項の「請負人」を「売主」、「注文者」を「買主」と読み替え、品確法95条1項・3項で、新築マンション等の売買契約においても瑕疵修補請求権を認めた。適用は新築マンションに限定されるが、新築とは新たに建設された住宅で、まだ人の居住の用に供したことのないものであり、完成されてから1年を経過しないものをいうと規定されている（品確法2条2項）。

以上のことから、品確法が施行された後に、具体的には平成12年4月1日以降に契約した新築の住居用マンションで、瑕疵があれば、修補請求か金銭による損害賠償請求かを買主は選択することができ、基本的構造部分の瑕疵については10年間瑕疵担保期間が保証される。

(2) 権利の瑕疵

マンションの売買においても、一般の売買と同様に、物の瑕疵のほか権利の瑕疵等の民法560条ないし568条の規定が適用される場合がある。

第1に、マンションの売買の主たる目的とされている専有部分、あるいは敷地部分が、売主以外の第三者の所有となっている場合であるが、この場合、売買契約は当然に無効となるものではなく、売主はその所有権を有する第三者から権利を取得して買主に移転する義務を負う（民法560条）。

しかし、売主が第三者から権利を取得することができなかった場合は、買主は善意・悪意を問わず契約を解除でき、買主が善意であった場合のみ損害賠償の請求ができる（民法561条）。

第2に、マンションの当該部分の一部の権利が売主以外の第三者に属する場合で、売主がその権利を買主に移転できないときは、買主は善意・悪意を問わず代金減額請求ができ、買主が善意であった場合のみ契約の解除と損害賠償の請求ができる（民法563条・564条）。

第 3 に、マンションの専有面積や敷地面積等につき、具体的に数量を指示して代金を定めたような場合、その数量が不足であったり、またはその目的物の一部が既に滅失していたときは、善意の買主のみ代金減額請求、解除、損害賠償請求ができる（民法565条）。

第 4 に、目的物件上に留置権や質権の用益的権利による制限があって、目的を達成できないときは、善意の買主は解除と損害賠償請求ができる（民法566条）。

第 5 に、目的物件上に抵当権や先取特権の担保的権利による制限がある場合、担保権が実行されて、売主が所有権を失ったときは、買主は善意・悪意を問わず解除と損害賠償請求ができる（民法567条）。

次に、敷地と建物の関係で権利の瑕疵が問題となる。昭和45年頃から分譲業者が敷地面積をごまかして、建築基準法で規制されている建ぺい率や容積率をオーバーしたマンションを販売したため、トラブルが多発した。

その方法はマンションの建築に際し、分譲業者は適法な容積率や建ぺい率の範囲内で行政官庁から建築確認許可を受けながら、建物が完成し、行政庁の完成検査が終了し、検査済証が発行されると、敷地の一部を分譲業者が分筆して自社や子会社の所有としたり、あるいは第三者に売却したりした。悪質なのは確認申請時に一時隣地を借用しておいて、完成検査後にそれを貸主に返還するという方法をとったため、建ぺい率、容積率が不足したマンションが建築・分譲された。

たとえば、確認申請時には敷地として予定している一部を、公園として市に移譲したため、マンション自体の建ぺい率や容積率は違反となり、再建築が困難となったものもある。

違反建築物は建築基準法の是正措置の対象となるのみならず、将来同延床面積で再建築不可能な物件として低廉な評価を受ける。このようなマンションを購入してしまうと、売却しようとしても、この事実を表示して売り出しても買い手がつかない状況ともなるし、この事実を秘して売却すれば、後日、売主の瑕疵担保責任等を追及される立場に立たされる危険がある。

また、悪質な例として、隣地を含めて建築確認許可を受けたが、建物完了時に隣地の所有権等の権原を取得できないまま分譲した事件で、損害賠償請求が認容された判例が出た（小金井桜町コーポラス事件（東京地判平成2・2・27判時1365号79頁・わかりやすい⑲））。

　この敷地不足の事例は、売主が販売するにあたってパンフレットには隣地を含めた確認許可を受けた面積を表示し、所在地としては住居表示の番地を記載した。一方、売買契約書には全体の敷地面積は表示しないで、隣地を除いて旧地番でもって数筆を表示した。そのため、マンションを買った区分所有者たちはパンフレットに表示された隣地を含めた敷地面積しかわからないので、隣地を含んだ面積全体が当該マンションの敷地であると思い込んでいた。ところが、10年が過ぎてから区分所有者たちが敷地不足に気づいたため裁判を提起した事件である。この事件は、道路からの土地の奥行の距離によって、当該マンションの土地に隣地の土地を加えた場合は建築基準法上の建ぺい率は60％となるが、加えない場合は30％となる土地であった。

　建築主は、敷地について確実な権原を得ないまま隣地も含めて確認許可を受けて、建ぺい率57％でマンションを建築して販売した。なお、当該マンションの敷地は借地である。

　判決は、建築主Aと、販売を委任され実際に販売したB社に対して、「マンションを建築して分譲販売しようとする建築主としては、敷地面積に不足のない建築基準法上適法な建築物として販売すべき義務があることはいうまでもないところ、本件マンションの建築面積を拡大することを企図し、本件③の土地（隣地の土地）を敷地として使用することにつき地主の承諾を得る意思もなく、また、賃借権者との間においてもマンション敷地として従前の建物を取り壊すとの合意もせず、本件③の土地を含めた敷地面積で建築確認を得、行政庁から建ぺい率違反であるとの指摘を受けた後も、これを放置していたものであるから、買主との関係において不法行為の責任を免れない」と民法709条の不法行為責任を認定した。

　しかし、当該マンションの設計・管理をしたC設計事務所については、

「設計を依頼された図面によれば建ぺい率に関する建築基準法上の規制に十分適合していたのであるから、……右図面に従って設計を行なえば足り、現にそのようにしたのであ」るとして不法行為の成立を否定した。

工事を請け負ったD社に対しても、「設計図に従って施工したのであり、右設計施工の段階において、本件③の土地上には建物が存在していたが、建築基準法上の敷地の確保は建物の完成時に満たされていれば足りるものと解すべきであって、設計施工中にこのような建物が存在していたこと自体は何ら違法な状態とはいえない」として不法行為の成立を否定した。

同判決は損害額として、「(1) 買主らが被った損害とは、前記のとおり建築基準法上の建ぺい率違反の状態について行政庁から違反建築物に対する是正措置を命じられる危険を負担しているという不利益であるが、それが現実化しているとの主張立証はないし、再建築に当たり当初の建築面積が確保されない可能性があるといっても、将来の不確定な事項に属することであるから、これらの損害を直接金銭で評価することは困難である。

(2) 買主らの不利益は、本件③土地が本件マンションの敷地として確保されるならば回復される性質のものであるが、建築基準法上の敷地要件を満たすためには、右土地に賃借権のような明確な用役権が設定されなければならないものではなく、実際にも前認定の事実によれば、(建築主ら)は買主に対し、右土地に明確な用役権を設定することを約した訳ではない」として、訴え提起時の隣地の更地価額の2割を使用借権価額として認容した。

なお、通説および大多数の判例は、このような場合は「権利の瑕疵」ではなく、「物の瑕疵」として取り扱っている（最判昭和41・4・14判時449号43頁）。

　(3)　環境の瑕疵

マンションの建物および敷地等の目的物に直接関係しない日照、騒音、眺望等のいわゆる環境の瑕疵の問題がある。

第1の事例は、マンションを買い受けたときは南側に低層のアパートが建っていたが、その後、5階建てのマンションが建築されて日照通風が阻害さ

れた。マンション購入者たちはこのような場合、売主は隣地の利用計画について調査を行い、買主にそれを告知する義務が存在する、つまり契約締結に至る準備段階で信義則上の付随義務として告知義務が要求されるにもかかわらず、これを怠ったとして損害賠償請求を提訴した。上記訴えに対し、裁判所は「しかし本件においては本件建物の敷地の南側隣接地は同人（隣地所有者）の意思に委ねられているものであって、被告らが支配権をおよぼすことができないものである」から隣地にどのような構築物が築造されるか等を調査し、その結果を買主に告知説明しなければならない信義則上の義務が売主に一般的に課せられているとは解されないと判示した（東京地判昭和49・1・25判タ307号246頁）。

　第2の事例は、購入者が分譲地内の道路を走行する自動車、特に定期バスの騒音が激しいとして、売主である日本住宅公団（当時）に対して、建物に隠れた瑕疵による瑕疵修補請求および損害賠償請求（民法634条）と、騒音による人格権の侵害に基づく損害賠償請求および防音工事の請求（同法709条）を行った裁判に対し、裁判所は、定期バスは団地住民が足代わりに利用している公衆交通機関で、騒音レベル、時間率に鑑みるときは不法行為に関する現行法制の適用上においては受忍限度の範囲内であると判示した。そして、「今日東京都民の日常被曝する騒音レベル、都内の住宅における建物内騒音レベル……は48.5ホン――に比し、著しく劣悪な条件下にあるとはいえない」と認定し、そのうえ、防音工事についても訴えを棄却した（東京地判昭和51・9・29判時829号27頁）。

　第3の事例は、風害の問題であるが、大阪地方裁判所で次のような判決が出された（大阪地判平成13・11・30判時1802号95頁）。同判決は、「すべて権利の行使は、その態様ないし結果において、社会観念上妥当と認められる範囲内でのみこれをなすことを要するのであって、権利者の行為が社会的妥当性を欠き、これによって生じた損害が、社会生活上一般的に被害者において受忍するを相当とする限度を超えたと認められる時は、その権利の行使は、社会観念上妥当な範囲を逸脱したものというべく、いわゆる権利の濫用にわた

るものであって、違法性を帯び、不法行為責任を生ぜしめるものといわなければならない」と不法行為の成立を認め、風力の被害については、「原告ら宅付近の風環境は、本件マンション建築前、村上基準によればランク2、風工学研究所基準によれば領域Bであったところ、本件マンション建築後、村上基準によればランク3を超えてランク4に、風工学研究所基準によれば領域Dに近接した領域C（ただし、これは累積頻度95パーセントの風速であって、累積頻度55パーセントの風速は領域Bである。）になり、原告らが感じた風による被害を考慮すると、人が生活する上で障害のある風環境に変化したと推測される」と各学説を基準として判断を示した。

しかし、不動産評価の下落については否定したうえで、慰謝料として各戸60万円の慰謝料を認容している。

なお、同判決を支持した判決が、大阪高等裁判所で平成15年10月28日に出されている（判時1856号108頁・わかりやすい③）。

3 耐震強度偽装問題

耐震強度偽装問題とは、マンションの鉄筋量を減少させて安く建築することに着目した一級建築士・建設会社等が耐震強度の偽装を計画して、確認許可が出る建物の強度を1とすると、1以下の強度のマンションであるにもかかわらず、偽りの構造計算書を作成して確認許可をとり、建築した事件である。

新聞等マスコミの報道によれば、強度が0.5以下と判明したマンションが10棟、中には強度が0.15しかないというマンションが存在していたことも明らかになった。

このような強度の不足するマンションを購入した買主は、誰に対し、どのような請求ができるかが問題となった。

(1) 売主に対する請求

買主は、売主に対しては売買契約に基づく瑕疵担保責任を追及できる。具体的には以下のとおりとなる。

① 契約の目的が達成できない場合、契約解除ができ、支払済みの売買代金返還請求ができる。瑕疵担保責任は無過失責任であり、売主に故意・過失は必要ない（民法570条・566条）。

② 品確法の適用により修補請求が可能となり、その最大の請求として建替え費用請求ができる。平成12年4月1日以降の新築住宅についての契約に適用される。これも無過失責任である。

③ 代金返還請求とともに、移転費用、登記費用等の損害を請求できる。これも無過失責任である（民法570条・566条）。

なお、品確法では、10年間基本的構造部分について請求できる。

(2) 建築士や設計事務所に対する請求

耐震強度偽装の構造計算を行った建築士や、その計算書で設計した元請設計事務所が偽装を知っていて、わざとそのような設計をした場合（故意）、または注意を払えば予見できたであろう、あるいは回避できたにもかかわらず注意義務を果たさなかった場合（過失）には、民法の不法行為責任（民法709条）が成立し、買主は損害賠償を請求できる。

(3) 民間の指定確認検査機関に対する請求

民間の指定確認検査機関がこの偽装設計を故意または過失により確認許可を認めた場合、前記(2)と同様の不法行為責任を負う。

(4) 地方公共団体への請求権（国家賠償請求）

1999年から建築基準法は改正され、国土交通大臣または都道府県知事から指定を受けた確認検査機関は、確認・検査業務を行えるようになった。

しかし、民間の指定確認検査機関の確認業務手続の正・不正の確認は、下記のとおりの法令により建築主事の義務と位置づけられることとなった。したがって、義務違反に対しては、建築主事を職員とする特定行政庁（地方公共団体）に国家賠償法上の責任が存在することになる。

具体的な法律上の根拠は以下のとおりである。

① 建築計画等が建築基準関係規定に適合するかどうかの確認義務がある（建基法6条1項1号～3号）。

② 指定確認検査機関の確認、確認済証の交付を受けたときに、建築主事から受けたものとみなされる（建基法6条の2第1項）。

③ 指定確認検査機関は、確認済証の交付をしたときは特定行政庁に報告しなければならない（建基法6条の2第10項）。

④ 建築主事は、③の報告を受けたとき、建築基準関係規定に適合しないと認めるときは、建築主・指定確認検査機関にその旨を通知しなければならない。この場合、確認済証はその効力を失う（特定行政庁に指定確認検査機関の確認の是正をする権限を付与している）。

(5) **参考判例**

民間の指定確認検査機関が行った建築確認処分について、横浜市中区のマンションの周辺住民が2002年12月に民間の指定確認検査機関に対し、確認取消しを求める訴えを起こしたところ、審理中に完了検査が終了したため訴えの利益が消滅した。そのため、住民らは行政事件訴訟法21条1項の規定に基づいて、横浜市に対し、上記訴えを損害賠償請求に変更する許可を申し立てた、という事案で、横浜市は、確認したのは市ではなく民間指定確認検査機関であると主張したが、最決平成17・6・24判タ1187号150頁は、次のような判旨で、地方公共団体（本件では横浜市）が損害賠償請求事件の被告となると決定した。

> 建築基準関係規定に適合するかどうかの確認事務を特定行政庁の監督下において行わせることとしたもので、確認業務は地方公共団体の事務である。その事務の帰属する行政主体は、建築主事がおかれた地方公共団体である。
>
> 指定確認検査機関の確認に係る建築物について、建築主事がおかれた地方公共団体は、行政事件訴訟法21条1項所定の「当該処分又は裁決に係る事務の帰属する国又は公共団体」にあたる。

また、民間指定確認検査機関の確認処分の取消しを求め、次いで損害賠償

請求を横浜市にも請求した事件で、横浜地判平成17・10・30判例集未登載は、民間指定確認検査機関の確認処分は横浜市の建築主事が行ったものとみなすので、損害賠償請求では横浜市を被告とすることができるとした。しかし、この事件では、民間指定確認検査機関の行った業務に「故意または過失」がないため、損害賠償請求は認められないと判示した。

(6) **結　論**

建築基準法6条・6条の2の規定によると、民間指定確認検査機関の業務において損害を与える「故意または過失」があれば、地方公共団体に対して国家賠償法に基づき損害賠償請求ができることになる。

今後、民間指定確認検査機関がどのような検査をし、その検査に過失がなかったかということが中心的に争われることになるであろう。

Ⅱ 分譲直後の瑕疵の対処方法

1 専有部分の瑕疵の対処方法

　専有部分の欠陥については、各区分所有者は、契約書に基づく瑕疵担保請求および民法上の瑕疵担保請求またはアフターサービス基準に基づく修補請求を行うことができる。

　通常、売主である分譲業者に対して、各区分所有者は修補を請求することから始めるが、完全に修補が終了するまで長期間かかり、修補方法についても双方の考え方が異なることが多く、トラブルが絶えない。

　したがって、引渡しを受ける時点で、双方立会いのうえ検査し、確認書を作成することを買主には勧めている。確認書には、部所と瑕疵を明記した項目、補修方法、補修完了期間等を一覧表にして、双方の署名、押印をして欠陥部分を確定しておくことが必要である。買主である区分所有者は、できれば建築士に依頼し、検査に立ち会ってもらうことを勧めたい。

　また、雨漏り等、専有部分に対して影響を及ぼす欠陥の中で、本来共用部分を補修しなければならない場合は、管理組合からも売主に対してアフターサービス基準に基づき修補の請求を行うよう要求しておくことも必要である。

　修補請求の方法として、口頭でのやりとりでは後記のごとく瑕疵担保期間を徒過する場合が生じやすいし、売主側の担当者が変更されたりすると請求内容が不明になったりする。したがって、売主である分譲会社に対し、欠陥箇所を明確に、具体的に記載して文書で請求するか、時効が到来する1～2年が経過しそうなときは、売主の代表取締役あてに具体的に瑕疵部分を書き出し、内容証明郵便で請求することが必要であろう。

2 共用部分の対処方法

(1) 区分所有法の改正

共用部分の欠陥に対し、どのような方法で売主に修補費用等の損害の金銭賠償請求をなしうるであろうか。

管理組合から、マンションの建設会社および販売会社の違法行為によりマンションの共用部分にひび割れ等の瑕疵が生じたとして、両被告に対し、補修代金相当額の損害賠償請求をしたところ、1審判決は管理組合の原告適格を否定して、訴えを却下した事例がある。

控訴審判決でも、原告の原告適格および本件損害賠償請求権について、本件損害賠償請求権は、本件建物の共用部分の共有者である各区分所有者に帰属するのであり、しかも、損害賠償請求権は可分債権であるから、各区分所有者にその共有持分割合に従って分割して帰属するものと解するのが相当であって、本件損害賠償請求権が控訴人の組合員である区分所有者全員に総有的に帰属する旨の控訴人の前記主張は採用し難いと判断した（百合ヶ丘ガーデンマンション事件（東京高判平成8・12・26判時1599号79頁））。

以上の判決は共用部分の瑕疵修補請求権は売買契約に基づく請求権であり、瑕疵の程度が大きく、不法行為を構成するような場合においても、各区分所有者の共用部分の所有権（共有持分権）から発生するものであるとの民法における共有論を根底に採用したものであり、かつ、賠償金が金銭債権であるため金銭債権は各区分所有者の共有持分割合によって分割すべき分割債権であるから、各区分所有者が原告とならなければならない。つまり管理組合は原告にはなり得ないと判断したものである。

しかし、マンションにおいては、区分所有者が建物の維持、管理、あるいは円満な共同生活の維持、管理を管理者という機構をもって半永久的に行わなければならず、そこに民法の容易に分割しうる共有関係とは異なる「総有」または「合有」的な共有関係が構成され、かつ実際的にもそのような運営がなされている。

つまり、区分所有者の意思により、共同管理のための事務執行者として管理者が選任されており、区分所有法26条1項において、管理者は共用部分を保存し、集会の決議や規約で定めた権利を有し、義務を負うと規定されているのであるから、管理者は自己の職務に関し、この要件を満たせば、区分所有者のために訴訟を追行すべきである。

このような判例批判が相次ぎ、平成15年6月1日、区分所有法は改正され（平成14年12月11日公布、平成15年6月1日施行）、同法26条2項に「共用部分等について生じた損害賠償金及び不当利得による返還金の請求及び受領」についても管理者ができるものと変更された。

(2) 区分所有法の平成14年改正の内容

(イ) 管理者の損害保険金受領権限の創設

区分所有法26条1項は、管理者が「共用部分並びに第21条に規定する場合における当該建物の敷地及び附属施設（次項及び第47条第6項において、「共用部分等」という。）を保存」する権利を有し、義務を負うと定められた（下線部は平成14年改正部分）。

また、区分所有法26条2項には、「管理者は、……損害保険契約に基づく保険金額並びに共用部分等について生じた損害賠償金及び不当利得による返還金の請求及び受領についても、同様とする」との内容が平成14年改正により加えられた。

損害保険契約については、区分所有法18条4項で共用部分の管理に関する事項とみなされ、契約締結等に関しては区分所有者集会で決議をすることで決定する。

昭和58年改正前は、管理者は、区分所有法26条1項・2項前段に基づき、区分所有者集会における決議によって損害保険契約を締結したとしても、保険事故が生じた場合、損害保険金は、理論上、民法上も共用部分の区分所有者全員に持分に応じて支払われるものであって、管理者は当然に保険金受領の代理権を有するものではないので、各区分所有者から保険金受領の新たな授権を得なければ受領できないと考えられるのが民法の論理であった。そこ

で、平成14年改正法によって26条2項で管理者に保険金の請求と受領の権限を認めたのである。

　よって、区分所有法18条4項に基づき、区分所有者集会において損害保険契約の締結について決議すると、管理者は、損害保険契約の締結ができ、同法26条2項に基づき全区分所有者を代理して損害保険金の請求および受領をすることができることになる。

　ところが、この受領した保険金は、規約または集会の決議がなければ修繕費にあてることができない。したがって、損害保険契約については規約に規定がなければ、区分所有者集会において管理者に契約、請求、受領、使途等についての権限の付与の決議をとっておくことが望ましい。

　　(ロ)　**管理者の損害賠償金受領権限の創設**

　平成14年改正によって、共用部分等に生じた損害賠償金についても、保険金の場合と同様、区分所有法26条2項により、管理者が代理として請求および受領する権限が創設された。管理者が損害賠償を請求する場面とは、具体的には、共用部分に欠陥が存する場合、分譲業者に対しては瑕疵担保責任、債務不履行責任、不法行為責任に基づき修補費用等の損害賠償を請求する場合があげられる。また、建設会社に対しては、その建設が建築基準法令等に違反し、または明らかな手抜き工事である場合、不法行為に基づく損害賠償請求ができる。また、分譲業者が破産や倒産となった場合は、管理者が分譲業者の債権者として建設会社に対して、債権者代位権に基づく損害賠償請求ができる。

　また、たとえば、他人の車がマンションの玄関に突っ込み、玄関のガラス等の共用部分を第三者から損壊された場合や駐車場等を不法占拠された場合に、損害賠償請求や不当利得返還請求を行わなければならない場合がある。このような場合、管理者が全区分所有者を代理して請求できることは極めて迅速な対応がとれやすく、この規定は利用されること必定である。

　　(ハ)　**残された課題**

　平成14年改正により、実務上は損害賠償金の請求が共用部分を管理する管

理者にとって可能となり、健全なマンションの維持・管理が可能となったと思われる。

しかし、まだ次のような問題が残存している。

① 区分所有法26条2項の改正された規定によっても、管理者だけでなく、各区分所有者は自己の持分割合に応じた請求権を有している。この点につき、共用部分について管理者にすべての権限を与えて、各区分所有者に請求させないようにすべきであるとの論もあるが、その説に従えば、管理者が損害賠償請求等の行動を起こさない場合、あるいは区分所有者集会の決議がとれない場合に各区分所有者は一切の請求ができなくなるという問題が生じる。

また、たとえば、マンションのバルコニーは共用部分であるが、マンションの購入者が売主からバルコニーの広さを宣伝され、それが購入動機の重要な部分をなしていた場合に、そのバルコニーが傾き、周りに亀裂が発生してきたため危険を感じてバルコニーに使用することもできなくなったので、売買契約を解除するとの裁判を提起する場合が考えられる。この場合、このバルコニーは修補が可能であるということになれば、その修補費用は購入者である区分所有者の持分比でしか請求できないのか、または専用使用権の損害として全額請求できるのかといった、まさに難しい問題が残っている。

② 区分所有権の譲渡と裁判中の譲渡も問題である。品確法の制定により、平成12年4月1日以降の新築住宅としてのマンションの売買契約物件については、基本的構造部分の瑕疵担保期間は引渡し後10年と長期間保護された。そのため、引渡し後10年に近くなって瑕疵が発見された場合には、たとえ瑕疵担保期間内であったとしても、分譲業者から購入した最初の購入者がすでに第三者に売却してしまっており、分譲業者に対する瑕疵担保責任を問えなくなる場合も多くなるのではないかとの疑問も提起されている。

このような不測の問題もあるが、マンションにとっては重大な問題で

ある。マンションの区分所有者としては、あるいは管理者（管理組合を含む）としても、共用部分の維持・管理の問題を簡易にするため、区分所有権の売買に際しては、瑕疵の存在を予測しておくことが必要であろう。そして、区分所有権の売買には共用部分も含まれていることから、共用部分の瑕疵に関しての損害賠償請求権の譲渡も売買の中に含まれると考えられるため、売買に際しては、損害賠償請求権の譲渡につき、売主は買主に譲渡証書を作成して交付することが実務上必要となってくる。

欠陥マンションがいまだに増え続けるような状況の中で、民法の法的構成にとどまるのではなく、一歩進んで、区分所有法において、共用部分に関する損害賠償請求権を不可分債権として取り扱う旨の規定を新設するのが最適であるとの意見もあるが、前述のとおり、各区分所有者も独自に瑕疵担保責任を問わなければならない場合も存在するのであるから、分譲業者より購入した買主から中古物件を購入する場合、分譲業者へ請求できる全請求権を譲渡される契約書を作成することが問題を解決する近道であろう。

3　共用部分の瑕疵担保期間

共用部分の瑕疵担保期間については、引渡しを受けてから2年間と契約上なっていた場合、共用部分の瑕疵担保期間はどの買主を基準として考えられるかが問題である。

共用部分の瑕疵担保期間の起算点は、最初の買主の引渡しを受けた時点から起算することが可能であるとする説もあるが、瑕疵修補等の損害賠償請求が前記東京高裁判決のように分割債権とすると、共用部分の瑕疵担保請求は分譲契約における共用部分の売買の法的効果として導かれるものであるから、その本質は各区分所有者に帰属する権利と考えられる。区分所有者の1人について期間が経過したからといって、他の区分所有者の権利を剥奪することはできない。期間を徒過していない区分所有者が保存行為として、単独で共用部分に関する瑕疵担保請求を行使できるのであるから、請求する区分

所有者の引渡し時から起算した期間で判断すればよいことになる。

それでは、修補請求の瑕疵担保期間はどうなるであろうか。やはり、瑕疵担保期間の徒過していない区分所有者の権利を侵害することはできないから、上記と同様に最終的に引渡しをされた区分所有者の引渡し時を始期として起算すべきであろう。

4　建設会社および関与建築士・建築設計事務所に対する請求

マンションを建築した会社とこれを分譲した会社が異なっている場合、分譲会社が倒産に至ると、買主は瑕疵担保責任に基づく修補請求権を行使しようとしても現実に修補できない状況となる。このような場合、当該マンションの建設会社に資力が存在するときは、買主と建設会社の間に直接の契約関係はないが、債権者代位権により売主に代わって同内容の請求権を行使することができる（民法423条）。すなわち、買主が分譲会社に対して修補請求権や損害賠償請求権を有する場合、分譲会社が無資力であれば、買主は分譲会社が建設会社に対して有する請負契約上の瑕疵担保責任に基づく修補や損害賠償を分譲会社に代位して請求できる。また、当該マンションを設計した建築士・建築設計事務所に対しても設計瑕疵・工事監理瑕疵について損害賠償請求が可能である。

たとえば、分譲から数年経過して大規模補修をすると、軀体部分が表出されて、当初の建築時の欠陥部分が初めて明らかになることがある。

実際に問題となったケースであるが、コンクリートの鉄筋のかぶり厚さが建築基準法施行令等に違反して不足していたため、鉄筋の腐食が通常より進行していた。この腐食を防止するため通常の工事以上に要した費用、たとえば鉄筋に錆防止剤を塗布する等の費用を、建設会社に対し、請求した。なぜなら建築基準法令は建設会社として当然熟知しているべきであるから、その違反を知りつつ工事をした行為は不法行為を構成すると理論構成して損害の賠償を請求した。

この件は交渉であったが、建設会社も自社の非を認め腐食防止工事費を支払った。

　後記Ⅳ1で紹介する2つの判決は、建設会社や設計・工事監理を担当した建築士に対して、建物の安全性に問題がある場合、不法行為が成立すると判示した。よって、建設会社等に不法行為が成立するとなると、時効は欠陥を知ってから3年、建築行為の時より20年の内に裁判を提起すればよく、長期間の請求が可能となる（民法724条）。

III 瑕疵担保期間

1 民法上の瑕疵担保期間の規定

　民法上の特定物売買の瑕疵担保期間は、「買主が事実を知った時から1年以内」（570条・566条3項）に契約の解除または損害賠償請求を行うこととなっている。

　「知った時から」の条文の意味は、目的物の引渡しを受けた後10年以内であれば、瑕疵の存在を「知った時から1年」以内であれば瑕疵担保責任を追及できるという意味である。何を知るかについては、傾斜地にコンクリート壁を築造して宅地を造成し売却した事件に関し、瑕疵とそれに基づく損害の発生と、損害額を買主が知った時とした判例がある（東京地判昭和39・10・19下民集15巻10号2494頁）。これは参考に値する判例と思われる。ところが、分譲マンションの売買契約における瑕疵担保期間は、ほとんどの宅地建物取引業者が、「引渡しの日から2年」という内容の契約書を作成し、民法上の瑕疵を知ってから1年とする期間を事実上短縮している。つまり買主が瑕疵を知らなくても、引渡しの時から2年を過ぎれば請求できなくなるということである。

　これは、宅建業法40条において「瑕疵担保期間は、目的物の引渡しの日から2年以上となる特約をする場合を除き、民法の規定より買主に不利となる特約をしてはならない」と規定し、違反する特約は無効と規定したことが原因となっている。この立法趣旨は、民法における瑕疵担保の規定が任意規定であって契約当事者が任意に期間を定めてよいと解されているため、期間短縮は自由であるが、少なくとも引渡しをしてから2年間は担保責任を負うべきであると宅地建物取引業者を規制したものであった。ところが実際の取引業界においては、この規制条項を逆に利用して、宅地建物取引業者が瑕疵担保期間を引渡しの日から2年ならよいと解釈して、事実上短縮した契約書を

使用していた。

　契約自由の原則が民法の基本にあるが、業者が一致団結すると力の弱い消費者は、不利な契約を結ばざるを得ないはめに陥ってしまう代表的な例である。

　特にマンションの建築にあたっては、分譲業者と建設業者との間の請負契約では瑕疵担保期間が通常10年と定められているにもかかわらず、末端の消費者には2年の瑕疵担保期間しか認められない結果となっていた（民法638条）。

　マンションを買う人間とつくる人間の間に売る商人が介入することによって、瑕疵担保期間が8年も短縮されるのは買主にとって誠に不利益、不合理な結果を招来することになる。

　この2年という短期の瑕疵担保期間に対する消費者の抗議等により、品確法が制定され、基本的構造部分については引渡しをしてから10年を保証し、これより短期の瑕疵担保期間を定めても、これを無効とするとする規定を設定した。

2　品確法における瑕疵担保期間

　品確法は、平成12年4月1日以降、新築の住宅を購入した場合、または注文した場合の契約について、基本的構造部分についての瑕疵担保期間を、引渡しを受けてから10年と定め、当事者間の約定で、最長20年に延長できると定めた（同法94条〜97条）。特に基本的構造部分についての10年の瑕疵担保期間については、これより買主に不利となるものは無効となると明記されている（同法95条2項）。

　瑕疵担保期間を10年間請求できるのは下記の部分の瑕疵である。
① 　構造耐力上主要な部分　　建築物に作用する各種荷重・圧力・振動・衝撃を支える部分をいい、基礎、基礎ぐい、壁、柱、小屋組、土台、斜材（筋かい・方杖・火打ばりなど）、床版（スラブ）、屋根版、横架材（はり・けたなど）など（品確法施行令5条1項）。

② 雨水の浸入を防止する部分　下地やサッシ等の開口部など（同条2項）。

①については、建物の中で基本的な安全に関する部分であり、完成後は内装材等によって外からの確認がほとんどできない部分である。

②は、雨水の浸入は何年か経過した後に発見されることが多く、当然の規定といえる。

よって、品確法により大きく瑕疵担保期間は延長され、注文者や買主の保護が厚くなされたといえる。

3　瑕疵担保期間の法的性質

瑕疵担保期間の法的性質については、権利そのものの存続期間であるとする除斥期間説と、継続した事実状態を尊重する時効期間説がある。両者の差異は、除斥期間の性質から中断がないとする点である。

除斥期間説が通説・判例であるが、この説の中にもこの期間内に裁判上または裁判外の権利行使があれば足りるとする説（大判昭和10・11・9民集14巻1899頁）と、その期間内に裁判の提起を必要とする説（我妻榮『債権各論㊥1』）に分かれる。また、建設業法に基づく建設工事紛争審査会の調停も時効中断の効果が認められた。

わが国の国民性には、即刻裁判手続に踏み切るという習慣が少なく、まず裁判外で請求して解決を図ろうと努力するのが通常であるし、裁判外での請求であっても請求の意思が明白に表示されていればよいのであるから、厳格に訴え提起期間と解するのは妥当でないと考える。

実際の裁判例においても請負契約の事例ではあるが、救済したと思われる判例がかなり出ている。たとえば、建物の引渡しを受けた直後、浴室の水漏れを発見し、直ちに瑕疵修補を請求したが、請負人が修補せず放置したため、瑕疵担保期間を経過してしまった。その後、浴室を解体した費用について金銭賠償請求訴訟を提起した事案で、期間を経過していても、その期間内に修補の請求を裁判外でしていれば徒過にならないとした判例がある（東京

地判昭和47・2・29判時676号44頁)。

同様の趣旨で瑕疵担保期間内に裁判外で請求した場合、その請求が特定していれば上記期間経過後に裁判を提起しても認容している(大阪高判昭和53・10・26判時920号133頁、名古屋高判昭和57・6・9判時1051号99頁、東京地判昭和60・2・15判時1189号62頁)。

しかし、一番安全な方法は、可能な限り早く具体的な瑕疵部分を書き出し、内容証明郵便等の書面による修補請求や金銭賠償請求を行い、とりあえず簡易裁判所等に調停申立てを行うことによって期間の経過を中断し、調停不成立の場合は2週間以内に正式裁判を提訴して時効の中断効果を維持することが必要である。

4 アフターサービス基準

欠陥マンションが多く建てられていることが判明し社会問題化したことによって、昭和51年12月11日、建設省(当時)が業者団体に出した通達に応えて業者7団体は、同年4月1日以降の新規販売分からアフターサービス基準を設定し、実施することを決定した。

アフターサービス基準について、業者団体の統一見解の概略は、「瑕疵担保規定では、売主が瑕疵であると認めない場合は、裁判で争う以外道はなく、欠陥に対する対応が迅速にとれない場合が多い。アフターサービスは、買主の使用責任や経年変化等の場合を除き、売主が自主的に補修を無償で行うものである。アフターサービスは補修のみに限定されるが、売主は補修を行うことで瑕疵担保責任のすべてを免れるものではなく、買主は損害賠償請求権と契約解除権を留保することになる」ということであった。

アフターサービス基準と瑕疵担保責任との関係であるが、同基準は瑕疵担保責任を制限・排除するものではなく、かえって責任を加重した保証約束であって、両者は併存・競合する。買主は両者のうち、要件で最も主張しやすいと思われ、かつ効果が期待できるほうを選択すればよく、一方を選択したからといって他方が主張できなくなるものではない。

Ⅳ 救済の方法および請求の内容

1 マンションにおける建物としての基本的安全性を損なう瑕疵

　最高裁判所は、別府マンション事件に係る福岡高等裁判所の「建物としての基本的な安全性を損なう瑕疵」を著しく限定的に解釈した判決（福岡高判平成21・2・6 判時2051号74頁）を破棄して、不法行為責任（民法709条）が建設会社および設計・工事監理を行った建築士に対し成立すると判示した（最二小判平成19・7・6 民集61巻 5 号1769頁・判時1984号34頁（第 1 次上告審判決）、最一小判平成23・7・21集民237号293頁・判時2129号36頁（第 2 次上告審判決））。

　第 1 次上告審は、「建物の建築に携わる設計者、施工者及び工事監理者（以下、併せて「設計・施工者等」という。）は、建物の建築に当たり、契約関係にない居住者等に対する関係でも、当該建物に建物としての基本的な安全性が欠けることがないように配慮すべき注意義務を負うと解するのが相当である。そして、設計・施工者等がこの義務を怠ったために建築された建物に建物としての基本的な安全性を損なう瑕疵があり、それにより居住者等の生命、身体又は財産が侵害された場合には、設計・施工者等は、不法行為の成立を主張する者が上記瑕疵の存在を知りながらこれを前提として当該建物を買い受けていたなど特段の事情がない限り、これによって生じた損害について不法行為による賠償責任を負うというべきである。居住者等が当該建物の建築主からその譲渡を受けた者であっても異なるところはない」と判示した。

　そして第 2 次上告審は、「『建物としての基本的な安全性を損なう瑕疵』とは、居住者等の生命、身体又は財産を危険にさらすような瑕疵をいい、建物の瑕疵が、居住者等の生命、身体又は財産に対する現実的な危険をもたらし

ている場合に限らず、当該瑕疵の性質に鑑み、これを放置するといずれは居住者等の生命、身体又は財産に対する危険が現実化することになる場合には、当該瑕疵は、建物としての基本的な安全性を損なう瑕疵に該当すると解するのが相当である。

以上の観点からすると、当該瑕疵を放置した場合に、鉄筋の腐食、劣化、コンクリートの耐力低下等を引き起こし、ひいては建物の全部又は一部の倒壊等に至る建物の構造耐力に関わる瑕疵はもとより、建物の構造耐力に関わらない瑕疵であっても、これを放置した場合に、例えば、外壁が剥落して通行人の上に落下したり、開口部、ベランダ、階段等の瑕疵により建物の利用者が転落したりするなどして人身被害につながる危険があるときや、漏水、有害物質の発生等により建物の利用者の健康や財産が損なわれる危険があるときには、建物としての基本的な安全性を損なう瑕疵に該当する」と判示した。

「そして、建物の所有者は、自らが取得した建物に建物としての基本的な安全性を損なう瑕疵がある場合には、第1次上告審判決にいう特段の事情がない限り、設計・施工者等に対し、当該瑕疵の修補費用相当額の損害賠償を請求することができる」とその賠償請求についても明らかにした。

2 不法行為の時効期間

この最高裁判所の民法709条の不法行為責任の成立を認めた判決は極めて大きな影響を与えた。

なぜならば、民法709条の不法行為責任をいつまで請求できるかについて同法724条は、「不法行為による損害賠償の請求権は、被害者又はその法定代理人が損害及び加害者を知った時から3年間行使しないときは、時効によって消滅する。不法行為の時から20年を経過したときも、同様とする」と規定している。

鉄筋コンクリート造マンションにあっては、共用部分の瑕疵がなかなか判明せず、放置されてきた。そして10年経過した頃、やっと行われる長期修繕

において隠された部分の建築関係法令に反する瑕疵が発見されても品確法で保護された10年の時効期間さえ過ぎているものが多く、諦める以外なかったのである。

ところが、民法724条においては、不法行為の時から20年を経過するまでは請求できることとなり、いわゆる除斥期間（裁判提起期間など諸説あり）が少なくとも20年に伸びたことはマンションを購入した者にとって福音である。

3　欠陥マンションの救済

新しいマンションを購入した場合、よもや建築関係法令違反や重大な手抜き工事が行われた等と考えも及ばないのが通常である。したがって、長期修繕工事において建築専門家が調査することによって、タイルの異常な剥がれ、コンクリートの異常な亀裂がいかなる原因に基づいて発生しているのかが初めて明確となってくる。

現実に存在した瑕疵では、コンクリートのかぶり厚さ不足により鉄筋が腐食し、膨張してタイルを押し上げ、最終的には剥離してタイルが落下した事例、構造スリットが施工されていなかった事例、エキスパンションジョイントが施工されていなかった事例、窓の周りの斜め補強筋が施工されていなかった事例等、建築関係法規に違反する事例が問題となっている。

ただ、検査機関の知識が不十分なため、せっかく高層階に高額の足場を組んで調査しても、裁判に耐えうる証拠写真や測定結果が作成されていない。

したがって、マンションの管理組合の役員が別府マンション事件の最高裁判所の高邁な判決の理論を勉強されることを望むものである。

以上のように、マンションの構造部分の重大な部分に欠陥があることが判明した場合、契約解除および損害賠償請求等を行うことができる。その根拠条文は、民法570条・566条の売主の瑕疵担保責任である。また、法規違反工事や明らかな手抜き工事に対しては不法行為責任に該当するものとして、民法709条の条項により重大であれば契約解除と同等な損害賠償請求ができる。

41

しかし、契約解除は契約の目的を達成できない場合でなければならず、鉄筋コンクリート造のマンションにおいて、どの程度の欠陥であれば契約解除が可能かが問題となる。

　耐震強度偽装のマンションは、「強度1に対して0.5以下であれば解体する」と極めてわかりやすい判断を国土交通省は示している。しかし、1を切るが0.5以上のマンションははたして安全といえるのであろうか。偽装マンションではなく、施工に瑕疵があり、構造部分の鉄筋について本数が不足したことによって外壁に亀裂が生じる現象が発生しているマンションであれば、鉄筋がかなり不足していると推定できる。そして、他の構造部分は亀裂が発生しないけれども鉄筋量が少量不足しているかもしれないとの推測も成り立つ。しかし、買主自身が費用を負担して建物全部の鉄筋について検査することは不可能である。また、耐用年数が税法上47年とされるコンクリート造の建物を買ったのであるが、前記のように明らかな手抜きの工事を行ったマンションについて、はたして47年間の耐久性が存在するかどうか、極めて疑わしいものがある。

　実際には、欠陥マンションの各住戸を個別の交渉によって分譲業者に買い取らせ、契約解除と同じ結果を得たマンションの例はいくつもあるが、共用部分のコンクリートの外壁に多くの亀裂が生じたりする場合、かなりの戸数の住戸を分譲業者に買い取らせることができるかという問題があり、困難なケースとなるであろう。

4　建売住宅の裁判例

　マンションの契約は売買契約であるが、建売住宅や中古住宅も同じく売買契約である。

　建売住宅や中古住宅において、どのような場合に契約解除が認められ損害賠償請求も認められているかについて、その裁判例を参考にしてみたい。

　建売住宅の建物については請負契約的性格をもつにもかかわらず、民法においては建売住宅の欠陥を修補する費用は認められないとする学説がある。

この理由は、売買契約の賠償請求においては、信頼利益を請求できるが、履行利益は請求できないからとする。ただし、売主に過失ある場合には履行利益も請求できるとする。

しかし、建売住宅は注文住宅と対比すると、建物を建てるという行為は同一であって、建売住宅においても欠陥住宅が多数存在することから、その行為の類似性質を考えれば履行利益＝修補費用の賠償請求が認められるべきである。

ことに、品確法において請負契約と同様に修補請求が認められたのであるから、修補費用を損害賠償として請求できると解すべきである。

5 履行利益を認めた判例

履行利益を認めた裁判例2例を掲げる。

① 軟弱地盤のため建物が沈下した事例で、売買契約であっても新築の建売住宅は瑕疵がないということを前提として買うのであって、もし瑕疵があれば買主は販売業者が無償で補修してくれると期待し、現実にも業者が補修していてくれているのが通例であるからと、販売業者の修補責任を認めてその修補代金を支払えとする判例が出た。

そこで認められている賠償金の範囲は、修補では無理であるとして建物の建替えを認めたため、①建物の取壊し費用、②地盤改良工事費、③新規建築費用、④建替え工事中の仮住居の費用、⑤2回の引っ越し費用、⑥建築士の調査費用、⑦慰謝料、⑧弁護士費用、を認めた判例である（神戸地判昭和61・9・3判時1238号118頁）。

② 建物が同じく沈下した事例で、販売会社のみに責任を認めるのみでなく契約関係のない建設業者にも「あらかじめ地盤の調査をすることなく、簡単な盛土工事を行ったこと、下請業者にマサツ杭が埋土部分をこえて有機質土層まで貫入し、地盤を破壊するであろうと予測すべきであるのに、他の適切な工法をとらず杭を打ち込ませた」等の過失を認定し、建設業者にも不法行為が成立するとして販売業者と同額の損害賠償

金を支払えと判示した判決が出ている（横浜地判昭和60・2・27判タ554号238頁）。

③　その他、重大な欠陥がある場合、慰謝料、弁護士費用、調査費用を認めた裁判例も出ている（神戸地裁尼崎支判平成12・10・27欠陥判例2集192頁）。

Ⅴ　マンションの瑕疵として認められた判例

1　防音性能の劣るマンションの売主の責任

　福岡地判平成3・12・26判時1411号101頁・わかりやすい⑨〔東峰マンション事件〕の事案の概要は、本件マンションのパンフレットによれば、「遮音性、機密性に優れた高性能防音サッシを使用している」などと説明され、販売会社Bのセールスマンも本件マンションの防音性能を誇張した。しかし、本件マンションは防音性能の点で通常の性能を欠き、室内騒音は通常人の受忍限度を超えている。また、本件マンションのサッシはBが保証した遮音性能を欠くとして、瑕疵担保責任または債務不履行に基づいて、下落した価格相当額の損害賠償と、不法行為に基づく精神的損害の賠償を求めた。

　福岡地裁判決は、①本件サッシの遮音性能は25dbである、②本件マンションにおいては、サッシを閉め切った状態であっても電車・貨車の通過時には、50ホンを超える騒音がある、③公害対策基本法9条に基づく昭和46年5月25日閣議決定「騒音に係る環境基準について」は、生活環境を保全し、人の健康に資するうえで維持されるべき基準として昼間50ホン以下、朝夕45ホン以下、夜間40ホン以下としているところ、朝夕および夜間には前記基準をかなり上回る騒音が聞える、と判示して、慰謝料を認容した。

2　外壁落下による交換価値下落の有無と損害賠償請求

　福岡高判平成18・3・9判タ1223号205頁・わかりやすい⑬〔ロイヤルコート大手町事件〕では、平成12年3月、2、3階の居室各バルコニー部の外壁タイルの剥離・剥落が生じその都度補修が行われたが、これもほとんどの者が知らされていなかった。同年9月、東面4階外壁部のタイルが大規模に剥落し、住民のほとんどの者が知ることとなった。補修工事は、平成12年9月17日から平成14年2月28日までを全体工期として行われた。

控訴審である福岡高等裁判所は、「(A・B・C・Dらが)本件マンションの各室を購入したのは、いずれもその竣工後間もなくであり、これらはいわゆる新築物件であること、本件外壁タイルの剥離・剥落は、既に本件マンションの竣工前である平成10年11月ころから見られ、その後も継続、拡大したものであること、(分譲業者は)各室の販売の際、この外壁タイルの剥離・剥落を知っていた可能性がうかがわれること」、「そうすると、まず、本件マンションの上記瑕疵により、……各室の経済的価値が、いずれもその購入時において、上記瑕疵がない場合のそれと比較して低下していることは否定しがたいところである。すなわち、本件マンションの売主である分譲業者は、売主の瑕疵担保責任として、瑕疵の存在を知らずに合意した売買代金額と瑕疵を前提にした目的物の客観的評価額との差額に相当する、この経済的価値の低下分について、損害賠償義務を負わなければならないことになる」、「外壁タイルの剥離・剥落の時期・状況、本件補修工事の内容、参考売却事例などを総合すると、現存する上記瑕疵に起因するA・B・C・Dらが購入した本件マンションの各室の交換価値の低下分は、それぞれA・B・C・Dらの購入した各室の建物価格の5パーセントを下らないと認めるのが相当である」と5％の価値低下率で損害金を認定した。

(田中峯子)

第3章

購入にかかわる紛争

Ⅰ　マンション売買の特性

　マンションは、区分所有法という特別法によってその所有・使用関係が決められるものであるから、売買契約についても区分所有法に基づいた契約をしなければならない。

　マンション売買の主たる目的物は、①買主が独占的に使用する建物部分である専有部分の区分所有権と、②他の区分所有者と共同で使用する建物の共用部分や附属施設に対する共有持分、③建物敷地に対する敷地権（所有権の共有持分となる場合、地上権または賃借権の共有持分となる場合がある）がその目的物となる。この点について十分な理解がなく、売買契約に際して、①にばかり目が奪われて、②、③についての理解が不十分なまま契約を締結してしまうケースが多い。しかし、②、③に関する契約内容についての理解が欠けると、後に述べるように重大な問題を発生させることになる。

　また、マンションでは、自分が独占的に使用し所有する専有部分だけでは生活ができず、建物の共用部分、敷地およびその附属施設がなくては生活ができない。そのゆえに、建物の共用部分、敷地およびその附属施設は、区分所有者全員の集団で管理しなければならず、これをどのように管理するかによってマンションの生活環境が決定されることになる。したがって、マンションを売買する場合には、この「管理」を含めたものを実質的な売買物件として検討する必要がある。具体的にいえば、マンション管理のルールを定めた「管理規約」「使用細則」などがどのような内容となっているかを確認し、これを吟味したうえでなければ、売買をしてはならないということになる。「管理規約」「使用細則」には、第5章にあるように、さまざまの事項が規定されているが、購入者が通常その売買の際に注意するのは、管理費・積立金といった負担金くらいのことで、その他の規定事項にはほとんど注意が払われておらず、入居して何か紛争や問題が起きてから気づくというケースが多い。

しかし、第9章の「日常生活をめぐる紛争」に述べるさまざまの紛争は、管理規約や使用細則を注意して読んでおけばその記載事項から紛争を予知することができることが多い。たとえば、専有部分の使用目的は住居と規定されているか、ペットは飼育できるか、駐車場は公平に利用できる仕組みとなっているか、管理人室や集会室は規約共用部分とされているか、管理は管理会社に委託するのかなど重要な事項をそこから知ることができる。

中古マンションでは、区分所有法8条で、売主が管理費・積立金など負担金を滞納していると、その支払を買主が承継しなければならないので、この点も売買契約の締結に際してチェックしておかなければならない。また、中古マンションでは、補修実績を調査して、どの程度の修繕がなされているのか、修繕積立金はどのくらいあるのか、今後の修繕計画は立てられているのかも点検して、建物や施設の健康状態をチェックしておく必要がある。

この中古マンションに関しては、国土交通省の施策として、維持管理や修繕等の履歴情報登録およびその情報提供システムを整備し、平成18年4月より「マンションみらいネット」として運用されている。

平成13年に、マンション管理適正化法3条に基づき定められた「マンションの管理の適正化に関する指針」三においても、「マンションを購入しようとする者は、マンションの管理の重要性を十分認識し、売買契約だけでなく、管理規約、使用細則、管理委託契約、長期修繕計画等管理に関する事項に十分に留意する必要がある」と指摘されている。

以上のようにマンションの売買は、一戸建ての分譲住宅を売買するのとは大きな相違点があることを十分に認識しておかなければならない。

(花井増實)

Ⅱ 売買契約における注意事項

1 重要事項説明

　宅建業者が、マンションを分譲するときは、宅建業法の規制を受け、当該分譲業者は、買主に対して分譲する建物についての重要な事項を書面で説明する必要がある（宅建業法35条）。

　特に、マンションの分譲販売について重要な事項は、宅建業法施行規則16条の2により次のとおり定められている。

〈マンションに関して特に説明すべき事項〉
1　建物の敷地に関する権利の種類および内容
2　共用部分に関する規約の定め
3　専有部分の用途その他利用制限に関する規約の定め
4　建物または敷地の専用使用権に関する規約の定め
5　修繕積立金、管理費等の費用を特定の者のみ減免する規約の定め
6　修繕積立金の内容および既に積み立てられた金額
7　通常の管理費の金額
8　管理委託業者の氏名および住所
9　建物の維持修繕実施状況の記録

　分譲マンションの販売における重要事項説明については、昭和55年11月、宅建業法が改正され、35条1項5号の2（現行法は同項6号）が追加されたが、これに従い建設省令である施行規則16条の2において、現行規則のうち1号・2号・4号および6号ないし8号の事項が定められた。

　しかし、55年通達（昭和55年12月1日建設省計動発第105号）において、共用部分に関する規約の定め（2号）、専用使用権に関する定め（4号）、修繕積立金に関する規約の内容および積立額（6号）については、宅建業者において「通常行うべきであるとみられる調査」を行っても、なお不明である場合

においては、当分の間、調査義務の範囲から外れるものとした。

　しかし、63年通達（昭和63年11月21日建設省経動発第89号）において、「通常行われるべきであるとみられる調査」とは、売主、管理組合、管理会社に対する調査を行うこと、修繕積立金については規約に定めがある場合は必ず調査を行うとともに、当該建物に関し計画修繕積立金等について滞納額があるときはその額を告げることとなった。また、管理費用についても管理会社に対する調査を行い、管理費用についての滞納額についても告知することとなった。

　また平成4年通達（平成4年12月25日建設省経動発第106号・建設省住管発第5号）では、宅建業者が管理規約、管理委託契約書を作成した場合には、「中高層標準管理規約」「中高層共同住宅標準管理委託契約書」との主要な相違点を説明すること、中古マンションの取引においては、当該マンションの建築年次、内装・外装の修繕の実施状況について故意に事実を告げず、または不実のことを告げた場合には、宅建業法47条1号の重要な事項の不告知禁止に違反することが通達された。

　さらに、平成8年には現行宅建業法施行規則16条の2第3号が追加され、専有部分の用途等の利用制限に関する規約の定めが重要事項となったのである。また、平成13年3月31日施行の宅建業法施行規則の一部改正により、現行5号および9号が「重要事項」に追加されることとなった。

　平成13年4月1日に施行された消費者契約法では、マンション分譲業者が、分譲販売の勧誘に際して、消費者（購入者）に対して、重要事項について事実と異なることを告げ、これを事実と誤認して消費者が契約の申込みまたはその承諾の意思表示をしたときは、これを取り消すことができ（同法4条1項）、また、重要事項または重要事項に関連する事項について、分譲業者が、消費者に利益となる旨を告げ、かつ、当該重要事項について消費者の不利益となる事実を故意に告げなかったことにより、当該事実が存在しないとの誤認をしたときは、これを取り消すことができるとされた（同条2項）。

2　青田売りマンション分譲

　マンション分譲で特徴的な販売形態は、建物が完成する前にモデルルームをお客に見せて売買契約を結ぶいわゆる青田売りである。

　青田売りに関しては、宅建業法33条により広告の開始時期について規制がなされている。すなわち、宅建業者は、工事に関し必要とされる都市計画法29条の許可、建築基準法6条1項の建築確認、その他の法令による許可があった後でなければ売買の広告をしてはならないことになっている。

　また、宅建業者が自ら売主となる青田売りについては、売買代金額の5％を超えるか、または1000万円を超える手付金を受け取る場合には、宅建業法41条で売主において手付金の保全措置（銀行等による保証、保証保険）を講じることが義務づけられ、重要事項説明書に記載する必要がある。

3　クーリング・オフ

　宅建業法37条の2では、宅建業者が自ら売主となる場合、業者の事務所および国土交通省令で定める場所以外の場所で買受申込みが行われ、または、売買契約を締結した場合には、買主は一定の要件の下に書面により買受申込みを撤回し、または、売買契約を解除すること（クーリング・オフ）ができる。ただし、買主がその自宅または勤務する場所で宅地・建物の売買契約に関する説明を受ける旨を申し出た場合にあっては、クーリング・オフすることができない（宅建業法37条の2第1項、宅建業法施行規則16条の5第2号）。クーリング・オフの期間は、クーリング・オフ制度の記載のある書面を宅建業者から交付されたときから起算して8日以内とされているが、申込みの撤回は書面を発信したときに効力が生ずる。

　モデルルームに併設されたテント張りや仮設小屋等の一時的で移動容易な施設で契約を締結した場合はこれに該当するが、一団の宅地建物を分譲するための案内所で土地に定着する建物であるときは、国土交通省令に定める場所としてクーリング・オフの適用対象とはならない（宅建業法施行規則16条

の5第1号)。

4　ローン特約付売買

　売買代金の支払をローンで予定し、ローンが不成立となったときは契約はなかったことにしたいというときは、ローンの融資実行を条件とする契約をすることになる。ローンの特約条件付売買を締結するときは、「ローン」の特定をする必要がある。単に「ローン」では、買主としてどのような銀行でもよいからローンを申し込む義務が生ずる可能性があるので、条件を明確にするように○○銀行の住宅ローンといった記載をしておく必要がある。また、宅建業者がローンを斡旋するときは、宅建業法35条1項12号により重要事項説明書にローンの内容およびローンが成立しないときの措置を記載して説明する義務がある。

5　設計図書の交付

　マンション管理適正化法103条は、宅建業者が自ら売主として新築のマンションを分譲した場合には、1年以内に管理組合の管理者等に設計図書を交付しなければならないと定める(マンション管理適正化法施行規則102条参照)。
　したがって、新築マンションを購入するに際しては、設計図書がいつ、誰に交付されるかを確認しておくことが必要である。

(花井増實)

III　マンション売買契約における紛争

1　法定共用部分に関する紛争

　区分所有法4条1項に定められた法定共用部分について、分譲会社が同部分を専有部分であると主張したり専用使用権があると主張し紛争となった例がある。

　専有部分か共用部分かについては、判例、学説上、①構造上の独立性、②利用上の独立性をもった建物部分といえるかにより区別している。なお、いかなる構造部分が法定共用部分とされるかについては、第9章Ⅰを参照されたい。

　このような紛争に関しては、分譲当初にマンションの構造を点検して、速やかに分譲会社に対して法定共用部分であることを認めさせるように交渉することが必要である。長年にわたって分譲会社や特定の区分所有者がその部分を使用してしまうと、交渉でこれを中止させることはなかなか困難である。

　もっとも、法定共用部分については、区分所有法4条1項にあるように、区分所有権の対象にならないので、後日訴訟で黒白をつけることは可能である。

　マンションの管理室、自家発電室および電気室が、利用上の独立性を欠くとして、法定共用部分であると認めたものとしては、東京地判平成元・10・19判時1355号102頁・わかりやすい14がある。また、管理室と利用上の一体性があることを理由に管理人室を法定共用部分であると認めた判例がある（最判平成5・2・12民集47巻2号393頁・判時1459号111頁・わかりやすい24）。

　逆に、法定共用部分にはあたらないとされたものとしては、マンション1階の車庫にマンホールや排気管等の共用設備が設置されている事案において、専有部分は「必ずしも周囲すべてが完全に遮蔽されていることを要しな

Ⅲ　マンション売買契約における紛争

い」とされ、「一部に他の区分所有者らの共用に供される設備が設置され、このような共用設備の設置場所としての意味ないし機能を一部帯有しているものであっても」、(共用設備の設置場所が)「①右の共用設備が当該建物部分の小部分を占めるにとどまり、その余の部分をもって独立の建物の場合と実質的に異なるところのない態様の排他的使用に供することができ、かつ②他の区分所有者らによる右共用設備の利用、管理によって右の排他的使用に格別の制限ないし障害を生ずることがなく、③反面、かかる使用によって共用設備の保存及び他の区分所有者らによる利用に影響を及ぼすこともない場合には」専有部分となりうると判示されたものがある(最判昭和56・6・18民集35巻4号798頁・判時1009号58頁・わかりやすい23（①②③は筆者が付した)）。また、マンション地階の駐車場で天井に配管類、床下にし尿浄化槽、受水槽、その他、マンホール、手動ポンプ等の共用設備が設置されていたものについても、同様に専有部分であるとした判例もある(最判昭和56・7・17民集35巻5号977頁・判時1018号72頁)。

　倉庫については、電気スイッチ、配電盤、動力系スイッチ、汚水・雑排水マンホール、電気、水道等のパイプ等の共用設備が設置されていても、専有部分にあたるとされた判例（最判昭和61・4・25判タ607号45頁）がある。

　1階の吹き抜け部分（ピロティ）については、元々マンションの建築を計画した当初から、完成後に1階部分に建物を設置することが予定されていたもの（未完成の空間）について、吹き抜け部分を専有部分とする判例がある（東京地判昭和54・10・30判タ403号127頁）。逆に、既に吹き抜け部分として完成され、マンション建築分譲当初から建設会社の資材置き場として利用されていたものについては、専有部分として留保された判断がなされたものや（神戸地判平成9・3・26判タ947号273頁）、当初から区分所有者の自転車置き場、通路として使用されてきたピロティについて法定共用部分にあたるとしたものがある（東京高判平成7・2・28判時1529号73号・わかりやすい22）。

　前記のマンションの管理室、自家発電室および電気室が法定共用部分と認められた判例（前掲・東京地判平成元・10・19わかりやすい14）において、「当

55

該部分につき存する専有部分としての表示登記および所有権保存登記は、建物部分の一部が法定共用部分にあたる場合は、実態と齟齬する限度において表示登記を更正するのが相当であり、これによって目的を達しうるから保存登記に触れる必要はない」との判断がなされており、登記手続の先例として参考になる。

2 敷地に関する紛争

敷地については、マンションの建物底地に隣接し当該マンションの区分所有者が専ら利用する駐車場（料金は隣地の所有名義人が収得）が設けられていた隣接地について、区分所有者が隣接地も本来分譲された敷地であるとして訴えたが、裁判所は、区分所有者の所有権は認めず、黙示の通行地役権の設定合意を認めて救済した判例がある（最判平成7・7・18民集49巻7号2684頁・判時1544号56頁・わかりやすい[20]）。

ある事案で、分譲当時購入者はマンション敷地の一部と考えていた土地が、分譲業者の都合によって分筆されて、敷地の所有権移転登記手続がその分筆土地についてなされなかった例がある。しかも、この事案では、分譲業者が分筆して残した土地に銀行のために根抵当権を設定して倒産したので、マンション購入者は上記分筆土地部分をマンション敷地として確保すべく訴訟提起した。最終的には和解が成立して、マンション購入者らが上記根抵当権の被担保債権を代位弁済してこれを抹消し、分筆土地の完全な所有権を購入者に所有権移転登記をして解決した。

また、他の事案として次のような例がある。分譲当時に敷地がマンションの底地部分とその前面駐車スペース部分とから成り立っていたところ、前面駐車スペース部分の一部に公道があり、同公道部分は分譲後払下げを受けて購入者に渡されることになっていた。マンション購入者が当初分譲業者から駐車場スペース部分について登記を受けたのは、地上権の移転登記であった（地上権の設定は、所有者と分譲業者との間でなされていた）が、上記公道部分の払下げ後、分譲業者は同払下部分については賃借権の移転登記にしか応じ

られないとの態度を示した。理由は、売買契約上は賃借権と表示されているという主張であった。そこで、購入者らは、上記公道払下部分についても地上権の移転登記をするよう求めて訴訟提起したが、訴訟上の和解によって、購入者らの希望する地上権移転登記が認められた。

　敷地の一画に設置した駐車場の専用使用権の分譲について、これを有効と認めた判例（最判昭和56・1・30判時996号56頁）があるが、駐車場をめぐる紛争については第5章Ⅲを参照されたい。

3　景観に関する紛争

　景観に関する紛争については、近時、下記の3つの事例について重要な裁判所の判断がなされている。

(1)　事例①──大阪高判平成11・9・17

　マンションのパンフレット等には、居室からは二条城の眺望・景観が広がると説明してあり、購入者も契約締結に先立ち、マンション西側窓からの眺望について、販売会社の担当者に質問し、視界は通っているとの説明を受けていたが、購入者はマンション竣工後の内覧会において、5階建て隣接ビルのクーリングタワーにより、購入した部屋の西側窓の眺望が妨げられていることに気がついた。

　そこで、購入者は売買契約の交渉当初から眺望を重視する旨伝えていたのに十分な説明を受けていないとして、契約違反を理由に売買契約を解除し、手付金の返還および損害賠償の請求を求めた事例である。

　この事例について、第1審・京都地裁判決は、購入者の西側窓からの眺望についての質問に対して、販売代理会社の担当者がクーリングタワー等の構築物を意識せず、隣接ビルの高さとの比較だけから推測を述べ、その結果、購入者は、西側窓からの眺望について事実と異なるイメージをもったことが認められるとし、この点は、分譲マンションの販売代理人として軽率の誹りを免れないと指摘したが、担当者において、購入者が、西側窓から二条城が眺望できなければ本件売買を行わない意思であることを意識できたとは認め

られないとしたうえで、「市街地における住居の眺望は、その性質上、長期的・独占的に享受しうるものとはいい難く、隣接建物により眺望が阻害されることは、特段の事情がない限り受忍せざるを得ないものであること等を考慮すると、西側窓からの眺望が阻害されることが直ちに本件売買契約の解除事由となるとの特約がなされたと意思解釈することはできない」と述べ、購入者の請求を斥けた。

　これに対して、大阪高裁判決は、「（未完成のマンションの販売においては）売主は購入希望者に対し、その売買予定物の状況について、その実物を見聞できたのと同程度にまで説明する義務がある」とし、「売主が説明したところが、その後に完成したマンションの状況と一致せず、かつそのような状況があったとすれば、買主において契約を締結しなかったと認められる場合には、買主はマンションの売買契約を解除することもでき、この場合には売主において、買主が契約が有効であると信頼したことによる損害の賠償をすべき義務があると解すべきである」と述べ、購入者は本件マンション購入にあたり、担当者に対して、視界を遮るものがないかについて何度も質問しており、販売会社においても、購入者が二条城への眺望を重視し、購入の動機としていることを認識し得たとし、販売会社は未完成建物を販売する者として、本件居室のバルコニー、窓等からの視界についてその視界を遮るものがあるか、ないかについて調査、確認して正確な情報を提供する義務があったと認めて、購入者に手付金の返還を認めた（大阪高判平成11・9・17判タ1051号286頁・わかりやすい6）。最高裁判所は、販売会社らの上告受理申立てに対して、不受理の決定をした（最決平成12・9・26）。

　(2)　事例②——東京地判平成18・12・8

　購入者は分譲時に隅田川花火大会の花火を観覧できることを重視して、また、自らが経営する会社の取引先の接待に利用するために、マンションを購入したが、本マンションの販売会社は通りを挟んだ向かい側に、本マンションと同様の高さのマンションを建築する計画を立て、その後建築が進んだ頃には購入者のマンションの部屋からは隅田川花火大会の花火が観覧できなく

なった。

　そこで、購入者が、花火を見ることができなくなったことによる財産的損害、慰謝料等について、不法行為に基づく損害賠償を求めた事例である。

　この事例について裁判所は、購入者らは、隅田川花火大会の花火が観覧できるという北東向きの部屋の特徴を重視し、これを取引先接待にも使えるという考えの下にマンションを購入したことが認められ、販売会社においてもこれを知っていたと認めるのが相当であるとし、販売会社のマンション建築は、信義則上、部屋からの花火の眺望を妨げないよう配慮する義務に違反するものといえ、販売会社は、購入者らに生じた損害の賠償をしなければならないと判断した（東京地判平成18・12・8判時1963号83頁・判タ1248号245頁・わかりやすい7）。

(3) 事例③──東京高判平成11・9・8

　販売会社の担当者が、購入者に対し、本マンションの日照が長時間確保されるとの期待をもたせてマンションの売買契約を締結させたが、購入者が手付金、中間金を支払った後、残金を支払う前に、南側隣地に11階建てのマンションが建築されることが判明して、日照が著しく制限されることになるため、購入者は残金の支払を行わなかったので、販売会社は契約に基づき、手付金を没収した。

　これに対し、購入者が、南側隣地に建物が建たないことを保証する特約があったところ、これが履行不能になったとして①特約違反による売買契約の解除に基づき、手付金の返還を求め、二次的に②特約が存在する旨または南側隣地に相当長期間建物が建築されずに日照が確保される旨誤信していたとして錯誤無効に基づく不当利得返還請求に基づき、もしくは③告知義務に違反したとして債務不履行に基づき、手付金相当額の損害金の支払を求めた事例である。

　これについて、裁判所は、まず、本件売買契約における①本件保証特約の債務不履行、およびかかる②錯誤無効については、購入者の主張を排斥したうえで、販売会社は不動産売買に関する専門的知識を有する株式会社であ

り、購入者は、不動産売買の専門的知識を有しない一般消費者であるから、販売会社としては、購入者に対し、売却物件であるマンションの日照・通風等に関し、正確な情報を提供する義務があり、誤った情報を提供して本件建物の購入・不購入の判断を誤らせないようにする信義則上の義務があるというべきであるとした。

そして、購入者に手付相当額の損害が発生していると判断した（ただし、本事例では購入者に50％の過失割合があると認定している。東京高判平成11・9・8判時1710号110頁・判タ1046号175頁・わかりやすい⑧）。

(4) 販売者の責任を認める要件

以上、3つの事例は、いずれも、①購入者がどのような景観を重視する意図を有し、これを販売者に伝えていたか、②購入者が、販売者に対し、自らの意図を伝えていた場合に、販売者はいかなる義務を負うか、という点について裁判所が判断を示したものである。

そして、この義務に違反した場合に裁判所は、販売者に対し、一定の責任（損害賠償責任等）を認めている。

4 瑕疵問題——欠陥マンション

マンションを購入後に瑕疵が発見された場合にどのように対処するのか。この問題については、第2章を参照されたい。

5 解約問題

(1) 申込証拠金

マンションのモデルルームを見にいくと、販売会社の営業マンがおり、その場で少額でよいから契約の申込証拠金を置いていくように勧めることが多い。これをいったん支払った後は、契約をしないにもかかわらずその返還請求ができないのか。

申込証拠金の法的性質については、これを授受したときに返還についての明確な合意（領収証に契約に至らないときは無条件で返還されると但書されるな

ど）があればよいが、その点が曖昧なまま契約希望者がこれを支払うことが多い。支払者の意思としては、買受けについて真剣に考えていることの証としてこれを支払っているものであり、契約をしない場合にはこれを返還請求できるものと考えていると意思解釈されるので、この者が契約を取りやめる場合には申込証拠金の返還を認めるのが妥当である。

建設省（現国土交通省）は、返還を原則と考えている（昭和48・2・26建設省計宅業発第16号の1建設省計画局不動産業室長通達）。

(2) 解約手付金

マンションの売買契約に際しては、手付金を授受することが多いが、契約書上には手付金を解約手付金として、売買契約の相手方が契約の履行に着手するまでは買主はその手付金を放棄し、売主はその倍額を償還して契約の解除をすることができると定められている。これは、宅建業法39条2項で、宅建業者が自ら売主となる場合には、手付金は解約手付金となると規定されているからである。

この解約手付金に基づく解除で問題になるのは、相手方が契約の履行に着手するとはどの時点までかの判断である。この点について、最高裁は、「履行の着手とは、債務の内容たる給付の実行に着手すること、すなわち、客観的に外部から認識し得るような形で履行行為の一部をなし又は履行の提供をするために欠くことのできない前提行為をした場合を指す」としている（最判昭和40・11・24民集19巻8号2019頁、最判昭和41・1・21民集20巻1号65頁）。判例によれば、履行の着手の具体例としては、売主が各種の登記申請書類を用意したとき、買主が残代金の支払の用意をし、これを売主に告げて履行期における受領方を催告しているときなどがこれに該当する（谷口知平ほか編『注釈民法(14)〔新版〕』181頁）。

また、履行期が到来していることが必要であるか否かについては、前掲・最判昭和41・1・21は、履行期前であっても履行期前には履行に着手しない旨合意している等の特段の事情がない限り民法557条1項にいう履行の着手は生じないと解すべきではないとした。

ただし、履行期前の履行の着手については、最判平成5・3・16民集47巻4号3005頁では「履行の着手の有無を判定する際には、履行期が定められた趣旨・目的及びこれとの関連で債務者が履行期前に行った行為の時期等もまた、右事情の重要な要素として考慮されるべきである」とし、「およそ金銭の支払債務の履行につき、その『著手』ありといい得るためには、常に金銭の現実の提供又はこれに準ずる行為を必要とするものではなく、すでに履行期の到来した事案において、買主（債務者）が代金支払の用意をした上、売主（債権者）に対し反対債務の履行を催告したことをもって、買主の金銭支払債務につき『履行ノ著手』ありといい得る場合のあることは否定できないとしても、他面、約定の履行期前において、他に特段の事情がないにもかかわらず、単に支払の用意ありとして口頭の提供をし相手方の反対債務の履行の催告をするのみで、金銭支払債務の『履行ノ著手』ありとするのは、履行行為としての客観性に欠ける」と判示し、買主が履行期前にした土地の測量、履行の催告が履行の着手にあたらないとされた。

6 その他の紛争

マンションの建築主が、建築基準法上の敷地の一部とした土地について、マンション建築完成後も所有権・賃借権等の使用権限を取得しないままに、マンションの分譲販売がなされた事例（東京地判平成2・2・27判時1365号79頁・わかりやすい⑲）につき、裁判所は、マンションを建築して分譲販売しようとする建築主としては、敷地面積に不足のない建築基準法上適法な建築物として販売すべき義務があるとし、建築主および売主につき買主らに対する不法行為が成立するとして、当該敷地の更地価格の約2割を買主らの損害と認めた。

バブル経済が終わった頃から、分譲業者が売れ残ったマンションを値下販売する事案があり、当初の販売価格で購入した者が分譲業者に対して損害賠償を求めた訴訟があるが、裁判所は、値下販売をしない旨の合意があったとは認めず、「一般に不動産の価格は、需要と供給との関係で決まるものであ

り、不動産市況によって価格が変動することは自明の理」であるとして、マンション販売業者には販売価格を下落させてはならないという信義則上の義務があるとは認められないと判断し、その請求は認めなかった（東京地判平成 8・2・5 判タ907号188頁）。特殊な事例として、日本住宅公団（当時）が賃貸住宅の建替えに際して、賃借人らに対して、一般公募に優先して建替え後の分譲住宅を売却する譲渡契約を締結したが、日本住宅公団が直ちに一般公募する意思がなかったにもかかわらず、これを購入者に説明しなかったことにつき、信義則違反があったとして慰謝料を認めたものがある（最判平成16・11・18民集58巻 8 号2225頁・判時1883号62頁・わかりやすい⑤）。

消費者契約法（平成13年 4 月施行）では、このような将来における変動が不確実な事項につき断定的判断を提供することによって、消費者が当該提供された断定的判断の内容が確実であると誤認し、契約の申込みまたはその承諾の意思表示をしたときは、これを取り消すことができる（同法 4 条 1 項 2 号）としている。

福岡高判平成20・3・28判時2024号32頁は、マンション分譲契約における買主の代金支払義務の不履行による違約金について、約定された違約金（売買代金の 2 割である728万円）が売主の損害の程度が比較的軽微なものであることから、そのまま違約金特約を容認することは信義則に照らし許されないとして、手付金（200万円）に手付金と同額を加えた金額を相当な違約金と判断した。また、同判決は、宅建業法38条（違約金等は売買代金の10分の 2 を超える定めをしてはならない）の規定があるので、消費者契約法は適用されないと判断する（消費者契約法11条 2 項）。しかし、同法 9 条 1 号の「当該事業者に生ずべき平均的な損害」を著しく超過する違約金として、その違約金特約を同法違反として判断することが可能であったのではなかろうか（山上知裕「マンション分譲契約と消費者契約——福岡高裁平成20年 3 月28日判決を素材として」マンション学37号32頁参照）。

（高菜美奈・花井増實・深津茂樹）

Ⅳ 紛争を防止する対策

　今日ではマンションを購入するときは、宅建業者から購入する場合がほとんどである。したがって、分譲業者は、宅建業法35条1項6号に基づいて、敷地、共用部分に関する規約、専用使用権などに関する事項を説明する義務を負っているので、契約を調印する前には十分にこの重要事項説明書を吟味する必要がある。

　まずは法務局で敷地の図面、登記事項証明書をとり、重要事項の説明内容に相違ないかを点検し、建物の共用部分や附属施設については、管理規約・建築設計図書を閲覧して当該共用部分・附属施設の位置、構造を確認し、さらにその所有関係が分譲業者に留保されていないかを点検することが必要である。また、管理に関する事項は、管理規約・使用細則を見て、その内容を確認することが必要である。

　これまでに紛争になったケースでは、上記のような確認や点検を怠ったというケースがほとんどであり、この基本原則を守ることなくして、紛争を防止することはできない。

　上記のような点検・確認すべき事項については、専門的な知識を必要とする事項も多いので、建築士や弁護士の助言・指導を得て進めるのが妥当である。専門家に対して、コンサルタント料、相談料といった手数料が必要となるが、マンションという高価な資産を購入するのであるから、それに相応した事前調査費をかけることが当然と考えるべきである。そうした費用の必要性を認識することが、マンション購入の紛争を予防する第一歩といっても過言ではない。

（花井増實）

第4章

管理体制と紛争

Ⅰ　管理組合のないマンションでの紛争

1　区分所有者の団体

　マンションの区分所有者は、全員で、建物並びにその敷地および附属施設の管理を行うための団体（以下、「区分所有者の団体」という）を構成するものとみなされ、区分所有法の定めるところにより、集会を開いたり、規約を決めたり、管理者を定めることができる（法3条前段）。この条文は、区分所有者間に具体的な団体的関係を創設するための規定ではなく、既に全区分所有者の間に当然に団体が存在することを擬制し、宣言した確認規定である。その立法趣旨は、建物並びにその敷地および附属施設の管理について、多数決による決定（団体的拘束）を直截に承認し、区分所有者の共同管理意識を徹底させて、区分所有建物等の管理の充実および区分所有者相互間の法律関係の円滑な処理を実現させるところにある（注1）。

　ところで、区分所有者の団体といっても、何らの契約を必要とせず、区分所有者である限り当然にその構成員となるものであるから、抽象的な団体であり、現行規定上、社団性の表現が後退していることに気づく。法の建前では、区分所有者の団体は、集会（意思決定機関）・管理規約（団体自治規則）・管理者（団体の代表・執行機関）をそれぞれ開催・制定・選任することが予定されている。しかし、それらは義務的なものではなく、任意的なものにとどまる。よって、区分所有者の団体が構成されても、区分所有者間の民主的意思決定機関としての「管理組合」（定義は後述2）が当然に設立されるわけではない。つまり、実際には、①集会すら開催されていない団体、②集会は開催されたが管理規約が制定されていない団体、③管理規約は存在するが管理者が選任されていない団体、④管理規約が制定され管理者も選任されている団体など、管理体制の充実度に応じてさまざまな実態の区分所有者の団体が存在する。そして、区分所有者の団体の法的性格ひいては団体の訴訟上の

当事者能力を論じるにあたっては、上記のような団体の実態を無視するわけにはいかず、その団体としての成熟度を考慮しながら段階的に考えざるを得ない。

　一般的にいえば、上記①、②の段階においては区分所有法の直接適用を受ける抽象的な団体にとどまり、管理規約が制定された③の段階において少なくとも民法上の組合の性格をもつ団体となり（民法667条以下）、④の段階に至れば、いわゆる権利能力なき社団の性質を有する団体となると解される（民訴法29条、最判昭和39・10・15民集18巻8号1671頁）（注2）。

2　区分所有者の団体と管理組合との関係

　昭和58年改正法試案においては、現行の区分所有者の団体に相当する団体について、「管理に関する事業を行うことを目的とする団体（管理組合）」と表現されていた。しかし、58年法においては、管理組合法人という用語はあるものの、管理組合という用語は姿を消している（現行法も同様）。したがって、「管理組合」は、法律上の用語ではなく講学上の概念にとどまる。巷間にみられる「○○マンション管理組合」なるものは、区分所有法3条前段の趣旨を管理規約上確認的に明らかにし、区分所有者の団体に名称を付しているものと解するのが、法律上は正しい（注3）。

　しかして、「管理組合」という用語が一般的に普及定着している現状を考えるならば、「管理組合」の概念については統一し確固たるものとしておく必要がある。この点につき、区分所有者の団体と「管理組合」とは全く同じ概念であるととらえる見解もあるが（注4）、それでは「管理組合」のもつ意味があまりにも形式化してしまう。つまり、1度も集会が開催されていなかったり、管理規約すらもたない場合にまでも、「管理組合」の存在を認める結果となり、「管理組合」の概念をあまりにも広義曖昧なものにしてしまい、思考衛生の点において不都合である。

　講学上の概念としての「管理組合」の内容を定義するに際しては、区分所有者間における民主的意思決定の根本的ルールを備えているものに限定すべ

きである。そこで、本稿では、管理組合とは、マンション住民の憲法ともいうべき管理規約が制定された段階に至っている区分所有者の団体であると定義することを提唱する。したがって、本稿で問題とする「管理組合のないマンション」とは、何らかの理由によって、根本的団体自治規律である管理規約がいまだ制定されていないマンションをいう。

3 区分所有者の団体の成熟（管理組合成立）過程

具体的に考えてみると、マンションは分譲業者の先行投資によって建築され、竣工段階では、分譲業者が区分所有の対象となるべき部分のすべての区分所有権を有しているのが通常である。そして、マンションの少なくとも1室が分譲された段階で、区分所有者の団体が当然に構成される（この段階では「管理組合」は成立していない）。そして、法的別人格者に対して1室、1室の分譲が完了していく過程において区分所有者の団体を構成する人数が増加し、分譲業者が所有する専有部分の面積の割合が相対的に減少していく。正規の場合、一定の分譲が完了した時点において、集会が開催され管理規約、管理者が定められ、通常「〇〇マンション管理組合」なる名称が付される。かような正常な過程をたどって成熟していく中で、管理規約が制定された段階になって初めて「管理組合」が成立し、区分所有者の団体と「管理組合」とが一致する（注5）。

4 管理組合のないマンションの類型

(1) 管理組合成立前のマンション

マンション分譲に係る通常の不動産売買契約書には、専有部分の管理責任は勿論のこと、共用部分の管理責任（管理費負担を含む）についても持分割合に応じて、引渡しと同時に分譲業者から購入者に移転する旨の条項が盛り込まれていて、分譲引渡時期を境に、分譲業者は漸次売主としての管理責任を免れる契約になっており、これに対する法的な規制はない。つまり、後述のように未分譲部分の割合に応じた管理費用の負担を求めることができるこ

とは格別、マンション購入者が、管理組合発足までの間、分譲業者に対して共用部分の管理（無償）を当然に請求できるとする管理体制を区分所有法は要求していない（法19条）。

この点、住戸数が300戸以上またはエレベーター設備ないし中央暖房方式を有する共同住宅に限ってではあるが、韓国には特徴的な管理方式が法定されており、注目に値する。韓国共同住宅管理令8条6項は、「事業主体が選定した住宅管理業者による管理機関は、自治管理機構が構成され、又は入居者等により住宅管理業者が選ばれるときまでとする」と規定し、分譲業者に対して一定期間の管理義務を課している（注6）。

管理組合成立前のマンションについての分譲業者の管理責任については、日本の区分所有法は格別言及していないが、はたして立法論的にみて妥当かどうかは、区分所有法改正後に生じた数々の区分所有者の団体内部での紛争を顧みるならば、将来的に再考されるべき問題点である。

(2) **管理組合を設立できないマンション**

前述のとおり、集会の開催、規約設定、管理者の選任は、いずれも任意であり義務ではないから（注7）、集会が1回も開催されず、規約もなく、管理者がいないマンションも理論上存在しうるし、実際にも存在する（本稿では、かように管理規約すら有しないマンションを「管理組合のないマンション」と定義する）。「管理組合のないマンション」といっても、その事情によってさまざまなケースが想定できる。まず、①集会開催および議決が可能な状態にあるにもかかわらず区分所有者らの怠慢、無関心から規約が定められることなく放置されている場合、②集会は開催されているが、規約設定に賛成の区分所有者数または議決権のいずれかが4分の3に達しないために、規約が設定できずにいる場合がある。①においては区分所有者各自の住民自治意識の高揚によって、また、②については民主的な意思決定過程において予定されている事柄であり、議論を闘わせる中で相互間の妥協点を見つけ出すことによって、それぞれ、規約すらもたないという異常な状態から脱却することが可能である。しかし、②のケースの中には、現行法の枠内では解決困難な

問題をはらみ、今後多くの紛争に発展することが予測されるものも少なくない。以下、項を改めて裁判上で実際に争いになっている典型的事例について述べる。

5 売れ残りマンションにおいて分譲業者が大多数の専有部分を所有するケース

(1) 管理組合の設立が不可能なケース

バブル経済の崩壊の経済的後遺症が続く中、分譲マンションの売れ残りに起因して「管理組合のないマンション」が各地に発生し、深刻な問題が表面化している。一例として、区分所有の対象となる分譲予定マンションが109戸もあるのに、竣工後数年を経ても19戸しか分譲できていないAマンションにまつわる紛争を紹介する。

Aマンションでは、いろいろな事情から分譲が予定どおりに進まず、Aマンション分譲業者Yが、Aマンションの専有部分の床面積総数の50％超を所有する状態が続いている。また、Aマンションでは、各区分所有者19名全員が各自署名押印のうえ、管理組合設立世話人たる分譲業者Yに対して交付したAマンション管理組合設立についての委任書が存在し、それには「Aマンション管理組合の発足は区分所有者の数が90％を超えた時を予定する」との記載がある（注8）。そして、Aマンション分譲業者Yが作成した原始管理規約案が存在するが、その中には「本管理規約は当管理組合結成と同時に発効するものとし、昭和○○年○○月○○日から適用する」との1条項が盛り込まれている。つまり、Aマンションでは、管理組合がいまだ発足されておらず、管理規約案が存在するだけで適法な管理規約は存在しないという異常な状態におかれているわけである。前述のように、区分所有者の団体を構成するY分譲業者とY以外の区分所有者とが民主的な話合いによって妥当な解決策を見出すことができれば話は簡単なのであるが、両者の利害が真っ向から対立したときには、将来に向かって「管理組合のないマンション」から脱却できない事態も起こりうる。

Aマンションには、管理組合はおろか管理者も存在せず、管理規約も存在しない以上、Aマンションの区分所有者の団体には区分所有法の直接適用があることとなる。その場合、法38条・39条により、区分所有者の団体の意思を決定するには、集会を開催し、区分所有者の頭数および区分所有者の所有する専有部分の床面積のそれぞれ過半数で議事を決定せざるを得ない（法14条1項）。しかし、そもそもYが同意しない以上、Y以外の構成員では集会を招集することすらできず（法34条3項）、仮に集会が開催されたとしても、両者の利害関係が完全に対立している状況の下では、決議要件を満たす可能性が皆無で、区分所有者の団体としての意思決定は実際上不可能となる場面に遭遇する。つまり、管理規約の制定をYが拒否する限り、永久的にAマンションの住民自治が実現されないままになり、日常のマンション生活にも支障を来し（注9）、マンション住民らは、にっちもさっちもいかない状況に追い込まれる。

上記のような異常事態が具体的な紛争となって最も頻繁に具現化する典型的なものは、分譲業者Yが多額の管理費を滞納し続けるというケースである（注10）。分譲が進まず、投下資本回収がままならない分譲業者としては、悪くすれば倒産の危機に陥り、マンションの管理が十分に行われないばかりか、マンション管理財政が次第に赤字となっていく。このようなケースにおいて、分譲業者Yを除いた住民（以下、「X」という）または住民ら（以下、「Xら」という）が裁判上とりうる手段としては、いかなる訴訟形態があるだろうか。

(2) **区分所有者の構成員としての裁判上のアクション**

まず、管理組合のないマンションのように区分所有者の団体が正常に機能していない事情がある場合には、区分所有者の団体の構成員たるXが単独原告となって、またはXら数名が共同原告となって、区分所有者の団体のために、区分所有者固有の権限に基づき、共用部分の保存行為として（法18条1項ただし書）、分譲業者Yに対して、未払管理費を訴求できる（注11）。

また、上記の考え方を応用すれば、XまたはXらは、区分所有者の団体の

ために、区分所有者固有の権限に基づき、共用部分の保存行為として、一定の保全処分を申し立てることもできよう。分譲業者Yが第三債務者に対して債権（たとえば、Aマンションの火災保険満期返戻金請求債権）を有している場合において、X（またはXら）は、分譲業者Yに対して、共用部分の管理権を被保全権利として、仮差押命令申立てまたは債権取立ておよび処分禁止の仮処分命令申立てをなすことができる余地がある。

実際に札幌地方裁判所において、上記事案と類似する仮処分申請事件で、仮処分決定までには至らなかったが、Aマンションの火災保険満期返戻金をXらおよびYの訴訟代理人の共同名義の預金口座に入金し、この金員を引き下ろすためには、両当事者の合意を事実上必要とすることを内容とする仮処分審尋手続での和解が成立したケースがある（注12）。

(3) 区分所有者の団体の構成員有志で組織する任意団体が主体となるアクション

さらに進んで、Xらで構成する任意団体（「Aマンションを守る会」などの名称が付された、Y以外の区分所有者有志で組織された団体）に民事訴訟法上の当事者能力を認める余地はないか。今後の検討を要する課題であるが、仮にこのような任意団体が、最高裁判例がいう権利能力なき社団の要件（注2参照）を満たすものであったとしても、管理費等の請求権の帰属主体になれるのか否かにおいて疑義が払拭できない。仮に、当事者能力の問題をクリアしたとしても、当事者適格がないと解するのが一般的な考え方であろうか。

確かに、管理費等の請求権が区分所有者の団体に合有的に帰属することとの論理的整合性および既判力の人的範囲をどう考えるのかという問題を含めて、再考する余地はあると思われるが、任意団体に管理費等の請求権の帰属主体性を当然に肯定するまでには、判例を含めて論者の見解は一致していない状況である。実務的にいえば、住民複数名が各自区分所有者の団体の構成員の資格で共同原告（類似必要的共同訴訟）となって裁判手続を展開するのが、現段階での正攻法であると考えられる。

(注1)　稲本洋之助・鎌野邦樹『コンメンタールマンション区分所有法〔第2版〕』25頁。

「民法上では共有者間にはこのような団体は存在しないから、共有物の変更や処分について全員の一致を必要とする。これに対して、区分所有建物、その敷地および附属施設の管理（広義）については多数決による決定を認めることが望ましく、その論理的前提として民法の共有の世界には存在しない団体がここに存在するものとして擬制したのである」。

なお、濱崎恭生『建物区分所有法の改正』105頁以下では、管理組合法人制度（法47条～56条）を新設したことに関連して、将来的に法人となるべき母体としての団体の存在を明文で確認したことも立法趣旨として指摘されている。法務省民事局参事官室編『新しいマンション法』42頁。

(注2)　権利能力なき社団というためには、団体としての組織を備え、多数決の原則が行われ、構成員の変更にかかわらず団体が存続し、その組織において代表の方法、総会の運営、財産の管理主体としての主要な点が確定していることを要する。

(注3)　濱崎・前掲書（注1）109頁以下。

(注4)　折田泰宏『マンションの法律100章』80頁。丸山英氣『叢書民法総合判例研究（65-2）区分所有法(2)』56頁は「潜在的管理組合」と「顕在的管理組合」いう表現をされている。

(注5)　濱崎・前掲書（注1）109頁以下。よって、「区分所有者の団体」は「管理組合」を包含する広義の概念であり、両者は明確に区別するべきである。

(注6)　梶浦恒男ほか「韓国における分譲共同住宅の管理制度と管理システム」マンション学1号48頁～64頁、金印會ほか「韓国の分譲マンション管理における行政施策——管理関連法の整備状況を中心に」マンション学4号25頁～34頁、金印會ほか「韓国における分譲共同住宅管理の制度と管理システム」大阪市立大学生活科学部紀要39巻47頁～67頁。

上記各論文によると、本文で述べた管理形態は事業主体管理と呼ばれている。ここでいう建設事業主体とは、公的機関（大韓住宅公社と地方自治体）および住宅建設業者であって、住宅建設業者とは、住宅建設促進法施行令9条により、大統領令で定める年間戸数（単独住宅20戸、共同住宅20戸）以上の住宅を建設するため、建設部に登録した民間建設業者である。

なお、その後のマンション管理体制の流れは、以下のとおりであると

いう。「事業主体は、入居予定者の過半数が入居を完了したときには、入居者にこの事実を通知して、共同住宅管理方法を決めるように要求する……。事業主体による義務管理期間の終了前でも、『区分所有者』が自治管理機構を設立し、共同住宅の管理業務の引き継ぎを要求すると、事業主体は遅滞なく、自治管理機構に共同住宅の管理業務を引継ねばならない。しかし、『区分所有者』が事業主体による義務管理期間の終了までに、共同住宅の管理方法を決めることが出来なかった場合は、二つの方法がある。一つの方法は、事業主体が直接住宅管理業者（管理会社）を選定し、入居者にこの事実を通知した後、住宅管理業者に共同住宅の管理を委託する方法がある。二つ目の方法は、市長、郡守が認定する正当な理由がある場合は、義務管理期間終了後も事業主体が継続して管理を行い、自治管理機構又は『区分所有者』が選定した住宅管理業者に共同住宅の管理業務を引き継げる時点まで管理を担当する方法である」（梶浦ほか・前掲論文52頁）。

(注7)　濱崎・前掲書（注１）12頁の中島発言。

(注8)　このような内容の規定自体の有効性も今後検討せねばならない課題である。

(注9)　一例として、福岡地判平成元・１・17NBL427号24頁における認定事実を紹介する。ここまでいくと何のためにマンションを購入したのかわからなくなってしまう。「特にエレベーターや１階共用フロアには、タバコの吸殻等のごみが散乱したまま放置され、エレベーター内に小用のあとが残り、臭気がただようことが多くなった。その後も管理費徴収が行われず資金不足が続いたため、九州電力及び福岡市水道局に対する電気料金及び水道料金の滞納により、昭和63年１月19日電力の供給が、同月26日給水がいずれも停止された。その結果、本件マンションの共用部分の電気がつかず、エレベーター及び給水ポンプが停止して、事実上、右マンションにおいて基本的な生活を営むことが困難になっている」。

(注10)　区分所有者は、複数の区分所有権関係の発生した時期、すなわち「区分所有建物の譲渡により区分所有権が発生し、区分所有権の登記等により区分所有建物であることが客観的に認識される状態になった時から、法令、規約、区分所有者の団体の集会で定めるところに従い、共用部分の管理費等を支払う義務を負うと解すべきである。上の時期に至ったならば、分譲業者であっても、未分譲の区分所有権利を所有する以上、共有部分の管理費等を支払わねばならないのは当然である。被告（分譲業

者）は、分譲業者には管理費等の支払が免除される旨の商慣習があるというが、上の慣習の存在を認めるに足る証拠はない」（東京地判平成2・10・26判時1393号102頁・わかりやすい62、法19条）。

なお、本稿で定義する管理組合が成立する以前においても、あるいは「管理組合」が事実上機能できないほどに崩壊している場合であっても、区分所有者の団体の構成員（未分譲区分所有権を有する分譲業者も含まれること勿論である）は、管理費等の支払義務を負担することになる。問題は、管理経費の請求権の帰属であるが、管理組合が未成立で権利能力なき社団の要件を具備するまでに団体として成熟していない段階においては、区分所有者の団体に合有的に帰属していると解するべきであろう。

（注11）　管理組合は存在するが、マンションの議決権割合にして約74％の区分所有権を買い占めた業者が管理者と結託して、実質的に管理者不在の状態に陥らしめ、約820万円の管理費等の滞納を続けていた事案において、前掲・福岡地判平成元・1・17は、「原告（区分所有者の団体の構成員の1人）は本件マンションの区分所有者固有の権限に基づき、共用部分の保存行為として、被告（上記管理費滞納者）に対し、前記未払管理費を訴求することができると解するのが相当である」と判示している。

この判決は管理組合が後発的に機能不全を起こした事案であるが、本文で述べた管理組合のないマンションや管理者不在のマンションにおいても同様の理が妥当する。上記判決は、区分所有者固有の権限の根拠条文については、判決中において明示はしていないが、民法252条ただし書の特則たる法18条1項ただし書に基づくものと解して差し支えなかろう。

（注12）　この札幌地方裁判所の例は、分譲業者Y以外の区分所有者の団体の構成員たる資格とあわせ上記団体の有志で組織する自主的グループの構成員たる資格で住民1名が申立人となった事案であるが、札幌地方裁判所において上記自主的グループを区分所有者の団体と同一視することまでを認めたわけではないことがうかがわれる（前掲・東京地判平成2・10・26も、区分所有者有志で組織された団体が原告となって請求した分譲業者に対する管理費等の請求を棄却している。ただし、その後、控訴・相互の別訴提起を含む紆余曲折を経たものの、滞納管理費等について住民側が全額回収する結果で解決している）。

（橋場弘之）

Ⅱ　管理組合の役員

1　「管理者」制度と役員体制

　区分所有法は、管理組合法人については理事および監事をおかなければならないとし、理事を代表者および執行機関と定めているだけであり（法49条1項・2項、50条1項）、法人でない管理組合については管理者を代表者および執行機関と定めるだけで（法25条、26条）、役員については特別に定められてはいない。これは、区分所有法が役員体制というものまで予定していなかったためである。すなわち区分所有法は、管理組合を組織できない状態にある区分所有者の団体も対象とせざるを得ないため、その場合には専門的な能力を有する者（管理会社など）に管理を委ねることを想定し、その者を「管理者」と名づけ、法律上管理の権限を与えたのである。したがって、区分所有者の団体が管理組合を組織し、独自の規約を定め、役員を選任して活動していくことはその自治に委ね、区分所有法は言及していないのである。

　しかし、実際には、管理組合法人と同様に法人でない管理組合の場合にも、複数の理事と監事がおかれ、その合議に従って業務を執行しているのが普通である。国土交通省の「マンション標準管理規約」（以下特に断らない限り、単棟型を「標準管理規約」という）35条1項では、管理組合の役員として、理事長、副理事長、会計担当理事、理事、監事をおく旨を定めている。

　そうすると、管理組合が組織された区分所有者の団体では、管理の権限を有する者は理事長であり、特に「管理者」をおく必要がないことになる。そこで規約には、「理事長は、区分所有法の定める管理者とする」（標準管理規約38条2項参照）という調整規定を設けるのが通常である。しかし、このような規定がなくとも、理事長は当然に管理者と解すべきである（東京地判平成2・5・31判タ748号159頁・わかりやすい75）。

2　役員の選任

　ところで、いずれのマンションにおいても、向こう3軒両隣の関係が希薄なことや日々の勤務の関係で役員のなり手がいないという悩みを抱えている。また、短期間に交替して管理組合の実態を把握できない現状にある。そのため、多くのマンションでは事情を知る役員を残し、役員のなり手不足に対応するため、「半数改選」や「輪番制」を導入したり、大規模修繕計画などの長期的問題については「諮問委員会」「専門委員会」を設置するなどの工夫をしているところが多い（標準管理規約55条）。

(1)　選任手続

　管理組合の役員の選任については、区分所有法25条1項の規定が準用される。通常は、規約に選任方法を定め、具体的な選任は総会の決議によって行う。選任のための決議は、組合員の過半数が出席し、議決権の過半数で決めるとするのが通常である。標準管理規約では、理事および監事は総会で選任し、理事長、副理事長、会計担当理事は理事の互選によるとしている（標準管理規約35条2項・3項）。

　事実上管理組合が機能していないために、管理規約があっても理事が選任されない場合には、一般社団法人及び一般財団法人に関する法律80条1項（改正前の民法56条）を準用して、組合員は裁判所に仮理事の選任を求めることができる（大阪地決昭和63・2・24判時1293号124頁・判タ679号181頁参照）。

(2)　役員の資格

　役員の資格については、法律上は、組合員すなわち区分所有者に限定されていない。しかし、役員資格を組合員に限定しているマンションがほとんどである。標準管理規約も理事および監事は組合員の中から選任するとしている（標準管理規約35条2項）。

(イ)　賃借人

　賃借人は、区分所有者ではなく管理組合の構成員ではないので、規約により役員資格を組合員に限るとしている場合には、賃借人が役員となることは

できない。

しかし、現実問題として、投資的マンションや都心部のマンションなどでは区分所有者が不在か遠隔地にあり、居住者の大多数を賃借人が占めるという例も少なくないうえに、賃料とともに管理費の負担をしている賃借人も多い。また、現実に居住している賃借人が生活の場であるマンションの管理に大きな利害を有することも明らかである。したがって、実質的に賃借人にも役員資格を与えることを否定すべき理由は決定的なものではなく、賃借人も役員となることができると定めることも可能であると解される。現にそのような定めをするマンションも増えている。

　(ロ)　配偶者

区分所有者の配偶者は、名義上も区分所有者となっている場合があり（当該マンションの1室を共有している場合）、この場合には、当然に役員となる資格がある。また、夫または妻のみが区分所有者である場合にも、その妻または夫が役員となっている場合もある。実際上も、通常は、夫妻は一体と考えて差し支えないことからみて問題はないと考えられる。この場合には、規約に役員の被選任資格を区分所有者に限らず、その配偶者も選任できる旨を定めておけばよいであろう。

　(ハ)　その他の同居人

管理組合の中には、役員を組合員の同居家族などから選任できる旨を規約で定めている例も多い。実際問題として、職業をもっている区分所有者にとって、生活の場としての区分所有の建物の管理にかかわる時間的余裕がない場合が多く、区分所有者のみが役員になることが困難なことも多いことに鑑みてのことであろう。このように、規約に明文の定めがあれば、組合員の同居人を役員に選任することも可能である。ただし、同居人といっても、実質的に組合員と一体と考えられるような関係にある者でなければならない。たとえば、組合員の両親、兄弟等が考えられよう。また成年に達している者であることも必要であろう。

ただ組合の役員は、最終的には組合業務の執行機関として法的な責任を負

うことになる場合もあるから、役員のうちでも重要な役職、たとえば理事長、会計担当理事などは区分所有者から選任することが適当であろう。

3　役員の権限と責任

(1)　権　限

　法人である管理組合の場合には、理事の職務権限が法定されている（法49条）。法人でない管理組合の場合には、一般に、①理事長、②副理事長、③理事、といった役員がおかれているのが通常であるので、それぞれの職務権限について説明する。

(イ)　理事長

　理事長は、管理組合を代表し、組合業務を執行する（標準管理規約38条1項）。規約に定めがあるとき、または規約で組合総会もしくは理事会の決議を得て行う旨の定めがあるときは、それに従う。しかし、対外的な関係においては、理事長に規約または総会の決議で加えられた制限は、善意の第三者に対抗することができない。

　組合の業務執行は、自己の名においてすることができる。当然に、管理組合理事長の名を冠することができる。理事長の執行する組合業務に関して得た債権および負った債務は組合員全員に及ぶ。

　理事長は組合総会において、その職務に関して報告義務を負う（標準管理規約38条3項）。組合の業務執行のために、顧問などを委嘱したり、職員を採用（同条1項2号）することができる権限を認められている場合も多い。組合総会の招集は理事長が行う（標準管理規約42条3項・4項）。その他、共用部分の使用方法、規律などに関する規定で、理事長に各種の職務権限を明文化する事例は多い。

　区分所有法は、法人でない管理組合について、管理者以外の役員を予定していない。そこで、法との整合性を図るために、理事長を区分所有法上の管理者とする旨を規約で定めている例が多い。標準管理規約も同様である（標準管理規約38条2項）。

79

㈦　副理事長

　副理事長は、理事長を補佐し、理事長に病気などの事故があるとき、または死亡など理事長が欠けたときは、その職務を代行する（標準管理規約39条）。

　㈧　理　事

　理事は、理事会（標準管理規約51条）を構成し、規約で理事会の決議を得て行う旨の定めがある事項について、審議・決定する。当該事項については、各理事は連帯して責任を負い、職務を執行する。

　理事に特定の職務が明文化される場合もある。たとえば、会計担当理事を設けて組合の費用の徴収、積立その他の会計経理に関する業務を担当させる等である（標準管理規約40条2項）。当該理事は、管理組合の組織上理事長から当該業務の内部委任を受けていると解される。

⑵　責　任

　㈠　民事責任

　管理組合の役員がその任務に背き、管理組合に損害を与えたときは、当該役員は管理組合に対して損害賠償の責に任ずる。管理組合の役員は、組合員との関係では、委任または代理の法的性質を有するのであるから、共用部分などの管理その他規約で定めた事項または組合総会の決議によって定められた業務の執行にあたって、これを故意または過失により履行せず、組合員に損害を与えたときは、民法上の債務不履行の一般原則により、組合役員は組合員に対して損害賠償を支払わなければならない。

　組合役員が自己の職務権限について自己に代わって業務を行う者、すなわち履行補助者を選任する場合がある。この履行補助者の過失によって組合業務の履行を行うことができず、そのために組合員に損害を与えた場合は、履行補助者の過失に適用される一般法理に従う。組合総会の決議や規約で履行補助者の使用が許された場合は、組合の役員はその選任・監督に過失があったときにのみ責任を負う。また履行補助者の使用が禁止されている場合に、あえて履行補助者を使用したようなときは、そのことが既に債務不履行とみ

なされるから、履行補助者の故意・過失がなくとも、組合役員の責任は免れない。

組合の役員が組合員に損害を与えたときは、役員が連帯してその責任を負う旨を規約で定めている例もある。この場合は、特定の役員の故意・過失により生じた損害でも、他の役員全員が連帯して、その責任を負わなければならない。ただし、個々の組合員は、組合に代わって理事長に対し不法行為による損害賠償の請求ができない（東京地判平成4・7・29判タ801号236頁・わかりやすい39）。

　　(ロ)　刑事責任

管理組合の業務は多岐にわたり、したがって、その執行に関して生ずる犯罪も多様でありうるが、金銭その他の財産およびそれ以外の財産上の利益に関して考えられるのは、業務上横領（刑法253条）および背任罪（同法247条）である。

管理組合の役員の職務が、業務上横領における「業務」にあたることは明らかである。また背任罪と横領罪との関係については、共に背信的行為であるとする点で共通の性質を有するが、横領罪が財物を客体とするものであり、背任罪は財産上の利益を客体とするものであって、両者は一般と特別の関係にあり、横領罪が成立するときは背任罪の成否を論ずる余地はない。

(3)　役員の責任追及（解任手続）

役員の解任についても、区分所有法25条1項・2項が準用される。規約で役員の選任と同様の手続で行いうることを定めるのが普通である。規約で解任方法を定め、具体的な解任は組合総会の決議によって行う。決議は組合員の過半数が出席し、議決権の過半数で決することになる。

役員が、職務懈怠など、管理規約上の義務を履行しない場合には、規約で定めた方法または組合総会の決議によって解任することができる。

なお、理事長は区分所有法上の管理者である場合が多いが、この場合、理事長が不正な行為などを行った場合には、各組合員が裁判所に対し解任の請求をすることができる（法25条2項）。また、解任請求の裁判が確定するまで

の間、当該理事長の職務執行を一時停止し、職務代行者の選任を求める仮処分を求めることができる。

　これに関し、管理者の解任には区分所有者全員の同意を要すると定めた規約の効力が問題となる。分譲会社の主導で作成された組合規約の下で、分譲会社の子会社の管理会社が管理者となっていたマンションの事例について、裁判所は、管理組合と管理者との間の信頼関係が破壊されたような事情があれば、上記のような規約の有無にかかわらず区分所有法25条2項による解任請求は認められるとしたが（東京地判平成2・10・26判時1393号102頁・判タ764号184頁・わかりやすい62）、妥当であろう。

(4)　役員報酬

　組合員と役員の関係は、民法上の委任関係であるので、特約がなければ、役員は報酬を請求できない（民法648条1項。なお、標準管理規約37条2項は報酬の定めを設けている）。

　従前、生活の場としてのマンションの管理組合の役員は、本来の勤務などの片手間でするものにすぎないこと、区分所有者は持ち回りでいつかはその順番により役員になるものであることなどを理由として、いわゆる奉仕型であり、無報酬であることが多かったようである。しかし、最近、管理業務が重要・困難であることに鑑み、規約に、役員は組合総会の議決を得て報酬を受けることができる旨の明文をおく例が増えている。

　役員に対する具体的な報酬額は、規約上には明記せず、総会の決議により定める。決議は、組合員の過半数の出席により、議決権の過半数で決するとするものが多い。報酬額は、その職務に対して支払われるものであるから、当該マンションの規模、組合業務の範囲、管理会社などへの組合業務の委託の有無などによって異なる。実際上の事例では、まだまだごく低い額のようである。

(5)　監事の職務

　監事は、法人である管理組合以外の場合は、必置機関ではないが、組合の業務執行の監督などをするため、1人または数人の監事がおかれるのが普通

である（標準管理規約41条）。ただし、理事と監事とを兼ねることはできない。

　監事は、組合の財産の状況および理事長その他組合の執行機関の組合業務の執行状況を監査し、その結果を組合総会において報告する職務権限（標準管理規約41条1項）を有する。理事会に出席して意見を述べることができる旨の明文化をする事例も多い。

（石川和弘）

Ⅲ 理事会の運営

1 理事会の業務

　管理組合の理事会は、理事をもって構成される（標準管理規約51条1項）。監事も出席して意見を述べることができるとする例が多いが、理事会の構成メンバーではないので決議には参加できない（同規約41条3項）。

　理事会の業務内容は、管理規約で定められている。一般に、①決算報告案、事業報告案、予算案および事業計画案の作成、②規約の変更案、使用細則の制定または変更案の作成、③その他総会提出議案の作成、④総会の招集、運営、⑤予算、事業計画の執行、⑥義務違反者に対する勧告または指示に関する事項、⑦特別修繕計画の前提調査など総会から付託された事項、などである（標準管理規約54条）。

　一般に、重要な組合業務の執行にあたっては、理事会でまず決議または承認を得て行わなければならないと定めている規約が多い。たとえば、組合業務にかかる債務の負担、共用部分などの管理・使用方法などの決定、組合業務の遂行のための職員の採用などである。

　また、組合業務のうち、いわゆる普通決議事項（管理に関する事項）について、総会決議または規約で理事会の決議によるとすることもできるので、そのような決議または規約がある場合の当該事項の決議などを行うこととなる。これは、日常的な管理の必要が日々発生する反面、組合総会が機動性に欠けることから、理事会の実質的決定機関化をもたらしている。ただ、各区分所有者の利害にかかわることについて何もかもを理事会の決議に委ねてよいということはないから、理事会に委ねてよい決議事項の限界が問題となる。

　管理費に関して、増額するがその値上げ幅をいくらの範囲で具体的に定めるようにとする総会決議がある場合を除き、管理費の増額は理事会の決定に

委ねるべきではない。管理会社の変更も同様である。訴訟することの決定のうち、滞納管理費の回収の裁判に限っては理事会の決議で提訴できると認められるべきであろうが（標準管理規約60条3項はそのような考えに立っている）、その余の裁判については総会の議決を経るべきである。弁護士に対する委任もこれに準じて考えるべきである。

2 理事会の運営方法

理事会の運営方法については区分所有法に特に定めはないが、総会の運営に準ずるとされている。

(1) 招 集

理事会の招集は、理事長が必要の都度招集し、開催するとしている場合が多い（標準管理規約52条1項）。定例で理事会を開催することを定めてもよいが、規約または組合総会の決議で理事会の職務と定められた事項について審議し、決定する必要があるときは、結局その都度理事会を開催する必要がある。また、一定数の理事が招集を請求した場合は理事長は招集しなければならない（同条2項）。

(2) 理事会の議長

理事会の議長は理事長がなることが多い（標準管理規約51条2項）が、理事のうちから互選してもよい。

(3) 理事会の議事

理事会の議事は、理事の過半数が出席し、その過半数で決するとしている事例が多い（標準管理規約53条1項）が、規約で自由に定めることができる。理事会の議事で決定した事項は、原則として、理事全員が連帯して責任を負うことになるので、理事全員の同意を要するとすることもある。

(4) 理事の代理出席

生活の場のマンションの理事は、会社勤務などの関係で出席がままならないことが多いことから、代理出席の可否が問題となる。この問題の核心は、代理出席者が理事会で審議に参加し、議決権を行使することまで許されるか

にある。

　最高裁判所は、区分所有法の適用があるリゾートマンションの管理組合法人の総会が定めた「理事に事故があり出席できないときは、その配偶者又は一親等の親族に限り、これを代理出席させることができる」とする規約について、有効と判断した（最判平成 2・11・26民集44巻 8 号1137頁・判時1367号24頁・判タ744号89頁・わかりやすい42）。最高裁判所は、自治規範である規約を尊重しつつ、理事会設置の趣旨と理事会に委任された事務の内容に照らして、その代理が管理組合の理事に対する委任の本旨に反しないか否かで判断し、上記限定的な規定の内容からして有効だとしたものである。有効とした背景には、出席がままならないことが多い実態に配慮した反面、限定的な規定だからということで安易に代理出席を許すことによる理事会の形骸化の危険も考慮したもので、概ね妥当だと考えられる。

(5)　**議事録**

　理事会の議事は、議事録を作成し、議事の経過の要領およびその結果を記載し、議長および出席理事はこれに署名押印しなければならないとする例が多い（標準管理規約53条 2 項）。議事録は理事長が保管し、組合員および利害関係者の閲覧に供しなければならない。

　　　　　　　　　　　　　　　　　　　　　　　　　　（石川和弘）

Ⅳ 管理組合総会の運営と決議方法

1 総会の意義と役割

(1) はじめに

　管理組合法人においても非法人の管理組合においても、管理組合総会は最高の意思決定機関であり、マンション管理について最も重要な機関である。マンションの議決権は、後述のとおり、区分所有者の有する住戸数で決定されることが多く、区分所有者はマンションの住戸の所有数に応じて議決権をもち、直接マンションの管理について決定していくことになる。いわば、管理組合総会は株式会社にたとえるならば、株式の割合に応じて議決権を有する株主総会に匹敵する機関といってもよい。なお、この集会の決議については、規約とともに、区分所有者が入れ替わっても効力を有する（法46条1項）。

　ただし、実際に集会が開かれなくても、区分所有者全員の書面による同意があったときには集会の決議があったものとみなされる（法45条2項）。

(2) 原始規約の改正

　規約の設定は、区分所有者および議決権の各4分の3以上の多数による集会の決議によってしなければならない（法31条1項）が、区分所有者全員の書面による合意があった場合にも集会決議があったものとみなされる（法45条2項）。したがって、マンション分譲会社が分譲契約締結にあたって各区分所有者の同意をもらうという形で成立させる原始規約は有効である。

　しかし、原始規約案はマンション分譲業者が作成するもので、しかもマンション購入当時の区分所有者がマンションの管理・運営について十分な配慮のないまま同意してしまうものであるから、原始規約は不十分なものが多く、区分所有者がマンションを自主的に管理・運営に着手していこうとする場合、この原始規約の存在が大きな障害となる場合が多々みられる。

なお、区分所有者全員が原始規約に同意しているわけではなかったとして、原始規約の効力を否定し、規約に従うことを拒む者もいる。このような場合、原始規約に基づく管理がどのくらい行われてきたか、その後の集会で原始規約の有効性が議論・議決されてきたか、原始規約に同意しなかった者の人数などを考慮して、原始規約の制定の瑕疵が治癒されたかどうかで判断すべきである（東京地裁八王子支判平成5・2・10判タ815号198頁・わかりやすい48）。なお、不公正な原始規約の問題については、本書第5章Ⅱを参照されたい。

2　総会の招集と定数の確保方法

(1)　招集方法

総会は、毎年1回一定時期に管理者（理事長）（法34条1項、47条12項）が招集する。一定時期とは、必ずしも何月何日と特定しなければならないわけではないが、会計報告・事務報告を行うという意味からも会計年度の末日から1カ月以内に行うのが適当と思われる（なお、標準管理規約42条3項は2カ月以内としている）。

ただし、例外的にこれ以外の者も総会を招集することができる。たとえば、理事に不正があるため、これを追及されることをおそれて理事長が総会を招集しない場合等には、監事（標準管理規約41条2項）、あるいは区分所有者の5分の1以上で議決権の5分の1以上を有する区分所有者で総会を招集することが可能である（法34条3項）。

また、管理者が死亡する等して後任者が選任されていない場合などにも、区分所有者の5分の1以上で議決権の5分の1以上を有する者が総会を招集することができる（法34条5項）。

なお、以上の手続は少数区分所有者を保護するための規定であるから、定足数を規約で引き下げることはできても、引き上げることはできないと解されている。

(2) 招集手続の厳格性と招集方法の簡易化

　総会は、前述のとおり、マンションにおける最高意思決定機関であり、その議決事項はマンションの将来を左右するほど非常に重要であるから、区分所有法は以下のとおり集会の招集に関しては十分な配慮をしており、各区分所有者が総会に出席する機会を確保することは大切なことと考えられ、総会の招集は適正に行われなければならず、故意に特定区分所有者に招集通知を出さなかったり、通知洩れがあると総会決議の無効原因となりうる。

　しかし、その一方で区分所有者が専有部分に居住していない場合には、実際に区分所有者全員に招集通知を出すことは困難を極めることが多いので、区分所有法はこの実際上の問題も加味し、以下のとおり管理者が簡易に招集手続をとることも可能としている。

① 発信主義がとられていて、総会の少なくとも1週間前に会議の目的たる事項を示して各区分所有者に発信するだけで足りる（法35条1項）。なお、この期間を規約で伸長、短縮することは可能である。

② 区分所有権を共有している者については、議決権を行使すべき者を1人定めれば（法40条）、その者1人に発信すればよい。

③ 発信先は区分所有者が通知受領場所を届け出ていればそこであるが、届出がなければ専有部分の所在地で足りる（法35条3項）。

④ さらに、規約で定めれば、通知受領場所を届け出ていない区分所有者に対しては、マンション建物内の見やすい場所に掲示することでも招集通知をしたことになる（法35条4項）。

⑤ 総会招集通知は各区分所有者の議決権行使確保のためになされるのであるから、区分所有者が全員同意すれば招集手続をする必要はない。

(3) 招集通知の記載事項

　招集通知には、集会の日時、場所のほか、会議の目的事項（いわゆる議題）が記載されていなければならない。

　さらに、重要な議案（管理組合法人化、同解散、使用禁止の訴え提起等、共用部分の変更や規約の設定・変更・廃止等の特別決議事項（会議の目的さえ示され

れば賛否の意思決定をすることができる特別決議事項を除く））に関しては、その要領まで示す必要がある（法35条5項）。

　(4)　定数の確保

　規約の設定・変更・廃止、管理組合の法人化、義務違反者に対する使用禁止の訴え提起などをするためには特別決議をする必要があり、そのためには区分所有者および議決権の各4分の3を確保するための現実の出席および委任による議決権行使が重要となる。

　都心のマンションなどは投資の対象とされていて、賃貸化が進んでいるため、現実にマンションに入居していない区分所有者はマンションの現実の管理状況に対して極めて無関心であり、このため、総会への出席は勿論、委任状による議決権行使にも極めて消極的である。このため、マンション内に入り込んだ暴力団事務所の立退きを求める場合等、マンションの管理者は定数確保に四苦八苦することとなる。

　しかし、この定数確保には法的に十分な配慮がなされていない。マンションの中には、管理者が各区分所有者を説得したり、総会後懇親会を設定するなどして総会開催の手法に工夫を施したり、賃借人や家族に代理権を積極的に認めたり、むしろこれを奨励するなどして総会出席者の枠を拡げたりするなど規約に工夫をしているところがある。

　いわゆる売れ残りマンションでは、分譲業者が専有部分の割合ないし所有住戸数で決められる議決権の大部分を占め、一方で区分所有者の数では極めて微小な部分を占めている。このため、結局このような「売れ残りマンション」では、特別決議を必要とするような重要な事項については、議決がなされず、結局マンションがスラム化していくという問題がある。

　なお、分譲業者も未分譲の専有部分について規約の定めに基づく管理費などの支払義務を負担することは免れない（大阪地判昭和57・10・22判時1068号85頁、東京地判平成2・10・26判時1393号102頁・わかりやすい 62 ）。

　(5)　重要事項の決議

　普通決議事項を決議する場合には、定足数は特に問題とならず、区分所有

権者および議決権の過半数で議決することができる（法39条1項）。

　特別決議事項についても、定足数は問題とならないが、区分所有権者および議決権の各4分の3以上の議決を得るのに必要な議決権行使がなくてはならないから、その要件をクリアできるだけの区分所有者の出席および委任状の確保が必要となる。

(6) 招集手続の瑕疵

　招集手続上に瑕疵がある場合に、必ず当該決議が無効となると考えるべきではない。それを認めると簡単に総会決議が覆えされ、総会決議を前提に進められる諸般の法的手続や事業計画などが破綻してしまい、混乱を招くことが頻繁に起こるおそれがあるからである。

　たとえば、大部分の区分所有者に対する通知が欠けていたり特別決議事項を普通決議として議決した場合など、重大な手続上の瑕疵がある場合には決議無効といわざるを得ないが、決議事項との関係で特に利害関係の強いとはいえないごく一部の者に対する通知洩れがあった場合などは、その瑕疵の程度は軽微であるから決議無効とはいえないと考えられる。また、自分に対する招集手続の違法があってもそれを知りながら決議に参加した区分所有者は、その瑕疵を理由に決議の無効を主張することはできないし、これを知らずに決議に参加しなかった場合も、決議があったことを知ってから相当の期間経過した後は黙示の追認があったと考えられるから、もはや無効は主張できないと考える。

　なお、規約の設定・廃止を議題とすることの通知がなかった集会の決議につき、手続違背で無効とした判例がある（東京地判昭和62・4・10判時1266号49頁・わかりやすい43、東京高判平成7・12・18判タ929号199頁・わかりやすい41）。

3　総会の議事運営

(1) 議事運営の主体

　議事運営は議長によってなされ、議長は通常の規約では理事長が務めるこ

91

とになっている場合が多い（標準管理規約42条5項）。

ただし、少数区分所有者が総会を招集した場合については、規約がない場合があるが、この場合は招集者の1人が議長を務めると考えてよいだろう。

(2) **議題および議事**

議事は、あらかじめ通知した事項に限られる（法37条1項）。というのは、招集通知で総会への出席の要否の判断をした区分所有者に不測の損害を与えることとなるからである。

ただし、特別決議事項以外の事項については、規約で総会出席者の一定の数の賛成により、新しい議題を審議かつ決議できる旨の定めがあれば追加議題についても決議可能である（法37条2項）。

議事進行は通常の議会と同様に行い、議論が出尽くしたところで採決となり、簡便な方法で採決をとることとなる。通常の場合、挙手等で採決をとるが、特別決議事項等については正確を期して賛成者・反対者数を疑義なく確定していくことが重要である。

（笹森　学）

第5章

管理規約についての紛争

I 管理規約とマンション生活

1 マンション生活と規約の設定

　マンションでは、1棟の建物に複数の区分所有者が存在する。しかし、建物躯体部分（柱、外壁など）や廊下などは、区分所有者が単独で所有することはできない。そのため、マンションでは、敷地や建物部分によっては、複雑な所有関係を生ずることとなる。また、複数の区分所有者が1棟の建物と敷地を共同管理することになるため、管理のルールが必要となる。

　さらに、マンションという1棟の建物に、複数の区分所有者が共同して生活することになるため、相互に影響を与え合うことが不可避であり、マンションでは共同生活のルールも必要である。

　これら複雑な所有関係の調整や基本的な管理・生活ルールを定めているのが、区分所有法である。しかし、マンションごとに事情も異なり、個々のマンション自治に委ねてよい事柄も存在する。そこで、同法は、「建物又はその敷地若しくは附属施設の管理又は使用に関する区分所有者相互間の事項」については自治規範としての管理規約（以下、「規約」という）で定めることができると定めた（法30条1項）。

　規約には、専有部分と共用部分にかかわる事項やマンション管理運営にかかわる事項、財務に関する事項などについて、幅広く規定が設けられている。その結果、規約によって、スムーズな管理が可能となって共同生活を維持できるばかりでなく、マンション区分所有者相互の関係が整理され、権利関係の調整もできることとなる。その反面、規約によって、区分所有権や共有持分権（法11条）の自由な行使が制約されることになり、また一旦設定されると区分所有者の特定承継人や占有者にも効力が及ぶ（法46条1項・2項）ため、規約の有効性や適用の可否について争いが生じることになる。公益財団法人マンション管理センターに平成22年度に寄せられた相談の中で、「区

分所有法・管理規約」に関するものが9625件中1707件と1位（山本節彦「財団法人マンション管理センターへの管理規約・細則に関する相談から」マンション学41号49頁）であり、実際上も規約に関する紛争は多い。

2　「特別の影響」についての判断基準

　規約の設定・変更・廃止（以下、「設定など」という）は、区分所有者および議決権の各4分の3以上の多数決による集会決議で可能である。しかし、この設定などには制限がある。設定などが「一部の区分所有者の権利に特別の影響を及ぼす」場合にはその承諾が必要なのである（法31条1項）。そのため、規約の設定などにより不利益を被る一部区分所有者が「承諾」をせず、管理組合に対して、規約の設定などが無効であると主張して、紛争になることが非常に多い。その場合、規約の設定などが「特別の影響を及ぼす」か否かが重要な争点となる。

　元々区分所有法31条1項は、規約の設定などを多数決で決するものとすると、「多数者の意思によって少数者の権利を害する」おそれがあるため、その「弊害を除去し、規約の設定などによって区分所有者全般の受ける利益とこれによって一部の区分所有者が影響を受ける利益との調和を図る」ことを目的として定められた（濱崎恭生『建物区分所有法の改正』243頁）。

　「特別の影響を及ぼす」か否かの判断基準について、最高裁は上記立法趣旨に沿って「規約の設定・変更等の必要性及び合理性とこれによって一部の区分所有者が受ける不利益とを比較衡量し、当該区分所有関係の実態に照らして、その不利益が区分所有者の受忍すべき限度を超えると認められる場合」に「特別の影響を及ぼす」にあたると判断した（最判平成10・10・30民集52巻7号1604頁・判時1663号56頁・わかりやすい[33]）。すなわち、①規約設定などの必要性・合理性、②少数者（一部区分所有者）の不利益との比較考量、③不利益が受忍限度を超えるかどうか、という段階を追って判断する枠組みを示したのである。その後の最高裁判例（最判平成22・1・26判時2069号15頁・わかりやすい[68]）でも、同様の判断枠組みが維持されており、判例上

95

「特別の影響」についての判断基準はほぼ確立しているといってよいであろう。

3　具体的規約内容ごとの争い

前述のとおり、規約にはさまざまな規定がおかれている。そこで、①専有部分、②専用使用権、③管理運営、④財務に分けて、各規約についての争いについて概説する。

なお、裁判例を規約変更目的により分類・検討したものとして田髙寛貴「マンション管理規約の変更と居住者の権利」ジュリ1402号30頁以下がある。

(1)　専有部分に関する規約

専有部分は、本来区分所有者が自由に使用してよいはずである。しかし、規約では、専有部分の利用を制限する規定が設けられていることが多い。

この問題で紛争が多いのは用途制限に関するものである。たとえば、専有部分を「住宅」としてしか使用できないように、用途制限を定めているなどである。

そのほかには、ペットの飼育禁止規定の有効性が争われたり（現実的には、ペット飼育差止請求訴訟において争われることとなろう）、店舗の営業時間を制限する規定の有効性が争われることが想定される。ペット飼育をめぐる紛争については、第9章Ⅲを参照されたい。

用途制限規定について争われる場合、専有部分を店舗や事務所として使用しようとする区分所有者から規約が無効であるとの訴えが提起されたり、管理組合側から行為の差止めを求める訴訟を提起したりすることになる。

前者（規約無効確認）の場合は、①規約自体の有効性が争われるケースと、②変更された規約の有効性を問題として、「特別の影響を及ぼす」か否かが争われるケースがある（法31条1項）。①では、規約に合理性があるかどうかが問題となる。規約変更の事案ではあるが、当該制限が法6条の一般的制約を超えて、「著しく特定の区分所有者にとって不利益を強いる内容である」場合には、「規約は合理性を欠いて無効となる場合があ」ると判断した裁判

例がある（福岡地裁小倉支判平成6・4・5判タ887号203頁・わかりやすい51）。具体的には、当該規定の目的や制定手続、マンション分譲業者の説明、専有部分の利用状況、区分所有者が被る不利益の程度などを総合考慮して判断することになろう。ただし、本来マンションでは自治が認められ、その自治規範として規約が存在するため、基本的には規約の規定が尊重されるべきである。②で問題となる「特別の影響を及ぼす」については前記2のとおりである。用途制限の場合には、良好な住環境を維持・確保する必要性や程度、制限の態様や程度（一律なのか、一部なのかなど）によって、判断されることになろう。

後者（差止請求）の場合も前記と同様な問題があるが、行為の差止めを求めるためには、「区分所有者が第6条第1項に規定する行為をした場合又はその行為をするおそれがある場合」である必要があることから（法57条1項）、「共同の利益に反する」（法6条1項）行為か否かが問題となる。その判断基準は、判例上「当該行為の必要性の程度、これによってほかの区分所有者が被る不利益の態様、程度等の諸事情を比較衡量して決すべきもの」とされている（東京高判昭和53・2・27金法875号31頁）。そのため、規約違反の行為が「『共同利益背反行為』にまで該当するか否かの判断は、受忍限度論のような客観的利益衡量のみならず、当該侵害者の行為除去の必要性・合理性にあわせて侵害行為者の主観的要件行為の態様等を総合的に判断して慎重になされるべき」とされ（花房博文「管理規約事項の判断基準に関する問題と課題」マンション学41号23頁）、規約違反の行為があったからといって、違反行為すべてに対して、一律に差止めを求められるわけではないことに留意すべきである。ペット飼育差止めの事案では、具体的にペット飼育によってほかの区分所有者が被害を受けた事実がなくとも、原則として「共同の利益に反する行為」と認定されることが多いものの、用途制限違反の場合は、専有部分の利用実態から、ほかの区分所有者の「受忍の限度を超えているかどうか」（横浜地判平成6・9・9判時1524号124頁・判タ859号199頁）によって決せられることになる。

(2) 専用使用権に関する規約

建物の共用部分や敷地（所有権を共有している場合と借地権を準共有している場合などがある）について、規約で専用使用権が設定され、バルコニーやベランダ、駐車場、専用庭として特定の者が利用されている場合があるが（以下、「共用部分など」という）、改造・改良、建造物設置など、いつの間にか原状が変更されていることもある。

この場合、違反行為の差止めや原状回復請求を求めることになる。専用使用権が設定されているとはいえ、共用部分や敷地など共有物が対象なのであり、専用使用権は元々所有権の行使が区分所有者全体の利益の観点から制約されていること、共用部分などについては区分所有者全体の共同の利益を確保する必要が大きいこと、他方で使用を制限されることで区分所有者が被る不利益の程度は大きいとはいえないことからすれば、前記専有部分に関する制約とは異なり、原則として「共同の利益に反する行為」として差止請求や原状回復請求は認められることとなろう。

(3) 管理運営に関する規約

ほとんどのマンションでは、それぞれに管理組合が存在し、管理組合がマンションの管理・運営を行っている。しかし、区分所有法には、「管理組合」に関する規定はなく、単に「管理者」が「共用部分……を保存し、集会の決議を実行し、並びに規約で定めた行為をする権利を有し、義務を負う」（法26条）との定めがあるだけである。そのため、管理組合における役員体制（理事長や理事会）については規約の定めによることとなる。集会の招集手続や議決権についても、規約により別途の定めをすることが可能であり（法35条・38条）、管理運営は、規約に沿って行われる。

管理運営に関する事項については、議決権割合が争われた事案はあるものの（福岡高判平成4・7・30わかりやすい[40]）、規約の規定そのものの有効性が争われるというケースは少ない。むしろ、規約の規定に反する手続がなされたとして、集会決議の無効を主張されることが多い。集会の招集手続における瑕疵が重大な場合には、決議は無効となる（東京地判昭和62・4・10判時

1266号49頁・判タ661号180頁・わかりやすい43)。そのため、訴訟では瑕疵が「重大かどうか」が争点となろう。なお、無効確認を求めることが、「総会決議に対する自らの権利保全のためではなく、両者間の紛争を拡大させる結果をもたらすことを主たる目的」とするものであることを理由に、権利濫用にあたるとして請求を棄却した裁判例がある（東京地判平成20・12・19判例集未登載）。

(4)　財務に関する規約

区分所有者は管理組合に対して、管理費や修繕積立金、専用使用料などの支払義務を負う。管理費等はマンション管理（維持）運営のための原資となることから、管理組合は少しでも多く、確実に回収しようとし、他方区分所有者にとってみればその分出費を余儀なくされることから、その紛争は先鋭化しがちである。その中でも、管理費などの定め（金額）が不平等であるとか、不在区分所有者に対して金銭的負担を課す規定の有効性などが紛争になることが多い。

形式的に不平等（持分割合と異なる定め）な管理費の定めについては、判例上、区分所有法自体が規約で別段の定めをすることを認めていることから、直ちに無効とはならないとされ（福岡地判平成14・10・29わかりやすい59)、不在区分所有者だけに金銭的に課している規定も、マンションのおかれた状況からすれば必要性と合理性が認められると判断されている（前掲・最判平成22・1・26)。いずれの判例も、形式的に判断するのではなく、具体的事情を検討したうえで、区分所有者に課された金額が合理的限度・受忍限度を超えているかどうかを判断している。

このように管理費などをめぐって、管理組合が区分所有者に対して訴訟を提起することが少なからずある。このような場合、弁護士費用を請求できるとする規定が規約に設けられていることが多い。当該規定の効力が争われることもあるが、多数の判例で、弁護士費用を訴訟の相手方に負担させる規定は有効であることが当然の前提とされ、弁護士費用の請求が認められている（東京地判平成4・3・16判時1453号142頁・わかりやすい63など)。

さらに、管理費滞納の場合の懲罰的規定として、規約に水道などの供給停止、エレベーターの使用禁止規定が設けられていることがある。しかし、実際に給水停止行為にまで至ると、不法行為責任を問われる可能性が生ずるので注意を要する。

　給水停止はマンション住民の日常生活に重大な影響を及ぼす。そのため、給水停止が許されるためには、管理費を滞納しているというだけでは足りず、給水停止以外の方法をとることが著しく困難であり、給水停止をすることが必要やむを得ないなど、極めて限定された場合に限られると考えられる（福岡地裁小倉支判平成9・5・7わかりやすい60、東京地判平成2・1・30判時1370号83頁）。なお、規約に基づき給水停止措置を行った事案において、相当性は欠くとしながら、違法不当とまでは評価することはできないとして不法行為の成立を否定した判例がある（福岡地判平成10・12・11判例集未登載）。しかし、この事案では、競落した区分所有者が本格的には入居しておらず、日常生活への影響がさほど大きくなかったという事情があり、一般化することは困難である。

（小倉知子）

Ⅱ 不公正な原始規約と区分所有法30条3項

1 区分所有法30条3項成立の背景と経緯

(1) 成立の背景

　マンションの管理規約は、区分所有法31条1項が定めるように、区分所有者および議決権の各4分の3の多数による議決で設定する。しかし、マンションの新規分譲の際は、新たに区分所有者となる買主らが集会をもち、上記のような議決をすることは現実には不可能であるから、分譲業者が当該マンションの管理規約案を用意しておいて、各専有部分の分譲ごとに買主の書面による同意を取り付け、全区分所有者の合意書面を揃えて規約が成立したものとみなす（原始規約）という実務慣行がある。そして、完成して分譲開始後1年くらいまでに管理組合の総会を開いて、役員選任などとともに規約の確認という手順となる。

　それは、区分所有法45条1項が、集会の決議事項につき、区分所有者全員の承諾があれば、書面または電磁的方法による決議を行うことができることを認めているので、法31条1項の手続によらなくても、個々の区分所有者全員の合意書面をもって、当該マンションの規約の設定と考えうるからである。

　分譲業者の作成した原始規約の大半は、標準管理規約に準拠して作成されているようであるが（国土交通省「平成20年度マンション総合調査報告書」）、その中には、ともすれば分譲業者に都合がよく、区分所有者の権利を害するものであったり、等価交換型のマンションの場合には、元地主に特に有利な取扱いが定められ、区分所有者間で不公平な事態が生ずる内容のものがある。たとえば、①屋上に分譲業者の広告塔の設置を認め、分譲業者に無償の専用使用権が設定されている（大阪地判平成4・9・16センター通信1992年4月号・わかりやすい[27]）、②分譲業者が特定の区分所有者に駐車場の専用使用

権を分譲し、規約に無償かまたは極めて低額な使用料での使用権が設定されている（最判昭和56・1・30判時996号56頁、最判平成10・10・30判時1663号56頁・わかりやすい33）、③分譲されていない住戸が分譲業者の名義であるにもかかわらず、管理費の支払義務が免除されている、④分譲業者の提携する会社または子会社の管理会社に管理を委託させ、高い委託管理料が約束されている等である。

　このような内容の規約を作成した分譲業者は、買主に対し、規約について懇切丁寧な説明をせず、特に不公平な内容の説明を避けるのが実態であり、買主は、規約の内容を十分に理解しないまま、規約に同意する書面に押印してしまうことになる（注1）。

　新規分譲当時は、まだ管理組合が結成されておらず、区分所有者の自治が生まれていない間に自治規範である規約案が分譲業者によって作成されることが問題の根源である。また、分譲当時の区分所有者は、購入した専有部分に関心が集中していて、規約についてはともすれば無関心であり、規約にどのような内容が盛り込まれているかわからないまま、専有部分を購入するのが実態である。

　その後、自治意識に目覚め、管理組合を結成した区分所有者が、原始規約の問題点に気づき、設定された不公平を是正し、特権を廃止しようと考え、原始規約を改正しようとするときに直面するのが、区分所有法31条1項後段の「一部の区分所有者の権利に特別の影響を及ぼすべきときは、その承諾を得なければならない」との規定の存在である。たとえば、旧法も現行法も、専用使用権の限界については何らの規制を定めていないので、原始規約に定められた特権的な専用使用権は、事実上半永久的に存続することになりかねず、当該規約の改正を行おうとすれば、「少数者の権利」の主張がなされる。勿論、前述したように、当該規約の内容の不公平を是正することは、「特別な影響」を及ぼす場合にあたらないとして規約の改正を認めたり、著しく不公平な内容の場合には、民法90条の「公序良俗」に反するものとして無効とされる例もあったが、「特別の影響」の有無も「公序良俗」の概念も抽象的

であり、どのような場合が該当するのかが不明確だという問題があった。

また、以前から、原始規約で設定された専用使用権に何の制約がない場合であっても、その権利の種類・性質・内容によっては、その後の規約の改廃によって当該権利を変更・制限または消滅させる余地を認める必要が指摘されていた（丸山英氣編『区分所有法〔改訂版〕』234頁〔原田純孝〕、最判平成10・11・20判時1663号102頁・わかりやすい34参照）。

以上のように、多くの問題点を包含する原始規約を、そのまま区分所有者の自治規範として効力を認めることには強い批判の声があり、現に原始規約の内容の適否をめぐって数多くの訴訟が争われたことから、区分所有法の改正が望まれていた。

(2) 成立の経緯

(イ) 日弁連意見書

日本弁護士連合会は、平成12年6月16日、原始規約をめぐる多くの訴訟を担当した法律実務家の声を反映させた区分所有法改正問題についての意見書（以下、「日弁連意見書」という）を公表して、原始規約については以下のような提言をした。

「(1) 原始規約について、行政庁による審査手続きを新設し、行政庁に不公正条項について改正命令ないしは改正勧告権限を与える。

(2) 分譲業者や等価交換方式の元地主に対して特別な利益を与えるような不平等条項については無効とする規定を設ける。

(3) 分譲業者や等価交換方式の元地主作成の原始規約に限っては過半数決議で改正することができることとし、この場合には『特別の影響』の規定は適用しないものとする（第4の1）」。

これは、駐車場専用使用権分譲をめぐる最高裁判決（最判平成10・10・22判時1663号47頁・判タ991号296頁・わかりやすい32）において、遠藤光男裁判官が補足意見として「好ましいものではなく、速やかに根絶されなければならない」「しかし、立法論や行政指導であれば格別、基本的に契約自由の原則が妥当する現行法の下における解釈論としては、おのずから限界があるも

103

のといわざるを得ない」などと立法による解決を促す指摘があったことに対して、応えようとしたものであった。

　　㈡　**法制審議会における審議経過**
　(A)　法制審議会区分所有法部会中間試案

　平成13年2月16日、法務大臣は法制審議会に対して、「区分所有建物の管理の適正化、その建替えの実施の円滑化等の観点から、建物の区分所有等に関する法律を見直す必要がある」として、区分所有法改正に関する諮問を行った。「管理の適正化」を取り上げたのは、前記日弁連意見書に応えたものであり、現に第1回法制審議会区分所有法部会（以下、「区分所有法部会」という）の冒頭で、日弁連意見書が資料として配付され、管理の適正化に関しては同意見書を中心に議論が進められた。

　しかし、第10回区分所有法部会で取りまとめられた中間試案では、「後注」として、「著しく衡平を欠く規約の定め等については、民法第90条の適用により、個別にその効力を否定することが考えられるが、規約の適正さをより担保する見地から、これに加えて、規約を定める場合には、各区分所有者の衡平に配慮しなければならないものとするなどの一般条項を区分所有法上に設けることの要否について、なお検討するものとする」にとどまった。

　補足説明では、①原始規約の一部には、前述したような分譲業者、等価交換方式の場合の元地主等に対し、駐車場・広告塔の無償での専用使用権の設定、管理費等の負担につき異なる格差を設ける定めをして、分譲会社等と区分所有者、各区分所有者相互間で紛争の原因となっており、かかる不公平な規約については区分所有法上何らかの手当を設けるべきであるとの指摘もされていた。一方では、②規約の定めは、分譲業者、専用使用権等を有する区分所有者、その他の区分所有者の三者間の問題であって、権利の取得に際して対価の授受等が伴っている場合もあるから、規約の定めの効力を否定するとかえって不公平な結果を招く場合があるとか、③法の定める原則と異なる管理費等の負担の定めも必ずしも不合理でない場合もありうるなどの指摘もある、との理由により、さらに意見を求めるということであった。

(B) 中間試案に対する各界の意見と区分所有法部会答申

その後の区分所有法部会では、著しく衡平を欠く規約の定め等について、「区分所有法上で何らかの規定を設けるべき」とか、「原始規約を後の第1回管理組合総会で検証、改正できるような規定を設ける」、「専用使用権の存続期間を限定する規定を設けるべき」等の意見が紹介される一方で、「規定を設けるべきではない」、「民法90条によることで足りる」、「分譲時の取引法の問題であり、区分所有法で対処すべき問題でない」等の意見も紹介された。

日弁連は、平成14年5月13日に意見書を出して、具体的な効力規定案を提案した。それは、規約の適正さを確保するため、規約のうち①共用部分の各持分、②区分所有者の負担、③区分所有者の議決権を定める各規定について、さまざまな要素を考慮してもなお区分所有者間の衡平を著しく害するものは無効とすること、さらに特定の区分所有者の専用使用権の期間制限の規定、原始規約の一定の項目については後日の管理組合の総会決議で決することができるというものであった。

そして、平成14年9月3日に法制審議会総会で最終的に決定された改正案要綱では、規約の適正化については、「規約は、各専有部分及び共用部分又は建物の敷地若しくは共用部分以外の建物の附属施設（これらに関する権利を含む。）につき、その形状、面積、位置関係、使用目的及び利用状況並びに各区分所有者が支払った対価その他の事情を総合的に考慮して、各区分所有者の利害の衡平が図られるように定めなければならないものとする（第30条第1項及び第2項参照）」と記載された。

(C) 国会における審議過程

国会での改正案に関する審議は、専ら建替制度問題に集中し、規約の適正化に関しては、参議院国土交通委員会において、「効力規定であるか否か、及び遡及効を有するか否か」が質問され、原田晃治法務大臣官房審議官（当時）が「効力規定である」ことと「遡及効を有する」ことを答弁したにとどまっている。

2　区分所有法30条3項の解釈論

(1)　区分所有法30条3項の意義

　区分所有法30条3項は、ほぼ前記の要綱どおり、以下のような条文として新設された。

　「規約は、専有部分若しくは共用部分又は建物の敷地若しくは附属施設（建物の敷地又は附属施設に関する権利を含む。）につき、これらの形状、面積、位置関係、使用目的及び利用状況並びに区分所有者が支払つた対価その他の事情を総合的に考慮して、区分所有者間の利害の衡平が図られるように定めなければならない」。

　ところで、この区分所有法30条3項について、政府参考人原田審議官（当時）が、当時の参議院国土交通委員会において、「列挙されている考慮要素は、これまで規約の衡平さとか適正さが争われた裁判において現実に考慮された事項を参考に定めたもの」、「規約の衡平さの判断にあたって、従来裁判所が適用していた規範の内容を変更するものではない」、「単にこれを具体化した」などと答弁している（同趣旨：吉田徹編著『一問一答改正マンション法』34頁以下）。

　従来の多くの訴訟では、契約自由の名の下に、ほぼ無条件に規約は有効とされて、その効力を問うことが一蹴されることが多かったり、民法90条の「公序良俗」に違反するか否かの判断も、一般条項であるがゆえに極めて抑制的であった。先の政府答弁等では、従来の裁判例において積み上げられてきた考慮要素を、「単に具体化したもの」と説明しているが、区分所有法30条3項が新設されたことの訴訟実務に及ぼす意義は大きいものと考えられる。また、管理規約の内容の不公平さに気づきながらも、その解決の基準や指針がわからずに迷っている管理組合にとっては、法30条3項の具体的な規定の仕方は極めて有益なものである。

　なお、区分所有法30条3項で列挙された判断要素は、これまでの裁判実務で考慮された判断要素のみではないし、「その他の事情」も判断要素になる

と明示されているから、それぞれのマンションにおける特有の諸事情が重要な判断要素となることが予想される。現に、最判平成10・10・30判時1663号56頁・判タ991号288頁・わかりやすい33〔シャルマンコーポ博多事件〕の理由中では、駐車場の専用使用権者の使用料の相当性を判断するうえでは、実にさまざまな諸事情を判断要素とすべきであると判示しているが（注２）、これも先の「単に具体化した」ものにとどまらないことを意味している（なお、詳しくは、「山上知裕「原始規約の諸問題」丸山英氣＝折田泰宏編『これからのマンションと法』328頁参照）。

(2) 条文の掲げる考慮要素

(イ) 形状、面積

「形状、面積とは、床面積や容積その他の外形的要素であり、各区分所有者が有する専有部分のこれらの要素の大小に応じた共有部分の負担などについて異なる割合が定められる場合があることを念頭においた」ものと説明されている（吉田・前掲書37頁）。

面積については、区分所有法14条１項において、「共有者の持分は、その有する専有部分の床面積の割合による」という原則が明示されているので、専有面積の大小の差が議決権の数や管理費の負担割合等にどのように反映されているかを判断することは比較的容易と考えられる。たとえば、各戸の議決権の割合を、その専有部分の床面積の割合と全く同じではなく、端数を除いた一定の整数として定めて議決の賛否の判断を容易にしている場合では特に問題はない（国土交通省の作成した標準管理規約では、46条関係のコメントで「共用部分の共有持分の割合、あるいはそれを基礎としつつ賛否を算定しやすい数字に直した割合によることが適当である」と述べている）。しかし、わずかな面積の差しかないのに議決権が２倍以上も異なるという定めは本条に違反することになるであろう。管理費の負担割合などの場合もほぼ同様である。

まず、床面積と議決権に関連した裁判例として、福岡高判平成４・７・30わかりやすい40〔第１プリンスビル事件〕がある。この事件のマンションは昭和49年分譲、地下１階から３階までが店舗部分で各階が各１専有部分とさ

107

れ、同一人が所有しており、その床面積は合計で4157.38㎡あった。4階から10階までが133戸の住居部分であり、店舗部分も含めた建物全体の総床面積は8810.07㎡であった。このような事実関係の下で、原始規約では床面積割合による旨の規定があったが、後に住戸1戸につき1議決権とする規約に改正され、その効力が争われたものである。

　福岡高等裁判所は、原審（福岡地判平成3・8・28）と同様に、規約の改正を無効とした。この事例においては、4階から10階までの住戸部分の総床面積は4652.69㎡であるので、これを住戸部分の戸数133で除すと約35㎡となる。つまり、住戸部分の1議決権あたりの床面積は約35㎡である。これに対して、地下1階から3階までの店舗部分の床面積は4157.38㎡であるが、これを店舗部分の議決権数4で除すと1000㎡を超していることになる。とすると、住戸部分と店舗部分では30倍近い差があることとなる。他方で、管理費の負担割合がどうなっていたのか判決文上明らかではないが、住戸部分と店舗部分で差は設けられていなかったのではないだろうか。だとすると、旧法下の事例とはいえ、無効とする判断にまず異論はないはずである。

　この事件のように極端な例は少ないと思われるが、1戸1議決権とするような単純化は多く行われているところ、各専有部分の床面積に2倍以上の差があることもまた多くみられる。そのような場合で、なお1戸1議決権とする規約は、集会決議における実務上の要請があるにしても、2倍以上の差があれば単純に2票の議決権を付与すれば足りるし、そのために実務上の支障があるとは考えられないから、議員定数配分の問題における論議と同様に、1議決権あたり床面積に2倍以上の差がある場合は本条項により無効とされると考える。

　次に、床面積と管理費等の負担割合については、区分所有法19条前段に「各共有者は、規約に別段の定めがない限りその持分に応じて、共用部分の負担に任じ」なければならないと規定されていることから、床面積との関係で衡平さが争われた裁判例がある。東京高判昭和63・3・30判時1274号84頁は、マンションの一部となっている立体駐車場の区分所有者について、管理

組合の臨時総会決議により、従前の月額管理費２万4440円を11万0360円に、従前の月額修繕積立金2450円を１万1100円にそれぞれ増額したことが争われた事案であるが、裁判所は立体駐車場のうち専用使用部分がどのくらいの面積になるかを検討し、管理費等の負担に関して、立体駐車場だけをその他の住居部分などとを別異に取り扱うべき理由はないから、専有部分の面積に応じた負担割合に増額することは認められるとした（ただし、総会決議の金額より減額している）。元々マンション分譲時に、立体駐車場については管理費等を他の区分所有者の購入部分に比較して極めて低額に設定してあり、そのときから一定の期間も経過しており、住居部分の比率と比較しても増額はやむを得ないと判示しているので、面積を基準とした衡平さを考慮したものと思われる。

　また、判例集などには未登載であるが広島地裁呉支判平成11・3・15は、平成７年７月に当該マンションの修繕積立金を一律に月額3000円増額する総会決議をしたところ、１階の区分所有者から専有面積は最小と最大の差は７倍近くもあるので一律増額は無効であるとの主張が出され、区分所有法19条と同趣旨の管理規約の定めに照らせば総会決議は無効であると判示した。本件は、１、２階が小規模な店舗、上階が居住部分で、当初の修繕積立金が一律で月額3000円と決められていたなどの事情があったが、やはり面積において７倍もの開きがあることは衡平に反すると判断されてもやむを得ないものであり、法19条の趣旨からすれば、先の議決権の場合と同じく少なくとも床面積に２倍以上の差があれば無効となると考えられる。

　その後に出た福岡地判平成14・10・29わかりやすい[59]では、１階が店舗でその他はすべて住戸のマンションにおいて、管理規約に定める店舗の管理費等が住戸に比べて、床面積あたり管理費が2.59倍、特別修繕費が2.58倍高いことから、店舗のほうから著しい負担格差であり公序良俗に反して無効だと主張した事案である。判決では、上記格差は合理的限度を超えており、諸般の事情に照らすと平均額の1.5倍までが限度であり、これを超える部分は公序良俗に反して無効だと判示しているが、その根拠は明らかではない。た

だ、店舗の場合は、後記㈡の利用状況という別の考慮要素も加わるので、今後の同様の問題では、当該マンションの具体的な事情の下で、1.5倍から2倍という範囲での判断が出そうである。

なお、区分所有法30条3項の新設後に出た東京地判平成23・6・30判時2128号52頁・センター通信2012年6月号は、原始規約では元の地主が所有していた1階の1室の管理費が1㎡あたり209円と定められており、他の部屋の平均管理費が1㎡あたり454円というワンルームマンションにおいて、管理組合の臨時組合総会で4分の3以上の多数の賛成により平均額に増額する決議をしたところ、当該決議が無効だと争われた事案である。判決は、この1室の管理費等が合理的理由もなく低額に定められていたことは明らかで、当該決議まで約27年間放置されていたのであり、その不均衡を増額変更したのであるから、内容的にも社会通念上相当な額であると判示した。これに続き、「本件総会決議は、区分所有法30条3項に定める区分所有者間の利害の衡平が図られるように定めたものにほかならないから、被告の権利に特別の影響を及ぼすものとは認められ」ないと判示している。この事案は、原始規約の定める管理費等の不公平の是正を、総会の特別決議による規約変更という方法で実施できたものであるが、その根底に法30条3項による無効があることが明示されている（なお、法31条1項の「特別の影響」と法30条3項との関係について、田髙寛貴「マンション管理規約の変更と居住者の権利」ジュリ1402号28頁を参照）。

形状については、これまで特に争点となった裁判例が見当たらないが、具体的な例として超高層マンションで最上階に特定の者だけが所有する展望レストランがあり、レストラン専用のエレベーターも専有部分であるような場合に、エレベーターの専有部分としての登記面積は投影面積だけなので小さいが、建物全体に占める割合は大きいから考慮要素としたと紹介されている（山上知裕編著『Q&Aマンション法ハンドブック』147頁）。

また、最近のマンションの超高層化や高級化の中で、最上階の専有部分だけに行く専用エレベーターが設置される形態では、当該専用エレベーターを

一部共用部分の問題として明確な処理をしていない場合には、管理費等の金額について単に床面積だけではない考慮要素にはなりうるであろう。

　㊀　位置関係

「位置関係とは、専有部分と共有部分との位置関係等を示し、1階の区分所有者が近接した敷地の一部を専用庭などとして使用権が設定されている場合があることを念頭においた」ものと説明されている（吉田・前掲書38頁）。

この説明は、専有部分と共用部分との位置関係を例示しているが、専有部分とエレベーターとの遠近などやマンション内での位置を意味するものではなく（それは分譲時の価格で処理されていると思われる）、他の区分所有者と比較して有利な取扱いを受けていると考えられる場合のことである。ただ、専有部分の階層的な位置なども、区別の対象となりうるのではないかとの指摘もある（山上編著・前掲書147頁）。

　㊁　使用目的

「使用目的とは、専有部分を商業用や居住用に定める場合における用途の定め等を示し、専有部分の用途の違いによって、共用部分の負担について異なる割合が定められる場合があることを念頭においた」ものと説明されている（吉田・前掲書38頁）。

共用部分等の管理または使用に関しては区分所有法30条1項に規定されているが、専有部分については特に規定がないため、法に反しない限り規約でその使用に関して定めることができる。たとえば、専有部分の居室の使用について、「居住目的に限る」とする規約も広く見受けられる。それは、居住用として家族が使用する場合と、店舗や事務所として多くの従業員や不特定多数の人が使用する場合とでは、共用部分の使用頻度には大きな差異があるうえ、日常の生活のサイクルと営業のサイクルも異なるために、通常の就寝時間帯に営業が行われるなど、居住生活に無視できない影響が生ずるおそれがあるからである。なお、共用部分の負担に関してではないが、複合型マンションにおける店舗の営業時間の制限をめぐって、一定の制限を定めることを認めた判決（規約ではなく集会決議の事例）もあり、居住者の生活環境の維

持・保護が考慮されている（東京高判平成15・12・4判時1860号66頁）。

このような使用目的の違いに見合う衡平な負担を考える必要が認められるので考慮要素とされたが、現実には使用目的は後記㈡の利用状況と密接に関連するので、通常は一体的に判断されることになるであろう。

　　㈡　利用状況

「利用状況とは、共用部分等の具体的な利用方法やその頻度等を指し、各区分所有者の集会室等の利用頻度の違いに応じて、その維持に要する費用負担について異なる割合が定められる場合があることを念頭においた」ものと説明されている（吉田・前掲書38頁）。

一般的には、利用状況と負担などの関係については、「各区分所有者ないしその専有部分と共用部分との関係は、位置関係、使用度、必要性等さまざまであるが、これらの関係の濃淡、態様を細かに権利関係に反映させることは困難でもあり、相当でもなく、むしろ、建物全体の保全、全区分所有者の利益の増進、法律関係の複雑化の防止等のため、ある共用部分が構造上機能上特に一部区分所有者のみの共用に供されるべきことが明白な場合に限ってこれを一部共用部分とし、それ以外の場合は全体共用部分として扱うことを相当とする」とされている（高島平マンションに係る第一次訴訟についての東京高判昭和59・11・29判時1139号44頁・わかりやすい56。同様の例として、東京地裁八王子支判平成5・2・10判タ815号198頁・わかりやすい48、東京地判平成5・3・30判時1461号72頁は、1階の区分所有者がエレベーターの使用の程度等から、2階以上に比べて管理費等は低額であることは合理的だと主張して争われたもの）。

しかし、利用状況の違いによって異なる管理費等の負担割合を定めるような例としては、店舗と居宅が併存する複合型マンション等が考えられる。そこでは、玄関や階段、廊下が完全に分離され、それぞれに専用のエスカレーターやエレベーターが存在するといった当該建物の物理的な構造に依存するところが大きいから（本来は、法3条後段・16条に定める一部共用部分の費用負担の問題である）、一概にその効力が否定されるべきとはいえないであろう。

その根拠としては、店舗部分の区分所有者は、店舗への来客による共用部分の使用頻度が高いことが指摘されているが（東京地判昭和58・5・30判時1094号57頁）、本条の考慮要素として「利用状況」が明示されたことでより一層許容されることとなろう。

　また、規約において、区分所有者の中で、所有名義が法人か自然人かによって、その負担する管理費等の割合について、最大1.72対1の差を設けたことの適否が争われ、これを無効とした裁判例がある（東京地判平成2・7・24判時1382号83頁）が、法人所有は非居住利用を類推する徴表として捉え、所有名義で類推することもあながち不合理とはいえないと考えられる（同旨：内田勝一「判批」判タ765号）。この判例も、所有名義により法人組合員と個人組合員とで差異を設けること自体が直ちに区分所有法19条に反するとまではいえないとしており、本条で「利用状況」が特に考慮要素として明記されたことからすれば、実質的な利用実態を検討して格差の是非を判断することが求められるであろう。

　さらに、専有部分に現に居住していない場合や賃貸しているような場合の区分所有者と、実際に居住している区分所有者とで、異なる負担を考慮できるかも問題になりうる。自らが実際に利用していない反面、管理組合の役員やマンションの維持管理にかかわる役割を分担していないことや、管理組合が定時・臨時の集会開催等を連絡通信する費用負担などもあるため、考慮要素となる場合がある。

　最判平成22・1・26判時2069号15頁・わかりやすい68は、いわゆる不在組合員に対して、組合の役員の分担や日常的な活動等には参加せず、他方で役員等による維持管理活動による利益だけを享受しているから、協力金（その後、住民活動協力金と名称変更）の支払を求めた事案である。この判決の詳しい内容は別項で触れられるが、月額金2500円の負担は「特別の影響を及ぼすべきとき」に該当しないとしたが、それぞれのマンションでの実情、必要性、合理性、役員への手当の有無、金額の妥当性、合意形成の過程などさまざまな事情が考慮要素となりうるので、個別具体的な検討が必要である（松

113

岡久和「マンション管理と非居住者」ジュリ1402号5参照）。

　　(ホ)　区分所有者が支払った対価

　「特定の区分所有者が共用部分を専用使用する権利の設定を受けるなど、その利用について特別の利益を得ている場合には、これに関連して対価が支払われていることが少なくなく、こうした対価の有無およびその多寡についても、規約の内容の衡平性を判断する場合の重要な考慮要素になることを明らかにしたもの」と説明されている（吉田・前掲書38頁）。

　本項の冒頭でも触れたように、これまで、マンション敷地内の駐車場、屋上広告塔、袖看板等について、分譲業者や特定の区分所有者に無償または極めて低額の利用料による専用使用権が設定される場合が数多くみられた。区分所有者間で典型的な紛争を生むケースは、当該マンションの元の地主が等価交換によってマンションの区分所有者となり、交換の相手の分譲業者との間で、特権的な専用使用権を設定している場合である。ただ、区分所有法30条3項では、「区分所有者間の利害の衡平」の実現とされているので、前掲・大阪地判平成4・9・16のような分譲業者が特権的な無償の広告塔の専用使用権の設定をした事案には直接には適用されないが、この判決が示した「相当期間経過したからその特権も消滅する」という論理は、特定の区分所有者が原始規約上で特権的な専用使用権を有している場合には極めて有用なものである。

　ここで、特定の区分所有者が、何らの対価も支払わずに特別の利用をしているような場合には、本条によって直ちに衡平に反するとして無効となしうるが、一定の対価を支払っている場合には、さらに、その対価がどの程度か、対価の支払先が管理組合かそれとも分譲業者か、使用料がいくらかなどが衡平性の判断において重要である。すなわち、ここでの対価は利用料の先払とも評価できるところ、特定の区分所有者が対価を管理組合に支払っている場合には、通常予定される利用料や周辺の同種の使用料等との比較で先払期間として認められる範囲での利用（上記の「相当期間」）は衡平を害さないとも考える余地はあるが、対価が分譲業者に支払われている場合には、平成

10年の最高裁判決があるにせよ衡平を害すると判断される可能性は高いものである。そして、支払っている利用料が、無償か極めて低額な場合には、上記の「相当期間」は通常の使用料との対比でみれば、それほど長い期間を考える余地もほとんどなくなるから、衡平を害すると判断されることが多くなることが予想される。

　なお、支払った対価、または代償との関係に触れた判決では、東京地判平成14・6・24判時1809号98頁がある。これは、当該マンションの敷地が共有土地と特定の区分所有者の私有地であり、その私有地の地代を他の区分所有者らが負担しておらず、他方で特定の区分所有者は共有持分の割合に比べて少ない管理費等を負担していたという事案であり、管理組合から特定の区分所有者に対し、本来の区分所有法19条による管理費等との差額の支払を求めたものである。判決は、私有地の地代と差額管理費とを比較して、その対価、代償関係は特に不公平ではないと判断している。

　㈢　その他の事情

　規約を定める場合において、それぞれのマンションにはさまざまな事情があるので、規約の衡平さを判断するうえで具体的に列挙した考慮要素以外の要素が存在しうることから、「その他の事情」も考慮すべきとしている。例としては、「分譲業者がマンションの販売の際に規約の内容についてどの程度説明を尽くしたかなどの（原始）規約設定に至る経緯も、その他の事情に含まれることになる」と説明されている（吉田・前掲書38頁）。

　立法担当者が、分譲時における規約の説明を尽くしたか否かをも、規約の衡平を判断する事情として明示したことは、極めて大きな意義がある。なぜならば、列記された考慮要素は、いずれも当該マンションに関して客観的な事情として把握することが可能なものであるが、これまでも規約に記載してあったというだけで了解していたかのような判断がなされてきた苦い歴史があるからである。区分所有法によって、衡平でない内容を含んだ規約について、分譲時に十分なわかりやすい説明と納得を必要とすることを求めているとなれば、販売そのものに大きな影響を及ぼしうるため、不衡平な規約の事

115

前抑制の効果も期待できる可能性もある。

　(3)　**遡及効**

　この規定は、「改正法の施行前に既に設定されていた既存の規約についても、同項（法30条3項）の適用は排除されていませんから、その内容が区分所有者間の利害の衡平を著しく害するものである場合には、同項に基づいて当該規約が無効と判断されることになると考えられます」（吉田・前掲書35頁）と解説されている。

（注1）　平成4年12月25日、建設省建設経済局・住宅局は、「中高層分譲共同住宅（マンション）に係る管理の適正化および取引の公正の確保に関する通達」を出した。その第1は、管理規約の適正化と題され、「宅地建物取引業者および管理業者が管理規約の案を作成した場合には、管理組合に当該規約案と合わせて標準管理規約を提示しその相違を説明すること」「管理組合が区分所有法改正に伴い無効となった事項を含む管理規約等を使用している場合には、管理業者が管理規約改正の必要性について管理組合に周知を図ること」と指導内容が示されている。しかし、この通達は管理組合の結成後の問題を扱っており、原始規約の問題は、分譲中で管理組合がまだ結成されていない場合である。

　　なお、平成13年8月1日施行のマンション管理適正化法3条に基づき、マンション管理適正化指針が公表された（国土交通省告示第1288号）が、これとても、マンション分譲の段階から、分譲業者に対して、規約の重要性、規約設定の必要性等につき情報提供・説明義務を負わせるなどして区分所有者や管理組合にとって不利益な原始規約の成立を防止するという観点からは、まだまだ不十分である

（注2）　法31条後段にいう規約の設定、変更または廃止が一部の区分所有者の権利に特別の影響を及ぼすべきときとは、「規約の設定、変更等の必要性及び合理性とこれによって、一部の区分所有者が受ける不利益と比較衡量し、当該区分所有関係の実態に照らして、その不利益が区分所有者の受忍すべき限度を超えると認められる場合をいうものと解される。これを使用料の増額についていえば、使用料の増額は一般的に専用使用権者に不利益を及ぼすものであるが、増額の必要性及び合理性が認められ、かつ、増額された使用料が当該区分所有関係において社会通念上相当な

額であると認められる場合には、専用使用権者は使用料の増額を受忍すべきであり、使用料の増額に関する規約の設定、変更等は専用使用権者の権利に『特別の影響』を及ぼすものではないというべきである」。「増額された使用料が社会通念上相当なものか否かは、当該区分所有関係における諸事情、例えば、(1)当初の専用使用権分譲における対価の額、その額とマンション本体の価格との関係、(2)分譲当時の近隣における類似の駐車場の使用料、その現在までの推移、(3)この間のマンション駐車場の敷地の価格及び公租公課の変動、(4)専用使用権者がマンション駐車場を使用してきた期間、(5)マンション駐車場の維持・管理に要する費用等を総合的に考慮して判断すべきものである」。

(石口俊一)

III　原始規約と駐車場専用使用権

1　駐車場専用使用権とは

「駐車場専用使用権」と呼ばれる権利は、その目的とされる物件が、①マンション敷地（青空駐車場の場合）であったり、②マンション本体建物の一部であったり、③マンション敷地上に存するパーキングタワーのようなマンション本体とは別棟の建物であったりするだけでなく、設定の形態としても、①分譲後に管理組合と駐車場利用者との間で使用料の支払が行われる形態（賃貸方式）、②分譲時に分譲業者との間で金銭の授受がなされる形態（分譲方式）、③分譲業者自身や等価交換方式の元地主の下に駐車場利用権が留保され続け、分譲業者とも管理組合とも直接の金銭の授受がなされていない形態（留保方式）などに分類される。

このように「駐車場専用使用権」といってもさまざまな類型があるが、そもそも「駐車場専用使用権」という権利が区分所有法等の実定法上の根拠をもたない事実上の呼称に過ぎず、「駐車場専用使用権」という名称から権利の内容等が一義的に定まるものではない。個々のケースにおける「駐車場専用使用権」がいかなる権利であるのか、その種類・性質・内容については、分譲契約書や原始規約等の記載事項を手がかりとして判断せざるを得ない。

過去には、標準管理規約でも「専用使用権」という用語が用いられていたが、定義の曖昧な言葉を用いることで混乱が生じることを避けるため、平成9年2月25日改正で「専用使用権」という用語は廃止された。

2　駐車場専用使用権分譲問題と原始規約の問題

駐車場専用使用権分譲とは、分譲業者が敷地共有持分付のマンション本体とは別に、敷地上の駐車場としての利用権だけを再度分譲してその代金を取得する形態である。

駐車場専用使用権分譲の法的根拠が、分譲業者と特定の顧客との間の駐車場専用使用権分譲契約のみであれば、直接の分譲契約の当事者ではない特定承継人に対しては、専用使用権者はその利用権を対抗し得ないが、原始規約に駐車場専用使用権分譲の根拠規定が設けられているケースも過去には多くあり、不公平な分譲の仕方の典型ともいえる駐車場専用使用権分譲の問題の根底には原始規約の問題が存在する。

駐車場専用使用権分譲については、既に売買の対象となったマンション敷地を二重に売買するものであり、公序良俗違反で無効なのではないか、有効であるとしても分譲代金は敷地共有者の団体である管理組合に帰属すべきものではないかとの疑問が呈され、これらの疑問を支持する下級審の判決も相次いだ（神戸地裁尼崎支判平成元・12・22判例集未掲載〔ハイツヤマト事件〕、福岡高判平成7・10・27判時1557号95頁・判タ909号182頁〔シャルマンコーポ博多事件〕、福岡地裁小倉支判平成6・2・1判時1521号107頁、福岡高判平成8・4・25判時1582号44頁〔ミリオンコーポラス高峰館事件・シャルム田町事件〕）。

3 駐車場専用使用権分譲代金の帰属についての最高裁判例

ところが、最判平成10・10・22民集52巻7号1555頁・判時1663号47頁・判タ991号296頁・わかりやすい32〔ミリオンコーポラス高峰館事件〕、最判平成10・10・30判時1663号90頁・判タ991号125頁〔シャルム田町事件〕では、駐車場専用使用権分譲は有効であり、分譲代金は、分譲業者に帰属すると判示され、それまでの下級審レベルでの判例や学説は一蹴されてしまった。

ミリオンコーポラス高峰館事件の最高裁判決要旨は、以下のとおりである。

「右売買契約書の記載によれば、分譲業者である上告人は、営利の目的に基づき、自己の利益のために専用使用権を分譲し、その対価を受領したものであって、専用使用権の分譲を受けた区分所有者もこれと同様の認識を有していたと解されるから、右対価は売買契約書に基づく専用使用権分譲契約における合意の内容に従って上告人に帰属するものというべきである。この点

119

に関し、上告人が、区分所有者全員の委任に基づき、その受任者として専用使用権の分譲を行ったと解することは、右専用使用権分譲契約における当事者の意思に反するものであり、前記管理委託契約書の記載も右判断を左右しない。また、具体的な当事者の意思や契約書の文言に関係なく、およそマンションの分譲契約においては分譲業者が専用使用権の分譲を含めて包括的に管理組合ないし区分所有者全員の受任者的地位に立つと解することも、その根拠を欠くものといわなければならない」。

なお、同判決には遠藤光男裁判官の補足意見が付されているが、その要旨は、以下のとおりである。

駐車場専用使用権分譲については、①二重の利益を得ているとの疑いがもたれること、②分譲後も専用使用権者と管理組合との間に紛争が生じる、等の問題の存することは指摘のとおりであり、「好ましいものではなく、速やかに根絶されなければならない」。「しかし、立法論や行政指導としてであれば格別、基本的に契約自由の原則が妥当する現行法の下における解釈論としては、おのずから限界があるものといわざるを得ない」。「原判決の意図するところは理解し得ないではないが、結果的な妥当性を追求する余り、解釈論としての範囲を超えた無理な法律構成、法律解釈を採るものといわざるを得ない」。

4 不公正な原始規約の変更

原始規約の問題点に気づいた区分所有者が、自治意識に目覚め、管理組合を結成し、原始規約に設定された特権を廃止しようとして規約を新たに設定しようとするとき（あるいは原始規約を改正しようとするとき）に直面するのが区分所有法31条1項後段の、「一部の区分所有者の権利に特別の影響を及ぼすべきときは、その承諾を得なければならない」との規定の存在である。法30条3項が新設される以前においては、不衡平な原始規約が公序良俗違反により無効とまではいえない場合には、原始規約によって、いったん設定された駐車場専用使用権は、その存続期間が明確でなく、事実上半永久的に存

続するということになりかねなかった。しかも、法31条1項後段がある限り、規約改正を行おうとしても、「少数者の権利」が立ちふさがってくる。分譲業者が一方的に原文を作成した規約により設定された駐車場専用使用権については、無条件にこれを有効とみることには、マンション住民の中に強い抵抗感がある。原始規約上では、たとえば原始規約で設定された駐車場専用使用権に何の制約がない場合であっても、その権利の種類・性質・内容によっては、その後の規約の改廃によって当該権利を変更・制限または消滅させる余地を認める必要がある（最判平成10・10・30民集52巻7号1604頁・判時1663号56頁・判タ991号288頁・わかりやすい33、最判平成10・11・20判時1663号102頁・判タ991号121頁・わかりやすい34）。

5　不公正な原始規約の変更に関する最高裁判例

分譲形式の駐車場専用使用権に管理組合が変更を加えることが可能かが争われた、シャルマンコーポ博多事件の前掲・最判平成10・10・30は、以下のとおり判示する。

①　「専用使用権は、区分所有者全員の共有に属するマンション敷地の使用に関する権利であるから、これが分譲された後は、管理組合と組合員たる専用使用権者との関係においては、法の規定の下で、規約及び集会決議による団体的規制に服すべきものであり、管理組合である被上告人は、法の定める手続要件に従い、規約又は集会決議をもって、専用使用権者の承諾を得ることなく使用料を増額することができるというべきである」。

②　法31条1項後段にいう規約の設定、変更または廃止が一部の区分所有者の権利に特別の影響を及ぼすべきときとは、「規約の設定、変更等の必要性及び合理性とこれによって一部の区分所有者が受ける不利益とを比較衡量し、当該区分所有関係の実態に照らして、その不利益が区分所有者の受忍すべき限度を超えると認められる場合をいう」。

③　「これを使用料の増額についていえば、使用料の増額は一般的に専用

使用権者に不利益を及ぼすものであるが、増額の必要性及び合理性が認められ、かつ、増額された使用料が当該区分所有関係において社会通念上相当な額であると認められる場合には、専用使用権者は使用料の増額を受忍すべきであり、使用料の増額に関する規約の設定、変更等は専用使用権者の権利に『特別の影響』を及ぼすものではないというべきである」。

④　「増額された使用料が社会通念上相当なものか否かは、当該区分所有関係における諸事情、例えば、(1)当初の専用使用権分譲における対価の額、その額とマンション本体の価格との関係、(2)分譲当時の近隣における類似の駐車場の使用料、その現在までの推移、(3)この間のマンション駐車場の敷地の価格及び公租公課の変動、(4)専用使用権者がマンション駐車場を使用してきた期間、(5)マンション駐車場の維持・管理に要する費用等を総合的に考慮して判断すべきものである」。

また、分譲業者が設置した無償の屋上広告塔・袖看板等の撤去請求や有償化の可否が争われた高島平マンション第2次事件の前掲・最判平成10・11・20は、以下のとおり判示しており、留保方式の駐車場専用使用権についても同様に考えられる。

①　「有償化決議については、従来無償とされてきた専用使用権を有償化し、専用使用権者に使用料を支払わせることは、一般的に専用使用権者に不利益を及ぼすものであるが有償化の必要性および合理性が認められ、かつ、設定された使用料が当該区分所有関係において社会通念上相当な額であると認められる場合には、専用使用権者は専用使用権の有償化を受忍すべきであり、そのような有償化決議は専用使用権者の権利に『特別の影響』を及ぼすものではないというべきである」。

②　「設定された使用料がそのままでは社会通念上相当な額とは認められない場合であっても、その範囲内の一定額をもって社会通念上相当な額と認めることができるときは、特段の事情がない限り、その限度で、有償化決議は、専用使用権者の権利に『特別の影響』を及ぼすものではな

く、専用使用権者の承諾を得ていなくとも有効なものであると解するのが相当である」。

これらの最高裁判決によって、原始規約により設定された専用使用権に対して変更を加えることの可否についての一定の判断基準が明らかにされたといえよう。

6 区分所有法30条3項と駐車場専用使用権

(1) 分譲方式との関係

平成10年に一連の最高裁判決が出た各事件のうち、ミリオンコーポラス高峰館事件、シャルム田町事件、シャルマンコーポ博多事件は、分譲方式の駐車場専用使用権が問題となった事案であり、高島平マンション事件は、留保方式の事案であったが、これらの最高裁判決によって分譲方式や留保方式の法的性質は賃貸方式と異なるものではないことが明らかとなった。

したがって、分譲方式で支払われた分譲代金の法的性質は、賃貸方式の月々の使用料と同質であり、使用料の一括前払と解されるから分譲方式の駐車場専用使用権の存続期間は、基本的には支払われた対価を物価スライドした周辺の同種使用料で除した数値によって判定することになる。シャルマンコーポ博多事件最高裁判決で示された、増額された使用料が社会通念上相当なものか否かについての判断要素も存続期間を判定するうえで考慮すべき要素と考えられる。

区分所有法30条3項が新設されたことにより、今後は同項に列挙された判断要素に従って駐車場専用使用権の有効性の判断や存続期間、許容される使用料の値上げ額等が判断されることになろうが、同項の「その他の事情」には、同項の新設に大きな影響を与えたと考えられるシャルマンコーポ博多事件最高裁判決で示された考慮要素が基本的に含まれるものと考えられる。

ただし、「当初の専用使用権分譲における対価の額とマンション本体の価格との関係」を「その他の事情」として考慮することには著しく疑問が残る。なぜなら、マンション本体価格がいくらであったかを考慮すべき理由は

123

考え難いし、マンション本体の価格が駐車場専用使用権の分譲によって、その分安くなっているとの分譲業者側の主張に対し、購入者側が事実上反証することは不可能だからである。

また、「その他の事情」としては、分譲業者が作成し、マンション購入者が書面によって同意することで設定された原始規約の内容について、分譲業者がマンション購入者に対しどの程度の説明を尽くしたか等の規約設定に至る経緯も含まれるものと考えるべきであろう。

(2) 留保方式との関係

留保方式の場合には、分譲業者とも管理組合とも直接の金銭の授受がなされていないのが基本形態であり、排除された他の区分所有者が奪われた「利益の収取」の補償がなされていないこととなる。等価交換方式のマンションで元地主が駐車場専用使用権を留保している場合などでは、元地主の提供した敷地の評価がなされたうえで、マンションの専有部分に加え、専用使用権の使用料相当額も等価交換の対象として評価されたことを元地主側で立証しない限り、元地主が駐車場専用使用権を留保する旨を定めた原始規約が、区分所有法30条3項の考慮要素に照らし、区分所有者間の衡平が図られるように定められたものと認められる場合は極めて例外的な場合に限定されるであろうから、同項によって原始規約の効力が否定される場面が増えてくるのではないかと考えられる。

7　今後の課題

区分所有法30条3項の意義についての政府答弁では、同項は過去の裁判例において確立した考慮要素を単に具体化したものに過ぎないかのような説明がなされているが、同項が新設された過程においては、不衡平な原始規約が有効とされた裁判例が多く出された過去の経緯や平成10年の一連の最高裁判決が影響していることは否定できないと思われる。判例の積み重ねだけでは不衡平な原始規約の問題を克服するには不十分であったとの認識から、立法的解決を図るために効力規定としての同項が新設された経緯は否定できず、

これまでは無効とまではいえないとされていた不衡平な原始規約が、同項が新設されたことによって無効とされるケースも出てくるのではないかと予想され、同項が訴訟実務に及ぼす意義は大きなものと考えられる。

ただ、区分所有法は、民法物権編の特別法として、マンションの分譲完了後における区分所有者間の法律関係を規律対象とするものであり、原始規約の問題のような分譲時の不公正な取引に起因する問題の解決を区分所有法改正のみによって図ろうとすることには限界がある。

ミリオンコーポラス高峰館事件やシャルム田町事件のような分譲業者と管理組合との紛争を解決するうえで、区分所有法30条3項が1つの手がかりとなることはあっても、同項による問題の全面解決までは無理であろう。

マンション分譲時における取引上の規制としては宅建業法35条1項6号、同法施行規則16条の2第4号・5号があるが、これらの規制では不十分であり、同法および同法施行規則の改正やその他の立法による分譲業者に対する規制が必要であるし、国土交通省のマンション標準管理規約に法的拘束力を付与する方策等も講じられる必要があろう。

（畑中　潤）

第6章

管理会社についての紛争

I 総論

1 管理会社とマンション管理事務

　一般に管理会社とは、管理組合から委託を受けてマンションの管理事務を行うことを業とする会社のことをいう。

　マンションの管理事務には、管理費や修繕積立金の出納事務、予算・決算等の会計事務、管理組合総会や理事会の運営事務、管理人や受付の設置等の事務、日常的な清掃事務、建物や設備の維持・修繕の実施事務、長期修繕計画の策定とその実施事務などがある（後述の「中高層共同住宅標準管理委託契約書」（昭和57年住宅宅地審議会答申・最終改訂平成21年。以下、「標準管理委託契約書」という）3条に定める別表第1から4が参考になる）が、管理組合は、これらの事務を管理組合自身で行う（自主管理）こともできるし、これを第三者に委託することもでき、また、第三者に委託する場合には、管理に関する事務を全面的に第三者に委託することもできるし（全面委託）、その一部だけを第三者に委託することもできる（部分委託）。

　実務上、これらの管理事務は、さまざまな用語で説明されたり分類されたりしているが、国土交通省から示されているマンション標準管理委託契約書では、これを、①「事務管理業務」、②「管理員業務」、③「清掃業務」、④「建物・設備管理業務」に4分類している（標準管理委託契約書3条）。

　このうち、管理会社の問題を考えるにあたって重要なものは、①の「事務管理業務」中の「管理組合の会計の収入および支出の調定、および出納、並びにマンション（専有部分を除く）の維持または修繕に関する企画または実施の調整」業務であり、これは、マンション管理適正化法において、「基幹事務」と呼ばれているものである（同法2条6号参照）。

　管理会社が行う管理事務が、この「基幹事務」を含むものである場合、当該管理会社は、国土交通省に管理会社としての登録をすることが義務づけら

れており（マンション管理適正化法44条）、登録を受けない者はマンション管理業（すなわち、基幹事務を含む管理事務を業として行うこと）を営んではならないものとされる（同法53条。同法2条6号・8号参照）。もっとも、マンションの区分所有者等が当該マンションについて管理事務を行うことは、同法2条7号により、「マンション管理業」から除外されており、同法による登録業者でなくとも可能である。

2 管理会社との紛争の背景と実態

(1) 背　景

　新築分譲マンションが販売される場合、通常は、売買契約の際には予定管理会社が定められており、多くの場合、分譲会社の子会社あるいは関連会社が予定管理会社とされ、マンション購入者は、マンションの売買契約締結の際に、管理組合が予定管理会社と管理委託契約を締結することを承認する旨の書面にも署名捺印を求められるのが一般である。

　その際、マンション購入者は管理委託契約の内容を十分に知らされないことも多く、たとえその内容を知らされたとしても、通常はこれに意見を差し挟む余地はなく、管理委託契約の内容は、分譲会社と予定管理会社の間だけで取り決められているというのが現実である。その結果、管理委託契約の内容が必ずしも管理組合の利益にかなっていなかったり、そもそも管理委託契約の内容があいまいであったりすることも少なくない。

　多くの場合、マンションを初めて購入する者は、管理組合や管理委託契約についての知識は十分ではなく、また管理委託契約の重要性も十分には認識していない。分譲会社が主導して、いわゆる設立総会が開催され、管理組合が機能し始めても、管理委託契約の内容を確認してすぐにその内容について検討がなされるというようなことは、ほとんど期待できるものではない。管理委託契約の内容があいまいであっても、マンション購入者（管理組合員）は、そのことにすら気づかぬまま、現実のマンション管理事務が進行しているということも多々みられるところである。

(2) 実　態

　管理組合と管理会社との紛争については、現実に裁判となり、その経緯や結果が公刊されている刊行物に掲載されているものは必ずしも多くなく、実態は不明なところも多い。そのような状況ではあるものの、後記Ⅱ以下においては、公刊されている刊行物に掲載されている管理会社との紛争を中心に、管理組合と管理会社との間の具体的な紛争例について述べることとする。

3　マンション管理適正化法による管理会社に対する規制

(1) 総　論

　マンション管理適正化法は、マンション管理士の制度を創設するとともに、マンション管理業者の登録制度を実施しマンション管理業を規制する法律として、平成13年に施行された法律である。

　マンション管理適正化法は、マンション管理業に対する規制として、概略、以下のように定めている。なお、以下の記述においては、単棟型で管理組合が法人化されていないマンションであって、管理者が定められているマンションを想定して記述を進めるが、団地の場合や管理組合が法人の場合、あるいは管理者が定められていないマンションである場合には、「区分所有者」「管理者」とする部分を相応のものに読み替える必要がある。必要に応じ、同法の該当条文を参照されたい。

① 基幹事務の一括再委託の禁止（同法74条）　管理会社は、基幹事務については一括して他人に委託（再委託）してはならない。

　この点に関しては、後述のように、平成15年に示された標準管理委託契約書では基幹事務を含む事務管理業務について一部再委託も禁止する趣旨の定めがなされていたが、平成21年に事務管理業務の一部再委託は許容するものに改訂されている。同法上は、基幹事務の一部再委託は禁じられていない点に注意が必要である。

② 帳簿の作成・保存義務（同法75条）　管理会社は、帳簿を作成し、

保存しなければならない。

③ 報告義務（同法77条1項）　管理会社は、管理者に対し、管理事務報告書を作成し報告しなければならない（管理業務主任者をして報告させなければならない）。

④ 管理委託契約締結の際の説明会開催、書面交付等の義務（同法72条・73条）　この点については、後記(2)で詳述するが、当該義務が課されたことにより、管理委託契約においては、自動更新の定めは許されないということになる。マンション管理適正化法の規定は、必ずしも私法上の効力に直接かかわるものではないが、本規制の趣旨からは、自動更新条項が定められた場合、それは、私法上も無効と解されるべきであろう。

⑤ 修繕積立金と、管理会社の固有財産、他の管理組合財産との分別管理（同法76条）　管理会社による修繕積立金と管理費の管理の問題に関しては、マンション管理適正化法施行以前の例として、当該金員・預金が、管理組合の財産であるか、管理会社固有の財産であるかが争われた裁判例があり（後記Ⅳ1参照）、マンション管理適正化法においては、その施行規則（87条）において、分別管理の具体的な方法が詳細に定められていた。しかし、近時においても、管理会社による管理組合の財産の横領事件が頻発していることなどから、平成21年、同施行規則における分別管理の方法が大きく改正された。この点については、後記Ⅳ2において、詳述する。

(2)　**管理委託契約締結の際の説明会開催、書面交付等の義務**

　マンション管理適正化法は、前述のとおり、マンション管理業務の適正化を図るために管理業に対する規制をしているものであるが、管理組合と管理会社の法律関係を具体的に定めるものは、当該管理組合と管理会社との間の管理委託契約である。ところが、管理委託契約の内容は、前述のとおり、特にマンションの新築分譲の場合には、分譲会社と予定管理会社の間だけで取り決められ、その内容が必ずしも管理組合の利益にかなっていなかったり、

あいまいであったりすることも少なくない。前記(1)④で述べたところであるが、同法は、管理組合員（区分所有者）が、管理委託契約の内容を十分に理解したうえで、管理委託契約締結の是非を決定できるよう、以下のような、具体的な規制をしている。

　(イ)　新築分譲の場合

　後述のとおり（後記(ロ)参照）、通常、管理会社が管理組合と管理委託契約を締結する場合には、あらかじめ、区分所有者と管理者の全員に重要事項記載書面を交付し、説明会を開催することが必要とされる（マンション管理適正化法72条1項）。これが、管理委託契約を締結する際の原則である。しかし、新築分譲の場合にあらかじめ管理会社が説明会を開催すること等は、事実上、不可能であることから、いわば、新築マンションの工事完了から1年以内に管理委託契約の内容を見直すことができることを条件に、これら説明会の開催等の義務を課さないものとした（同項の1つ目のかっこ書参照）というのが、新築分譲の場合の規制の趣旨である（同法施行規則82条）。

　すなわち、新築分譲の場合において、管理委託契約の期間が新築マンションの工事完了から1年以内と定められている場合には、あらかじめ区分所有者全員に重要事項記載書面を交付したり、説明会を開催する必要はないことになる。

　しかし、そのような場合であっても、管理委託契約の内容の適正を確保し、また、事後に、管理委託契約の内容の見直しが実質的になされることを確保するために、以下のような義務が定められている。

　①　管理者に対する「契約書」（マンション管理適正化法73条1項で定める書面）の交付　　マンション管理会社は、管理委託契約を締結した際は、管理者に、法律で定める契約内容に関する事項を記載した書面（「契約書」）を交付しなければならない（同条）。

　　　なお、一部のマンションにみられるように管理規約において管理者として当該管理会社が定められている場合には、（いうまでもないことであろうが）当該管理者が同書面を有するだけでは足りず、区分所有者全員

に同書面を交付しなければならない（同法73条1項本文かっこ書）。

　また、管理規約において理事長が管理者となる旨が定められているマンションの場合には、新築分譲の時点では管理者がいないことになるので、そのような場合（管理者が置かれていない場合）には、管理会社は、区分所有者全員に前記書面を交付しなければならない（同かっこ書）。

　後述するマンション標準管理委託契約書は、この「契約書」の標準型として、国土交通省から示されているものである。

② 「契約書」の記載内容に関する規制　　この書面には、管理組合から委託を受けて管理する、財産の管理の方法を含む管理事務の内容・実施方法、管理委託費、契約期間などを記載しなければならない。

　また、契約の更新や解除の定めがあるときはその内容も記載しなければならない（同項各号）。

　㈹　**通常の場合（新築分譲以外の新規契約や更新契約の場合）**

新築分譲以外の新規契約や更新契約の場合（すなわち、通常の場合）、管理会社は、契約締結に先立ち、管理委託契約の内容を区分所有者全員に十分に知らせるため、以下のとおり書面の交付や説明会の開催をしなければならない。

① 区分所有者と管理者の全員に対する重要事項等記載書面の交付（マンション管理適正化法72条1項）　　管理会社は、区分所有者と管理者の全員に対し、管理委託契約に関する重要事項と説明会の日時・場所を記載した書面を、後述する説明会の1週間前までに交付しなければならない。

② 説明会の実施による区分所有者と管理者に対する説明　　管理会社は、契約締結に先立ち、あらかじめ説明会を開催し、区分所有者と管理者に対し、管理委託契約に関する重要事項を説明し（管理業務主任者をして説明させ）なければならない。

③ 「契約書」の記載内容に関する規制　　これは、新築分譲の場合と同様であるので、そちらを参照されたい（前記㈵②）。

(ハ) 従前と同一の条件の更新の場合

　更新契約締結は、前記(ロ)の場合に含まれるものであるから、原則として、重要事項記載書面の交付と説明会が必要である。

　しかし、管理委託契約の内容が従前と同一の場合には、説明会の開催は不要であり、管理会社は、区分所有者全員に重要事項記載書面を交付し、管理者に対し契約内容を説明すれば足りるものとされている（マンション管理適正化法72条1項の2つ目のかっこ書参照。同条2項・3項）。

　なお、「同一の条件」とは、区分所有者ができるだけ十分に管理委託契約の内容を検討できるようにすべきであるとの観点からは、厳格に解されるべきであるが、平成14年2月28日に国土交通省が出した通達（国総動第309号）によれば、管理事務の内容と実施方法が同一で管理委託費用が減額される場合や、反対に管理委託費用が同一で管理事務の内容と実施方法が拡大される場合、管理委託費用の支払時期を遅らせる場合、あるいは管理委託契約の期間を短縮する場合なども、「同一の条件」に含まれるとされた。法的拘束力のないものではあるが、実務上は、当該通達に沿って運用されていると思われることを付記しておく。

① 区分所有者と管理者全員に対する重要事項記載書面の交付（マンション管理適正化法72条2項・3項）　管理会社は、区分所有者と管理者全員に対し、管理委託契約に関する重要事項を記載した書面を、あらかじめ交付しなければならない。この点は、前記(ロ)の原則的な場合と同様である。

② 管理者に対する説明（同法72条2項・3項）　管理会社は、管理者に対しては、前記重要事項書面を交付するとともに、説明をし（管理業務主任者をして説明させ）なければならない。ただし、区分所有者と管理者に対する説明会の開催は不要である。

③ 「契約書」の記載内容に関する規制　前記(ロ)の原則的な場合と同様であり、新築分譲の場合と同様であるので、そちらを参照されたい（前記(イ)②）。

4 マンション標準管理委託契約書

(1) 管理委託契約書作成の際の指針として

　前述のとおり、マンション管理適正化法の施行後である平成15年、国土交通省からは、管理組合と管理会社の間で管理委託契約を締結する際に、その標準形として、標準管理委託契約書が示された。その内容は、特に、別表において管理事務の内容が詳細に記載されており、管理会社の受託業務の具体的内容や善管注意義務の内容を検討するにあたって、有用なものと考えられる。

　なお、この標準管理委託契約書は、マンション管理適正化法の内容に沿って作成されているところ、前述のとおり、平成21年、同法施行規則における分別管理の方法が大幅に改正されたため、それにあわせるものとして、平成21年に標準管理委託契約書も改訂されている。この改訂の際には、用語の統一などの改訂もなされているが、前述のとおり、従前、基幹事務を含む事務管理業務については、一部再委託も禁止する趣旨の定めがなされていたところ、事務管理業務の一部再委託は許容するものに改訂されていることにも注意が必要である。

　この標準管理委託契約書は、第1次的には、管理組合と管理会社の紛争を予防するため、すなわち、管理組合と管理会社との間で締結される管理委託契約の内容の適正を図り、かつ、合意内容を明確にするために、管理委託契約締結の際に、活用されるべきものである。また、管理組合においては、現在締結されている管理委託契約や今後締結予定の管理委託契約の内容を、標準管理委託契約書の記載と比較することにより、それらが適正なものであるかを知る手がかりにもなるものであろう。

(2) 管理委託契約の解釈指針として

　標準管理委託契約書は、管理組合と管理会社の間で当該マンションにおける管理委託契約書を作成する際に活用されることが期待されているものであり、それ自体が管理組合と管理会社との間で直接法的拘束力を有するもので

はない。

しかし、実際に締結されている管理委託契約の内容や善管注意義務の内容を検討するにあたっては、1つの参考となるものである。

特に、実際に締結されている管理委託契約の契約書の記載があいまいであり、受託の内容や善管注意義務の内容がはっきりしないようなときには、標準管理委託契約書の別表の記載等は参考になるものであろう。

後記Ⅱ以下においては、このような意味で標準管理委託契約書も参考としながら、管理組合と管理会社の間の紛争について、具体的にみていきたい。

（髙橋健一郎）

Ⅱ 管理会社が負う善管注意義務

1 はじめに

　マンションと管理会社との間の管理委託契約は民法656条の準委任契約の性格も有することから、受託者である管理会社は同法644条の善管注意義務を負うものである。このことは、標準管理委託契約書においても契約書上明文化されている（標準管理委託契約書5条）。

　ここでいう善管注意義務とは、受託者の職業や社会的・経済的な地位、知識などに応じて、取引上、当該の場合に抽象的な平均人として一般に要求される程度の注意義務をいう。したがって、管理会社の場合にはそれ相応の注意義務が課せられることになり、具体的には、標準管理委託契約書別表1の記載が参考となろう。

　裁判例としては、保守、点検等に関する注意義務、修繕等費用（備品の購入等）の支出に関する注意義務、理事や理事会の不法行為（横領、名誉毀損等の暴走行為）を防止する義務、管理組合と第三者との間における契約締結の際の助言義務が問題となった事例が若干見受けられるところである。このうち、横領の事案については、後記Ⅳ「管理会社による金銭の管理をめぐる紛争」の項で述べるものとする。帳票、図書等や個人情報の保管に関する管理会社の一般的な義務については、直接争点となった裁判例は見受けられなかったものの、本項で若干の説明を加えることとする。

2 保守、点検等に関する注意義務

　管理委託契約上、管理会社は、管理事務の一内容としてマンションの保守、点検等を実施する義務を負うものであるが、点検の結果、保守業務では賄えない程度の滅失、毀損、瑕疵等が発見された場合には、別途、管理組合と管理会社との間で補修工事の契約を締結する等しない限り、管理会社は、

補修の義務を負うことがないことはもちろん、管理組合が第三者との間で補修工事の契約を締結した場合においては、管理組合の意向に従って、その事務を補助すれば足りる。

分譲当初からの建物の欠陥についての事例ではあるが、裁判例では、管理会社は、管理組合の補修工事等の要望を補修の義務を負う不動産会社や建設会社に対して伝えてその行動を促し、工事が実際に施工されたか否かを確認し、施工された工事内容に問題があれば、さらに補修を求めるか他社に外注するか、訴訟を提起するかなどについて、管理組合の意向に従って、決定された方向での事務を補助するにとどまるものとしたものがある（東京地判平成16・11・30判例集未登載）。

標準管理委託契約書においては、保守点検の実施方法等が具体的に規定されたうえ（3条4号、別表第4）、管理対象部分に係る各種の点検、検査等の結果を管理組合に報告するとともに、改善等の必要がある事項については、具体的な方策を管理組合に助言し、この報告および助言は、書面をもって行うこと（3条1号、別表第1・2(3)①）、マンションの保守、点検等を含む管理事務の処理状況について、事業年度ごと書面を交付し、報告すること（9条1項）、管理会社が、マンションにおいて滅失、毀損、瑕疵等の事実を知った場合においては、速やかにその状況を管理組合に通知すること（12条1項）等が管理会社の義務として規定されているところである。

管理委託契約上、管理会社が行うべき保守、点検の内容について概括的な規定しかない場合においては、前記標準管理委託契約上の義務が、管理会社が一般的に負う善管注意義務の内容として参考となろう。

3 修繕費等の支出に関する注意義務

管理会社は、管理組合との間の管理委託契約に従い、管理事務を遂行するに必要かつ相当な範囲でその預かる管理組合の財産から費用を支出することができる。

とはいえ、管理会社が遂行する管理事務における具体的支出項目について

まで、管理委託契約において網羅的に規定したり、予算に計上したりして事前の承認を得ておくことは困難である。そのため、予算において計上されていない費目について、管理会社が、修繕費等に関し理事会等の事前の承認を得ることなく支出した場合、管理委託契約に基づいてあらかじめ与えられていた包括的な権限に基づいて支出した場合等において、当該支出の必要性、相当性が事後的に問題となりうる。

　支出の必要性、相当性の問題については、管理委託契約の内容のほか、当該管理組合の予算規模、金額の大小、市場価格と実際の支出額との差異の程度、緊急性、当該管理組合における予算決算手続等の慣行等を考慮して判断されることになろう。

　裁判例としては、理事長の事前の承認なく管理組合の備品（電球型蛍光灯等、合計10数万円）を、管理会社自身が管理組合に売却した事案において、当該備品は、消耗品であって、その購入費用は、収支予算案では諸雑費として前期実績を考慮して計上されているうえ、その具体的な支出額については、通常総会に決算報告され、その承認を求める手続となっていること、消耗品の購入について、逐一理事長の承認を求めることは現実的でないこと等の事情に照らせば、管理会社が管理組合に対し、理事長の承認を得ることなく、備品を販売したことが違法であるとまではいえないとしたもの（東京地判平成21・5・21判例集未登載）、非常照明および誘導灯の改修工事（合計10万円弱）について、あらかじめ通常総会でその支出が決議されず、また、理事会でもその支出があらかじめ承認されていなかったが、当該改修工事は消防設備に関する緊急性のあるもので、当時の理事長の承認の下に工事が実施され、その後の通常総会で、当該工事の実施が報告され、当該工事に要した費用の支出も決算として報告され、いずれも承認されているので、当該工事費用の支出について管理会社に不法行為は成立しないとしたもの（同前）、管理人室の机、椅子等の備品（合計約20万円）の購入について、仮にその支出について事前に管理組合の承認を得ていなかったとしても、事後に総会で承認されていれば、債務不履行責任はないとしたもの（前掲・東京地判平成

139

16・11・30）等がある。

4 管理組合と第三者との間における契約締結の際の助言義務

　管理会社は、マンションの管理事務を行うものであり、管理組合と第三者との間のあらゆる契約について助言義務を負うと解することはできない。もっとも、管理会社が受託した範疇にある管理事務に関して、管理組合と第三者との間で契約が締結される場合には、当該契約締結に際して管理会社が一定の関与をすることが管理会社の義務に含まれると解することはできよう。

　裁判例としては、管理組合と電力会社との間における電気供給契約に際して、分譲当初、販売元の不動産会社と電力会社との間で締結された契約電力は600kWとされていたが、分譲後、管理組合と電力会社とが協議した結果、契約電力が266kWに引き下げられた事案において、原契約における契約電力の設定が過大で不適切であったとまでは認められないことから、実際の使用電力が契約電力に満たないからといって、直ちに、管理会社が管理組合に対して契約電力の引下げを助言すべき義務を負うものということはできないし、管理会社が管理組合に対して負う管理会社としての義務に、新契約の電気料金が適切となるように、また、臨時費用が発生しないように助言すべき注意義務が含まれていたものと認めることも困難であるとしたものがある（東京地判平成22・11・9判例集未登載）。

　標準管理委託契約書においては、管理会社がマンションの維持または修繕（大規模修繕を除く修繕または保守点検等）を外注により管理会社以外の業者に行わせる場合の見積書の受理、発注補助、実施の確認を行うものとされており（3条1号、別表第1・1(3)三）、事務手続以上の具体的な助言義務を規定していない。

　しかし、管理委託契約の内容によっては、管理会社としては、単に契約事務手続を代行するだけでなく、当該契約によって管理組合が損害を被らないように助言する義務を負うと解される余地はあり、注意を要する。

5 帳票、図書等や個人情報の保管に関する管理会社の一般的な義務

　管理会社が、管理委託契約上、管理組合の帳票、図書等や個人情報を保管するものとされている場合であっても、区分所有法33条および42条5項や規約等で、当該帳票、図書等や個人情報の管理権者として定められた管理者、理事長等とは区別される。仮に、管理会社が、組合員から、管理組合の帳票、図書等の閲覧、謄写を請求された場合には、管理会社は、管理権者である管理者や理事長等の意向に沿った対応をするにとどまることになる。

　標準管理委託契約書上は、保管方法については、帳票や図書等を管理会社が管理組合事務所で保管する旨を定めているにとどまる（3条1号、別表第1・2(3)③）。

　第三者への開示に関しては、標準管理委託契約書14条1項が、宅地建物取引業者が、組合員から、当該組合員が所有する専有部分の売却等の依頼を受け、その媒介等の業務のために管理規約の提供、当該組合員の負担に係る管理費および修繕積立金等の月額並びに滞納があるときはその金額、管理組合の修繕積立金積立総額並びに管理費および修繕積立金等に滞納があるときはその金額の開示を求めてきたときは、管理組合に代わって、当該宅地建物取引業者に対し、前記事項を書面をもって開示するものとすると規定している。

　　　　　　　　　　　　　　　　　　　　　　　　　（小平展洋）

III 管理委託契約開始・終了時の問題点

1 開始時の問題点

(1) マンション管理適正化法上の規律

マンション管理適正化法は、72条以下において、管理委託契約（同法上は「管理受託契約」（72条1項））を締結する際の重要事項説明会の実施等の手続について定めている。

もっとも、新たに分譲されたマンションにおいて、建設工事完了の日から1年以内に契約期間が満了する場合についてはこれらの適用が除外されている（マンション管理適正化法72条1項、同法施行規則82条）。そのため、実際には、売買契約時に分譲会社等から予定管理会社が提案され、購入者が「管理に係る承認書」や「覚書」等の書面により、予定管理会社との管理委託契約の締結を承認する方法が一般的である。

(2) 形式上個々の区分所有者と管理会社との個別の管理委託契約しか締結されていない場合

特に、マンション管理適正化法施行前のマンションにおいては、分譲契約時の特約等として、売主ないしその関連会社を管理会社とする旨を定め、当該管理会社と個々の買主（区分所有者）との間で管理委託契約を締結させているケースがある（その場合、原始規約により、当該管理会社を区分所有法上の管理者と定めていることも多い。なお、本書第8章VI参照）。

このような契約形態は、複数の委託者によって共用部分が管理されるという問題点があるうえ、後述のとおり契約解除時にも問題が生じうることから、あくまで管理組合が現実に活動を開始するまでの暫定的なものとみるべきであり、管理組合が現実に活動を開始した後は、実質的には管理組合と管理会社との管理委託契約として扱うべきである。

2 終了時の問題点

(1) 管理組合と管理会社との間で標準管理委託契約書に準拠した管理委託契約が締結されている場合

(イ) 任意解除

管理委託契約の法的性質は準委任契約（民法656条。以下、委任の規定の準用の際には同条を逐一記載しない）であるから、契約当事者は任意解除権を有する（同法651条1項）。

もっとも、標準管理委託契約書19条の特約により、任意解除の申入れは、少なくとも3ヵ月前に書面にて行う必要がある。

(ロ) 債務不履行解除

相手方が管理委託契約に定められた義務の履行を怠った場合は、債務不履行を理由とする解除を主張することも当然可能である（民法541条、標準管理委託契約書18条）。

なお、委任者が受任者に債務不履行があると主張して解除の意思表示をしたが、当該債務不履行が認められなかった場合でも、任意解除としての効力が認められる（大判大正3・6・4民録20輯551頁）。

(2) 管理組合と管理会社との間で標準管理委託契約書に準拠した管理委託契約が締結されていない場合

標準管理委託契約書19条の特約がない場合には、任意解除の可否は民法651条により決せられるが、同条および現在の最高裁判例の示す規律を整理すると次のとおりとなる。

① 委任が受任者の利益も目的とする場合であっても、やむを得ない事由がある場合（最判昭和43・9・20判時536号51頁）または委任者が解除権を放棄したとは解されない事情がある場合（最判昭和56・1・19民集35巻1号1頁）には、なお民法651条1項に基づく任意解除が可能である。

② 「委任が受任者の利益も目的とする場合」の「利益」とは、委任事務処理と直接関係のある利益（たとえば、弁済充当のための取立委任など）

143

でなければならず、単に委任事務の処理に対し報酬を支払う旨の特約があるだけでは足りない。
③　これらの任意解除が相手方に不利な時期になされた場合には、相手方の損害を賠償しなければならないが（民法651条2項本文）、かかる「不利な時期」とは、その委任の内容である事務処理自体に関して受任者が不利益を被るべき時期をいい、事務処理とは別の報酬の喪失の場合は含まれない（最判昭和43・9・3集民92号169頁）。この点は、株式会社が取締役等を正当な理由なく解任した場合には、取締役等は、株式会社に対して残任期間の報酬相当額の損害賠償請求が可能であること（会社法339条2項）とは異なる。
④　任意解除が「不利な時期」になされた場合であっても、やむを得ない事由があったときは、相手方に対する損害賠償義務を負わない（民法651条2項ただし書）。

かかる規律に照らすと、管理委託契約は、受任者である管理会社の利益を目的とする場合に該当しないことから（前記②）、委任者である管理組合は民法651条1項に基づく任意解除が可能であり、また、管理会社に対して管理委託契約残期間の報酬について賠償義務を負わない（前記③）。

裁判例では、管理組合がエレベーター保守会社との間の保守契約を契約期間満了前に任意解除したのに対し、エレベーター保守会社が管理組合に対して契約残期間の報酬から必要経費を控除した利益相当額の損害賠償を求めた事案において、前記③のとおり単に報酬を喪失するに過ぎない場合は「不利な時期」にあたらないとの理由によりエレベーター保守会社の請求を棄却したものがある（東京地判平成15・5・21判時1840号26頁・わかりやすい[77]）。

(3) 形式上個々の区分所有者と管理会社との個別の管理委託契約しか締結されていない場合

前記のとおり、このような契約形態は、管理組合が現実に活動を開始するまでの暫定的なものであるとみるべきであり、管理組合が現実に活動を開始した後は、管理組合と管理会社との管理委託契約として扱うべきである。

したがって、管理委託契約の解除は「共用部分の管理に関する事項」であるから（区分所有法18条1項本文）、集会の普通決議によってこれを解除できると解する。

この点について、裁判例として、個々の区分所有者と管理会社との個別の管理委託契約という形式を前提としたうえで、①当該建物の大多数の区分所有者がこれを容認している場合に、区分所有者のうちの1人またはごく少数の者がこのような方法に異を唱えて管理委託契約を解除する旨の意思表示をしたに過ぎないときは、管理会社による共用部分の円滑な管理を優先せざるを得ないことから、その者の任意解除権の行使は制限されると解すべきである（解除権の濫用）、②区分所有者および区分所有法14条に定める割合による過半数に相当する者が管理委託契約に基づく管理に異を唱えて管理委託契約を解除する旨の意思表示をした結果となる場合には、管理組合と管理会社との間で締結された管理委託契約を普通決議により解除することと同視できるから、かかる解除は有効と解すべきである、③これら①および②のいずれにも該当しない場合であるが、区分所有者のうちの相当数の者がこのような方法に異を唱えて管理委託契約を解除する旨の意思表示をした場合であって、かつ、受託者に不正な行為その他その職務を行うに適しない事情があるときは、その解除は有効であると解すべきである、としたものがある（東京高判平成23・7・19判例集未登載）。

同裁判例は、個々の区分所有者と管理会社との個別の管理委託契約という形式を前提としてはいるものの、前記判示②については、共有物を目的とする賃貸借契約の解除は管理行為（民法252条本文）に該当し持分の過半数で決せられること（最判昭和39・2・25民集18巻2号329頁）とも整合する妥当な結論であると考えられる。

また、個々の区分所有者と管理会社との個別の管理委託契約による管理といういびつな管理方法から、管理組合が区分所有法に基づいて集会を開き、規約を定め、管理者を置いて建物の管理について決定する方法へと移行することが区分所有法の趣旨にかなうとして、管理委託契約を解除する旨の意思

表示をした者が前記過半数に満たない場合にもかかる解除を有効とする余地を認めた点（前記判示③）も、結論として妥当であると考えられる。

(4) 解除後の清算が争われた事案

委任契約においては、受任者は、委任事務を処理するにあたって受け取った金銭等を委任者に引き渡す義務を負う（民法646条1項）。したがって、管理会社が管理者として区分所有者から管理費等を徴収していた場合、管理委託契約の解除時にその残余金が存在するときは、受任者たる管理会社は、これを返還しなければならない。

この場合、民法646条1項の規定ぶりや、立証責任の公平な分配の観点からすれば、残余金の返還を求める管理組合（原告）としては、受任者たる管理会社が管理費等を受け取った事実を立証すれば足り、管理会社（被告）が残余金の不存在を立証すべきと解する。

この点、裁判例には、区分所有法上の管理者でもあった元管理会社に対し、管理組合が管理費等の残余金の額を推定計算により算出したうえでその返還を求めた事案において、その請求の一部を認めたものがあるが（東京地判平成22・6・21判タ1341号104頁）、被告である管理会社（既に清算結了の登記済みであった）が残余金の不存在を十分に立証していないにもかかわらず、原告である管理組合が「残余金の存在」についての立証責任を負うとの見解を前提として一部認容判決にとどめたものとすれば、問題があろう。

（濱田　卓）

Ⅳ 管理会社による金銭の管理をめぐる紛争

1 管理会社の倒産における預金の帰属

(1) 管理会社の倒産と管理費

管理会社が倒産した場合、管理会社の管理する管理費・修繕積立金等の口座の保全が問題となる。

その預金名義が管理組合である場合は、管理組合は管理会社に通帳・印鑑の返還を求めたり、通帳の再発行などの手続を行うことによって、預金の保全を図ることができる。

しかし、管理費・修繕積立金の預金者名義が管理会社である場合、その預金者が誰であるかがまずもって紛争となる。特に、管理会社の預金に銀行等が質権を設定し、相殺を行ったりするケースなどにおいて、この点は深刻な問題となる。

(2) 榮高倒産事件

(イ) 事件の概要

この点が争われたケースとして榮高倒産事件がある。

株式会社榮高はマンション管理業者であったが、平成4年11月破産宣告を受けた。ところで、同社は、区分所有者が負担した管理費・修繕積立金等を「株式会社榮高」「株式会社榮高〇〇マンション口」「株式会社榮高〇〇マンション」「〇〇マンション管理組合管理代行株式会社榮高」（〇〇はマンション名）などの名義で預金し、通帳・印鑑共にこれを保管していた。その後同社の資金繰りの悪化によって、この預金を、同社が東京三菱銀行、三和銀行、さくら銀行より受けた融資の担保に差し入れた。同社の破産宣告によって、各銀行は預金と融資金との相殺を主張したため、同社破産管財人が原告となり、各銀行を被告として、預金は同社に帰属するものの、区分所有者から受託した信託財産であるから相殺は無効であると主張して訴訟が提起され

た。この各訴訟に対し、各管理組合は預金は管理組合に帰属すると主張して、独立当事者参加をした。

裁判所の判断は、各ケースにおいて分かれているが、上記事件のうち対三和銀行事件、対東京三菱銀行事件では、地裁判決は銀行の相殺を認めたが、高等裁判所において管理組合側が逆転勝訴し、預金者は管理組合であると認められた（対三和銀行事件につき第1審・東京地判平成8・5・10判例集未登載、控訴審・東京高判平成11・8・31判時1684号39頁・金法1588号24頁・わかりやすい[74]、対東京三菱銀行事件につき第1審・東京地判平成10・1・23金判1053号37頁、控訴審・東京高判平成12・12・14判時1755号65頁。なお、対さくら銀行事件については第1審・東京地判平成8・5・10判時1596号70頁において預金者は管理業者とされたが、控訴審において和解が成立している）。

　㈹　**裁判所の判断**

上記2つの高裁判決のうち、対東京三菱銀行事件控訴審判決（東京高判平成12・12・14）について、その要旨を紹介すると次のとおりである。

まず、預金者の認定の一般的基準については、最判昭和57・3・30金法992号38頁の趣旨から、「自らの出捐によって自己の預金とする意思で銀行に対して自ら又は使者・代理人を通じて預金契約をした者が、預入行為者が出捐者から交付を受けた金銭を横領し自己の預金とする意図で預金をしたなどの特段の事情の認められない限り、当該預金の預金者であると解するのが相当である」として、いわゆる判例のとる客観説の立場に立っている。

次に、榮高は本件マンションの管理者（法26条）であると認定し、「管理者」である榮高が区分所有者に対し管理費等の支払の請求、受領、保管をする権限はあるが、管理費についての債権は管理組合に帰属し、榮高は管理者の職務として各マンションの管理費等の金銭を管理し、本件の各預金をしていたと認定している。

特に、本件マンションの分譲当初は区分所有者の団体は観念的には成立していたが、実際には管理組合は成立しておらず、管理組合等の名義で口座を開設することは困難であったことなどから、団体の表示として榮高名義を用

い、普通預金口座を開設して管理費等の送金を受けており、また定期預金についても普通預金の金額が一定の金額に達した場合はこれを定期預金に組み替えることは預金の管理の方法としては当然に許され、区分所有者団体もこれに黙示の承諾を与えていたと解されるとした。

以上によって、本件各マンションの区分所有者団体は、本件の定期預金について自らの出捐によって自己の預金とする意思で、「管理者」たる榮高を代理人として預金契約をした者であり、本件定期預金の預金者である、と認定した。

上記判示は、預金者の認定についていわゆる客観説をとっているが、客観説を採用している点は第1審判決においても同様である。結局は、出捐した者が誰であるかという事実認定の問題となる。管理会社名義の管理費の預金が、管理費を原資としているからといって、すべての事案においてその出捐した者が管理組合ないし区分所有者団体であると当然に認められているものではないことはいうまでもない。本件榮高の事案においては、一定程度の分別的管理がなされていたという事情もあり、またその事情を銀行も知っていたことから、管理組合勝訴の結論が導かれたものと考えられる。

2 マンション管理適正化法とマンション管理業者による横領

(1) マンション管理適正化法の制定

旧建設省は、マンション管理業者について中高層分譲共同住宅管理会社業務処理準則（昭和62年4月25日建設省告示第1035号）において、管理費を管理組合以外の名義で預金することをしないよう指導し、さらに平成4年12月25日建設省経動発第106号・住管発第5号でも、預金口座を管理業者名義にすることがないように再度指導している。しかし、これら通達にもかかわらず、管理会社名義の預金を行っている業者が多数みられ、現実に前記1のような紛争も発生した。

そこで、平成13年8月から施行されたマンション管理適正化法において

は、マンション管理業者が管理費等の出納業務を受託する場合に管理組合の財産が損なわれないよう、管理組合の財産については分別管理がうたわれた（同法76条）。

これにより、この規定が遵守される限りにおいては、前記1のような紛争は未然に防止できることとなった。

(2) **管理会社による管理組合財産横領事件の実情と対策**

しかし、マンション管理適正化法施行後においても、管理会社による財産管理をめぐるトラブルは現存している。特に、マンション管理業者による管理組合財産の横領等により管理組合の財産が損なわれるというケースは少なくない。

以下、その実情と対策について述べる。

(イ) **管理業者による管理組合財産横領事件の実情**

マンション管理業者には、マンション管理適正化法はもとより、業務に関連するその他の法令等の規定を遵守してマンション管理の適正化を推進することによりマンションにおける良好な居住環境の確保を図っていくことが求められている。

しかし、必ずしもマンション管理適正化法その他の法令が遵守されず業務の適正な運営が確保されない場合が考えられるので、このようなことに備え、同法には監督処分（同法81条による指示処分、同法82条による業務停止処分、同法83条による登録取消処分）の規定が設けられている。そして、国土交通省は、同監督処分の透明性の向上を図るとともに、違反行為等の抑止を図る観点から、「マンション管理業者の違反行為に対する監督処分の基準」を定めて公表している。

同基準に基づき平成18年12月19日以降実施したマンション管理業者への監督処分については、インターネット上の「国土交通省ネガティブ情報等検索システム」において、マンション管理業者名・処分の具体的内容・指導内容等が公表されている。この公表は、マンションの適正な管理の確保、違反行為の発生を抑止する観点から実施されており、掲載期間は監督処分日から2

年間、監督処分日から概ね2カ月以内に掲載することとされており、1カ月に1回更新される。

上記検索システムによれば、平成22年10月1日から平成24年9月30日までの2年間のマンション管理業者に対する監督処分数は合計33件であった。そして、その中の18件がマンション管理業者ないしその再委託先の従業員による管理組合財産の「着服」ないしは「不正支出」の事案であった。

また、上記監督処分以外にも、国土交通省の各地方整備局および北海道開発局並びに内閣府沖縄総合事務局は、全国のマンション管理業者を任意抽出して事務所等への立入検査を実施し、必要に応じて業務に関する是正指導を行っている。この一斉立入検査においても、平成22年度は138社中37社（平成23年6月15日国土交通省発表）、平成23年度は148社中30社（平成24年5月23日国土交通省発表）が、マンション管理適正化法に定められた財産の分別管理についての違反があり、是正指導が行われたとのことである。

マンション管理適正化法によって、管理組合財産の分別管理が義務づけられて以降も、マンション管理業者による管理組合財産の不適切な管理による金銭トラブル、分別管理違反が一因となっての横領事件の発生はやむことがないのが実情である。

　㈺　マンション管理適正化法施行規則による分別管理の方法

このような事態を受けて、マンション管理適正化法施行規則に定める分別管理の手法等については、さらなる改正が検討されるようになった。

同改正にあたって国土交通省に設置された制度検討会においては、①収納口座と保管口座の分離による安全措置（修繕積立金等金銭の1カ月以内の移換、保管口座に係る印鑑、キャッシュカードの保管禁止）、②マンション管理組合への情報の拡充（月次報告の義務化）、③保証措置の明確化（保証額の明確化）を骨子として、検討がなされた。

同検討を経て、平成21年5月1日、改正マンション管理適正化法施行規則が公布され、平成22年5月1日以降に管理委託契約を締結・更新するものからは同規則が適用されるようになった。

具体的には、従来の分別管理の方式には収納代行方式、支払一任代行方式、原則方式の3種類があったところ、同改正によりこれは廃止され、下記のとおりの分別管理の方法が新たにとられることになった。
① 分別管理の方法（マンション管理適正化法施行規則87条2項）
  ⓐ 区分所有者等から徴収された修繕積立金等金銭を収納口座（管理組合名義でも管理業者名義でもよい。以下同じ）に預入し、毎月、その月分の修繕積立金等金銭から当該月中の管理事務に要した費用を控除した残額を、翌月末日までに、収納口座から保管口座（管理組合を名義人とする。以下同じ）に移し換える方法
  ⓑ 区分所有者等から徴収された修繕積立金を保管口座に預入し、預貯金として管理するとともに、管理費用に充当する金銭を収納口座に預入し、毎月、その月分の管理費用から当該月中の管理事務に要した費用を控除した残額を翌月末日までに収納口座から保管口座に移し換える方法
  ⓒ 修繕積立金等金銭を、管理組合等を名義人とする収納・保管口座において預貯金として管理する方法
② 保証契約の締結（マンション管理適正化法施行規則87条3項）　管理業者が①ⓐまたはⓑの方法により修繕積立金等金銭を管理する場合にあっては、原則として、当該方法により区分所有者等から徴収される1カ月分の修繕積立金等金銭（ⓑの方法にあっては、管理費用に充当する金銭）の合計額以上の額につき有効な保証契約を締結していなければならない。保証契約の相手先には特に資格要件はなく、金融機関、保険事業者、管理業者の系列会社等を保証契約の相手先とすることができる。また、マンション管理適正化法97条1項に規定する指定法人が行う保証業務として、一般社団法人マンション管理業協会が管理費等保証制度を運用しており、同協会の保証機構を保証契約の委託先とすることもできる。
③ 印鑑等の管理の禁止（マンション管理適正化法施行規則87条4項）

Ⅳ 管理会社による金銭の管理をめぐる紛争

〈図〉 分別管理の方法

①ⓐの方式

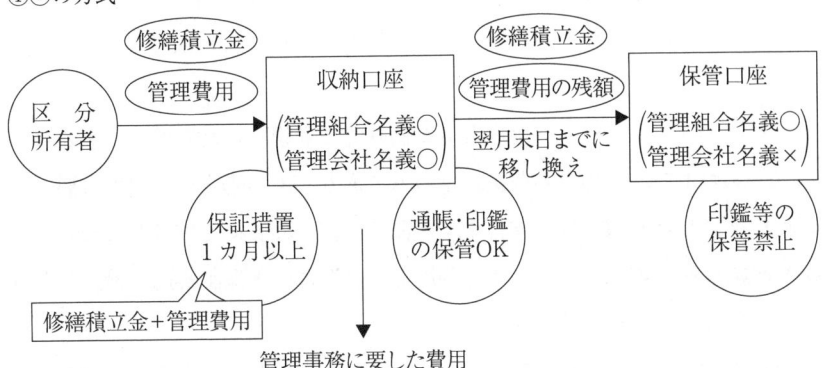

区分所有者 → 修繕積立金／管理費用 → 収納口座（管理組合名義○／管理会社名義○） → 修繕積立金／管理費用の残額（翌月末日までに移し換え）→ 保管口座（管理組合名義○／管理会社名義×）

- 保証措置 1カ月以上（修繕積立金＋管理費用）
- 通帳・印鑑の保管OK
- 印鑑等の保管禁止
- → 管理事務に要した費用

①ⓑの方式

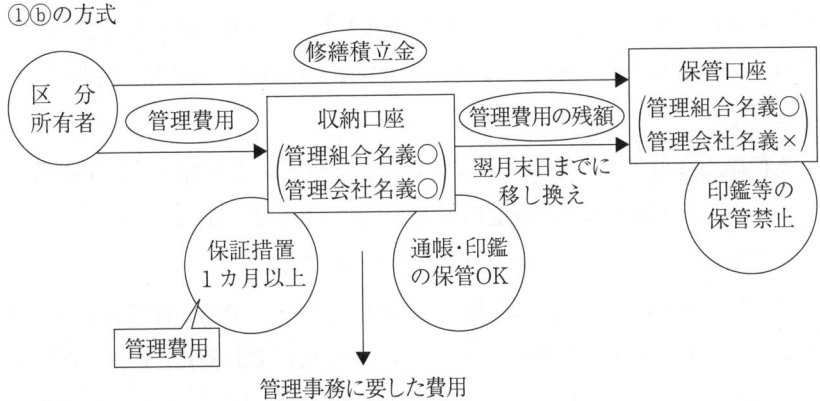

区分所有者 → 修繕積立金 → 保管口座（管理組合名義○／管理会社名義×）
区分所有者 → 管理費用 → 収納口座（管理組合名義○／管理会社名義○） → 管理費用の残額（翌月末日までに移し換え）→ 保管口座

- 保証措置 1カ月以上（管理費用）
- 通帳・印鑑の保管OK
- 印鑑等の保管禁止
- → 管理事務に要した費用

①ⓒの方式

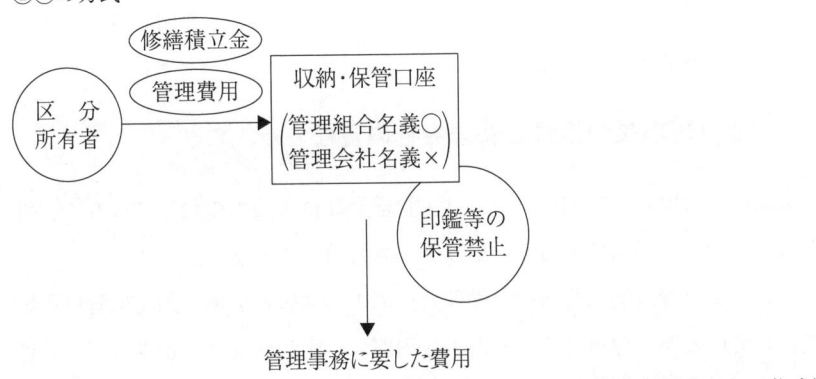

区分所有者 → 修繕積立金／管理費用 → 収納・保管口座（管理組合名義○／管理会社名義×）

- 印鑑等の保管禁止
- → 管理事務に要した費用

（国土交通省資料をもとに作成）

修繕積立金等金銭を①ⓐからⓒまでの方法により管理する場合の保管口座または収納・保管口座に係る管理組合等の印鑑、預貯金の引出し用のカード等について、原則として管理業者が管理してはならない。

これにより、マンション管理業者が例外的に通帳・印鑑を管理できる口座は、①ⓐおよびⓑの場合の収納口座のみであり、その場合には管理に要した費用を控除した残額を翌月末日までに保管口座に移し換えなければならず、かつ収納口座に納入される1カ月分以上の金額につき保証契約を締結しなければならないことが明確にされた。

そして、マンション管理業者は、毎月、その月における管理組合の会計の収支状況に関する書面を作成し、翌月末日までに当該管理組合の管理者等に交付しなければならないとされた（マンション管理適正化法施行規則87条5項）。

従前国土交通省から発表されていた「マンション標準管理委託契約書」も、改正施行規則との整合性を図るとともに、管理委託契約に関するトラブルの実態等を踏まえて全面的な見直しが行われた。

改正施行規則が適用される管理委託契約に基づいて管理が行われているマンションにおいては、今後は同規則および標準管理委託契約書に則った管理委託契約となっているか、また、その適正な運用がなされているかどうかが、管理会社の管理組合財産管理に関するトラブル解決の指針になっていくものと思われる。

3 理事長の横領と管理会社の責任

管理組合の財産の横領については、管理会社によるものだけではなく、管理組合の理事長が横領を行うというケースも散見される。

マンション管理適正化法は、管理会社による通帳と印鑑の同時保管は原則禁止しているが、理事長等の管理組合内部での同時保管は禁止されず、管理組合の自主性に委ねられている。しかも、マンション管理業者の従業員によ

る横領事件の場合には管理業者から最終的には返還を受けられることが多いが、理事長等が横領し、それを使い込んで返済能力を欠く場合、直接の不法行為者である理事長個人からの回収が事実上困難になる場合もある。

そのような場合、管理組合が管理会社に対しても責任を追及することは可能か。

この点については、具体的な事案に即して、たとえば管理会社が預金通帳の確認義務を果たしていない、会計の収支状況報告（マンション管理適正化法施行規則87条5項）が適正になされていない等の事実があることを理由に、管理委託契約違反の債務不履行ないしは不法行為による損害賠償請求をすることが考えられる。

もっとも、同賠償請求が認められる場合でも、管理組合の側にも理事長の横領を見逃したことについて注意義務違反が存在することも想定され、過失相殺による減額、あるいはその後管理会社から横領当時の他の役員・監事に対する何割かの求償請求がなされる可能性もあることには注意が必要である。

裁判例としては、集合住宅の管理組合法人が、管理委託業務を受託していた管理会社に対し、元理事長が管理費等合計3520万0634円を横領したことについて、管理会社の管理業務違反によって生じた損害であるとして賠償を求めた事案がある（東京地判平成17・9・15判例集未登載）。同事案においては、元理事長が印鑑を、管理会社が預金通帳を保管する扱いがとられていたが、元理事長は預金通帳の紛失届を勝手に銀行に提出して再発行を受けて横領を繰り返していた。管理会社は、元理事長が再発行を受けた事実を知っても、その通帳を再度預かるだけでその後再発行がなされないように配慮する義務を怠り、定期的な残高確認もしていなかった。このような事実を前提に、裁判所は管理会社に管理委託契約に基づく善管注意義務違反があることを認めたうえ、同義務違反に基づく損害は元理事長による通帳再発行の事実を知った後に横領された合計1590万円と認定したが、他方で、管理組合法人の会計担当理事が任務を遂行していないことや監事による監査がなされていないこ

155

とから民法418条に基づいて管理組合法人側の過失を斟酌して過失相殺を行い、上記1590万円のうち4割である636万円より内払い金を差し引いた601万円を管理会社に負担させた。

（河住志保・中村　宏）

第7章

マンション訴訟の当事者

――特に訴訟担当に関する問題――

第7章 マンション訴訟の当事者——特に訴訟担当に関する問題

Ⅰ　はじめに

　マンション訴訟の当事者に関する問題がわかりにくいのは次の理由によると思われる。
① 　1つは訴訟担当制度（法26条2項、47条8項）の存在である。マンションの敷地・共用部分・共用施設等（以下、「共用部分等」という）は、管理組合法人、人格なき管理組合または管理者が維持・管理するが、これらは管理組合法人等が所有するものではなく、区分所有者全員の共有であるため、共用部分等に関する請求権（損害賠償・妨害排除等）は管理組合法人等ではなく、各区分所有者に帰属している。区分所有法は、これを前提として、訴訟担当制度を設け、管理者が区分所有者のために原告または被告となることを認めているが、これと類似する制度が少ないため、馴染みにくいところがある。
② 　区分所有法は、管理組合法人が設立されない場合は、管理者制度をもってマンションの維持・管理を行うと規定する（法26条1項）。この制度の下では、人格のない管理組合は想定されていない。ところが、わが国では管理者制度に馴染みがなく、社団制度のほうが親和性が高かったこと、管理者に就任すべき専門家が存在しなかったことなどの理由から、純然たる管理者制度を採用するマンションはほとんどなく、通常は人格なき社団である管理組合を設立して、これによりマンションの管理を行う方式が一般的となっている。そこで、人格なき管理組合と管理者制度を採用する法との整合性を図る必要が生じ、管理組合の構成員を区分所有者に限定し、管理組合の「総会」を法の「集会」に代えることができるように規約を整備するなどの工夫をして今日に至っている。しかし、単純に整合性がとれるわけではなく、管理組合が訴訟当事者となるべき事件、訴訟担当者である管理者が訴訟当事者となるべき事件が併存することになる。しかも両者の区別が容易でない場面もある。

Ⅱ　マンションにおける通常の事件

　一般に民事訴訟は、実体法上の権利者のみが実体法上の義務者に対して訴えを提起することができる。権利者でも義務者でもない第三者が訴えを提起することは不適法である。この原則をマンションに適用すると次のようになる。

　① 管理組合法人が締結した契約（たとえば、管理会社との間の管理委託契約、建設業者との間の修繕工事請負契約など）に関する訴訟は、当然、同法人が訴訟当事者となる。

　　民法上、人格なき法人は権利義務の帰属主体とはなり得ないため、その権利義務は、構成員全員に総有的に帰属するとされている（最判昭和32・11・14民集11巻12号1943頁）。しかし、民事訴訟法29条は、人格なき社団が「代表者又は管理人の定めがあるもの」に該当する場合は（通常の人格なき管理組合はこれにあたる）、訴訟当事者になりうると定めている。したがって、管理組合が有する権利義務（正確には上記のとおり、全区分所有者に総有的に帰属するというべきであるが、煩瑣なので以下、「管理組合が有する」などと表現する）については、管理組合が自ら訴訟当事者になることができる。

　　管理組合内部の問題についても同様である。法人とその構成員間の権利義務の問題として考えればよい。たとえば、法人格の有無を問わず、管理組合は、通常、管理規約に基づき各区分所有者に対して、管理費・修繕積立金支払請求権を有するから、管理組合が原告となって各区分所有者に対して未払管理費・未払修繕積立金請求の訴えを提起することができる。

　② 逆に、法人格の有無を問わず、管理組合が実体法上の権利を有しない場合は、管理組合は原則として訴訟当事者となることはできない。

　　たとえば、マンションの専有部分に分譲当初から瑕疵があった場合、

分譲を受けた当該専有部分の区分所有者は分譲業者に対して瑕疵担保責任に基づく損害賠償債権を有するから、当該区分所有者が原告となって訴えを提起することができるのは当然であるが、管理組合等の第三者が同訴えの当事者になることはできない。

　上記瑕疵が共用部分等に存在した場合も同様であって、損害賠償債権を取得するのは共用部分等の共有者たる区分所有者全員であって（しかもこれは金銭債権であるから民法の規定により分割債権となる）、管理組合等ではない。したがって、個々の区分所有者が分譲業者を被告として自己が有する分割後の損害賠償債権につき訴えを提起することは勿論可能であるが、管理組合が訴えを提起することはできない。その結果、区分所有者全員が原告となって足並みを揃えない限り、共用部分等に関する全損害の賠償を受けることができないことになる。しかも、この瑕疵の補修は、損害賠償請求に先立って、管理組合において、修繕積立金などを使用して行われるのが通常であるが、上記訴えの結果、分譲業者が各区分所有者に支払った損害賠償金が管理組合に入金されるわけではない。

　このような不都合を解消するために設けられたのが次に述べる訴訟担当である。

Ⅲ 管理者制度の下における訴訟（訴訟担当）

1 管理者の代理権

　管理者は、共用部分等を保存し、集会の決議を実行し、規約で定めた行為をする権利を有し義務を負う（法26条1項）。区分所有法は、管理者がこの権限を十分に行使することができるようにするため、法26条2項で管理者に代理権を付与した。同法条は、管理者に対し、①その職務に関し区分所有者を代理する権限、②共用部分に関する損害保険金・不当利得金・損害賠償金の各請求・受領について区分所有者を代理する権限を付与している。

　前者の代表的な例が、管理費、修繕積立金などの請求・受領（法26条1項の「規約で定めた行為」にあたる）、保存行為として行う共用部分の修繕工事請負契約締結（同法条の「共用部分……を保存し」にあたる）などである。

　後者は、共用部分等に関する上記損害保険金等の請求権が、共有持分権を有する各区分所有者に分割帰属することを前提としたうえ、管理者が全区分所有者の代理人として、上記損害保険金等を請求、受領することができると定めたものである。

2 管理者の訴訟担当

　この実体法上の規定を受けて設けられたのが区分所有法26条2項である。これは管理者に訴訟担当権限を付与したものである。例をあげると、管理者は、共用部分等を侵害する者に対する妨害排除請求（共用部分等の保存という管理者の職務に関するものとして）、共用部分を損傷した者に対する損害賠償請求（法26条2項後段、4項かっこ書に規定するものとして）の各訴えを提起することができる。

　訴訟担当は、他人が有する権利について原告あるいは被告となることを認める制度で、破産管財人が破産財団について行う訴訟、会社法847条の責任

161

追及の訴え（いわゆる株主代表訴訟）がその典型である。

この規定により、管理者は、上記損害保険金等の支払を求めて自らが原告となって訴えを提起することができる。この場合、訴訟の審判の対象となる訴訟物は各区分所有者が有する損害保険金等の請求権であり、したがって既判力もこれについて生ずる。

また、区分所有法26条4項は、「区分所有者のために、原告又は被告となることができる」と規定するが、これは他人の権利義務について当事者適格を認める趣旨であるから、狭義の民事訴訟に限定する理由はない。管理者は、調停、支払督促、保全処分、民事執行等の各手続についても当事者となることができる。

なお、管理者が、共用部分等について生じた損害賠償金、不当利得金の請求受領について区分所有者を代理し、また、これらについて訴訟担当権限を有するようになったのは、平成14年改正後の区分所有法による。それまでは、管理者の職務に関するもの、共用部分に関する損害保険金の請求受領についてのみ、管理者に代理権と訴訟担当権限を与えていた（旧法26条2項・4項）。その結果、分譲マンションの共用部分等に隠れた瑕疵が存在したとき、管理者が分譲業者を相手として瑕疵担保責任に基づく損害賠償請求の訴えを提起することができるかが問題になった事件が生じた。原告である管理者は、損害賠償請求権の行使は、共用部分の保存行為であり、これは管理者の職務に該当するから訴訟担当権限を有すると主張したが、区分所有者に分割帰属する金銭債権の請求は共用部分の保存行為にはあたらないとするのが裁判例の大勢であった。現在は、法改正により損害賠償と不当利得について立法的な解決をみたので、古い裁判例にみられる上記のような問題を気にする必要はない。

3 集会決議の必要性

管理者が訴訟担当者として訴えを提起するには、集会の決議を経なければならない。決議は普通決議で足りる。集会の決議を欠く訴えは不適法なもの

として却下される。

4 管理者が原告として提起する訴訟に伴う問題

ここでは、分譲マンションの共用部分等に隠れた瑕疵が存在し、管理者が分譲業者に対し瑕疵担保責任に基づく損害賠償請求の訴え、設計者、施工業者（建設業者）、工事監理者に対し不法行為に基づく損害賠償請求の訴えを提起する事案を例として取り上げる。

(1) 訴訟担当をすることができる区分所有者の範囲

管理者が原告として訴訟担当をすることができる区分所有者は、「現」区分所有者であって「元」区分所有者ではない。この点は法文上明白であるが、これが実務上大きな問題を生ずることがある。

(イ) 管理者が分譲業者に対して瑕疵担保責任に基づく損害賠償を請求する場合

損害賠償請求権を有するのは、分譲業者から分譲を受けた当初の区分所有者である。同区分所有者が専有部分を転売した場合（売買契約に明示されていなくても、分離処分禁止の原則（法15条）により共用部分等に関する共有持分も移転する）、その瑕疵については、売主・買主間において瑕疵担保責任により解決すべきことになる。売主が分譲業者に対して有する損害賠償請求権が当然に買主（転得者）に移転するわけではない。

管理者が訴訟担当をすることができるのは、現区分所有者である転得者だけであり、当初の区分所有者ではないから、当初の区分所有者が有する損害賠償債権については、管理者が訴えを提起することはできない。つまり分譲後、専有部分が転売されると、管理者は損害全額について分譲業者に対して請求することができなくなることになる。

この点は法の不備というほかなく、何らかの法改正が必要である。ちなみにフランス法では、マンションの共用部分の瑕疵に基づく損害賠償債権は、区分所有権譲渡とともに移転するとのことである（フランス民法1792条。全国マンション問題研究会編『ドイツ・フランスの分譲マンション管理の法律と実務

調査団報告書』130頁)。

　かかる訴訟を担当する弁護士としては、訴え提起に先立って当初の区分所有者から損害賠償債権を譲り受けるなどの方法を工夫する必要がある。

　また、訴訟係属中に区分所有者がその専有部分を売却したときは、管理者は、売主である旧区分所有者に関する訴訟担当権限を失い、その代わり買主である新区分所有者について訴訟担当権限を取得する。しかし、損害賠償債権が売主から買主に移転していなければ、意味がない。したがって、売主から買主に損害賠償債権を譲渡させるか、あるいは旧区分所有者(売主)に、管理者の訴訟代理人(弁護士)を同人の訴訟代理人に選任してもらい訴訟承継をする(旧区分所有者が有する損害賠償債権につき管理者が訴訟担当権限を失うから、原告の地位は管理者から旧区分所有者に承継される)などの工夫が必要となる。

　㈹　管理者が、設計者、施工業者(建設業者)、工事監理者に対し、共用部分の瑕疵につき不法行為に基づく損害賠償を請求する場合

　この場合は、基本的には前記㈦と変わらないが、注目すべき最高裁判例がある。マンションではないが、9階建てのビルを建築主から購入した者(請負契約の当事者ではないから施工業者に対して瑕疵担保責任を追及できる立場にない)が設計者、施工業者、工事監理者(以下、「設計・施工者等」という)に対し、建物の瑕疵につき不法行為による損害賠償を請求した事案につき、最高裁判所は、建物の建築に携わる設計・施工者等は、「建物の建築に当たり、契約関係にない居住者等に対する関係でも、当該建物に建物としての基本的な安全性が欠けることがないように配慮すべき注意義務を負うと解するのが相当である。そして、設計・施工者等がこの義務を怠ったために建築された建物に建物としての基本的な安全性を損なう瑕疵があり、それにより居住者等の生命、身体又は財産が侵害された場合には、設計・施工者等は、不法行為の成立を主張する者が上記瑕疵の存在を知りながらこれを前提として当該建物を買い受けていたなど特段の事情がない限り、これによって生じた損害について不法行為による賠償責任を負う」と判示した(最判平成19・7・6

民集61巻5号1769頁)。

これによれば、マンションの共用部分の瑕疵が「建物としての基本的な安全性を損なう瑕疵」に該当するときは、設計・施工者等に故意・過失があれば、区分所有者は転得者であっても同人らに対し、不法行為による損害賠償請求権を有することになる。したがって、この場合は、現区分所有者が損害賠償債権を有することになるから、前記(イ)のように、当初の区分所有者から損害賠償債権を譲り受けるなどの工夫をする必要はない。

ただ、上記最高裁判例はどのような理論から結論を導き出したのかが明確ではなく、発注者が有する損害賠償請求権と転得者が有する損害賠償債権の関係、後者の消滅時効の起算点など不明な点も少なくない。

また、訴訟係属中に専有部分が転売されたとき(共用部分の共有持分も転売されることになる)、新区分所有者は上記最高裁判例でいう特段の事情があるとされる可能性があるから、(イ)の最後に述べたような工夫が必要となろう。

(2) **区分所有者による請求権の処分**

損害賠償請求権を有するのは個々の区分所有者である。管理者がその請求・受領につき代理権を有しているとしても、各区分所有者の権利行使は禁止されていない。管理者が訴えを提起した後も同様である。訴訟係属中に個々の区分所有者が被告と個別に裁判外で和解することも可能で、和解したときは、管理者が提起した訴えのうち当該区分所有者が有していた損害賠償請求権に関する部分は請求が棄却されることになる。このようなことになれば、管理者が勝訴判決を得て被告から受領した金銭をもって共用部分の瑕疵を補修することが困難になり、共用部分の損害賠償につき管理者に訴訟担当権限を付与した趣旨は損なわれてしまう。

このような不都合を排除する規定は区分所有法には設けられていないが、訴訟担当の一種である債権者代位訴訟については、類似する事態につき、規定が存在する。履行期前の裁判上の代位(民法423条2項)の許可手続について定める非訟事件手続法は、代位を許可した裁判は職権で債務者に告知することとし(同法88条2項)、その告知を受けた債務者はその権利を処分するこ

165

とができないと規定する（同条3項）。履行期前ですらかかる制限があるのだから、履行期後に債権者が代位権を行使したときはなおさらで、たとえ裁判外の代位であっても、債権者がこれを債務者に通知するか、債務者がこれを知った後は、債務者はその権利を処分することはできないとされている（最判昭和48・4・24民集27巻3号596頁）。

本件の場合も、上記解釈を類推するのが妥当であろう。すなわち、管理者による訴え提起が集会で議決され（法26条4項）、各区分所有者にその通知がなされた（同条5項）後は、各区分所有者はその権利を処分してはならないと考えるべきであろう。各区分所有者は、管理者が提起した訴えに訴訟参加することができるから、各区分所有者の権利が不当に制限されているとはいえない。

(3) 訴訟上の和解

上記事案において、訴訟上の和解が成立して事件が終了することは少なくないが、管理者に和解する権限があるか否かについては疑問がある。法26条2項によれば、管理者は各区分所有者が有する共用部分等に関する損害賠償債権について、代理受領する権限を有している。しかし、同債権を処分する権限は文理上与えられていない。つまり、管理者が、区分所有者の代理人として和解をすることができるか否かは問題である。

訴訟においても同様で、管理者が当然に訴訟上の和解をする権限を有しているか否かは問題のあるところである。区分所有法は、「区分所有者のために原告となり被告となることができる」（法26条4項）と規定するから、原告または被告が通常有する訴訟上の権利はすべて行使することができるとの解釈もありうるが、管理者が実体法上は「請求受領」に関する代理権しか有しないこと、民事訴訟法は和解の権限を特別委任事項としていることに照らせば、疑問である。

また、集会の決議を経れば管理者が訴訟上の和解をすることができると考えることも困難である。そもそも集会の決議によって個々の区分所有者が有する権利を処分することはできないのが本則であるから、区分所有法26条4

項のような特別の規定が存在しない限り、集会の決議により和解できると解するのは難しいと思われる。訴訟担当である株主代表訴訟においては、原告である株主が被告である役員と訴訟上の和解をするに際しては、会社に異議を述べる機会を与え、異議を述べないときは、和解を承認したものとみなす制度を設けているが、(会社法850条)、これは原告(株主)が当然には和解権限を有していないことを前提とするものである。

上記の点に関する裁判例は見当たらないようである。そこで、管理者の代理人として訴訟を受任する弁護士としては、集会において、訴え提起の承認決議を得る際に、全区分所有者から和解に関する権限付与の書面を徴するのが望ましいと考えられる。

また、管理者が訴訟上の和解をする際には、その要否は別として、実務上は、集会の決議を得るのが通例である。各区分所有者の理解を得るというためにもそれが望ましいことはいうまでもない。この決議の際は、通常とは異なり、区分所有者のうち賛成者、反対者、棄権者の数だけでなく、その氏名について記録を残すことが望ましい。賛成者は自己が有する損害賠償債権について和解することを個別にも承諾したと考えられ、棄権者の場合は上記会社法の規定を類推し、相当の期間経過後は承認したと推定することも可能だからである。ただ、反対者の場合、個別の承認を擬制することは困難である。

訴訟上の和解が制限されると、管理者に訴訟担当権限を与えた法の趣旨は半減されることになるから、区分所有法を改正して上記株主代表訴訟のような規定(たとえば、集会の決議により和解ができるなど)を設けるべきであろう。

以上述べたところは、管理者が、区分所有者の有する損害賠償債権について訴訟担当者として訴えを提起した事案であるが、共用部分の侵害者に対する妨害排除請求訴訟などの場合は多少異なる。前者は共用部分から生じたものではあるが、訴訟物は区分所有者に分割されたそれぞれが独立した個々の金銭債権である。この訴訟につき和解することは個々の区分所有者が有する

権利の処分にあたる。ところが後者は、共用部分の保存を目的とした訴えであるから、民法の共有物に関する訴えとして処理することになる。したがって、和解の内容が保存行為といえる場合は、個々の区分所有者の承諾は不要であり、もしこれが管理行為にあたる場合は過半数の承諾があればよいことになる。

(4) 判決後の処理

上記事案において、原告（管理者）が勝訴判決を得て、被告（分譲業者）から損害賠償金を受領した場合、管理者はこれを直ちに修繕代金の支払にあてたり、修繕積立金に組み入れたりすることができるかについても問題がある。これらの損害賠償金は、管理者が区分所有者の代理人として支払を受けたものであるから、管理者は、各区分所有者に対して損害賠償金を支払うべき義務があることになり、これを修繕積立金に組み入れようとすれば、原則として各区分所有者の個別の承諾が必要であろう。

この承諾を事後的に得ることは、実務的には煩瑣であり、また困難な場合も少なくない。そこで、集会において訴え提起の承認決議をする際に、同訴えに勝訴して管理者が被告から損害賠償金の支払を受けた場合、これを修繕積立金に組み入れることにつき書面で各区分所有者の承諾を得るなど事前に手当てをしておくことが望ましい。

ただし、区分所有者の1人が共用部分を損傷するなどしたときは、損害賠償義務者が区分所有者であるから、上記の方法ではうまくいかない。専有部分10戸（共有持分割合平等）のマンションにおいて1人の区分所有者Aが共用部分を故意に損壊し、修理代100万円を要する被害を与えたとしよう。この場合、Aを除く各区分所有者はAに対し各金10万円の損害賠償請求権を有するが、合計90万円にしかならない。残りの10万円はAのAに対する損害賠償請求権であるから混同により消滅する。

このような場合は、集会の決議により、他の区分所有者がAに対して有する各損害賠償金と同額の修繕積立金（分担金）支払義務を各区分所有者に課すことによって解決する。Aは管理組合に対し修繕積立金10万円を支払うこ

とになり、他の区分所有者は管理者が代理人としてAから支払を受けた損害賠償金各金10万円を修繕積立金にあてればよい。その結果、Aは修理代全額を負担することになる。

5 問題の解決の方向

区分所有法は、管理者に、区分所有者が有する共用部分等に関する損害保険金等について代理権および訴訟担当権限を付与し、共用部分等の管理に資する制度を設けた。しかし、この制度も十全とはいえず不備が少なくない。その最大の原因の1つは、共用部分等に関して生ずる損害保険金、損害賠償金、不当利得金等の金銭債権が共有持分に応じて分割されるというドグマを、マンションをめぐる問題についても一貫しようとするところにある。

マンションの共用部分等は、専有部分と分離して処分することが禁止されている（共用部分につき法15条、敷地につき22条）。その結果、共有物分割も許されない。区分所有者が共用部分について有する権利は、「その用法に従つて使用することができる」（法13条）だけであるといっても過言ではない。他方、これら共用部分等の管理等は建替えも含め集会の決議を通して団体的になされている。このように、共用部分等が、民法の規定する個人主義的な共有とは著しく異なる性質を有することを考えると、共用部分等について生じた損害保険金、損害賠償金、不当利得金等の金銭債権は全区分所有者に分割されるのではなく、団体的に帰属し、各区分所有者が分割取得するか否かを含めて団体的な処理を図るべきである。そのためには、共有物に関する金銭債権が共有者間で分割されるという民法上の原則を、マンションの共用部分については適用しないことになるが、これが現行区分所有法の解釈として困難であるとすれば、法を改正する必要がある。

Ⅳ　管理組合法人の訴訟

　管理組合法人が設立された場合、管理者は存在せず（法47条11項）、前記Ⅲで述べた代理権、訴訟担当権限はすべて同法人が有する（同条6項・8項）。したがって、管理者の代理権・訴訟担当について上述したことはすべて管理組合法人にも妥当する。

　管理組合法人は人格を有するから、管理組合法人が当事者となって締結した契約等について自ら訴訟当事者となることはⅡ①で述べたとおり当然である。

　ただし、訴え提起の手続は通常の法人より厳格である。理事会設置一般社団法人が訴えを提起するには、社員総会の決議を必要としないが、管理組合法人の場合はそうではない。区分所有法52条は、保存行為を除き、「管理組合法人の事務は、この法律に定めるもののほか、すべて集会の決議によって行う」と規定する（ただし一部を除き、規約で理事その他の役員が決するものとすることができる）。したがって、規約に特段の定めがない限り、管理組合が訴えを提起するためには、集会の決議を経ることが必要となる。決議なしに提起した訴えは不適法なものとして却下されることになる（福岡地裁小倉支判平成23・3・23判例集未登載）。

　管理組合法人が未払管理費請求の訴えを提起する場合や、管理組合法人が当事者となって締結した契約について訴えを提起する場合など、すべて訴えを提起するには、集会の決議が必要であるから、実務上注意を要する。

V 人格なき管理組合が設立されている場合の訴訟

1 訴訟当事者

　人格なき管理組合が、自己の有する（正確には総有）権利につき、訴訟当事者になりうることは先に述べたとおりである。
　訴えを提起するには、規約に特段の定めがない限り、集会の決議を要しない。理事会設置一般社団法人が訴え提起に際し、社員総会の決議を要しない（一般社団法人及び一般財団法人に関する法律35条・90条）のと同様である。ただし、管理組合の運営上、集会の承認を得て訴えを提起するほうが望ましいことはいうまでもない。
　他方、管理組合に法人格がない以上、区分所有法上は管理者制度の適用を受ける。管理組合法人が有する法47条6項・8項の代理権、訴訟担当権限を人格なき管理組合が有するわけではない。
　そこで、人格なき管理組合が設立されたマンションにおいても、管理者を選任する必要があり、規約において「理事長は区分所有法における管理者とする」という規定を設けるのが通例である。国土交通省が作成した標準管理規約にも同じ規定がある。
　これにより、理事長は管理者として、区分所有法26条4項に基づき、訴訟担当権限を有することになる。

2 2種類の訴訟当事者の区別

　人格なき管理組合においては、管理組合が当事者となる事件と管理者が当事者となる事件の2種類があることになる。
　その区別は先に述べたとおり、訴訟物である権利を管理組合が有するか否か、その権利を各区分所有者が有し、かつそれが区分所有法26条4項に該当するか否かによることになる。

171

両者が併存する場合もある。管理費、修繕積立金請求の訴えについては、その請求・受領は管理者の職務であると同時に、区分所有者は管理組合に対して支払義務を負うのが通例であるから、管理者、管理組合いずれも原告となりうる。

　また、管理組合がマンションの共用部分や敷地に設けられた駐車場を各区分所有者に賃貸し、その賃料を管理費、修繕積立金等に組み入れる例は少なくないが、この駐車場に違法駐車した者に対する損害賠償の訴えについても、管理組合、管理者双方が原告となりうる。管理組合は得られるべき賃料を失ったという損害を被っており、また各区分所有者は共有持分権に基づく損害賠償債権を有するからである。ただし、この場合、管理組合は妨害排除請求権（不法占有部分の明渡し）を有していないから同訴えを提起することはできない。他方、管理者は、共用部分等を保存する権限を有し（法26条1項）、その職務に関し訴訟担当者として訴えを提起することができるから（同条4項）、妨害排除の訴えを提起することができる（志田原信三ほか「マンションの管理に関する訴訟をめぐる諸問題(1)～(3)」判タ1383号29頁・1385号31頁・1386号25頁参照）。

Ⅵ 区分所有法上の特別の訴え

　上記で説明したもの以外に、区分所有法が特別に認めた訴えがある（法57条〜60条）。これらの訴えについては、第11章を参照していただきたい。

〔表〕　管理組合の種類と原告等一覧表

管理組合の種類	原　告	訴訟担当か否か	訴訟物たる権利の権利者	訴提起に集会の決議は必要か
管理組合なし	管理者	○	現区分所有者	必要
人格なき管理組合	管理組合	×	管理組合	不要
	管理者	○	現区分所有者	必要
管理組合法人	管理組合	×	管理組合	必要（＊）
	管理組合	○	現区分所有者	必要

（＊）　規約により不要とすることが可能

（中村　仁）

第8章

マンションの財務についての紛争

I　マンションの管理費

1　管理費とは

　マンションを共有している区分所有者が、マンションの維持管理をするための費用を負担するものを「管理費」という（日本マンション学会編『マンション学事典』194頁）。もっとも、この「管理費」は区分所有法上の用語ではない。管理実務上は、「共益費」「組合費」等の名称で呼ばれることも多い。集金方法も毎月ばかりではなく、一時金として請求、集金される場合もある。ここではこれらを包括して、管理組合が各区分所有者に請求、集金している債権をとりあえず「管理費等」と呼ぶ。

　国土交通省の標準管理規約25条では、「区分所有者は、敷地及び共用部分等の管理に要する経費に充てるため」の費用として、管理費および修繕積立金をあげている。管理実務上は、通常の管理に要する経費のために支払われている金銭を管理費、大規模修繕など特別の管理に要する経費のために支払われている金銭を修繕積立金と称することが一般である。いずれも区分所有法上の用語ではなく、管理実務上の用語である。

　さて、区分所有法上、管理費等はいかなるものとして規定されているであろうか。区分所有法7条1項は、このような管理費等について以下の2つの定義をおいている。

① 　共用部分、建物の敷地もしくは共用部分以外の建物の附属施設につき他の区分所有者に対して有する債権

② 　規約もしくは集会の決議に基づき他の区分所有者に対して有する債権

　ここでこの規定上の定義からすれば、管理費等として区分所有法が予定しているのは、①または②のいずれかの債権ということとなる。そして、この2つの定義に含まれる債権に、区分所有法は先取特権による保護を与え（法7条）、また特定承継人の責任を規定する（法8条）。

なお、区分所有法7条1項・8条の保護は、区分所有者が建物共用部分や共有敷地を協同して維持管理するための経費を特に保護するものである（濱崎恭生『建物区分所有法の改正』127頁）。そして、区分所有者の集会決議によって決定しうる対象は、「共用部分の管理に関する事項」（法18条1項）および「共有敷地」、「附属施設」の管理に関する事項（法21条による18条の準用）に制約されているのであるから、これらの管理に関することとはいえない事項についてはそもそも集会決議によって決定し得ない。

2　管理費の法的性格

(1)　管理費負担義務は所有者の属性

管理費等には、前述のようにさまざまなものがありうるが、その中核的な内容は建物共用部分や共有敷地を協同して維持管理するための費用である。

区分所有法が、区分所有者団体を管理の主体として予定しており、占有者をこれに含めていない（法20条）ことからも明らかなように、管理費等を支払うことは所有者の責務である。管理組合の組合員たる資格は区分所有権の1つの属性であるから、管理規約や個々の管理委託契約それ自体が管理費支払義務発生原因と考える必要はない（大阪地判昭和57・10・22判時1068号85頁）。

また、管理費の中核となる費用は、現在の費用のみとみるべきではなく、将来にわたる所有者としての費用を中心として理解されなければならない。なぜなら、現実の管理費の多くも現在の経費にとどまらないものとして設定され、その余剰は共有建物の管理に必須の大規模修繕費（10年ないし15年ごとに行われる）として積み立てられているため、管理費は実際上現在のみならず将来にわたる所有者としての費用として使われるからである。

(2)　管理費の区分所有者に対する帰属関係

管理組合は法人化されていなくとも、規約、理事、財政等の裏づけのある管理組合の場合、権利能力なき社団としての実質を有するから、管理組合内部に蓄積された管理費等の預貯金等についても、一般の共有とは異なり総有

的に帰属し、各区分所有者単独で請求しあるいは分配を求めることのできない性質のものである。判例も、共有部分からの収益金について、「いったん区分所有者らの団体に合有的に帰属して団体の財産を構成」する（東京地判平成3・5・29判時1406号33頁・わかりやすい57）としている。したがって、かかる総有（合有）財産に対する権利も、管理組合員たる資格（すなわち区分所有者たる資格）の移転に伴い移転することとなる。

3 管理費の範囲

(1) はじめに

月々集金される「管理費」、「共益費」、「組合費」、「大規模修繕積立金」あるいは一時金として集金される「大規模修繕負担金」などについては、共用部分の管理に関する事項として、区分所有法7条1項ないし8条（先取特権、特定承継人の責任）の保護が与えられることは明らかである。

それでは、駐車場等の専用使用料、水道・電気等の使用料（以下、「水道料金等」という）、自治会費、付帯サービス利用料などは、管理費等と同様にかかる保護が与えられているであろうか。

(2) 駐車場、倉庫の専用使用料

駐車場、専用庭、バルコニー、倉庫等の専用使用料の法的性格についての理解は学説上分かれている。

これらは、建物共用部分または共有敷地を貸借目的物とする管理組合と使用者との賃貸借契約または使用貸借契約類似の債権契約に基づく対価であり、区分所有者以外の者との間でも成立するものであるから、区分所有者間に固有の共有物維持管理のための経費とはいえないという考え方がある。

しかし、共用部分を有効に賃貸するには、その前提として共有者間の有効な合意の存在が不可欠であり、債権契約的な形式をとっていたとしても、その実質は共有物の管理に関する合意にほかならない（最判平成10・10・30民集52巻7号1604頁・判時1663号56頁・判タ991号228頁・わかりやすい33参照）。

そして、これらはそれぞれ「共用部分」（バルコニー、共用部分内倉庫）、

「建物の敷地」(平面駐車場、専用庭の場合)、もしくは「附属施設」(立体駐車場や機械式駐車場、別棟倉庫の場合)に関する債権として発生するものである。このため、区分所有法7条1項の「共用部分、建物の敷地若しくは共用部分以外の附属施設」に関する債権と理解される。

したがって、駐車場専用使用料等は、名称の如何を問わず区分所有法7条1項ないし8条の保護が与えられると考えられる。裁判例でも駐車場使用料等につき、肯定されている(東京地判平成20・11・27判例集未登載、岡崎簡判平成18・8・18判例集未登載)。

(3) 水道料金等

水道料金等は、専ら区分所有者が個別に使用するものであって、原則として管理組合が管理するものではない。このため、原則として、管理組合が水道料金等を区分所有者に対して請求する場合の債権について、区分所有法7条1項ないし8条の保護は与えられないと考えられる。

しかし、マンション全体で水道料金等の親メーターがあり、水道局や電力会社に対しては管理組合が一括して支払い、個別区分所有者から子メーターに基づき集金している場合(一括立替払方式)には検討が必要である。従来、この場合でも、区分所有法30条1項が規約事項を「建物又はその敷地若しくは附属施設の管理又は使用に関する区分所有者相互間の事項」に限定しており、また、水道料金等は共用部分に関する費用とはいえない(単純な立替金)と理解されてきた(東京地判平成5・11・29判時1499号81頁参照)ことから、規約で定めたとしても区分所有法7条1項ないし8条の保護は及ばないものと解されてきた。

しかし、近時の裁判例では、各専有部分について水道料金につき各戸計量・各戸収納制度が実施できず、電力会社との間でも個別契約(低圧契約)を締結することができない事案につき、管理組合が区分所有者に対して有する水道料金等の債権を規約に基づく債権として、区分所有法7条1項ないし8条の特別の保護を肯定した(大阪高判平成20・4・16判時2018号19頁・判タ1267号289頁・わかりやすい70)。

一括立替払方式の場合は、当該マンションの水道料金等につきサービス提供事業者は管理組合に対して請求を行い、管理組合はこれを拒絶すれば滞納者以外のライフライン（水道・電気）の供給に影響を与えてしまう。このため、区分所有者が水道料金等を滞納した場合は管理組合が負担せざるを得ない状況となる。水道料金等の滞納はマンションの管理および区分所有者全体に影響を及ぼすことは間違いない。このため、水道料金等に保護を及ぼす必要性は高い。

　また、各専有部分に設置された設備を維持、使用するためのライフラインの確保のため、水道料金の立替払とこれによって発生した債権の請求は必要不可欠の行為である。このため、一括立替払方式の場合、水道料金等は、理論的にも「（建物の）管理または使用に関する事項」（法30条1項）として規約で定めることも可能と解すべきである。また、特定承継人においても滞納管理費等と同様に一括立替払方式か否か、規約内容、滞納料金の有無を事前に確認することは可能であろう（競売時の物件評価においてはこれらの事情を基礎として評価すべきである）。

　前掲・大阪高判平成20・4・16の事案は、分譲当初から各戸計量・各戸収納制度の採用が困難な事案についての判断である。もっとも、後発的に高圧電力の給電を受けるようになったことにより電力会社から各戸収納を受けることができなくなった場合であっても、管理上の支障の程度は異ならないのであるから、同様に考えるべきであろう。

　したがって、一括立替払方式の場合、水道料金等は管理費と同様に考え、区分所有法7条1項ないし8条の保護を与えるべきである。

(4) 自治会費等

　大規模なマンションなどでは、1つのマンションで自治会等が構成されていることも多い。このような場合、管理組合と自治会等の運営への参加者が共通していることも多く、密接な関係をもっていることがある。中には、管理組合の業務としてコミュニティ形成業務を掲げたうえで、自治会との間で業務委託契約を締結し、管理組合から自治会に業務委託費を支払う例もあ

る。そこで、管理組合が実質的に自治会費・町内会費（以下、「自治会費等」という）を徴収している場合、これが区分所有法7条1項ないし8条で特別に保護されるかが問題となりうる。

　自治会等は、マンションの管理を行うための組織ではなく、住民同士の交流等を目的とした組織である。このため、自治会費等はマンションの共用部分、建物の敷地もしくは共用部分以外の建物の附属施設の管理（区分所有法3条）に関して徴収するものではない。自治会費等は、性質上マンションの管理のための費用ではなく、管理費とは異質のものであることから、区分所有法上の保護がなされるべき費用ではない。このため、規約で自治会費等を定めても拘束力はなく、管理組合による自治会費等相当分の徴収は認められない。

　また、裁判例においては、管理組合（の徴収する管理費）から自治会に業務委託費名目で自治会費が支払われていた場合、区分所有者には管理費のうち自治会費相当分を差し引いた金額についての支払義務しか認められないとされた（東京高判平成19・9・20わかりやすい71）。コミュニティ形成が管理組合の目的となり、管理組合と自治体の活動が合致している場合に、このような業務委託契約をすることは問題がないと考えられる。しかし、管理費は区分所有者の意思にかかわらず強制的に徴収される性質のものであるから、業務委託費を支払う場合には業務との対価的均衡など慎重な配慮が必要となろう。

　以上のとおり、自治会費に区分所有法7条1項ないし8条の保護は与えられない。

(5) 付帯サービス等利用料

　近時、管理会社が、各居室内の水回りトラブル対応や、照明管球交換サービスなどを行ういわゆる「駆けつけサービス」や、居宅介護支援会社の紹介、優待価格の宿泊申込みを受け付ける「福利厚生サービス」のような付帯サービスを提供する事例が増加している。このような付帯サービスは、管理会社と管理組合との間で契約締結がなされる場合が多い。この場合、個別の

区分所有者が、管理組合に対して管理費の支払を滞った場合に、水道料金等と同様の問題が生じる。

この点、付帯サービス等は水道料金等と異なり、各専有部分に設置された設備の維持・使用するために不可欠なものではなく、建物の使用・管理に関する事項と考えることは困難である。このため、付帯サービス等の利用料は、実務上は一定の保護の必要性があるとしても、「共用部分の管理に関する事項」（法18条1項）や「共有敷地」、「附属施設」の管理に関する事項（法21条による18条の準用）には該当しないから、集会決議や規約によって管理費等と同様の扱いにはできない。理論的には、付帯サービス等に関する利用料は、個々の区分所有者の負うべき利用料債務を管理組合が立て替える立替金と理解するか、管理組合と各区分所有者との間の契約に基づく債権と理解することとなる。

したがって、付帯サービス等の料金については、仮に集会決議や管理規約で定めたとしても、区分所有法7条1項ないし8条の保護は与えられない。

(6) **インターネットサービス**

インターネットの普及に伴い、マンションの管理組合がインターネット回線契約やプロバイダ契約を締結し、各区分所有者が当該契約に従ってインターネットサービスを利用できるようにする事例が増加している。

それでは、かかるインターネットサービスにかかるインターネット利用料金やこれに付帯する料金については、これが区分所有法7条1項ないし法8条の保護が及ぶであろうか。インターネットが水道・電気などと異なり必ずしも生活に必須なサービスとまではいえないことから、規約に定めた場合の効力が問題となる。

この点、インターネットサービスを共用部分の利用などとは無関係に、単なるサービスの提供と考えた場合には、前述の付帯サービスと同様に区分所有法7条1項等の保護は及ばないとも考えうる。しかし、実際上は、かかるインターネットサービスを利用する場合、マンションごとにLAN配線機器等のインターネット設備が共用部分に設置される。各区分所有者は、かかる

共用部分の設備を利用することにより、インターネットサービスを利用することとなる。このため、インターネット料金は「共用部分」または「附属施設」（法7条1項）に関する債権として発生する債権であると考えられる。同様に、規約に定める場合には、建物および附属施設の管理に関する規約事項として法30条にてインターネット利用料金を定めることもできると解される。このため、同料金は、法7条1項の「共用部分、建物の敷地若しくは共用部分以外の建物の附属施設」に関する債権となり、規約で定めた場合には規約に基づく債権と理解される。

　かかるインターネット利用料金の未払が問題となった事案で、その利用料金につきこれを管理規約事項として肯定する判決が出された（広島地判平成24・11・14判時2178号46頁）。規約事項として肯定されるのであれば、規約に基づく債権として区分所有法7条1項ないし法8条の保護が及ぶ管理費に含まれることとなろう。

　したがって、インターネット利用料金については、一般に区分所有法7条1項等の保護が及ぶと考えられる。

（緒方　剛）

Ⅱ 管理費の支払拒否

1 管理費支払拒否の抗弁1＝一部共用部分（法16条）にかかるものとの主張

　1階専有部分（店舗）の区分所有者が、玄関ホール、階段室、エレベーター室などが2階以上の区分所有者の一部共用部分であるとして、これに相当する管理費の支払を拒否した例がある。しかし東京高判昭和59・11・29判時1139号44頁・わかりやすい56は、「元来、各区分所有者ないしその専有部分と共用部分との関係は、位置関係、使用度、必要性等さまざまであるが、これら関係の濃淡、態様を細かに権利関係に反映させることは困難でもあり、相当でもなく、むしろ、建物全体の保全、全区分所有者の利益の増進、法律関係の複雑化の防止等のため、ある共用部分が構造上機能上特に一部区分所有者のみの共用に供されるべきことが明白な場合に限ってこれを一部共用部分とし、それ以外の場合は全体共用部分として扱うことを相当とする」として、かかる主張を排斥している（ただし原審の東京地判昭和58・8・24判時1109号99頁は反対の結論をとっていた。他に一部共用部分の主張を排斥した判例として、東京地裁八王子支判平成5・2・10判タ815号198頁・わかりやすい48、東京地判平成5・3・30判時1461号72頁がある）。

2 管理費支払拒否の抗弁2＝売れ残り部分との主張

　売れ残りマンションについて、分譲者が管理費の支払を拒否して管理組合と紛争になる例は多い。しかし、未登記のままの売れ残りマンションであっても、1戸でも分譲して区分所有関係が成立していたとすれば、分譲者もこれら売れ残りマンションの一区分所有者として、管理費支払義務を負うのは当然である。

　分譲者の売れ残りマンションにかかる管理費支払義務を認めた判例とし

て、大阪地判昭和57・10・22判時1068号85頁のほかにも、「分譲業者であっても、未分譲の区分所有権を所有する以上、共用部分の管理費等を支払わねばならないのは当然である」、「分譲業者には管理費等の支払が免除される旨の商慣習の存在を認めるに足る証拠はない」とした東京地判平成2・10・26判時1393号102頁・わかりやすい⑫がある。

ところで、原始規約、分譲契約書あるいは承諾書といった特別の書面において、「管理組合の年度末決算の結果、不足額が生じる場合についてのみ分譲業者は売れ残りマンションの管理費負担義務を負う」あるいは「修繕積立金は負担しない」等の特約を設ける例がみられる。

しかし、管理費の支払を所有者としての責務と考えれば、売れ残り部分も分譲業者が所有しているものである以上、管理費の支払義務を免れ得ないのは当然である（前掲判例等）。たとえば10年以上の長期にわたって売れ残った場合に、入居者の支払った管理費によって形成された積立金によって大規模修繕が実施される場面を想定すれば、分譲業者は無償で受益する結果となり、そのもたらす結果の不公平がより明らかとなる（現実にそのような例として福岡地裁小倉支判平成3・1・30判例集未登載は、分譲業者の代表者の過去約9年にわたる管理費滞納につき、遅延損害金も含め約670万円の支払を命じており、また後記Ⅸで論ずる大阪地判平成13・9・5判時1785号59頁、大阪高判平成14・5・16判タ1109号253頁・わかりやすい⑭の事案では、滞納額は一区分所有者だけで1189万円余にも上っている）。

したがって、前記のような特約、中でも期間を限定しないものについては、真実そのような合意が成立しているかについては極めて疑問がある。このような場合、従前は公序良俗違反無効と解するほかなかったが、平成14年の区分所有法改正により「規約は、専有部分若しくは共用部分又は建物の敷地若しくは附属施設（建物の敷地又は附属施設に関する権利を含む。）につき、これらの形状、面積、位置関係、使用目的及び利用状況並びに区分所有者が支払つた対価その他の事情を総合的に考慮して、区分所有者間の利害の衡平が図られるように定めなければならない」とする法30条3項が新設され、同

条は効力規定であって遡求適用されるものと解されている（吉田徹編著『一問一答改正マンション法』）。同条改正の経過に照らせば、その適用ないしは類推適用により効力が否定される場面が広がったものと解される。

なお、会計初年度に限定された事案についての大阪地判昭和62・12・25判例集未登載、分譲後半年間に限定された事案についての熊本地判平成3・2・18判例集未登載は、いずれも特約の効力を認めている。

3 管理費支払拒否の抗弁3＝収益金分配請求権と相殺するとの主張

東京地判平成3・5・29判時1406号33頁・わかりやすい57では、共有部分を賃貸して得られた収益金について、各区分所有者は分配請求権を有することを前提にして、これと管理費支払債務と相殺するという抗弁がなされた。これに対し裁判所は、「区分所有者集会決議等により団体内において具体的にこれを区分所有者らに分配すべきこと並びにその金額及び時期が決定されてはじめて、具体的に行使可能ないわば支分権としての収益金分配請求権が発生する」に過ぎず、「区分所有者集会の決議に基づき収益金を各区分所有者らに分配しない」ものと決されたものであるから失当とした。

（山上知裕）

Ⅲ　管理費支払義務の発生時期と消滅時効

1　発生時期

　東京地判平成2・10・26判時1393号102頁・わかりやすい62は、「区分所有者は、複数の区分所有権関係の発生した時期、すなわち区分所有建物の譲渡により区分所有権が発生し、区分所有権の登記等により区分所有建物であることが客観的に認識される状態になった時から、法令、規約、区分所有者の団体の集会で定めるところに従い、共有部分の管理費等を支払う義務を負う」としている。観念的には上記の判旨が妥当するが、それだけでは管理費等の具体的金額が定まらない。したがって、管理費等の額を定める規約の定めないしは集会決議等の区分所有者間の合意が必要となる。

　ところが、現実に管理組合の集会が一度も開かれたことのないマンションは数多く存在し、他方で規約上に管理費等の具体的金額についての定めがないにもかかわらず、事実として管理費等の集金と支出が行われ続けている例がある。このような場合に現実に集金されてきたものはここでいう管理費等といえるのかについては、後記Ⅵで検討する。

2　消滅時効

　管理費の消滅時効期間が10年なのか、5年なのかについては、従前から争いがあった。民法169条は、年またはこれより短い時期をもって定める金銭その他の物の給付を目的とする債権は、5年間これを行わないことによって消滅すると定めており、管理費が、この債権にあたるかどうかが問題となっていた。裁判例上も、管理費が定期給付債権にあたるとして5年とするもの（大阪高判平成3・1・31判例集未登載）と、一般債権として10年とするもの（東京地判平成9・8・29判タ985号188頁、東京高判平成13・10・31判時1777号46頁）とに分かれていた。

187

5年説は、管理費支払義務は建物の区分所有者たる地位に基づいて発生するものであり、管理費請求権は1年以内の周期で定期に金銭を給付させることを目的とする債権であることを根拠とする。これに対し、10年説は、管理費は会計年度ごとに総会決議によって決定・賦課されるのであるから、定期金債権ではないことを根拠とする。実務上は管理費滞納問題を実効的に解決できる手段がないこともあって、10年説が有力であった。

　この争いに、最高裁は5年説に立つことを明確にし、決着をつけた（最判平成16・4・23民集58巻4号959頁・判時1861号38頁・わかりやすい58）。最高裁は、管理費が、「管理規約の規定に基づいて、区分所有者に対して発生するものであり、その具体的な額は総会の決議によって確定し、月ごとに所定の方法で支払われるものである」として、基本権たる定期金債権から発生する支分権であり、民法169条に規定する債権にあたると判断した。この判断に対しては賛否両論あるが、現在実務は5年説で統一されている。

　しかし、上記判例が管理費のみならず、特別修繕費（修繕積立金）までも定期給付債権と判断している点については、今後さらに検討されるべきである。修繕積立金は本来修繕が必要となった際に徴収されるべきものであり、その性質上定期金とはいえない。現実的には、修繕費を一括徴収しようとすれば、徴収額が多額に上り、資金調達・回収が困難となる。そこで、区分所有者・管理組合双方の便宜のため、総会決議によって毎月一定額を徴収するという方法がとられているのである。実際、大規模修繕費用が積立金では不足する場合には、一時金として徴収決議されることも多い。この場合、当然定期給付債権にはあたらず、時効期間は10年になる。同じ修繕積立金であるのに、徴収方法によって、定期給付債権として5年で時効消滅したり、一般債権として時効期間が10年とされるのは妥当性に欠ける。しかも、地代や家賃の滞納であれば、仮に債権が時効消滅しても賃貸借契約を解除し、滞納状態を解消することができるのに対し、管理費滞納では専有部分の使用禁止は認められておらず（大阪高判平成14・5・16判タ1109号253頁・わかりやすい64。なお、後記Ⅸ参照）、管理組合は、管理費滞納状況を解消することができな

い。そのため、少なくとも修繕積立金については、福田博裁判官が補足意見で述べているように、滞納を解消しうる方策が立法措置を含めて今後検討されるべきである。

　判決文からはわからないが、競売実務においてマンションの時価よりも滞納管理費のほうが多額に上るマンションが数多く出現しつつあり、そのようなケースでは最低売却価格を決定することができず、競売が機能しないというジレンマが発生している。そこで、買受人が区分所有法8条によって承継すべき滞納管理費を5年に限定すれば、競売実行が可能とされるケースがかなり存在することとなることが判決にあたって配慮されたのではないかと考えられる。その意味で、今回の最高裁判決は、必ずしも管理組合にとって不利益とばかり言い切れないと思われる。

　どちらにしても、管理組合としては滞納管理費を時効消滅させないために、5年説を前提に、滞納者に対して、早期に法的措置をとることが必要であり、そのために、管理組合は適宜滞納状況を把握しておく必要がある。管理会社に委託していても安心はできない。管理会社には定期的に（少なくとも1年に一度）、滞納者の名前や金額などのリストの提出を求めることが望ましい。そして、遅くとも滞納が4年目に入った時点で、時効消滅を回避するために内容証明郵便による催告（6ヵ月間の暫定的時効中断となる）、調停申立て、訴訟提起手続を進めていくべきである。また、マンションが競売を申し立てられている場合、滞納管理費については先取特権に基づいて配当要求できる。配当要求にも時効中断効があるとされているので、競売申立ての事実を把握した際には、きちんと配当要求することが必要である。管理組合が管理費回収業務を管理会社に委託しており、管理会社が漫然と滞納状態を放置した結果、管理費請求権が時効消滅して回収不能となれば、管理会社が放置した責任（管理費相当額の損害賠償責任）を問われる可能性も出てくる。その意味では、管理会社も、滞納に対して迅速・適切に対処すること（マンションの競売申立ての情報収集も含めて）が求められる。

（小倉知子）

Ⅳ 特定承継人

1 特定承継人の管理費支払義務（法8条）

　区分所有法8条は、債権者は債務者たる区分所有者に対する債権をその特定承継人に対しても行使することができる、と規定する。

　ここでいう特定承継人とは、区分所有者から売買、贈与等の原因に基づいて区分所有権を承継取得する者をいう。特定承継には、売買や贈与のみならず、強制執行や担保権の実行による売却を原因とする承継取得も含まれる。

　元々合意は、その合意をした当事者（およびその包括承継人）のみを拘束するに過ぎない。ゆえに、債務の弁済がなされないまま区分所有権が譲渡された場合、譲受人と他の区分所有者、管理者、管理組合の間ではまだ合意が存さないから、区分所有法8条がなければ、合意の当事者である譲渡人に請求することは格別、譲受人には請求できないことになる。ところが、これでは所有者ではなくなった譲渡人を探す手間と費用を債権者に負担させる結果となり、管理費を回収することが事実上困難になってしまう。

　そこで、区分所有法8条を定めることによって譲受人にも請求できるとして同法7条1項に規定する債権を保護したのである。

　管理費は、建物を適切に管理運営するために必要不可欠のものであり、区分所有者が支払うべき分担金で、回収が何よりも重視されるため、強い保護が図られた。

　片や、特定承継人に責任を負わせても酷ではないとの価値判断がそこにある。つまり、特定承継人は、管理費の未払が生じていたにもかかわらず、管理組合等によって建物を適切に管理運営されてきた便益を享受する立場にあるからである。

　立法担当者は、特定承継人に責任を負担させることを正当化する理由を、他の区分所有者が立て替えた管理費等が「既にその目的のために費消されて

いれば建物等の全体の価値に（すなわち、債務の履行をしない区分所有者の有する区分所有権の価値にも）化体しているのであるし、未だ費消されずにいればそれは団体的に（区分所有者全員に合有的又は総有的に）帰属する財産を構成している」ことにおく（濱崎恭生『建物区分所有法の改正』135頁）。

区分所有法8条は、強行規定であるから、これと異なった合意や方法は許されない。

また、特定承継人は区分所有権を取得することによって当然にかかる責任を負う。譲渡人が他の区分所有者や管理者等に対する債務の存在を特定承継人に説明したかどうか、競売の際の現況調査報告書に管理費の滞納分について記載がなかったかどうかは問わない。

2　承継人と滞納者との関係──求償の問題

特定承継人が滞納管理費等を支払った場合、当該特定承継人は滞納者に対して求償できるか。

承継人の債務と滞納者の債務の関係については、不真正連帯債務と解されている（濱崎・前掲書135頁）。とすると、特定承継人が滞納者に対して求償できるか否かは債務者間の負担部分の定めによることになるが、特定承継人が競売により区分所有権を取得した事例において、判例は、「特定承継人の責任は当該区分所有者（筆者注・滞納者）に比して二次的、補完的なものに過ぎないから、当該区分所有者がこれを全部負担すべきものであり、特定承継人には負担部分はないものと解するのが相当である。したがって、被控訴人（筆者注・特定承継人）は、本件管理費等の滞納分につき、弁済に係る全額を控訴人（筆者注・滞納者）に対して求償することができる」（東京高判平成17・3・30判時1915号32頁・わかりやすい72）としており、特定承継人の滞納者に対する全額の求償を認めている。

なお、通常競売手続においては最低売却価格を決定する際に管理費等の滞納分に相当する金額を減額するなどの取扱いがなされているから、その点に着目すれば、競落人である特定承継人が滞納分の負担を引き受けるべきとも

思えるが、前掲・東京高判平成17・3・30では、「物件明細書等の競売事件記録の記載は、競売物件の概要等を入札希望者に知らせて、買受人に不測の損害を被らせないように配慮したものに過ぎない」として、滞納者の「特定承継人が負担すべきだ」との主張を排斥している。

　では、滞納者が破産して免責を受けていたような場合には、どのように考えるべきか。

　この点、競売手続により区分所有建物を買い受け、管理組合に対し、前所有者が滞納した管理費等を支払った買受人（特別承継人）が、破産手続を経て免責許可決定を受けた前所有者に対して求償請求をした事案における判例（東京高判平成23・11・16判時2135号56頁）が参考になる。

　結論からいえば、滞納者が破産して免責を受けていたような場合には、求償は認められない。ただ、その根拠は管理費等が破産手続開始決定日までに発生した管理費等か否かにより異なるとした。

　すなわち、破産手続開始決定日までに発生した管理費等については、破産債権であり（破産法2条5項）、破産者について免責許可決定が確定しているから、破産者はその責任を免れ（同法253条1項本文）、買受人（特定承継人）の弁済によって破産者が利得を得るものではないとして否定し、破産手続開始決定日以降に発生した管理費等については、「破産財団の管理」に関する費用（同法148条1項2号）に該当する財団債権となるとして否定したのである。

　もっとも、本事例は、区分建物に抵当権が設定されていて余剰がないため破産管財人が破産手続中に財団から放棄し、結果として破産者の自由財産となった事案であった。そこで、破産者から、放棄後買受人が取得するまでに発生した管理費等についても買受人からの求償は認めるべきではないとの主張がなされたが、本判例は、破産法および民事執行法の解釈上破産者が管理費等の支払義務を免れる根拠がないことを示したうえで、買受人の破産者に対する求償権の行使が信義則または権利濫用により制限されるものではないと判示してこれを排斥している。

192

3　特定承継人の責任と先取特権

　区分所有法8条に基づく特定承継人の債務は、同法7条の先取特権の被担保債権の対象となるか。

　区分所有法8条に基づく特定承継人の債務が同条によって創設されたものとすれば、同法7条に定める被担保債権とは別個のものとなり、当然に対象になるということはできないため問題となりうるが、法務省立法担当者は、「本条に基づく特定承継人の責任は」、「実質は、譲渡人の債務と同一債務を負担するもの（すなわち債務の重畳的引受けを法定したもの）と解すべき」であるとしてこれを肯定する（濱崎・前掲書136頁）。

4　中間特定承継人の責任

　区分所有権が転々譲渡された場合、たとえば、A→B→Cと順次譲渡されたとしよう。Aが管理費を滞納していた場合、本来の債務者であるAと最終の特定承継人Cが債務を負担することに争いはないが、既に所有関係から離脱した中間特定承継人Bもいまだ債務を負担するのか。区分所有法8条の「特定承継人」に「かつて特定承継人だった者」も含むかの問題である。

　中間特定承継人も債務を負担するとすれば、債権者は資力を有する特定承継人に責任追及をすることによって滞納分を回収できることになり、その肯否は重要である。

　かつては含むとする判例、含まないとする判例に分かれていたが、現在は含むとする考え方が有力となっている。

　東京地判平成20・11・27判例集未登載は、その根拠を「中間者たる特定承継人は、区分所有権を取得してからこれを喪失するまでの間に、前区分所有者が支払いを怠った費用を他の区分所有者や管理組合が肩替わりすることによって維持管理された共有部分を使用できる利益を享受する一方で、その間8条の責任を懈怠したまま区分所有権を第三者に移転したのであるから、区分所有権を喪失した後も8条の責任を負わせることが衡平というべきであ

193

る」という価値判断に基づき、また、「8条の文理上も、債務者たる区分所有者の特定承継人について、現在の特定承継人に限定しておらず、中間者たる特定承継人を排除していない」ことに求める。

大阪地判平成21・7・24判タ1328号120頁は、中間者たる特定承継人も「区分所有者の特定承継人として、区分所有法8条に基づき元の区分所有者の管理費等の債務をいったん負うことになった以上、その後その区分所有権を他に譲渡しても、その債務の支払を免れることはできないと解すべきである。すなわち、区分所有法8条は、その債務の履行を確実にするために特定承継人に特に債務の履行責任を負わせることを法定して債務履行の確実性を担保することに立法趣旨があり、いったん特定承継人となって債務を負うことになった者が所有権を他に譲渡して債務を免れるなどという責任軽減は、規定もなく、全く想定していないと考えられるからである」とし、「区分所有法7条1項による先取特権があることも、同様に債務履行の確実性を担保する立法趣旨にすぎないから、先取特権があるからといって現に区分所有権を有する者にしか請求できないというような責任限定の解釈をすべき根拠はない」とする。

大阪地判平成21・3・12判タ1326号275頁も、同趣旨であり、「旧15条（筆者注・37年法）が廃止され、8条が新設されたのは、共用部分やその共有に属する附属部分等に関する適正な維持管理を図るという上記改正の目的に則り、単に共有物についての共有者間の債権の保護を図るにとどまらず、区分所有における団体的管理のための経費にかかる債権について、広くその履行の確保を図る必要があったことによるものである」ことにその根拠を求める。そして、「同条が新設された趣旨に加え、区分所有建物の管理費等は、建物及び敷地の現状を維持・修繕する等のために使用されるものであり、当該建物等の全体の価値に化体しているということができ、中間取得者といえども、その所有にかかる期間中は上記価値を享受しているのであるし、また、中間取得者においては、売買等による換価処分の際、建物等に化体した価値に対応する利益を享受しているのであるから、かかる債権の行使を中間

取得者に対し認めたとしても必ずしも不当とはいえない」。さらには、「同条の文言は『区分所有者の特定承継人』と規定するのみで、その善悪等の主観的態様はもちろん、現に区分所有権を有している特定承継人に限定しているわけではないし、一方で、中間取得者が上記『特定承継人』に該当しないとすると、本件被告のように訴訟中、あるいは、敗訴判決確定後に、区分所有権を譲渡すれば、中間取得者はその責任を免れることになり、管理組合等の管理費の負担者側の実質的保護に欠けることになりかねない」ことをあげる。なお、大阪地判平成11・11・24についてのわかりやすい61の解説を参照されたい。

(原田美紀)

V 管理費の定め方

1 管理費は何において定めるか

　管理費の具体的な額は、規約中で定められていることが多いが、「管理に関する事項」（法18条1項）であるから、集会決議（単純過半数。法39条1項）で決すれば足り、規約に定める必要はない。かえって規約で定めると4分の3以上の賛成がないと改正できなくなる（法31条1項）ため、将来の管理費改定の妨げになりかねない。したがって、規約事項から除外し、集会決議によって定めたほうが望ましい（法務省民事局参事官室編『新しいマンション法』53頁）。

2 管理費設定の基準

　区分所有法21条によって敷地、附属施設にも準用される同法19条は、「各共有者は、規約に別段の定めがない限りその持分に応じて、共用部分の負担に任」ずるという負担原則を設け、また「各共有者の持分は、その有する専有部分の床面積の割合による」（法14条）ものとされているから、管理費設定の基準の原則は専有部分床面積割合である。しかし、規約で別段の定めをすることは許されるから、各専有部分の床面積に大差ない場合は、管理費を一律に同額とするのも管理実務上簡便である。

　また、営業目的用と居住目的用の専有部分が混在するマンションでは、用途によって管理費に差を設けることも管理実務上よく行われている。これは用途によって共用部分の利用頻度が異なるからであるが、合理的な範囲内であれば許される（東京地判平成3・5・29判時1406号33頁・わかりやすい57の事案は、店舗用は1㎡あたり2293円、事務所用は1㎡あたり1603円とされており、東京地判昭和58・5・30判時1094号57頁は店舗部分の管理費を住宅部分より高くしたことが37年法14条に違反しないとした。また、福岡地判平成14・10・29わか

りやすい59は、住戸の平均額に比べ、店舗の管理費が2.59倍、特別修繕費が2.58倍という格差について、1.5倍を超える部分は公序良俗に反し、無効とした)。

ただし、次のような注目すべき判例もある。「管理費等の額につき法人組合員と個人組合員とで差を設けること」は、特段の事情のない限り「その差異が合理的限度を超え、一部の区分所有者に対して特に不利益な結果をもたらすことまでは是認していない」として、最大1.72対1の格差をつけた管理費等の総会決議およびその根拠となった規約は公序良俗違反で無効とした(東京地判平成2・7・24判時1382号83頁)。これに対し、判例評釈(内田勝一「判批」判タ765号79頁)は、「法人への名義変更は非居住用利用への転換を伴うと考え、異なる額の管理費を徴収することこそ現実的であり、所有名義で測定することも不自然ではない」と批判する。

(中藤　寛)

Ⅵ 分譲後一度も管理組合集会が開かれたことのないマンションの管理

　最初から賃貸することが予定されているリースマンション、最初から区分所有者が居住しないことが予定されているリゾートマンションなどでは、分譲後一度も区分所有者の集会が開かれていない。さらに、区分所有者が居住することが予定されているファミリータイプのマンションでも、集会が一度も開かれたことがないものも多い。したがって、このようなマンションでは一度も集会決議は成立しておらず、また管理組合としての代表者や役員の選任もなされておらず、実情として共用部分等の管理は分譲業者や管理会社によって行われている。

　ところが、このような場合、原始規約中に分譲業者や管理会社を「管理者」（法25条以下）とする旨の定めがあればともかく、単に個別の区分所有者との間に管理に関する契約しかなく、他方で、管理費等の金額についても規約に定めがなく、単に分譲時の分譲契約書やパンフレット等に記載があるに過ぎない例がみられる。

　ところで、建物共用部分や敷地は、区分所有者団体である管理組合が管理権を有し（法3条）、個別の区分所有者は管理権を有していない。したがって、個別の区分所有者は共用部分等の管理を適法に分譲業者や管理会社に委任し得ないのであるから、分譲業者や管理会社が事実として行っている管理の法的根拠については、実は甚だ疑問があるのである。同様に、分譲業者あるいは管理会社が管理費等として集金してきたものが、ここでいう法の特別の保護を受ける管理費等といえるのか、についても疑問がある。

　そこで、これを適法視することができるとすれば、分譲業者あるいは管理会社については区分所有法45条2項（旧法45条1項、37年法34条1項）の「全員の書面による合意」（書面決議）に基づいて締結された管理委託契約上の管理受託者、または同様に書面決議によって選任された管理者（法25条1項、37年法17条1項）、管理費についても書面決議があったものと解する以外にな

い。しかし、書面決議については、58年法の立法担当者によれば「原始規約の設定に関する限り、実務的には是認せざるを得ない」（濱崎恭生『建物区分所有法の改正』45頁）とされたものにすぎず、法務省民事局参事官室編『新しいマンション法』232頁も、書面決議が「集会における討議を省略するという重大な例外を認めるものですから、この要件を緩和することは、余りに便宜に走るもの」として許されないとする（注）。

だとすると、実務的にかなり行われているこのような方法は、実はその適法性に問題があり、分譲業者あるいは管理会社の行ってきた管理は民法697条以下に規定する事務管理にすぎず、そこで管理費等として集金されてきたものは、法の特別の保護を受ける管理費等ではないと解する以外にない場合が多いのではないかと考えられる。

なお、個々の区分所有者との管理委託契約に基づき、昭和56年から管理を行ってきた管理委託者からの管理費等の請求につき、平成16年になされた解除が有効として、その一部が棄却された事例（東京高判平成23・7・19、原審・横浜地判平成22・3・30、いずれも判例集未登載）があるが、本書第6章Ⅲで紹介されているので参照されたい。

　　（注）　東京地判平成5・12・3判タ872号225頁は、昭和44年に分譲され、平成3年まで集会の開催されたことのなかったマンションにおいて、分譲当初交わされた管理委託契約書に基づき管理を行ってきた分譲業者の、当該管理委託契約書をもって管理者を選任する書面決議があったとする主張を排斥しており、同様の例として東京地判平成5・11・29判時1499号81頁がある。

（山上知裕）

Ⅶ 不在区分所有者に対する協力金条項

1 協力金条項の設定の背景

　マンションの管理組合の運営は、通常、区分所有者が輪番制で役員になり、また、役員でない区分所有者も、日常の管理組合活動に参加し、管理組合を支えている。しかし、不在区分所有者は、このような管理運営の負担を免れている反面、居住区分所有者による管理運営による恩恵を受けている。
　このような不公平を是正するため、不在区分所有者に特別の金銭的負担を課す規約変更をする管理組合は少なくない。

2 問題の所在

　区分所有法は、規約の設定、変更または廃止は、区分所有者および議決権の各4分の3以上の多数による集会の決議によるとする一方、少数者の利益保護のため、それが一部の区分所有者の権利に特別の影響を及ぼすべきときには、当該区分所有者の承諾を要することとしている（法31条1項後段）。
　不在区分所有者に上記のような協力金を課す場合、この「一部の区分所有者の権利に特別の影響を及ぼすべきとき」にあたらないかが問題となる。この問題については、以下の判決が参考になる。

3 協力金条項についての判決

(1) 事案の概要

　事案のマンションは、昭和46年に大阪市住宅供給公社が建築・分譲した14階建ての区分所有建物4棟・総戸数868戸から構成される団地である。
　役員構成は、理事長1名、副理事長2名、理事25名、幹事4名であり、選挙規定により、不在組合員は役員になることができないとされている。
　組合費は、平成19年当時、一律月額1万7500円（一般管理費8500円、修繕積

立金9000円）であった。

　分譲後20年を経過した頃から、空室や第三者への賃貸が増加し、平成16年頃には非居住者が約170戸になっていた。そのため、管理組合の運営の負担が居住組合員に偏っていることに対する不公平感が募っていた。

　そこで、平成16年３月開催の総会で、不在組合員は、組合費とは別に、１戸あたり月額5000円の「協力金」を負担しなければならないとする規約および同施行規則が４分の３以上の多数で可決された（賛成678名、反対56名）。

　管理組合は、平成16年８月以降、当時の不在組合員（181戸）に対し、協力金の支払を求め、支払を拒否し続けた不在組合員７名（14戸）に対して、順次、その支払を求める訴訟を提起した（訴訟件数は５つ）。

　第１審では、３件が、不在組合員の不利益は受忍すべき限度を超えるとはいえないとして、本件規約変更を有効であると判断して管理組合の請求を認容したが、２件は、受忍すべき限度を超えるとして管理組合の請求を棄却した。いずれの判決に対しても控訴がなされた。

　その後、一部の控訴審において、裁判所から、協力金を月額2500円とする和解案が提示された。

　そこで、本件マンションの理事会は、平成19年３月開催の総会において、協力金を「住民活動協力金」と名称変更し、その額を遡及的に１戸あたり2500円とする規約および同施行規則の変更を提案し、これが４分の３以上の多数で可決された。なお、住民活動協力金は、一般会計に組み入れられ、一般会計の繰越金は、修繕積立金として積み立てられている。

　被告７名のうち２名（２戸分、２事件）は、2500円の住民活動協力金を支払う旨の訴訟上の和解をしたが、他の５名（12戸分、３事件）は、なおその支払を拒否した。

　なお、本件マンションの理事会は、平成18年12月から理事会の決議に基づき役員に対して手当を支払っていたが、規約上その根拠を明確化するため、平成19年３月開催の総会において、役員は理事会の決議によりその活動に応じた必要経費と報酬の支払（平成19年度予算案で年間総額400万円）を受ける

ことができるとする規約の変更が4分の3以上の多数で可決された。

(2) 控訴審判決

控訴審では、上記のとおり2件が和解により終了したが、他の3件については判決が下された。

そのうち、2件は請求棄却判決、1件は請求の一部認容判決であった。

請求棄却判決の理由は、次のとおりである。すなわち、役員の諸活動は、区分所有者全員の利益のために行われるものであり、非居住者の利益のみならず、居住者の利益のためにも行われるべきものである。したがって、役員報酬およびその必要経費の財源としての住民活動協力金を不在組合員と在住組合員とで格差を設けてそれぞれ負担させる場合、不在組合員であるがために避けられない出費相当額（たとえば、印刷代・通信費等）を不在組合員に加算して負担させる程度であればともかく、その全額を不在組合員のみに課す合理的根拠は認められない、というものであった（大阪高判平成19・7・27判例集未登載、大阪高判平成20・1・24判例集未登載（下記(3)の最高裁判決の原審））。

他方、一部認容判決においては、月額1000円の限度で請求を認容した（大阪高判平成19・10・11判タ1274号329頁）。その理由は、次のとおりである。すなわち、区分所有者全員に徹底した衡平を図ることは到底不可能で、維持管理に日常的な労力提供等の貢献がないのに管理の経済的メリットを得ている不在組合員に、それに見合った程度の協力金の負担を負わせることは、実情に沿った衡平性を保持しうるものといえなくはない。協力金額の算出根拠には十分な説明がされておらず、当初の協力金は、役員以外の活動時間まで積算してそれに時給を乗じたものをすべて不在組合員のみに負担させるもので、不合理であるが、月額1000円程度であれば、社会通念上相当性を欠くものではなく、受忍限度を超えるものでないので、この限度で改正規約は不在組合員の承諾がなくても有効である、というものであった。

これら3つの控訴審判決については、すべて上告がなされ、一括審理に付された。以下の最高裁判決は、控訴審での請求棄却判決のうちの大阪高判平

成20・1・24についてのものである。

　(3)　最高裁判決の要旨

　最高裁判決（最判平成22・1・26判時2069号15頁・わかりやすい68）は、まず、「一部の区分所有者の権利に特別の影響を及ぼすべきとき」の判断基準につき、「規約の設定、変更等の必要性及び合理性とこれによって一部の団地建物所有者が受ける不利益とを比較衡量し、当該団地建物所有関係の実態に照らして、その不利益が一部の団地建物所有者の受忍すべき限度を超える場合をいう」と判示し、過去の最高裁判決（最判平成10・10・30民集52巻7号1604頁・判タ991号288頁・わかりやすい33）を踏襲した。

　そして、本件では、①マンションの規模が大きく、その保守管理等には管理組合の活動やそれに対する組合員の協力が不可欠であること、②本件マンションでは、総戸数868戸中、約170戸ないし180戸が不在組合員の所有する専有部分となっていること、③不在組合員は、役員になる義務を免れているだけではなく、実際にも日常的な労務の提供などの貢献をしない一方で、居住組合員の活動により維持された良好な住環境の維持という利益のみを享受していること、④管理組合の活動は役員のみによって行われているものではないから、役員報酬の支払によっても、不在組合員と居住組合員との不公平が塡補されるものではないことを理由に、本件規約変更の必要性および合理性は否定できないとした。

　他方、本件規約変更によって不在組合員が受ける不利益は、組合費の15％増しの金額に過ぎないこと、協力金の支払を拒んでいるのが不在組合員の所有する専有部分約180戸のうち12戸を有する5名に過ぎないことから、本件規約変更は、「一部の区分所有者の権利に特別の影響を及ぼすべきとき」に該当しないと判示した。

4　最高裁判決を含めた上記一連の判決の評価

　(1)　協力金賦課の必要性・合理性

　上記最高裁判決は、居住者と非居住者とで差を設けることはかえって不衡

203

平であるとの主張に対して、非居住者の業務分担や活動参加は、個別事情にかかわらず一般的・類型的にみて困難ないし期待し得ないことから、そのような区別による協力金賦課には必要性および合理性があるとした。

したがって、この判決によれば、不在組合員に協力金の負担を求めることは、その金額を含めた具体的状況によっては、可能ということになる。

(2) **協力金の金額**

上記事案において、管理組合は、協力金の算出根拠について以下のように主張していた。まず、旧協力金月額5000円は、全役員の年間総活動時間を控えめに1万3000時間弱、時給800円で計算し、不在組合員170戸で割った月額5080円とほぼ等しく、合理性を欠くものではない。また、新住民活動協力金月額2500円については、全役員の年間総活動時間が実際には2万6000時間であったとし、時給1000円で計算し直し、これを全戸数868戸で割ると月額2496円の負担となるから、合理性があると主張していた。

この点、旧協力金の月額5000円は、役員の活動時間の計算根拠が不明確であるし、役員活動のコストを不在組合員だけに負担させている点で逆に不公平が生じる。新住民活動協力金についても、同じく役員の活動時間の計算根拠が不明確で、結局、控訴審が和解案で提示した月額2500円にあわせたにすぎないと思われる。

他方、控訴審の一部認容判決における1000円という金額の算定根拠は、役員手当総額400万円の負担割合を在住組合員1、不在組合員3とし、協力・分掌団体等の活動に対する助成金の一部を加算して丸い数字である1000円としたものであるが、これも管理組合主張の計算方法と同様、根拠が不明確である。

これに対し、上記最高裁判決では、このような金額算定には踏み込まず、不在組合員の負担が15％の上乗せに過ぎないことなどをもって、受忍限度の範囲内とした。

結局、管理業務は多種多様であり、それによって不在組合員が受ける利益を金銭的に評価して一律に算出することは難しいから、合理的な範囲の協力

金を計算式により導き出すことは困難であると思われる。したがって、上記最高裁判決のように、組合費との対比でどの程度の割合の上乗せであるかを考慮することが、現実的な考え方であると考えられる。

ただし、最高裁判決に対しても、次のような批判がある。すなわち、本来、協力金と比較すべきものは、一般管理費と修繕積立金を合算した組合費とではなく、全員が一律に負担する一般管理費8500円とであり、その場合には、非居住者の負担は新住民活動協力金の場合で29.4％、当初の旧協力金なら58.8％もの上乗せになるから、組合費の15％の上乗せに過ぎないという理由づけは妥当ではないというものである（松岡久和「マンション管理と非居住者」ジュリスト1402号12頁）。

5　協力金条項を設ける際の注意点

このように、協力金条項を設けること自体は可能であるとしても、その有効性は個別具体的事情によって判断されるのであり、どのくらいの金額であれば許容されるかを事前に見通すことは困難である。

上記最高裁判決は、組合費の15％の上乗せを許容しているが、あくまでも判示のような諸事情を総合考慮したうえで結論を導いているのであるから、組合費の15％程度の上乗せであれば協力金条項が常に有効とされるわけではないことに注意する必要がある。

また、上記最高裁判決は、協力金条項に反対する不在組合員の数（割合）も考慮要素としていることから、協力金条項を設ける際には、事前に不在組合員に対し、金額も含めて十分な説明をし、理解を得る努力をすることも重要であるといえる。それが事後の訴訟リスクを減らすことにもつながるはずである（参考文献：花房博文「『住民活動協力金』に関する最高裁判決を考える」センター通信291号2頁）。

（中藤　寛）

Ⅷ 管理費等の回収

1 管理費滞納を予防し、効率化する規約の定め

(1) 遅延損害金の定め

　管理費の支払時期は、規約に弁済期の定めがあるはずであり、弁済期を過ぎると、特に規約に遅延損害金の定めがなくても、民事法定利率である5％の遅延損害金の支払を求めることができる。さらに、民事法定利率を超える利率（たとえば、年14.6％）を規約に定めれば、その利率の遅延損害金の支払を求めることができるため、民事法定利率を超える利率を規約に定める例も多くみられ、実務的にはこれが滞納予防の効果を発揮している。

　マンション標準管理規約（最終改正平成23年7月27日国土動指第3号、国住マ第18号）60条2項も、「組合員が前項の期日までに納付すべき金額を納付しない場合には、管理組合は、その未払金額について、年利〇％の遅延損害金と、違約金としての弁護士費用並びに督促及び徴収の諸費用を加算して、その組合員に対して請求することができる」と規定している。

(2) 弁護士費用を滞納者の負担とする定め

　滞納管理費を回収するために法的手段を講じた場合、これに要した費用の中でも弁護士費用を滞納者に負担させるという定めを規約上に設けている例がある。かかる定めも心理的威嚇効果があり、滞納予防の効果を発揮している。

　(ｲ) 訴訟費用

　滞納管理費を回収するための法的手段に要した費用のうち、訴訟費用（裁判所に納める印紙代等）については、判決や支払督促でも滞納者に支払を命じることができるため、特に規約に定めがなくても、当然に滞納者に負担させることができる。

(ロ) **弁護士費用**

　しかし、金銭債務の不履行に基づく損害賠償として弁護士費用その他の取立費用を請求することはできないとするのが最高裁判例（最判昭和48・10・11判時723号44頁）であるから、内容証明を出した費用や、訴訟提起のための弁護士費用は、規約に定めがない限り、当然には滞納者に負担させることはできない。

　標準管理規約60条2項は、「管理組合は、……違約金としての弁護士費用並びに督促及び徴収の諸費用を加算して、その組合員に対して請求することができる」と規定している。

　この点、管理組合に訴訟提起を余儀なくさせたことが、滞納者の不法行為を構成するとして、弁護士費用の支払を命じた裁判例もある（東京地判平成4・3・16判時1453号142頁・わかりやすい63）が、この事案では、滞納者の態度が、単なる滞納（債務不履行）にとどまらず、より積極的な不法行為といえる場合であった。

　結局、弁護士費用を滞納者の負担とする定めを規約に定めれば、規約の創設となり、請求することができる。

(ハ) **集会決議**

　次に、規約によらずに集会決議だけでは、集会決議前の滞納管理費の回収に要した弁護士費用について遡及的に負担させることができない。手続的には集会決議でも有効と考えられるが、弁護士費用の負担を制裁としてみるならば遡及処罰禁止の原則が適用されるべきである。この点、集会決議前の滞納管理費の回収に要した弁護士費用についても遡及的に負担させる旨を決議した事案について、特別の不利益を強いるものとして無効とした裁判例がある（東京高判平成7・6・14判タ895号139頁）。

2　水道、電気等の供給停止

　管理組合が個別メーターで計測して、水道、電気等の使用料を個別区分所有者から集金しているような場合、管理費滞納者に対しては、水道、電気等

の供給を停止することによって、管理費の回収を図るという例が実務上みられる。

　しかし、電気や水道などの公共サービスは、マンション居住者の日常生活に必要不可欠である一方、金銭問題に過ぎない管理費滞納を理由にこれを供給停止するならば、居住者の生存の根源を脅かしかねないとして、このような措置を現実にとるのは、不法行為を構成する危険性がある。水道元栓を閉めて針金を巻き付けた行為が不法行為にあたるとされた福岡地裁小倉支判平成9・5・7わかりやすい60が参考となる。

3　管理費の裁判上の請求と先取特権の行使

　滞納管理費を回収する場合、区分所有法7条において管理費について先取特権による保護を与えており、債務名義なくして執行できるため、裁判上の請求をして債務名義を取得するのは、多くの場合無意味である。

　管理費を滞納している部屋が賃貸されている場合も、先取特権は賃料について物上代位（民法304条1項）することができるので、債務名義は不要である。

　すでに競売開始となっており、執行すべき賃料債権等も存しないような場合については、競売結果を待って、現実には落札者に対し、特定承継人としての責任（法8条）を追及すればよいので、債務名義の取得は多くの場合無意味である。

　もっとも、被告が出頭し和解が期待できる場合など、裁判上の他の効果を企図する場合、あるいは先取特権の及ばない執行対象（自動車などの「建物に備え付けた動産」以外の動産）に対して執行を意図する場合には、債務名義の取得が必要となる。

　債務名義取得後に発生する滞納管理費について、競売による所有権移転後は先取特権が消滅するかについて、東京地決平成22・5・13判例集未登載は、民事執行法59条1項が不動産の上に存する先取特権は売却により消滅すると定めていることを理由に、競売によって不動産が売却された場合には先

取特権は消滅するため、剰余金への物上代位は認められないと判断した。競落人に可能な限り負担のない不動産を取得させるべきとする消除主義を採用したものであるが、消除主義が目的物の買受人の保護を目的とするものであるところ、物上代位は買受人ではなく、前所有者が取得するはずの目的物の代価あるいは代替物について効力を及ぼすものであり、これを認めたとしても消除主義の趣旨に反するものではない。東京高決平成22・6・25判タ1336号281頁・わかりやすい73は、先取特権は建物が強制競売により売却されたからといって、剰余金に対する物上代位の要件は失われないとして原判決を取り消した。

4　配当要求の添付書類

　配当要求をなすにはその資格を証明しなければならない。法人化されていないが実働がある管理組合の場合、「権利能力なき社団」としての実質を有するので、これを証明する必要がある。そのような書面として、「規約」および「集会議事録」が考えられる。集会議事録は代表者を選任した議事録であるが、規約上管理組合総会では理事が選任されるのみであって、代表権を有する理事長は理事の互選によるものが多い。その場合には、集会議事録以外に、規約上の制度にすぎない「理事会議事録」の提出も必要となる。

　滞納管理費の額については、文書によってその存在を証明しなければならない（民執法51条1項）から、滞納管理費一覧表を管理組合名で作成し提出する。

　配当要求後も管理費の滞納は発生し続けるのが通例であるが、これついては配当は受けられないとする。もっとも、落札者は区分所有法8条により特定承継人としての責任を負うのであるから、適宜その後の管理費滞納額を明らかにする上申書等の提出をすることが管理実務上行われている。将来の特定承継人たる落札者に対し、滞納額を予告し、将来の管理費回収を円滑にする効果がある。

（小鉢由美）

IX 管理費の滞納と専有部分の使用禁止

1 はじめに

　ここでは、管理費等の滞納の解消に向けた手段の1つとして考えられる、区分所有法58条1項に基づく専有部分の使用禁止請求の可否について、この点を判示した裁判例を素材として検討する。この裁判では、第1審では肯定され、控訴審では否定されており、結論が全く逆になっている点で検討の素材としては非常に興味深いものがある。

　本件事件の概要は、大阪市西区内の11階建てビルの管理者である原告Xが、このビルの区分所有者である被告Yが平成3年9月分から平成12年までの間、ビルの管理費等合計1189万7321円の支払を怠っているため、Yに対し、管理費等の滞納が区分所有者の共同の利益に反する行為であるとして、Yの専有部分の使用禁止を求めるとともに、滞納管理費等の支払を求めた事案である。

2 問題の所在

　区分所有法58条1項は、同法6条1項に規定する行為について、以下の3要件を備えた場合には、専有部分の使用禁止請求の訴えを提起できると規定する。

① 区分所有者が区分所有法6条1項に規定する共同の利益に反する行為をし、またはその行為をするおそれがあること
② その行為による区分所有者の生活上の障害が著しいこと
③ 区分所有法57条の差止請求によっては、その障害を除去して共用部分の利用の確保その他の区分所有者の共同生活の維持を図ることが困難であること

そして、どのような行為が区分所有法6条1項の共同の利益にあたるかに

ついては、一般的には、①建物の不当毀損行為、②建物の不当使用行為、③いわゆるニューサンス（騒音、悪臭等による生活妨害）等がこれにあたるとされ、その判断基準としては、行為の必要性、行為者の受ける利益並びに他人に与える不利益の性質およびその程度、他の手段の可能性など諸般の事情を考慮して、個々の具体的場合につき社会通念によって決するしかないと解されている。

また、区分所有法6条1項では、「建物の保存に有害な行為その他建物の管理又は使用に関し区分所有者の共同の利益に反する行為」と規定するのみで、これが物理的な保全義務に限定されるのか、それとも物理的な保全義務とはいえない管理費等の滞納も共同の利益に反する行為に該当するのかについては条文解釈に委ねられることになる。

さらに、管理費等の滞納が区分所有法6条1項に規定する共同利益背反行為に該当するとしても、管理費等の滞納を理由として、法58条1項に基づく専有部分の使用禁止請求が認められるか否かは解釈の分かれるところである。実際にこの事件においては、第1審でも控訴審でも、①管理費等の滞納が法6条1項に規定する共同利益背反行為に該当するのか、②管理費等の滞納が共同利益背反行為にあたるとしても、管理費等の滞納を理由として、法58条1項に基づく専有部分の使用禁止請求が認められるのか、の2点が最大の争点となった。

3　控訴審の判断

(1)　第1審判決との相違点

第1審（大阪地判平成13・9・5判時1785号59頁）は、①管理費等の滞納が区分所有法6条1項に規定する共同利益背反行為に該当するとし、②管理費等の滞納の場合でも、法58条に基づく専有部分の使用禁止請求の対象になると判断し、滞納管理費等の大部分の請求を認め、Yに対して2年間の専有部分の使用禁止を命じた。

そこで、Yが控訴して、控訴審（大阪高判平成14・5・16判タ1109号253頁・

わかりやすい64)では①については第1審と同様の判断を示したが、②についての控訴審の判断は、第1審とは異なり、区分所有法58条に基づく専有部分の使用禁止の請求を否定した。

(2) 控訴審の理由づけ

(イ) **区分所有法57条から59条の条文構造**

第1審と同様に、区分所有法57条から59条については段階的な条文構造であるとの判断を示した。

その具体例として、専有部分で騒音、悪臭を発散させるなど他の区分所有者に迷惑を及ぼす営業活動をしている場合、暴力団構成員が専有部分をその事務所として使用し、他の区分所有者に対し恐怖を与える等の行動をとっている場合をあげて、このような場合には、区分所有法57条により、騒音、悪臭を発散させる営業行為の差止請求、あるいは暴力団事務所としての使用の差止請求が功を奏しないときに、法58条による相当期間の専有部分の使用禁止請求が認められ、さらに、それが功を奏しないときに、法59条による区分所有権等の競売により、その区分所有者を区分所有関係から終局的に排除することが認められると判示している。

つまり、区分所有法57条から59条の一連の条文は、積極的作為（たとえば、騒音、悪臭などの迷惑行為）を射程にしたものであることを具体例をもって示した。

(ロ) **管理費等の滞納と区分所有法57条の差止請求との関係**

管理費等の滞納の場合には、積極的な加害行為があるわけではないので、同条に定める「必要な措置」は管理費等の支払を求める、というのが想定される程度であり、そのこと自体はこの規定がなくても当然のことであり、管理費等の滞納につき区分所有法57条の差止請求を認める実益はない。

つまり、区分所有法57条は積極的作為（たとえば、騒音、悪臭などの迷惑行為）を差止めすることが想定されていることから、管理費等の滞納の場合には、積極的作為とはいえず、不作為にすぎないことから、法57条の射程の範囲外であるとの解釈を示した。

(ハ) 管理費等の滞納と区分所有法59条の競売請求との関係

　管理費等の滞納の場合には、区分所有法7条による先取特権の実行により、管理費等を滞納している区分所有者が有する他の財産に強制執行をすることによって滞納管理費等の回収を図ることができるが、これらの方法では効果がない場合には、競売による買受人は未払の管理費等の支払義務を承継するので（法8条）、法59条の競売請求を認める実益がある。

(ニ) 管理費等の滞納と区分所有法58条の専有部分の使用禁止請求との関係

　専有部分の使用を禁止することにより、当該区分所有者が滞納管理費等を支払うようになるという関係にはない。他方、その区分所有者は、管理費等の滞納という形で共同の利益に反する行為をしているにすぎないのであるから、専有部分の使用を禁止しても、他の区分所有者に何らかの利益がもたらされるというわけではない。専有部分の使用禁止を認めることによる滞納管理費等の支払が促進されるとの教育的効果があるのかは定かではなく、あるとしても事実上の効果にとどまる。

　専有部分で騒音、悪臭等を発散させる、あるいは専有部分を暴力団事務所として使用しているなど、積極的に区分所有者の共同利益に反する行為がなされている場合は、区分所有法59条の競売請求の要件を満たすときは、当然に法57条および58条による各請求も認められるという関係にあるが、滞納管理費等の滞納については、共同の利益に反する行為の態様が上記事例とは異なることから、法59条による競売請求が認められることから直ちに法58条による専有部分の使用禁止も認められるという関係にはない。

4　管理費滞納解消手段としての区分所有法58条の位置づけ

　以上のとおり、控訴審判決は、管理費等の滞納が区分所有法6条1項の共同の利益に反する行為にあたるとしながらも、管理費等の滞納は、共同利益背反行為の態様が騒音、悪臭、不良入居者等の積極的な行為を伴う事例とは異なること等を理由として、法58条による専有部分の使用禁止を否定した。

　そもそも、昭和58年法改正に際して新設された区分所有法57条から60条の

各義務違反者に対する措置が念頭においていたのは、騒音、悪臭、不良入居者等の積極的な行為を伴う生活妨害行為（積極的作為）であり、管理費等を支払わないという消極的な行為（不作為）は念頭になかったことは立法の経過からも明らかである。

　そして、区分所有法58条に基づく専有部分の使用禁止請求の対象となる共同利益背反行為についても、騒音、悪臭、不良入居者等の積極的な行為を伴う、いわゆる「ニューサンス」が想定されていた。

　さらに、区分所有法58条に基づく専有部分の使用禁止請求権の効果は、本来制限されているとはいえ一定の排他的使用権を有する区分所有権に対する権利の大幅な制限となることから、そもそも例外的なケースでなければ認められるものではない。

　この点で、控訴審判決は、前述の昭和58年改正時の立法趣旨を重視して、管理費等の滞納の場合の共同利益背反行為の態様が、騒音、悪臭、不良入居者等の積極的な行為を伴う事例とは異なり、積極的作為ではないことから元々区分所有法58条の射程の範囲外であること、法58条の効果は権利の大幅な制限となること等から、制限的な解釈をとったものと考えられる。

　したがって、現状では滞納管理費の額がいかに大きくとも、区分所有法58条による専有部分の使用禁止まで求めることは難しいといわざるを得ないのであり、その意味では、管理費滞納の解消の手段としては法58条の専有部分の使用禁止の手段は使えないことになったといえる。

（時枝和正）

X 管理費の滞納と区分所有法59条の競売請求

1 問題の所在

　区分所有法59条に基づく競売請求は、法6条1項の「共同の利益に反する行為」をした区分所有者に対して、他の区分所有者の全員または管理組合法人が、その者の有する区分所有権の競売を請求し、その行為者の区分所有権を剥奪することにより、行為者を区分所有関係から終局的に排除するものである。

　その要件としては、①区分所有者が建物の保存に有害な行為その他建物の管理または使用に関し区分所有者の共同の利益に反する行為をした場合またはその行為をするおそれがある場合で、②当該行為による区分所有者の共同生活上の障害が著しいこと、さらに、③他の方法によってその障害を除去して共用部分の利用の確保その他の区分所有者の共同生活の維持を図ることが困難であること、を規定している。

　なお、区分所有法59条に基づく競売の請求主体（以下、「訴訟追行権者」という）は、区分所有者の全員または管理組合法人（法59条1項）、もしくは管理者または集会において指定された区分所有者（同条2項が準用する同法57条3項）である。そして、後者の訴訟追行権者である管理者は、同法26条4項における管理者と異なり、あらかじめ規約で管理者に授権しておくことはできず、あらためて集会の決議を経る必要がある。

　管理費滞納のための解決手段としては、区分所有法7条の先取特権に基づく競売請求の方法がある。しかし、抵当権等の担保権が不動産の価値以上に設定登記されてオーバーローンとなっているマンションでは、同法に基づく競売請求を行っても剰余主義（民執法63条2項）が適用されることから実効性がないとされる。

　そこで、区分所有法59条に基づく競売についても民事執行法63条に基づく

215

剰余主義が適用されるのか、同法が管理費等の滞納問題解決にどの程度実効性が期待できるかについて検討する。

2 民事執行法63条2項の無剰余取消しの規定の適用の可否

東京高決平成16・5・20判タ1210号170頁・わかりやすい65（以下、「東京高裁決定」という）は、区分所有法59条に基づく競売については、民事執行法63条2項の無剰余取消しの規定は適用されないと決定した。

(1) 東京高裁決定における事案の概要

この事件は、千葉県内の分譲マンションにおいて、区分所有者が過去7年間にわたって管理費未納を続け、催告も無視し続けたためマンション管理組合が同滞納管理費等の支払を求めて提訴した。なお、平成14年12月1日時点での滞納管理費等の総額は54万2015円であった。結果、勝訴判決を得たものの支払はなされたかったため、訴訟追行権者は平成14年に区分所有法59条に基づく競売請求をし、被告欠席のまま認容判決が確定した（千葉地裁松戸支判平成15・2・5判例集未登載）。

訴訟追行権者は上記判決を債務名義として、民事執行法195条に基づき未納者の区分所有建物に対する競売を申し立て、平成15年に開始決定を得た。

しかし、最低売却価格が418万円、手続費用および差押債権者の債権に優先する債権合計2788万円を弁済して剰余する見込みがないとして、民事執行法63条2項により競売手続を取り消す旨の決定をした。これに対し、訴訟追行権者は、区分所有法59条に基づく競売には民事執行法63条の剰余主義の規定は適用されないと主張し、原決定の取消しを求め抗告したのが本事件である。

(2) 剰余主義（民執法63条）についての考え方

区分所有法59条に基づく競売申立ては、民事執行法195条の「その他の法律の規定による換価のための競売」（形式的競売）にあたり、換価を公正にするために競売制度を利用しただけである。したがって、債権の満足を図るための担保権の実行としての競売とは性質が異なるものである。

民事執行法195条は、形式的競売の場合も「担保権の実行としての競売の例による」と規定するが、形式的競売の場合は競売の目的ないし根拠も多種多様であるから、担保権の実行としての競売の規定がどの範囲で適用されるかは画一的に決することができないとされてきた。

　剰余主義を定めた民事執行法63条の趣旨は、差押債権者が競売によって配当を受けることができないような無益な競売執行を禁止することと、差押債権者の債権に優先する債権者の換価時期選択の利益の保護にある。

　一方、区分所有法59条の競売は、同法の趣旨からすると「当該区分所有者の区分所有権を売却することによって当該区分所有者から区分所有権を剝奪することを目的とし、競売の申立人に対する配当を全く予定していないものであるから、同条に基づく競売においては、そもそも、配当を受けるべき差押債権者が存在せず、競売の申立人に配当されるべき余剰が生ずるかどうかを問題とする余地はないというべきである。その一方で、同条が当該区分所有者から区分所有権を剝奪するための厳格な要件を定め、訴えをもって競売を請求すべきものとしていることからすれば、そのような厳格な要件を満たすものとして競売請求を認容した確定判決が存在する以上、同条に基づく競売においては、売却を実施して、当該区分所有者からの区分所有権の剝奪という目的を実現する必要性があるというべきである」(東京高裁決定引用)として、剰余が生ずる見込みがない場合でも、法59条に基づく競売を認めた。

　なお、立法担当者においても、競売の目的である区分所有権等の価額を上回る負担が付いていても、民事執行法63条の制限を受けることなく、競売することができるとの見解を示している(法務省民事局参事官室編『新しいマンション法』320頁)。

3　民事執行法59条1項の消除主義の規定の適用の可否

　民事執行法59条1項は、競売が実行されると、不動産の上に存する担保権は売却により消滅すると定める(消除主義)。この点、形式的競売については、消除主義をとるか、差押債権者に優先する権利は売却によっても消滅せ

ず買受人に引き継がれるとする引受主義をとるか議論が分かれている。

この点に関し東京高裁決定は、区分所有法59条に基づく競売において、民事執行法59条1項（消除主義）をとることを示した。

理由は、競売手続の円滑な実施およびその後の売却不動産（建物の区分所有権）をめぐる権利関係の明確化ないし安定化、ひいては買受人の地位の安定化の観点から、区分所有法59条競売を実効あらしめ区分所有者らの共同の利益を保護するためには消除主義を適用することが相当と解したことによる。

一方で、優先債権者、特に担保権者がその意に反した時期に、その投資の不十分な回収を強要されるという事態が生じることが懸念される。東京高裁決定は、この点について「区分所有権は、そもそも、同条（筆者注・法59条）による競売請求を受ける可能性を内在した権利というべきであり、区分所有権を目的とする担保権は、このような内在的制約を受けた権利を目的とするものというべきである。したがって、同条に基づく競売によって、当該担保権を有する債権者がその意に反した時期に、その投資の不十分な回収を強要される事態が生じたとしても、それは、上記のような区分所有権の内在的制約が現実化した結果にすぎず、当該債権者に不測の不利益を与えるものではなく、不当な結果ともいえない」と示している。

なお、形式的競売とされる共有物分割（民法258条2項）のための競売において、消除主義、剰余主義の適用を認めた最決平成24・2・7判時2163号3頁の岡部喜代子裁判官補足意見において、区分所有法59条競売においては剰余主義の適用を排除することを認めており、形式的競売において、民事執行法195条の「例による」との文言は、担保権実行に関する諸規定を準用するか否かを解釈に委ねていると解している。

4 管理費滞納解消手段としての区分所有法59条の位置づけ

(1) 東京高裁決定の意義

東京高裁決定は、区分所有法59条に基づく競売請求には無剰余取消しの規

定は適用されず、区分所有権上に存する優先する債権について消除主義が適用されると示したことで、これまで必ずしも明確でなかった法59条に基づく競売の問題点を判示した点で理論上重要な意義がある。

そして、区分所有法59条の競売請求の実効性を高める方向での結論を示したことで、今後、法59条競売によって区分所有権を奪うことで、長期管理費等の滞納という問題を解消させる理論上の道筋をつけたという点での意義は極めて大きい。

(2) 適用範囲

マンション管理費等の滞納が多額にわたることを共同の利益に反する行為と認め、区分所有法59条競売を認めた判例は多く出ている。いずれも多額の抵当権が設定されており、無剰余取消しとなる可能性が検討されている。また、滞納の期間は4年から10年以上に及ぶものもあり、滞納期間が不明なものでも区分所有者が破産しているなどの事情から、今後も管理費等の滞納が継続されるおそれが高く、法59条の要件を満たしていると判断している（東京地判平成17・10・12、平成19・4・27、平成20・5・8、平成20・8・29、平成21・7・15、平成22・4・27（以上、判例集未登載）、平成22・11・17判時2107号127頁）。

一方、区分所有法59条の要件を厳格に解し、競売請求を認めなかった裁判事例も存する。東京地判平成18・6・27判時1961号65頁は、5年3ヵ月の管理費等滞納で滞納額が169万5000円に達したので、管理組合は支払督促命令を得たうえで、区分所有者の銀行預金の差押えをしたが残高がゼロであり、区分所有建物についても抵当権（1710万円）と根抵当権（1320万円）が設定されており無剰余となる事案において、法59条に基づく競売請求をしたが、請求を棄却した。

理由は、区分所有者が滞納を謝罪して分割弁済による和解を希望しており、区分所有法59条の「他の方法」、すなわち前記1であげた③の要件を充足しないとした。同事案の控訴審においても本判決の結果が維持されている（東京高判平成18・11・1判例集未登載、判例タイムズ主要民事判例解説別冊22号

72頁引用）。同判決は、設定されている担保権の債権額の主張・立証がない、対象とされる区分所有建物等の時価の主張もなく固定資産税評価額の主張にとどまる、強制競売を申し立てたわけではなく、無剰余で取り消されてもいないなどをあげて、法59条競売における③の要件を非常に厳しく判断した。

同じく、区分所有法59条の競売請求を棄却した裁判事例（東京地判平成20・6・20わかりやすい67）は、判決文からは優先する担保権の存在が明らかではないが、「他に優先する担保権等があって剰余価値がないというような事情もうかがわれない」と判示し、法59条競売の要件③の立証を厳格に判断した。

また、東京地判平成22・5・1判例集未登載の事例は、管理費等の滞納が約6年、滞納額は約183万円に及んでいる点については共同の利益に反する行為にあたると認めながら、かかる滞納がマンション管理上重大な支障となっており、本件マンション区分所有者の共同の生活上の障害が著しいものとまでは認めがたいとして②の要件の充足を否定した。さらに、競売請求訴訟中に当該区分所有者は滞納管理費を一括で支払うことを申し出ていたがマンション管理組合は受領を拒絶していた点もあげ、③の要件にも該当しないと判断した。本件は管理費等滞納以外にも共用部分へのビラ貼りや私物を置くなどの行為もあった事案ではあるが、かかる迷惑行為も裁判進行中に解消されていたという事情がある。

したがって、管理費滞納解消のための区分所有法59条競売という手段は確立されてきてはいるが、担保権が設定されていて当該区分所有建物との関係で無剰余のおそれがあることは当然の前提とされ、さらに、その滞納がマンションの管理運営上、著しい障害となること（要件②）、「他の方法」を取り得ないこと（要件③）を、具体的にきめ細かく主張・立証することが必要であろう。

5　区分所有法59条に基づく競売実施後の配当手続

区分所有法59条による競売実施後、売却代金からは、競売に要する手続費

用を控除し、配当を受けるべき債権者（民執法87条）に配当をする。残額があるときは、売却対象となった区分所有建物の区分所有者に交付する。

なお、訴訟追行権者が区分所有法59条競売を申し立てただけでは滞納管理費等の回収を図ることができず、滞納管理費等を回収するためには、管理組合が一般債権者または共益費用の先取特権者として配当要求をする必要がある（東京地方裁判所民事執行センター「滞納管理費等の回収を図るために区分所有建物の競売を申し立てる場合等における留意点」金法1906号62頁）。

6 区分所有法59条競売と区分所有権の譲渡

区分所有法59条競売請求の訴訟係属中から口頭弁論終結後、判決を経て競売申立てがなされ、売却に至るまでの間に、当該区分所有者の区分所有権が譲渡されることが考えられる。明文に規定がなく、以下、場面ごとに議論されている内容を紹介する。

(1) **口頭弁論終結後、判決確定前の区分所有権の譲受人**

区分所有法59条に基づく競売請求訴訟の口頭弁論終結後の区分所有権および敷地利用権の譲受人に対し、同訴訟の判決に基づいて競売を申し立てることができるかについて、最高裁は、判決の被告と異なる譲受人に対して、同判決に基づき競売を申し立てることは許されないと判断を示した（最決平成23・10・11判時2136号36頁）。

理由は、区分所有法59条競売が特定の区分所有者の属性に着目してなされるものであり、口頭弁論終結後の区分所有権等の譲受人は、上記のような属性を有しているとは当然にはいえない以上、被告に対する判決の効力が譲受人に及ぶと解することはできないからである（田原睦夫裁判官の補足意見）。

なお、判決確定後の譲受人に対しても、立法担当者は、判決の効力は及ばないと考えている（法務省民事局参事官室編・前掲書320頁）。

(2) **競売請求訴訟係属中に区分所有権を譲渡した場合**

前掲・最決平成23・10・11の田原睦夫裁判官補足意見によると、原告は、譲受人に訴訟引受けをさせることができると解する。なぜなら、管理費の未

納の場合には当然に譲受人に承継されるのであるから、訴訟を引き受けることによって不測の損害を被るおそれはないからである。

(3) 競売開始決定に基づく差押えの登記がなされた後に区分所有権を譲渡した場合

立法担当者は、「開始決定による差押えの効力として処分を無視して手続きを進めてよいという考え方と、これにより競売権は消滅し、開始決定に対する執行異議の事由となるという考え方の二つがあるかと思われます」と述べている。この点は、形式的競売における差押登記に処分制限の効力を認めるか否かによって見解が分かれる（稲本洋之助＝鎌野邦樹『コンメンタールマンション区分所有法〔第2版〕』318頁、濱崎恭生『建物区分所有法の改正』362頁引用）。

田原睦夫裁判官の前掲の補足意見によると、後者の考えをとり、民事執行法182条の執行異議事由になると解している。すなわち、担保権の実行としての競売の例による（民執法195条）とすると、競売手続開始決定後に競売請求認容判決の基礎となった区分所有権者の共同利益侵害状態が解消するに至ったとの事実は、競売申立ての基礎となった事実が消滅したことを意味するのであり、担保権に基づく競売を例にすると担保権が消滅した場合に比肩するものといえる。

なお、被告あるいは元被告であった区分所有者が、競売を免れるために区分所有権を濫用的に移転するおそれがあるが、その場合は通謀虚偽表示（民法94条1項）により譲渡は無効と考えられる。

（渡辺晶子）

第9章

日常生活をめぐる紛争

I 専有部分か共用部分かをめぐる紛争

1 はじめに

　分譲マンションの1棟の建物の中には独立して建物所有権の目的となる部分、すなわち専有部分とそれ以外の部分がある。それ以外の部分を共用部分といい、専有部分の所有者（区分所有者）の共有となっている。
　そして、分譲マンションの建物部分は専有部分か共用部分かのいずれかであり、そのいずれにも属しない部分はない。
　また、分譲マンション本体の建物とは別個の建物でも（これはまさに別個の建物であるから、本来は、分譲マンションとは別の独立の建物ということになるが）、当該マンションの従たる地位を占めているに過ぎない場合には、附属建物として規約によってこれを当該マンションの共用部分に入れることができる。
　このように、専有部分と共用部分は厳格に区別される。
　各区分所有者は共用部分に持分を持っているが、区分所有法15条1項は、その持分は、有している専有部分の処分に従うと規定し、同条2項は、持分は、その有する専有部分と分離して処分することができないと規定しており、専有部分だけ、あるいは共用部分の持分だけを譲渡することを禁止している。

2 専有部分

　専有部分とは区分所有権の目的たる建物の部分をいい（法2条3項）、「1棟の建物に構造上区分された数個の部分で独立して住居、店舗、事務所又は倉庫その他の建物としての用途に供することができるもの」と規定されている（法1条・2条1項）。
　これらの規定から専有部分と認められるためには、その部分が構造上およ

び利用上独立していなければならず、構造上の独立性と利用上の独立性の２つが専有部分とされるための要件と解されている。

　その部分が専有部分にあたるのか、それとも共用部分かという紛争は数多く発生し、多くの判例の集積があるが、判断基準としての積極的要件は区分（境界）の明確性、遮断性、外部との通行の直接性、専用設備の存在があげられ、消極的要件は、その建物部分内に警報装置、配電盤等の共用設備が存在しないこと、存在するとしても、それが占める割合が小さいことがあげられている。

　そこで、積極的要件、消極的要件を具体的に検討してみる。

(1)　区分の明確性

　区分所有の目的となるその部分が、その他の部分と明確に区分されていなくてはならない。

　住居として使用される部分は隔壁、床、天井、扉などによって明確に他と区分されているので、この要件を満たすことはほとんど問題ないといえる。

　しかし、店舗・事務所についてはすべてこのようなもので区分されているわけではないから、別の観点からの検討が必要となる。

　１つのフロアーに複数の店舗や事務所があり、各室の間に仕切りがなされない場合があるが、このような場合にも各室をそれぞれ区分所有権の目的としたいという要請があり、これが認められる場合がある。

　また、１階ピロティ部分についても区分の明確性の要件を満たすことができる場合もある。

(2)　遮断性

　区分所有の目的となりうるためには、その部分が他の部分と隔壁や床・扉などによって遮断されていることが必要である。

　住居部分については、区分の明確性と同様にこの要件はほとんど問題とならない。

　しかし、店舗、事務所については前記(1)と同様の問題が出てくる。

　(1)(2)を通していえることは、必ずしも周囲すべてが完全に遮蔽されていな

くとも区分の明確性、遮断性の要件は満たされる場合があり、1階ピロティについても専有部分となりうる。これらについては、物的支配と同視しうる程度に他の部分と遮断されていること、その範囲が明確となっていることが必要とされるであろう。

(3) 通行の直接性

区分所有建物と認められるためには、独立の出入口を有していて、直接に公道に接するか、あるいは共用部分を通って公道に通じることが必要とされている。独立の出入口がないと、およそ独立して建物としての用途に供することができるとはいえないからであり、利用上の独立性は、まさにこれにあてはまることになる。

(4) 専用設備の存在

その建物内にある設備を利用するだけで建物使用の目的を達することができるものが、その建物内に存在することが必要である。

そういうものが備わっていなければ、その建物はおよそ独立の建物とはいえないからである。

ただし、この専用設備が備わっているかどうかについては、一義的な基準があるわけではなく、その建物の使用目的、種類、規模や形態、構造などによって個々具体的に決められる。

住居部分の場合は便所、台所、風呂場、洗面所、洗濯室は欠くことのできない専用設備であるが、事務所や店舗の場合は必ずしもそれらすべてが必要というわけではない。

(5) 共用設備の不存在

区分所有者の全員もしくは一部の人のための共用設備が建物部分内に存在するとその建物はその設備の利用や管理のため、関係者の出入りが予定されていることになる。そのことはその建物の排他的使用の障害となるものである。したがって、共用設備の存在は専有部分性を否定する要因ということになり、それがあると専有部分と認められにくくなる。

ただ、共用設備があるからといって直ちに専有部分でなくなるのではな

く、共用設備が占めている部分が小部分にとどまり、排他的使用の障害の程度がそれほどでもない場合、反面、区分所有者による建物部分の使用によって共用設備の保存・利用に影響を及ぼさない場合には専有部分性が認められる場合がある。

問題となるのは、配電盤や水道の操作設備、排水用マンホール等が設置されている管理人室、倉庫、地下車庫である。これらについては設備の使用のために関係者が立ち入る部分の割合や立入りの頻度によって、専有部分と認められるかどうかが決まる。

以上、(1)ないし(5)については後に判例を分析しながら詳細に検討することとする。

3 共用部分

(1) 法定共用部分

① 1棟の建物のうち、専有部分とは認められないものはすべて共用部分である。

区分所有法4条1項において、「数個の専有部分に通ずる廊下又は階段室その他構造上区分所有者の全員又はその一部の共用に供されるべき建物の部分は、区分所有権の目的とならないものとする」と規定して共用部分を定義している。そして、法11条1項において、「共用部分は、区分所有者全員の共有に属する」と規定し、専有部分が各区分所有者の単独所有となるのとの違いを明示している。

建物の大部分を占めている軀体そのものは共用部分であるが、それ以外に法が規定している廊下や階段室に加えて玄関ホール、エレベーター室などがこれにあたる。バルコニー、外壁、屋上も軀体の一部であるから共用部分にあたる。

② 共用部分は建物部分以外にもある。区分所有法2条4項は、専有部分に属しない建物の附属物も共用部分とする旨規定している。

エレベーター設備や配線の基幹部分、配管、消防設備などがこれにあ

227

たる。

③　また、1棟の建物外にある貯水槽、浄化槽、塵芥焼却炉、駐車場施設、自転車置場、外灯設備、散水設備等も建物の附属物として共用部分にあたる。

　以上①ないし③は構造上、性質上から法律上当然に共用部分となるのであり、「法定共用部分」「性質・構造上の共用部分」「固有の共用部分」などと呼ばれている。

　(2)　規約共用部分

　上記のように法律上当然に共用部分となるものではないものについても、規約によってこれを共用部分とすることができる。

　これを規約共用部分といい、本来専有部分であるものおよび1棟の建物とは別の独立した建物である附属建物について、規約に規定することによってこれを共用部分とすることができる（法4条2項）。前者としての代表的なものは集会室や共同宿泊室であり、後者の例としては別棟の倉庫や物置、管理人室であろう。

　なお、規約共用部分と定めたことはその旨登記をしないと第三者に対抗することができず、これを怠っていると1個の専有部分あるいは独立の1個の建物として取引の対象になってしまう。

　(3)　一部共用部分

　共用部分は、原則としてそのマンションの区分所有者全員が共用するものであるが、場合によっては区分所有者全員でなく、そのうちの一部の者だけが共用する共用部分も起こりうる。この場合、その共用部分の所有権はこれら一部の共用者のみに共有として帰属するものであり、これを一部共用部分という（法11条1項ただし書）。全体共用部分か一部共用部分かについては、所有権の帰属のほかに管理費用の負担の面でも問題となり、一部共用部分の管理や修繕等に必要な費用は、共用する一部の区分所有者が負担すべきである。問題は、その共用部分がはたして全体共用部分にあたるのか、それとも一部共用部分なのかであるが、その判断が容易でないものが多い。1階店舗

が使用することを予定していないエレベーターや、住居と別配管となっている店舗の配水管などがその例である。この問題は非常に難しい問題であるが、最近の判例の趨勢は「建物全体の保全、全区分所有者の利益、法律関係の複雑化の阻止などから、ある共用部分が構造上機能上、特に一部区分所有者のみの共用に供されるべきことが明白な場合に限ってこれを一部共用部分とする」とか（東京高判昭和59・11・29判時1139号44頁・わかりやすい56）、「一部共用部分か全体共用部分かがはっきりしないときは全体共用部分にする」などとして一部共用部分と認めることをなるべく狭く解する傾向にある。

なお、一部共用部分で床面積を有するものについては、これを一部共用者の専有部分の床面積の割合に応じてこれらの専有部分の床面積に配分、加算することとされている。したがって、一部共用部分は共用部分でありながら、専有部分的な扱いを受ける面もある。

(4) 共用部分と登記

区分所有建物の場合の登記は、1棟全部の表題部として1棟の建物全体の床面積が記載されることになっており、そこには専有部分の床面積だけの合計ではなく、共用部分も含めた全床面積が記載される。

専有部分の登記については、各専有部分ごとに表題部として専有部分の建物を表示する事項が記載され、甲区として所有権に関する事項が、乙区としてそれ以外の権利に関する事項がそれぞれ記載される。

しかし、共用部分はそもそも区分所有権の目的とはならないのであるから、それについての表示や権利の登記は必要なく、表題部の登記も甲区、乙区の登記もない。

ところが、前述のとおり、規約共用部分は本来区分所有権の目的となり独立して取引の対象とされうるものであるから、建物の表示登記はなされる。ただ規約共用部分はもはや区分所有の目的にはならないので、表題部に共用部分である旨登記されるだけで、権利に関する登記はなされない。

なお登記に関して、区分所有法11条3項は物権変動の対抗要件を規定する民法177条は共用部分には適用しない旨規定している。

229

共用部分の物権変動（持分の移転）は専有部分の物権変動に随伴するものであるから、対抗要件としての登記は専有部分についてのみ具備されていればよく、共用部分について独自に備えることを不要としているのである。

4 専有部分、共用部分の具体的判断基準——判例を分析・検討して

(1) 駐車場、車庫

マンションにおける駐車場、車庫にはさまざまの形態がある。屋外の敷地平面を利用した青空駐車場は、共有の土地の利用の問題に過ぎないから、共用部分か、専有部分かの問題は生じない。また、敷地上に別に建てられた建物内の駐車場、車庫などは、附属建物であり、本来全く別の建物であるが、規約に定めることにより共用部分（規約共用部分）とすることができる。

問題となるのは、マンション建物内の1階、地下などに設置される車庫、屋内駐車場であり、これが、建物の専有部分となるのか、共用部分となるかが検討の対象となる。

この問題に関して重要な最高裁判決がある（最判昭和56・6・18民集35巻4号798頁・判時1009号58頁・判タ446号76頁・わかりやすい㉓）。

このマンションは7階建て、65戸からなる建物で、1階部分の車庫、倉庫が共用部分か専有部分かが争われたものである。車庫の形状は次のとおりである（次頁1階見取図参照）。

①本件車庫は、見取図上本件建物の1階正面ロビーの左側の1階部分に位置し、左側の壁は本件建物の外壁となっているが、右側の壁は、車庫の入口の柱の部分から約3分の1が建物の外壁であって、残余の部分が前記ロビーと境を接する外壁となっている、②本件車庫の奥は、倉庫との間の通路部分および電気室と接しているが、その部分はブロックの壁で遮られ、上記通路および電気室に通ずる幅、高さそれぞれ約2mの2カ所の入口があるが、その入口にはそれぞれ引戸式の鉄製扉が取り付けられている、③本件車庫の入口には、両側の壁に接してそれぞれ建物を支える7階まで通しの鉄筋コンク

Ⅰ　専有部分か共用部分かをめぐる紛争

〈図〉　１階見取図

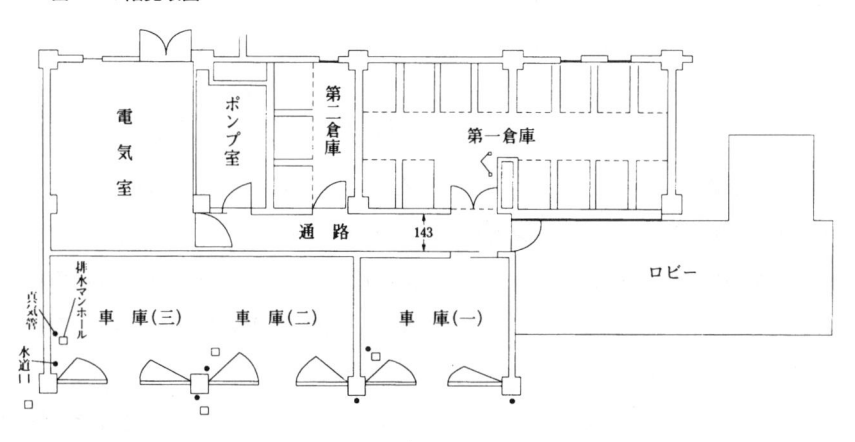

リート製の幅約70cmの角柱があり、その柱と柱との間には等間隔をおいて上と同様の柱が２本立っており、上各柱には、車両の出入りを遮断するため、腕木式に90度上下できるように一端を柱に取り付けた長さ約2.4ｍの鉄パイプが設置されている。④本件車庫は、車庫として利用され、利用にあたっては、本件車庫から建物の外部に直接出ることが可能である。⑤本件車庫の壁の内側付近２カ所に臭気抜きの排気管が取り付けられており、また、出入口付近の床の３カ所に排水用のマンホールが設置されており、排気管およびマンホールは、いずれも建物の共用設備であるが、本件車庫のうちの極めてわずかな部分を占めるに過ぎず、かつ、これらが本件車庫内に存在するために管理人が日常本件車庫に出入りする必要が生ずるわけでもない。

　以上の事実を前提として、まず構造上の独立性について、建物の構成部分である隔壁、階層等により、独立した物的支配に適する程度に他の部分と遮断され、その範囲が明確であれば足り、必ずしも周囲の範囲すべて完全に遮断されていることは要しないと解して、本件車庫は隔壁による完全な遮断性はないが、構造性の独立性があるとした。

　しかし、本件車庫には、臭気抜き排気管、排水用マンホールという共用設

231

備がある。構造上の独立性がある建物部分であっても、その中に共用設備がある場合に専有部分性が否定されることがあり、本件車庫ではまさにこの点が問題となる。この点に関して、判決は、「たとえ区分所有者全員のための共用設備があっても、①その共用設備が当該建物の小部分を占めるにとどまり（共用設備の小規模性）、②その余の部分をもって独立の建物の場合と実質的に異なるところのない態様の排他的利用が可能であり（排他的利用可能性）、③この排他的利用によって共用設備の保存、他の区分所有者の利用に影響を及ぼさない（共用設備の保存、利用の非障害性）という3つの要件を満たせば区分所有権の目的となる専有部分にあたる」と判断した。

この最高裁判決は、構造上の独立性について、区分の明確性があれば遮断性については完全である必要がないとし、建物部分に共用設備があるときも、前記①、②、③の要件を満たせば法1条の専有部分になるとした。地下や1階に設置される屋内駐車場が専有部分となるかどうかは、この最高裁判決の基準で決せられることになる。1階、地下に設置される駐車場、車庫は、構造、形状、共用設備等の実態によるが、上記最高裁判決が示す前記の3要件を満たせば専有部分となるであろう。

　(2)　倉　庫

マンションの建物の1階、地下、または別棟に倉庫が設置されている場合、これらの倉庫が専有部分となるのか、共用部分となるかという問題が生じる。

本体建物とは別棟につくられた倉庫は、附属の建物として独立の所有権の対象となるが、規約に定めたときは規約共用部分とすることができる（法4条2項）。

区分所有法1条は区分所有権の対象となる建物部分の例として倉庫をあげている。したがって、倉庫が構造上、他の部分と区別され、それ自体として独立の建物としての用途に供することができる外形を有すれば、専有部分となる。

ただし、駐車場、車庫の場合と同じように倉庫内に共用設備があった場

合、共用部分となるのではないかという問題が生じる。

　このような事案について、最判昭和61・4・25判時1199号67頁は、次のように判示している。

　この判決は、前述した駐車場に関する最判昭和56・6・18の事案と同じマンションで1階部分の倉庫が共用部分か専有部分かで争われた事案の判決である。前記1階見取図のとおり本件事案では建物1階に2つの倉庫（第1倉庫、第2倉庫）がつくられた。この判決は前掲・最判昭和56・6・18の基準を適用して、倉庫内に電気設備、換気・汚水処理および揚水ポンプなどの動力系スイッチ、汚水雑排水マンホール、水道等のパイプ等が共用設備としてあり、管理人が各種スイッチ操作のために1日3回程度出入りする必要があるなどのことがあっても、①共用設備が小規模であること、②倉庫の排他的利用が可能であること、③排他的利用をしても倉庫内部の共用設備の保存、他の区分所有者の利用に影響がないとして、専有部分にあたるとした。しかし、中に自動車しかなく第三者が出入りしても影響がない車庫、駐車場と違い、倉庫は倉庫所有者の所有物を蔵するためのものであるから、倉庫内の共用設備の管理のため第三者が高い頻度で立ち入るときは、倉庫としての排他的利用可能性が妨げられるとも考えられ、また設置された共用設備の重要性からみると最判昭和56・6・18の基準からは逆に専有部分性を否定する可能性が高いようにも思われる。

(3) 管理室、管理人室

　中高層建物には、電気設備、上下水道設備、消防設備、警報設備等が当然存在するものであり、これらの各種設備は建物の維持管理に必要不可欠のものとして共用部分となる。また、電気室や機械室も同じ理由から共用部分となる。

　ところで、一定規模以上のマンションには管理室、管理人室が設置される。これら管理室、管理人室は専有部分なのか、それとも共用部分なのかが問題となる。管理室、管理人室は、内部に共用設備を有する建物部分で、区分所有者全員の共用を目的としてはいる。しかし、建物の構造上明確に他の

233

建物部分と区分され、遮断されていることから、独立の所有権の対象ともなりうる。

管理人室、管理室にはマンションによってさまざまな形態があるところ、管理人室、管理室を専有部分として独立の登記の対象とすべきかどうかという点で、登記先例（昭和50・1・13民三第147号民事局長通達）がある。登記先例の基準によれば、管理室等は次のように分類されている（次頁以下の図参照）。

① その内部に各専有部分を集中管理する消防設備、警報装置などの恒常的な共用設備を有し、かつ受付窓口も付き、常時、来訪者、配達物の処理が可能で、受付者が常駐するが、管理人の寝起きする空間は備えていないもの（第1型）。

　この第1型の室は共用設備が中心を占め、来訪者の受付等基本的にはマンション全体の維持管理に必要不可欠なものとして、登記実務では共用部分とされる。

② 室内に便所、浴室、玄関などがあり管理人が居宅として使用し、あわせて管理事務を処理しているが、共用設備は設置されておらず、また受付窓口の構造を持っていないもの（第2型）。

　この第2型の室は、共用設備、来訪者受付窓口がなく、管理人の居住を中心とした部屋であるから、専有部分とされる。

③ 第3の類型は、第1型と第2型の混合型である（混合型）。実際にはこの混合型に属するものが、一般的な形と思われる。この混合型については、主たる部分が共用設備、窓口部分を中心とする第1型をとるときは、第1型と同じ扱いをし、また主たる部分が住居部分を中心とする第2型をとるときは第2型に準じて、登記上はそれぞれ共用部分、専有部分として扱うものとしていた。

この問題について、重要な最高裁判決がある。

最判平成5・2・12民集47巻2号393頁・判時1459号111頁・判タ819号153頁・わかりやすい24で事案は次のとおりである（240頁図参照）。

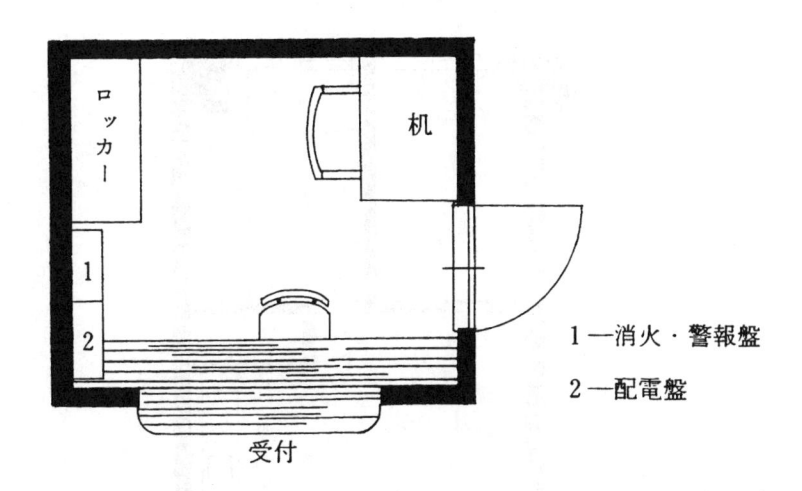

I 専有部分か共用部分かをめぐる紛争

〈第1型〉　　平面図

ロッカー
机
1 ―消火・警報盤
2 ―配電盤
受付

正面図

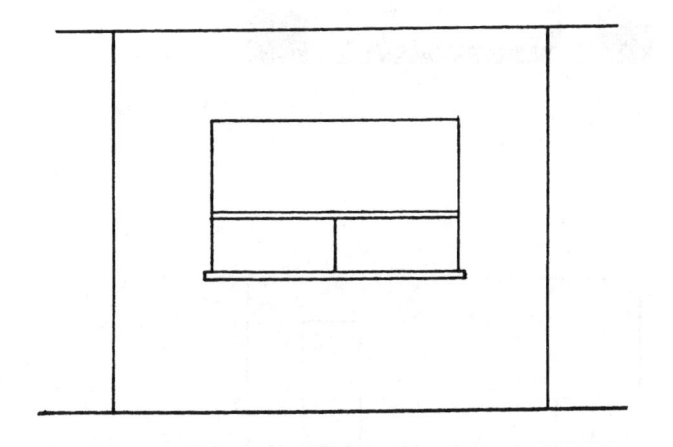

第9章 日常生活をめぐる紛争

〈第2型〉　　　　　平面図

正面図

Ⅰ　専有部分か共用部分かをめぐる紛争

〈混合型〉

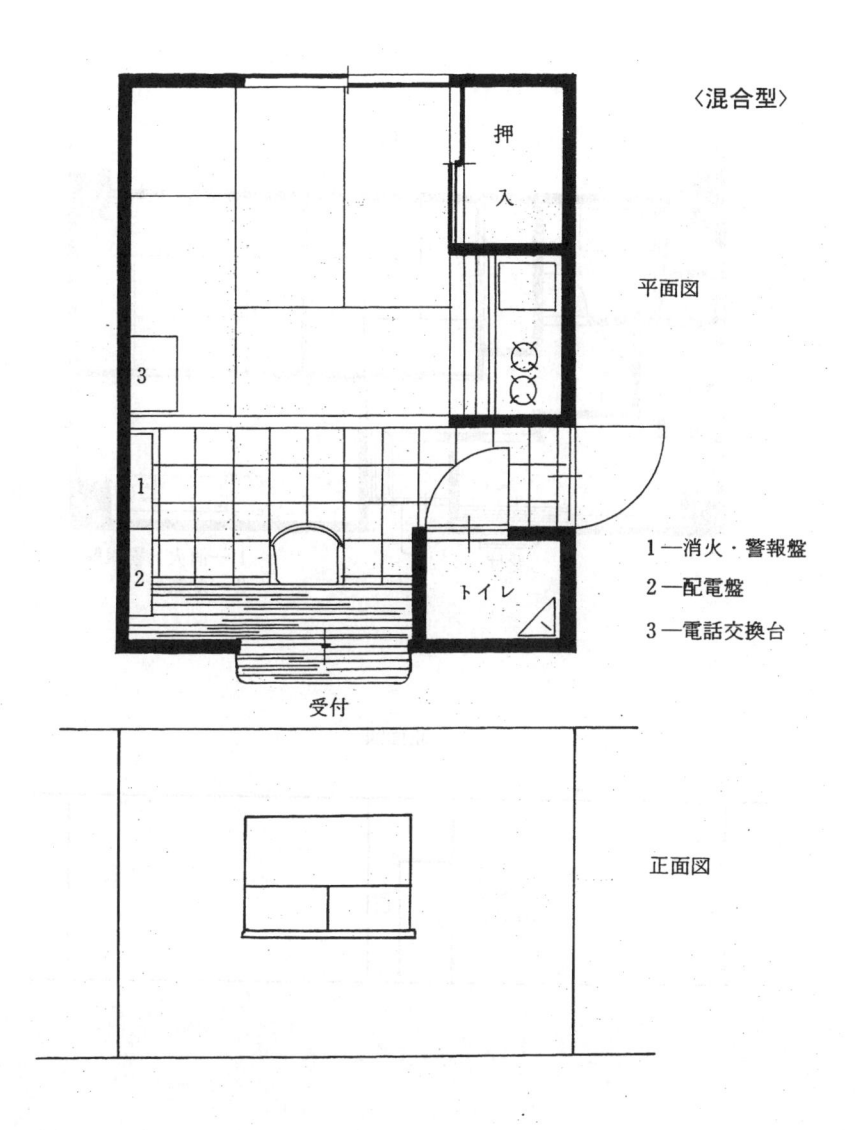

平面図

1―消火・警報盤
2―配電盤
3―電話交換台

受付

正面図

〈混合型〉

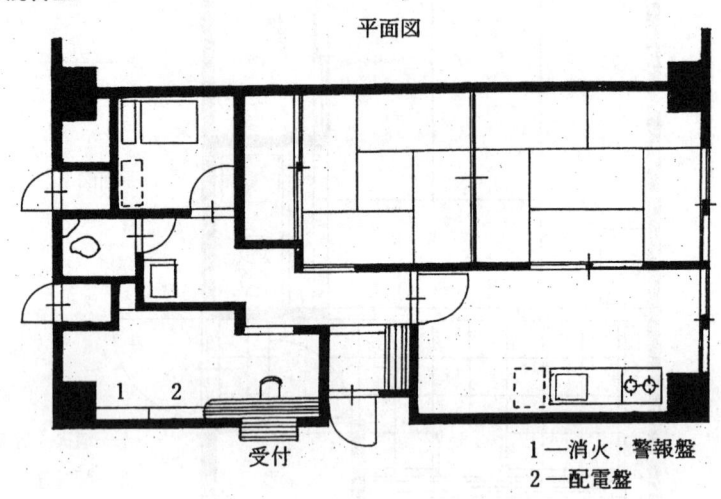

平面図

受付

1—消火・警報盤
2—配電盤

正面図

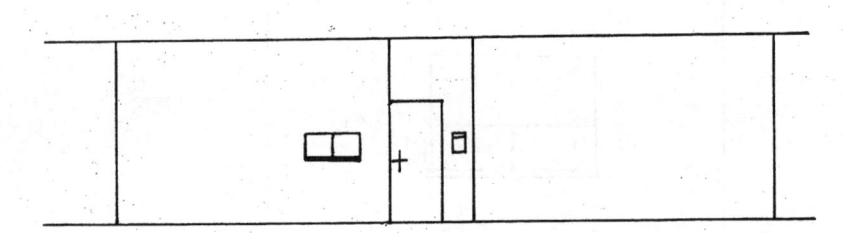

本件マンションは地上7階建て、1階、2階に店舗、駐車場があり、2階以上に108戸の居宅がある比較的規模の大きなマンションである。

　管理人室はマンションの1階にあり、床面積37.35㎡、和室2間、台所、便所、風呂場、廊下および玄関出入口からなり、本件マンション1階の南西側に位置し、管理人室には、警報装置、配電盤、点消灯装置など共用設備は全く存在せず、電話も設置されていない。すなわち管理人室には共用設備の設置はない。また、本件管理人室の裏側に玄関ドアがあることから、管理事務室を経由せずとも、外部と出入りすることができる。この管理人室に接して管理事務室（管理室と同じ）があるが、管理事務室は、床面積約8.25㎡で、管理人室の南西側に隣接しており、マンションの玄関・ロビーに面した側に開閉可能なガラス窓およびカウンターが設けられ、マンションに出入りする人との応対や監視ができる構造になっている。また、管理事務室には、火災、溢水などの警報装置、配電盤、共用部分の電灯の点消灯装置などの共用設備が設置されている。

　そして、管理人室と管理事務室の床との間には段差はなく、壁とガラス引戸によって仕切られているが、紛争が生じるまでは鍵は取り付けられておらず、管理人室と管理事務室との間は自由に行き来ができた状態であった。

　このような管理人室が専有部分性を有するのか、それとも共用部分にあたるのかは微妙なところであるが、最高裁判決は次のとおり判断した。

　「本件マンションは、比較的規模が大きく、居宅の専有部分が大部分を占めており、したがって、本件マンションにおいては、区分所有者の居住生活を円滑にし、その環境の維持保全を図るため、その業務に当たる管理人を常駐させ、多岐にわたる管理業務の遂行に当たらせる必要があるというべきであるところ、本件マンションの玄関に接する共用部分である管理事務室のみでは、管理人を常駐させてその業務を適切かつ円滑に遂行させることが困難であることは右認定事実から明らかであるから、本件管理人室は管理事務室と合わせて一体として利用することが予定されていたものというべきであり、両室は機能的にこれを分離することができないものといわなければなら

第9章 日常生活をめぐる紛争

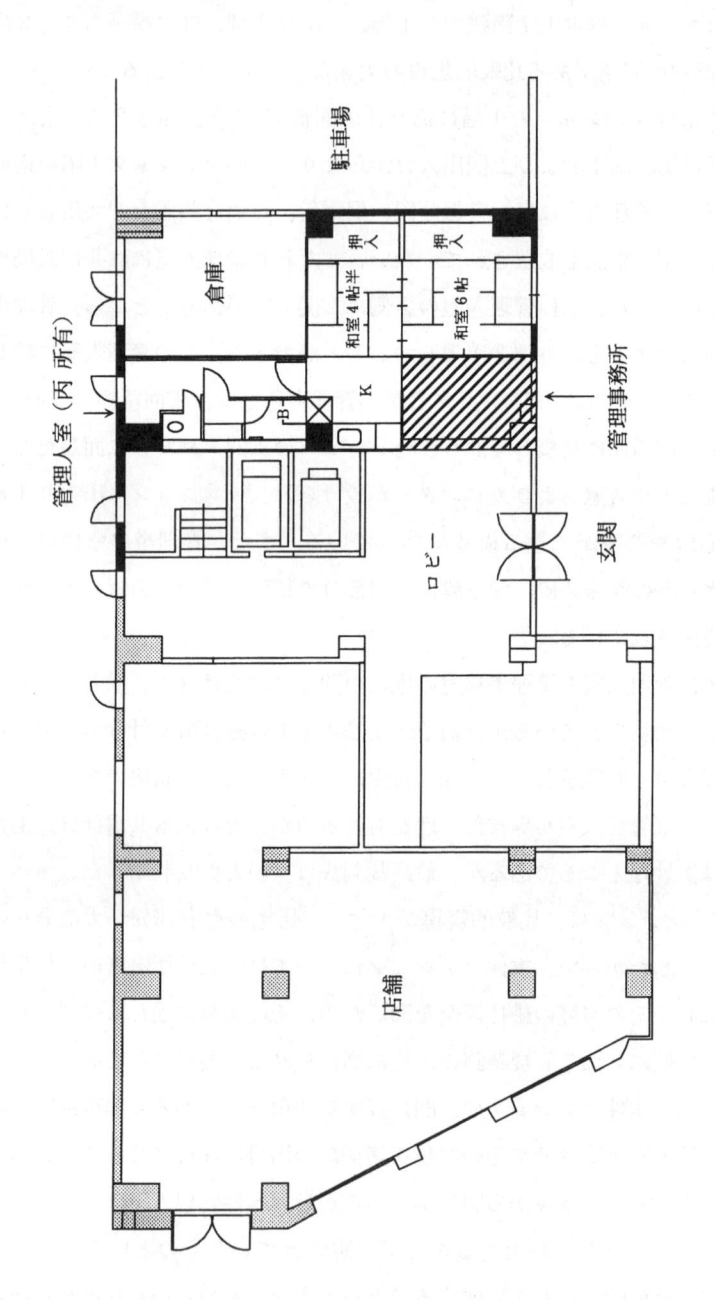

ない。そうすると、本件管理人室には、構造上の独立性があるとしても利用上の独立性はないというべきであり、本件管理人室は、区分所有権の目的とならないものと解する」。

即ち、最高裁判決は、管理人室に、①構造上の独立性はあるが、②本件マンションの規模が大きく管理人を常駐させる必要性があること、③共用部分である管理事務室と管理人室は一体として分離できないこと、④管理人室には利用上の独立性がないことを理由として本件管理人室を共用部分とした。

本判決は、最判昭和56・6・18との関連が問題とされている。昭和56年の判決は、「それ自体として独立の建物としての用途に供することができる外形」を有するものであれば、区分所有の目的となる専有部分であると述べ、たとえ共用設備があっても、①共用設備が小規模であり、②排他的使用が可能であり、③共用設備の保存利用に差し支えがなければ専有部分となるというものであるから、この判決の基準によれば、共用設備がない本件管理人室は専有部分ということになろうが、この平成5年の最高裁判決は、管理人室は管理事務室と一体として利用されるという面に着目して専有部分性を否定した。

(4) ピロティ

ピロティとは、一般的には、完成したマンションの1階部分で、柱と柱によって囲まれた自由に通り抜けができる吹き抜け構造を有する建物内の空間部分といわれている。2階以上の部分を支える柱、壁、天井（2階の床）、床スラブは、建物の軀体部分であるから、それらは当然の共用部分となる。問題は空間部分がどうかということである。

一般的にはピロティの空間部分にこれから何らかの建物を建てることは予定されていない。しかし、1棟の建物の表示登記後に、建築主が、その空間部分に、工事をして、四方を囲い、駐車場などにすることがある。このようなとき、ピロティの空間部分が共用部分の変更になるのか、それとも専有部分でも共用部分でもないものに後に手が加えられることによって専有部分になるのかということが争われる。ピロティの空間部分が、①完成された建物

内の空間部分である場合と②建築主がこれから建築を予定している未完成建物の空間部分である場合の2つを区別して検討しなければならない。

①の場合、ピロティは、完成された建物内の空間部分として、広場、集会所、ホールとしての用途、また緊急時の避難階または避難通路としての機能を有していると考えられるから、1棟の建物全体の居住性を高める部分にあたるものとして共用部分ということになろう（玉田弘毅『注解建物区分所有法(1)』146頁、丸山英氣『区分所有建物の法律問題』99頁）。判例は分かれているが、比較的近時の判例（東京高判平成7・2・28判時1529号73頁・わかりやすい㉒）は共用部分と認めている。

②の場合は、建築主が建築基準法上の制限（容積率制限など）から、1棟の建物の表示登記後に、空間部分に車庫などを建てることがある。この場合は、当初からピロティ空間部分は、将来建物を建築するために留保された空間といえる。したがって、この空間に建築工事が行われた場合、それは予定された建築工事の空間部分での施工であるから、共用部分の変更にならないと考えられる。ただし、容積率違反などの建築基準法違反の問題は生じることがある。

(5) バルコニー・ベランダ

バルコニー、ベランダは、用語上意識的に区別されて用いられているものではないと思われるから、ここでは同列に論じるが、一般的には、1棟の建物の外壁に張り出して築造された外縁のうち、バルコニーとは各戸固有のもので他の部分への非常通路とならないものをいい、ベランダとは各戸共通に存在し、間仕切りがあるが他の部分への非常通路となりうるものをいうとされている。あるいは、屋根のないものをバルコニーと呼び、あるものをベランダということもあるようである。いずれにしても、今日、設計・建築技術の多様化に伴い、建物の構造や具体的目的に沿ってさまざまな形態のものがありうる。以下、本項では両方とも「バルコニー」という。

では、バルコニーは専有部分・共用部分のいずれにあたるのであろうか。
バルコニー部分を利用して温室や物置を設けるなどの工事を行った場合に

問題となる。

　バルコニーは、構造的には建物部分そのものであるから、建物全体の軀体の一部であって、共用部分ということになる。ただし、共用部分と解されるにしても規約によってバルコニーが面している建物部分の区分所有者に専用使用権が認められる。

　最高裁は、いわゆるバルコニー温室事件で、バルコニーに該当する部分の軀体が共同住宅の建物の軀体部分に含まれることは当事者間に争いがないので、バルコニーは控訴人（管理組合）の管理する共有物であるとした原審の事実認定を肯定したうえでバルコニーは共用部分であると判断している（最判昭和50・4・10判時779号62頁・わかりやすい25）。なお下級審判決には、売買契約書の物件表示には専有部分と表示されていたことから、バルコニーは専有部分といわざるを得ないとしたものもある（東京地判平成4・9・22判時1468号111頁）。

　(6)　テラス

　テラスとは、1棟の建物の上位階層部分が建築基準法上の斜線制限により階段状に切り取られた結果、階下の屋根の部分が屋上と上層階の区分所有建物のバルコニーを兼ねている部分をいう。上層階の延長となる建物外の施設として使用されることからその専有部分性が問題となる。テラスは、①各階のテラス部分への共同の通路が特に設けられていない、②テラス部分がしばしば上層階の専有部分の窓部分と接しているため、一般の利用に適しない、③1棟のマンションの中には少数しか存在せずその専用的使用は特定の区分所有者の特権を意味する、などの点が屋上とは異なる。

　しかし、建物の構造上は階下の屋上部分に相当するから屋上部分と同様、共用部分である。

　下級審判例として、ルーフテラス部分は、区分所有の対象となる部分ではなく、区分所有者の専用使用権が認められた共用部分であるとしたものがある（京都地判昭和63・6・16金判802号25頁）。

243

(7) 屋　上

　屋上は、今日では共用部分と解されている（東京地判昭和42・12・26判タ216号227頁）。屋上は、エレベーター機械室、貯水槽などの共用施設などを設置しうる場所であり、共用の物干場、遊び場などとしても利用されうる。火災の際の避難用空間としても区分所有者全員の共用に供されるべき場所である。

(8) パラペット

　パラペットとは、マンションの陸屋根の先端部分などに設けられている手摺壁のことである。パラペットも屋上同様区分所有者全員の法定共用部分と解される。判例も、パラペット部分は陸屋根（屋上）に接着し、かつ、その先端の保護ないし危険防止のためのものとみられるから、その構造上、共用部分たる陸屋根と同様の性質を有するものと認めるのが相当であるとしている（大阪高判昭和62・11・10判時1277号131頁）。

(9) 機械室・電機室

　機械室・電機室は、建物全体の維持・管理に必要不可欠であり、他の用途に使用することは考えられないので利用上の独立性が認められず、法定共用部分であると解される（東京高判昭和46・4・28判時633号65頁）。

（松坂徹也）

II　専用使用権の用途違反をめぐる紛争

1　マンション専有部分、共用部分の利用

　マンションは、ある区分所有者が単独で所有し利用する「専有部分」と、他の区分所有者と共に所有し利用する「共用部分」からなる。

　ある専有部分を所有する区分所有者が、原則として自由にこれを独占利用できることは当然であるが、共用部分についても、特定の区分所有者に、原則として自由にこれを独占利用できる権利が設定される場合がある。

　この共用部分に係る特定の区分所有者の独占利用権を、専用使用権という。

　専用使用権については、実定法上の根拠はないが、標準管理規約14条1項には、バルコニー、玄関扉、窓枠、窓ガラス、1階に面する庭および屋上テラスの専用使用権という表現があり、その対象となる部分の位置および専用使用権者が明記されている。

　ところで、区分所有建物においては、1棟の建物の中に複数の区分所有権が併存しているから、1個の区分所有権は、他の区分所有権との関係で制約を受ける。したがって、専有部分の利用・管理方法にも一定の限界がある。

　ましてや、共用部分については、本来他の区分所有者とともに利用すべき部分であるから、専用使用権の設定があったとしても、専有部分以上にその利用・管理方法には制約がある。

　このような専有部分・共用部分の利用・管理方法の限界については、個々の事例ごとに具体的に判断するほかないが、その判断の基準は、第1に区分所有法の規定、第2に管理規約の定め・集会の議決である。

　まず、区分所有法6条は、「区分所有者は……建物の管理又は使用に関し区分所有者の共同の利益に反する行為をしてはならない」として区分所有権の内在的制約を明確にし、専有部分・共用部分の利用・管理方法の限界を画

している。

　また、区分所有法17条は、共用部分の変更には原則として集会の特別決議が必要であるとして、共用部分の利用・管理方法に制約を加えている。

　そして、区分所有法30条１項に基づき、専有部分・共用部分の利用・管理方法について定められる管理規約の規定も、利用・管理方法の限界を定めるにつき実際上重要な働きをしている。

　以上のことを前提として、ここではベランダ・バルコニー・専用庭について、利用方法の制約の根拠、制約の範囲等について検討する。

2　ベランダ・バルコニーの利用

(1)　ベランダ・バルコニーの法的性格

　ベランダ・バルコニーの法的性格については、専有部分と解すべきか、共用部分と解すべきかで争いがあり、裁判例も区々である（専有部分とするものとして広島地判昭和54・３・23判タ392号163頁、東京地判平成４・９・22判時1468号111頁など。共用部分とするものとして後掲・石神井公園団地バルコニー温室事件の高裁・最高裁判決、横浜地判昭和60・９・26判タ584号52頁、東京地判平成21・１・29判タ1334号213頁など)。

　ベランダ・バルコニーの法的性格を専有部分と解しても、共用部分と解しても、区分所有法６条（有害行為の禁止）や規約による制約があることに変わりはないが、専有部分と解するか共用部分と解するかによって、許される制約の範囲の判断には差が生じうる。実際、後述のいわゆる石神井バルコニー温室事件について、第１審判決と第２審判決とで結論が異なった原因も、このベランダ・バルコニーの法的性格のとらえ方の違いが大きいと思われる。

　そこで、ベランダ・バルコニーの法的性格をどう解すべきかであるが、結局、さまざまな判断要素を考慮しながら、個別具体的に判断せざるを得ない。

　具体的に判断をする際の枠組みとしては、まず、①当該ベランダ・バルコ

ニーが専有部分（法2条3項）なのか法定共用部分（法2条4項・4条1項）なのかという根本的な判断に加え、②その判断の結果、仮に専有部分であるとされても、次に規約共用部分（法4条2項）にあたらないのか、という2段階の視点が必要となる。

①の段階の具体的な判断要素としては、当該ベランダ・バルコニーの構造上の独立性や非常用通路としての機能の有無といった物的な要素に加え、分譲当時の分譲者・購入者の認識がどうであったか、区分所有者全体の認識はどうかという認識面の要素があげられる。

②の段階では、端的に、ベランダ・バルコニーが規約によって共用部分として定められているかどうかが判断の基準となるが、この判断は、ベランダ・バルコニーが規約上共用部分と明記されていない場合でも、規約上共用部分とされている他の部分の一部として同一視できないか、という点も含めてなされる。

裁判例としては、マンションの売買契約書上、専有部分と表示されていたことなどから、当該バルコニーは専有部分であるとし、かつ規約によっても共用部分とはなっていないとしたものや（前掲・東京地判平成4・9・22）、その構造や主たる使用目的から判断して当該バルコニーは専有部分であるとしつつ、規約共用部分である建物の軀体に当該バルコニーが含まれているとして、結果として当該バルコニーも規約共用部分であるとしたものがある（後掲・石神井公園団地バルコニー温室事件の高裁判決、前掲・横浜地判昭和60・9・26）。

利用方法の限界を超えるおそれのある行為が行われた時点でいまだバルコニーを共用部分とする内容の規約が存在していなかった場合でも、行為後に定められた当該規約は、元々区分所有者全体で形成されていた暗黙の合意を形にしたものであると認定して、バルコニーを共用部分とした裁判例もある（前掲・東京地判平成21・1・29）。

これらの裁判例の判断内容を検討すると、①②いずれの段階の判断においても、区分所有者全体の認識として当該バルコニーの法的性格がどのように

247

考えられていたのかという点が重要な判断要素となっているようである。

マンションという部分社会の私的自治の観点からは、区分所有者全体の認識をベランダ・バルコニーの法的性格についての重要な判断基準とする裁判例の流れは妥当と思われる。

この立場に立つ場合、ベランダ・バルコニーが非常用通路としての機能を有しており共用性をもっている例が多いこと、仮にベランダ・バルコニーが専有部分であるとしても標準管理規約の例に従い規約によって共用部分とされていたり、規約共用部分の一部と考えられる例が多いことなどから、結局、区分所有者全体から共用部分と認識されているベランダ・バルコニーが大半であり、結論として、ベランダ・バルコニーは共用部分であると判断される場合がほとんどとなろう。

(2) ベランダ・バルコニーについての判例

ベランダ・バルコニーについての主要な判例としては、いわゆる石神井公園団地バルコニー温室事件の第1審判決（東京地判昭和45・9・24判時606号16頁）、同第2審判決（東京高判昭和47・5・30判時667号10頁）、同最高裁判決（最判昭和50・4・10判時779号62頁・わかりやすい㉕）がある。

事案の概要は以下のとおりである。

日本住宅公団（当時）が建設・分譲した石神井公園団地においては、管理組合規約と同視される建築協定に、バルコニーの改築を禁止する旨の定めがあったにもかかわらず、組合員の1人がその所有の住宅部分に接続するバルコニーの手摺用障壁の上に、木製およびアルミサッシ製の枠を付設し、これにガラス戸をはめ込んで窓とし、隣のバルコニーとの境の仕切板の左右の隙間をベニヤ板で塞ぎ、その上部に回転窓を取り付け、壁面と天井の全面に発泡スチロールを張り詰めてバルコニーを温室に改築した。

そこで管理組合がその組合員を相手として、建築協定違反を理由に、工作物撤去による原状回復と、将来の改築禁止を求めて訴えを提起した。

第1審判決は、建築協定が規約としての効力を有することは認めつつ、改築禁止の理由は、①建物の美観保持、②バルコニーの安全保持、③バルコニ

ーの避難路としての効用保持にあるから、バルコニー改築がそのような共同利益を害するおそれのないものであれば、それは協定によって禁止された「改築」にはあたらないとし、さらに、バルコニーの改築が協定の禁止する改築にあたるかどうかを判断するにあたっては、「当該バルコニーを含む住宅区分の所有者が所有権にもとづいてその内部において有すべき自由をも考慮し、しかもバルコニーの改築ということの性質にかんがみ、共同の利益のためにこれを制限する範囲は必要最少限度にとどめるべきである」として、具体的には前記のような温室への改築は協定で禁止された改築にはあたらないとした。

これに対し、第2審判決は要旨次のように述べて管理組合の請求を認容した。

① 規約によると、共同住宅の建物の躯体部分は共有物と定められているところ、バルコニーに該当する部分の躯体は、共同住宅の建物の躯体部分に含まれるものである。したがって、バルコニーは共用部分である。

② 共用部分については、個人の自由は著しく制限されるのであって、規約や協定が共同生活の維持の必要を超えて過酷であり、個人の基本的人権を損なうものであればともかく、そうでない限りその規約や協定は組合員を拘束するものである。

③ バルコニー改築禁止の協定の実質的理由は、ⓐ美観の保持、ⓑバルコニーの安全保持、ⓒ避難通路の効用保持にあるところ、本件改築はⓐ、ⓑに違反し、かつ雨水によって階下居住者に迷惑をかけているので、協定違反行為であり、組合員の共同利益を侵害するものである。

上記のように、1審と2審とは異なった判断を示したのであるが、前記のように区分所有者全体の認識として当該バルコニーの法的性格がどのように考えられていたのかという点に注目すれば、当該バルコニーは共用部分であるとの結論に至るから（上記①）、2審判決が支持されるべきと考える。

この2審判決は、最高裁においても維持されている。

ベランダ・バルコニーについての上記のような東京高裁・最高裁の判断

249

は、いわゆるルーフテラスの利用についても踏襲されている。

　建築基準法の斜線制限により、建物が階段状になり、下層階の屋上部分を上層階の区分所有者の居室のベランダ・バルコニー代わりのものとして利用する場合、これをテラス（ルーフテラス）と呼ぶが、このテラス部分をサンルームに改築した事案について、京都地判昭和63・6・16判時1295号110頁は、テラスは専用使用権の認められた共用部分であり、その機能上からはバルコニーと同様の性格を有するもので、規約上はバルコニーの使用と同様の利用制限に服するべきであるとして、サンルームの撤去を命じた。

(3) ベランダ・バルコニー利用制限の範囲

　前述のように、ベランダ・バルコニーは、共用部分であると解される場合がほとんどであると思われるが、ベランダ・バルコニーを共用部分とした場合、次に、利用制限の範囲をどのように考えるべきかが問題になる。

　この点、ベランダ・バルコニーについて他の区分所有者との共用という場面があるとすれば、それは非常用通路としての利用が大半と思われることから、当該利用方法が、ベランダ・バルコニーの非常用通路としての機能を妨げるものかどうかという基準で、利用制限の範囲を画するのが妥当である。

　この立場からは、物置の設置・温室化・居室化などは許されず（物置について東京地判平成3・11・19判時1420号82頁）、一方、若干の植木鉢を並べる程度の利用は差し支えないことになろう。

　若干問題となるのは、ベランダ・バルコニーを物干場とすることである。

　利用制限の根拠に美観の保持を加えることが妥当か、美観の保持と生活上の必要性の調整をどのように考えるか難しい問題であるが、他に適当な物干場が確保されていないとすれば、ベランダ・バルコニーを物干場とすることは、非常用通路としての機能を害しない範囲ならばやむを得ないのではないかと考える。前掲・石神井公園団地バルコニー温室事件の高裁判決も、理由中で同旨の結論を示している。

　しかし、看板の設置については、規約違反の大型看板の撤去請求が美観等の理由から認められた事例がある（東京地判昭和61・9・25判時1240号88頁、

東京地判平成18・3・9判例集未登載)。

衛星放送受信用アンテナについても、共同のアンテナがあり、個別のアンテナ設置が規約で禁止されている場合には、バルコニーの通常の使用方法でなくなることがありうるとされた事例がある(東京地判平成3・12・26判タ789号179頁)。

3 専用庭

マンションの敷地のうち、マンション1階の住戸に隣接する土地部分を区画して、その住戸の区分所有者が専用的に利用できる庭としている場合、これを専用庭と呼ぶ。

この専用庭は、あくまでも区分所有者全員の共有敷地の一部であるから、本来全区分所有者が持分に応じて使用・収益できるはずのものであり、これを特定の区分所有者が専用使用できるのは、その区分所有者が区分所有者全員の合意の下に庭使用を目的とする専用使用権を与えられたためと解するほかない。

したがって、区分所有者がその定められた専用使用の目的以外の目的に庭を使用することは許されず、使用目的を変更するためには、区分所有法17条1項により集会の特別決議を必要とすることになる。

裁判例にも、専用庭を駐車場として使用するために従来の塀などを壊し新しい門扉を設置したという事案において、専用使用権者に対し、新たに設置した門扉の撤去を命じたものや(第1審=東京地判昭和53・2・1判時911号134頁、第2審=東京高判昭和55・3・26判時963号44頁)、専用使用権者に対し、同人が専用庭に設置した建造物の撤去を命じたものがある(東京地判平成22・2・22判例集未登載)。

(和田森智)

III　マンション内におけるペット飼育をめぐる紛争

1　ペットの飼育とトラブルの発生

　現在、多くのマンションでは、管理規約・使用細則等で居室等におけるペット飼育が禁止（または制限）されている。

　マンションは、入居者が同一の建物内で共用部分を共同して利用し、専有部分も上下左右または斜め上もしくは下の隣接する他の専有部分と相互に壁や床等で隔てられているにすぎず、必ずしも防音、防水面で万全の措置がとられているわけではないし、ベランダ、窓、通気口を通じて臭気が侵入しやすい場合も少なくないからである。すなわち、恒常的共同生活を強いられるマンションにおける生活型公害（ニューサンス）の1つとして、①ペットの鳴き声、②悪臭、③糞尿の始末如何による不衛生、④危害の危険等が問題となりうるのである。

　法律上は、区分所有法6条1項（同条3項）において各区分所有者（占有者）に対し「共同の利益に反する行為」が禁止されており、さらに法30条1項により、規約等においてその内容を具体化してペット飼育の禁止（または制限）を規定することができる。

　しかし、他方では、ペット飼育は生活文化の1つとして社会に定着しつつあるという側面もあり、規約等でペット飼育が禁止されても居室等でペット飼育する区分所有者は後を絶たず、トラブルが発生することになる（特に、マンション生活が普及し、他方ではストレス社会・核家族化が進行する現代社会において、マンション内におけるペット飼育の問題は多発化・深刻化することが予想される）。

　なお、ヨーロッパに目を向けると、フランスでは、法律により、規約等による飼育禁止を禁じているため、動物飼育禁止条項は無効となる（全国マンション問題研究会編『ドイツ・フランスの分譲マンション管理の法律と実務調査

団報告書』96頁)。また、ドイツでは、集会での過半数決議があったとしても、一般的に犬の飼育を禁ずる規約をつくることができない、とされている(同書42頁)。

2 飼育を禁止される「ペット」とは

ひとくちにペットといっても、さまざまな種類のものがある。そこで、マンション内において飼育を禁止される「ペット」とは何かが問題となる。この点に関しては、ペットの飼育禁止条項の具体例をあげている国土交通省「マンション標準管理規約コメント」(18条関係)が参考となる。

そこでは、「区分所有者及び占有者は、専有部分、共用部分の如何を問わず、犬・猫等の動物を飼育してはならない。ただし、専ら専有部分内で、かつ、かご・水槽等内のみで飼育する小鳥・観賞用魚類(金魚・熱帯魚等)等を、使用細則に定める飼育方法により飼育する場合、及び身体障害者補助犬法に規定する身体障害者補助犬(盲導犬、介助犬及び聴導犬)を使用する場合は、この限りではない」とされている。

また、東京地裁立川支判平成22・5・13判時2082号74頁は、「他の居住者に迷惑を及ぼすおそれのある」動物の飼育禁止を定める動物飼育禁止条項につき、小鳥や金魚の飼育を許す趣旨は含んでいるものの、小型犬や猫の飼育を許す趣旨ではない、と解釈している。

そもそも盲導犬等がペットに含まれるか否かは議論となりうるところであるが、マンション内における生活型公害を防止するというペットの飼育禁止条項の趣旨や、身体障害者補助犬法の目的から鑑みると、マンション内において飼育を禁止される「ペット」には、観賞用魚等の類型的に生活型公害をもたらさない動物や、身体障害者補助犬法に規定されている盲導犬等は含まれないと考えられる。

3 ペット飼育の差止請求

(1) 管理組合の区分所有法57条に基づくペット飼育の差止請求

　マンション内で犬・猫等を飼育し、近隣に被害・迷惑を及ぼしている場合、管理組合は、その飼育者（区分所有者でも賃借人でもよい。法6条3項）に対し、「共同の利益に反する行為」（法6条1項）として、飼育禁止を勧告し、さらに集会の決議（普通決議で足り、飼育者たる区分所有者も議決権を有する）を経て飼育差止請求の裁判（法57条）を起こすことができる（ここでいう「裁判」とは、仮処分・調停等を含む広い概念である）。なお、区分所有法6条1項（同条3項）・57条に基づく差止請求の訴訟追行は、管理者または総会の決議において指定された者（法57条3項。以下、「訴訟担当者」という）が行う。区分所有者個人は、法57条に基づいて差止請求はできない。

　区分所有法6条1項（同条3項）・57条に基づくペット飼育の差止請求裁判においては、当該ペットの飼育が「共同の利益に反する行為」にあたるか否かが争点となり、管理組合において当該ペット飼育が近隣に対しどのような被害・迷惑を及ぼしているか、または及ぼすおそれがあるかについて、具体的に主張・立証する必要がある。

　そして、管理規約等にペット飼育の禁止規定があれば、それは当該ペット飼育を「共同の利益に反する行為」と判断するうえで有力な要因になると考えられる。判例上、管理規約等にペット飼育禁止規定があれば、具体的に他の入居者に迷惑をかけたか否かにかかわらず、原則として「区分所有者の共同の利益に反する行為」にあたるとするものが多い（東京高判平成6・8・4判時1509号71頁、東京地判平成6・3・31判時1519号101頁、東京地判平成8・7・5判時1585号43頁）。

(2) 管理組合の管理規約等に基づくペット飼育の差止請求

　管理規約等でペット飼育が禁止（または制限）されているにもかかわらず、飼育禁止の対象となっているペットが飼育されている場合、管理組合は、管理規約等に基づくペット飼育の差止請求も可能となる。なお、かかる差止請

求の訴訟追行は、管理規約で定められた訴訟追行権者が行う（多くの場合、管理組合理事長が訴訟を追行する旨、管理規約に定められている）。区分所有者個人は、管理規約に基づき、差止請求はできない。

ところで、管理規約等に基づいて飼育差止めを請求するには、その管理規約等が手続的に有効に成立していることは当然として、その規制内容が目的および手段において合理的であることが必要である。この点については、一般的にペット飼育禁止規定は、その目的、現在の社会情勢等からみて合理的であり、それによる不利益も受忍限度を超えないと解されている（横浜地判平成3・12・12判時1420号108頁、前掲・東京高判平成6・8・4等）。

そして、当該ペット飼育禁止の規約が合理的であり、有効とされる以上、それは法規範性を有することになる（法30条）。それゆえ、管理規約等において、そのペットの飼育が禁止されているとの理由のみによって、近隣にどのような被害・迷惑を及ぼし、または及ぼすおそれがあるか等を問題とすることなく、当然に飼育差止めを請求できると解される。

これに対し、飼育者側としては、当該ペットの飼育が共同の利益に反しないことだけでなく、ペット飼育を必要とする個別的事情（ペットの存在が飼主の日常生活・生存にとって不可欠な意味を有する特段の事情――前掲・東京高判平成6・8・4）を主張・立証すれば、その個別的事情によっては、管理組合による飼育差止請求は、権利の濫用として認められないこともありうる。

なお、管理規約等においてペットの飼育が概括的に禁止されている場合であっても、前記したとおり、マンション内において飼育を禁止される「ペット」に含まれない観賞用魚や盲導犬等については、管理規約等の規定を制限的に解釈し、飼育差止請求の対象とはならないと考えられる。

(3) 区分所有者個人のペット飼育の差止請求

管理組合とは別に、ペット飼育により現実に被害を受け、または受けるおそれがある区分所有者は個別に、区分所有権・人格権に基づき飼育の差止めを請求できる（民法709条）。いわゆる「受忍限度」論に関しても、特に管理

255

規約等でペット飼育の禁止規定があれば、通常の場合に比して受忍限度の基準は低く設定される（つまり、その被害が受忍限度を超えるものと認められやすくなる）べきものと解される。

判例上、屋外での多数の猫への餌やり行為につき、区分所有者個人の人格権侵害に基づく差止請求を認めたものがある（前掲・東京地裁立川支判平成22・5・13）。

一方で、区分所有者個人が、規約に違反して犬を飼育している他の区分所有者に対し騒音による慰謝料などの損害賠償と飼育禁止を請求した事案で、損害賠償請求は認容したものの、飼育差止めについては「部屋の所有権や占有権が侵害されたとはいえない」などとして退けた判例がある（名古屋地判平成16・12・15判例集未登載）。

(4) その他の問題

裁判実務上、ペット飼育の差止請求において、訴状における請求の趣旨の特定に関しては問題となりうる。この点に関しては、実務上、たとえば「被告は、別紙物件目録記載の物件内で犬を飼育してはならない」等の特定で足りるとされているようである。

これは、区分所有者による「共同の利益に反する行為」が認められる場合であっても、管理組合の飼育禁止・猫の退去などを確認するための専有部分への立入りは認められないと解されており（東京地判平成19・10・9わかりやすい㊻）、管理組合等は犬種などを特定することが困難であることも考慮されていると考えられる。

また、飼育差止請求を認容する判決に従わない飼育者に対しては、不作為義務の強制執行として、間接強制（民執法172条1項）によることになる。

4 専有部分の使用禁止請求（法58条）・占有者に対する引渡請求（法60条）

マンション内で犬・猫等を飼育し、近隣に被害・迷惑を及ぼしている場合、管理組合は、厳格な要件の下、集会の決議を経て、区分所有法6条1

項・58条に基づく専有部分の使用禁止や、法6条3項・60条に基づく占有者に対する引渡請求を裁判上請求できることもある。

判例上、専有部分を使用貸借して居住する者が野鳩に餌付けをして飼育し、これによる汚損・悪臭・騒音による共同生活上の障害が著しい場合に、管理組合が訴訟提起した事案で、使用貸借契約の解除と管理組合に対する建物引渡しを認めたものがある（東京地判平成7・11・21判時1571号88頁）。

5 損害賠償請求

(1) 管理組合の損害賠償請求

マンション内で犬・猫等を飼育し、近隣に被害・迷惑を及ぼしている場合、管理者は、不法行為に基づく損害賠償（弁護士費用・洗浄工事費用等）の請求も可能であり（法26条2項）、さらに、管理規約等に定めがあれば相当の違約金を請求することも可能である。

判例上、管理組合の不法行為に基づく損害賠償として、弁護士費用の一部を認めたものがある（前掲・東京地裁立川支判平成22・5・13、前掲・東京地判平成19・10・9、前掲・東京地判平成8・7・5、前掲・東京地判平成7・11・21）。

また、汚損・悪臭・騒音による共同生活上の障害が著しい場合に、管理組合の不法行為に基づく損害賠償として、外壁の鳩糞汚損ついての洗浄工事費用を認めたものもある（前掲・東京地判平成7・11・21）。

(2) 区分所有者個人の損害賠償請求

区分所有者は個別に、損害があればその賠償を請求できる（民法718条・709条）。「受忍限度」論に関しては、区分所有者個人の差止請求と同様である。

判例上、屋外での多数の猫への餌やり行為につき、区分所有者個人の人格権侵害による不法行為に基づく慰謝料および弁護士費用の損害賠償を認めたものがある（前掲・東京地裁立川支判平成22・5・13）。

6 ペット飼育禁止条項の定め方

(1) はじめに

現在、マンションではペット飼育について一律概括的に禁止しているところが多いと考えられる。しかし、今後もマンションでの居住形態は増加し、他方ではペット飼育が生活文化として定着していくことが予想される。

そこで、「共同の利益に反する行為」としてペット飼育を禁止する本来の目的を考え、ペット飼育希望者との間で無用のトラブルを避けるためにも、ペット飼育禁止条項のあり方についてはマンション管理組合内で十分なコンセンサスを積み上げていく必要がある。

たとえば、観賞用魚等の類型的に生活型公害をもたらさない動物や、身体障害者補助犬法に規定されている盲導犬等については、規約等においてあらかじめ禁止から個別的に除外しておくことが望ましいと考えられる。

なお、前掲・東京地判平成8・7・5は、ペットの飼育を一律に禁止した規約（ただし、類型的に迷惑をかけるおそれが少ない小動物を除く）に合理性があるとしたうえ、管理組合が、区分所有法57条に基づく差止請求としてではなく、規約違反行為としての犬の飼育差止めおよび不法行為を理由とする弁護士費用損害の賠償を求めた事案で管理組合の請求を認容した。控訴審である東京高判平成9・7・31判例集未登載も原審の判決理由を維持し、最一小判平成10・3・26判例集未登載も控訴審判決の理由を維持して上告を棄却する判決をしている。

また、判例上、既にペットを飼育している区分所有者より構成されるペットクラブを設立させ、その自主管理の下で、当時飼育中のペット一代限りでその飼育を認めるものとする総会決議を有効としたもの（前掲・東京地判平成6・3・31）もあり、参考になる。

(2) ペット飼育禁止条項を定める場合の手続

生活型公害をもたらさない動物等を、ペット飼育禁止条項の対象から除外する規約等の変更を行う場合、手続上は、区分所有者の集会で、区分所有者

および議決権の各4分の3以上の賛成を得ることが必要である（法31条1項前段）。マンションで新たにペットの飼育を禁止する規約等を定める場合や、反対に、ペット飼育禁止条項を廃止する場合も同様である。

　ところで、区分所有法は、規約の設定や変更、廃止が一部の区分所有者の権利に特別の影響を及ぼすべきときは、法31条1項前段の手続に加え、当該区分所有者の承諾を要求する（法31条1項後段）。問題は、いかなる場合に当該区分所有者の承諾が必要になるかという点であるが、盲導犬等のように、区分所有者の生存に必要不可欠なペットをペット飼育禁止条項の対象から除外する規約等の変更を行う場合は、法31条1項後段の承諾は特段の事情なき限り不要と解してよい。また、ペット禁止条項を新たに新設する場合にも、既に当該ペットを飼育している区分所有者の承諾は、特段の事情がない限り不要と解されている（前掲・東京高判平成6・8・4）。

　もっとも、既に存在するペット飼育禁止条項を廃止する規約変更を行う場合の区分所有法31条1項後段の承諾の要否については、議論となり得、今後の裁判例の積み重ねが待たれる。

(3)　**ペット飼育等禁止条項の具体例**

　ペット飼育等禁止条項の具体例については、福岡県マンション管理組合連合会作成のモデル規約条項が参考になるので、ここで引用する。

○○条　区分所有者又は占有者は、本マンション内において、次の事項を遵守しなければならない。
　一～三　（略）
　四　本マンション内において、小鳥又は観賞魚以外の動物を飼育してはならない。ただし、身体障害者補助犬法に規定する盲導犬、介助犬又は聴導犬を使用する場合を除く。

　また、同連合会は、ペット一代に限り、飼育を容認する場合の条文例についても次のとおり紹介している。

259

> 四　本マンション内において、小鳥又は観賞魚以外の動物（身体障害者補助犬法に規定する盲導犬、介助犬又は聴導犬を使用する場合を除く。）を飼育してはならない。ただし、分譲前に飼育していたペット一代に限り、別に定める飼育細則を遵守する旨の誓約書を提出して、理事会の承認を受けたときはこの限りではない。この場合において、他の区分所有者又は占有者から飼育に関する苦情の申し出があり、理事長から第〇〇条に定める勧告、指示等を受けたにもかかわらず是正等の措置をとらない場合は、理事長は、理事会の決議を経て、飼育禁止を含む必要な措置をとることができる。

また、ペットの飼育を容認する場合の条文例は、次のとおりである。なお、上記条文中、「〇〇条」とされている条項は、「理事長の勧告及び指示」に関する条項である。

> 四　本マンション内において、動物を飼育しようとする者は、別に定めるペットクラブに加入し、飼育細則を遵守する旨の誓約書を提出して、理事会の承認を受けなければならない。この場合において、他の区分所有者又は占有者から飼育に関する苦情の申し出があり、理事長から第〇〇条に定める勧告、指示等を受けたにもかかわらず是正等の措置をとらない場合は、理事長は、理事会の決議を経て、飼育禁止を含む必要な措置をとることができる。

7　ペット飼育と説明義務違反

マンションを購入しようとする際、当該マンションでペットを飼育できるか否かは、購入者の重大な関心ごとの1つといえる。また、マンション購入者と分譲業者との間では、情報の格差があるのが通常である。

そのため、マンションの分譲業者には、購入希望者との売買契約にあたって、少なくとも当該購入希望者がペット類の飼育禁止、飼育可能のいずれを期待しているのかを把握できるときは、こうした期待に配慮して、将来無用なトラブルを招くことがないよう正確な情報を提供する義務を負う（福岡高判平成17・12・13わかりやすい⑫）。

また、原始規約の作成にあたっては、分譲業者がその案を準備し、個々の売買契約時に購入者から同意を取得して、区分所有法45条2項に定める書面決議があったものとして有効視する実務が行われており、原始規約に関する限り、実質的な作成者は分譲業者であるということができる。そのため、分譲業者が当初ペット類の飼育を禁止するとしてマンションを分譲した場合、当該分譲業者は、無用のトラブルを招くことのないよう、ペット飼育禁止条項を定めた管理規約案を作成して、購入者からの個別の同意を取り付けるべきであろう。

なお、前掲・福岡高判平成17・12・13は、当初ペット類の飼育を禁止するとしてマンションを分譲し、後に管理規約案に飼育禁止の条項がないなどとしてペット類の飼育を可能としてマンションをさらに分譲した場合、先の入居者と後の入居者との間でトラブルになることが予測できるのであるから、先の入居者に対してその旨を説明して了解を求めるべき義務を負う旨、判示している。

（荒木　勉・河合洋行）

Ⅳ　マンションの騒音をめぐる紛争

1　マンション生活における騒音

　マンション生活における騒音といっても、種々の態様がある。
　大別すると、上階の足音や物を落とす音、隣のピアノの音や室内で飼っている犬の鳴き声など、マンション内に騒音の発生源がある場合と、隣の工場の音、工事の音など、マンション外に騒音の発生源がある場合とがある。
　本項では、主にマンション内に騒音の発生源がある場合に検討を加えるが、その原因については、建物の設計・施工上に問題があると考えられる場合、マンション居住者に共同生活のルールが守られていない場合、さらにはこれらの複合的な場合などがあり、単純ではない。
　国土交通省が5年ごとに発表している「マンション総合調査結果報告書」においても、毎回、マンションにおけるトラブルの発生状況として、「居住者間の行為、マナーをめぐるもの」が最も多く、その中でも「生活音」は上位に位置している。過去には階下のピアノの音がうるさいと立腹して母子3人を殺害した事件が発生し（横浜地裁小田原支判昭和50・10・20判時806号112頁）、最近でも隣家のドアの開け閉めや洗濯機の音がうるさく、我慢できなかったとして3人を殺害した事件（横浜地判平成23・6・17判例集未登載）が発生するなど、管理組合としても積極的に取り組まざるを得ない問題である。

2　音の種類

　まず、騒音問題を検討するにあたり、音の種類について簡単に説明する。
　音には、空気伝搬音と固体伝搬音とがあり、前者が空気中を伝わる音であるのに対し、後者は建物の床や天井、壁などの固体を伝わる音である。
　マンションにおいて騒音トラブルの原因となるその多くは、固体伝搬音で

ある。上階の足音や物を落とす音だけでなく、ピアノの音などでも、空気伝播音よりピアノの足を通して建物の床に伝わる固体伝搬音が問題となるケースが多い。

　空気伝搬音か固体伝搬音かによってその対策方法は異なるため、騒音トラブルが発生した場合、それが空気伝搬音の問題なのか、それとも固体伝搬音の問題なのかをまず検討する必要がある。

3　設計・施工上の問題

　隣家のテレビ音や通常の話し声が聞こえてくる原因としては、隣家との境界壁の厚さが不足している場合や、工事用につくられた境界壁の穴などが埋め戻されていなかった場合などが考えられる。また、サッシ窓を閉めても道路を走る車の騒音がうるさいのは、サッシの密閉性が不十分なためと考えられる。

　マンションの境界壁については、建築基準法30条、同法施行令22条の3に遮音性等についての規定があり、たとえば、隣家との間の壁として使用すべき材料の種類や、その厚さをどの程度にすべきかなどが定められているので、これを遵守して建築されていれば、通常の日常生活音は遮断されるはずである。もっとも、建築基準法で遮音の対象としているのは空気伝搬音だけであり、固体伝搬音は除かれているので、すべての問題がこれで解決されるというわけではない。また、建築基準法令では、上下階に関しては遮音性についての規定がないことにも注意を要する。

　通常の日常生活音までも聞こえてくるようでは、建築基準法や同法施行令に違反していたり、施工に問題があったりする欠陥建物の疑いがあり、このような欠陥建物については、区分所有者は売主に対して瑕疵担保責任を追及することが可能である。瑕疵担保責任の内容およびこれを理由とする区分所有者の権利については第2章を参照されたい。

　また、品確法に基づき、国土交通省より「日本住宅性能表示基準」が公にされている。音環境に関しては、重量床衝撃音対策等級、軽量床衝撃音対策

等級、透過損失等級などが示されているので、建物の性能等を問題とする場合にはこれを参考とするべきである。

なお、設計・施工上の問題がある場合は、マンションの他の住戸においても同様の問題が発生しているはずなので、全戸の調査をしておくことが大切である。そして、多くの住戸で同じような状態であることが確認されれば、いわゆる手抜き工事であることが明白となり、売主との交渉も有利に進めることができるであろう。

4 隣家等からの騒音

(1) ピアノの音等の騒音

マンションは、一般的にその構造上、ピアノの音までは遮断しないので、このような音が聞こえるとしても建物に欠陥があるとはいえない。これらの騒音は人為的なものであり、居住者のマナーにかかわる問題といえるであろう。マンションの居住者間のトラブルは、この生活マナーをめぐって生ずることが多いことは、前述したとおりである。

マンションの住戸内でピアノを弾こうとするならば、まず、防音措置を施すべきである。種々の防音材が市販されているので専門家の指導でこれを施せば、相当程度は他への影響を防止できるであろう。しかし、前述したとおり、ピアノ音も主として問題となるのは固体伝搬音であり、完全に防音、遮音をするには工事費用も高額とならざるを得ず、常にこれを期待することはできない。

そこで、ほとんどのマンションでの可能な対策としては、住民の合意により、共同生活のルールづくりをすることである。たとえば、管理規約等において、ピアノを弾こうとする居住者は、できる限り防音措置を施すほか、練習時間を午前10時から午後8時までの間の2時間以内とするなどと取り決めることにより、住人がある程度納得できるマンション生活が可能となるであろう。

(2) 店舗の騒音

　店舗と住居が一体となったいわゆる複合用途型マンションの場合には、店舗部分に風俗営業関係が入居し、夜遅くまで音楽を流したりして、トラブルの生じている例も多い。

　その対処法としては、まずは自治体の公害対策室等に相談することをお勧めする。騒音規制法や自治体の騒音防止条例に基づき、騒音の計測をしてくれる、あるいは測定機器を貸してくれるほか、業者に対して、適切な指導がなされることになっている。また、「風俗営業等の規制及び業務の適正化等に関する法律」（昭和23年7月10日法律第122号。以下、「風営法」という）に違反しているような場合は、警察に相談して法に従った取締りを要請することも必要である。

　管理組合としては、管理規約等により店舗について、営業種、営業時間の制限、防音設備の設置等の特別のルールづくりをする必要がある。規約に違反する場合には、区分所有法57条に基づき騒音の差止め等の裁判をすることも考えられる。また、規約を整備しておくことは、マンションにそぐわない店舗が入らないよう事前の防止策にもなる。

(3) フローリングによる騒音

　マンションにおいてよく問題となっているのがフローリングによる階下への騒音（床衝撃音）である。元々カーペットや畳敷きであった床をフローリングにする住戸が増えており、また、最近の新築マンションの多くでは、初めから床がフローリングで仕上げられている。

　ところが、フローリングの床だと、椅子の移動や物を落としたときなどの音、さらにはスリッパで歩く音などが階下に大きく響くことがある。そして、前記のとおり上下階に関しては遮音性の規制がないため、上下階でトラブルが生ずる例が多いようである。

　なお、床衝撃音には、物を落としたり子どもが飛び跳ねたときなどのドスンという鈍くて低い音と、スプーンなどを落としたときなどのコツンという比較的軽く高い音の2種類があり、前者を重量床衝撃音、後者を軽量床衝撃

音という。絨毯などの柔らかいものを敷けば、階下への軽量床衝撃音はほとんど響かなくなるが、重量衝撃音に対してはあまり効果がないともいわれているため、注意を要する。

　フローリング床材の防音性は、「L―60」「L―45」などと表示され、数字が小さくなるほど防音性が優れているとされている。ところが、メーカーの表示と実際の防音検査の結果は異なっており、防音性能がよいとされる「L―45」などの市販品中には、実際の防音性能が表示より劣っていることが多いとの報告もされている。また、市販品中には、効果発揮の前提とするスラブ厚さがあり、これより薄いスラブであったりすると、防音性能が落ちることになる。

　管理組合としても避けて通れない問題であり、早急に対策を講じておくことが必要である。たとえば、中古マンションの場合には、管理規約等でフローリングを全面的に禁止する、あるいは一定以上の性能を有するフローリング床材のみ許可するなどと定めておくことが考えられる。前述のとおり、性能表示と実際との間に差があるなど困難な問題も多いが、実際に問題が生じた場合には、管理組合が第三者的に調整役になるなど、積極的に取り組むべきである。

5　自己中心的な生活による騒音

　生活ルールがつくられても、これを守らず、周囲への配慮がなく自己中心的な生活を送り、近隣に騒音を撒き散らす居住者がいる。これらを防止するためにとりうる手段として、一般的には、直接被害を受けている者からの継続的に発生している騒音を止めることを目的とする差止請求と、騒音により生じた損害の補填を要求する損害賠償請求がある。また、騒音の程度が共同の利益に反するような場合には、区分所有法57条に基づく差止請求も可能であり、さらには、法58条に基づく使用禁止請求や法59条に基づく競売請求が可能となる場合もある。

(1) 受忍限度

これらを考えるうえでまず問題となるのが、受忍限度といわれるものである。すなわち、客観的にみて、どの程度の音までは隣人として我慢しなければならないかという点である。

私たちが日常生活をするうえで必然的に発生する音や、時期的、場所的に発生する特殊な音など、近隣から種々の音を受けることは避け難い。この場合、それらの音のすべてを騒音として、常にその発生の中止を求め、あるいは不快であるからといって常に損害の賠償を請求しうるとすると、社会生活を営むことはできなくなってしまう。そこで、社会生活を営んでいくうえで、客観的にみて受忍すべき限度を超えた場合に初めて違法性を帯び、差止めや損害賠償請求ができると解されている。

そして、この受忍限度を超えるか否かは、公的規制の数値との関係、騒音の性質・程度、発生の時間帯、害せられる利益の内容、継続状況、被害防止措置の有無・内容等の諸事情を総合して判断されることになる。

(2) 差止請求の内容と賠償しうる損害の範囲

次に、差止請求の内容としては、騒音の発生を全面的に止めさせる、時間的に制限する、一定の防音遮音措置を講じさせるなど、その騒音の発生状態や、発生の原因、被害の程度などにより最も適切で相当と考えられるものが選ばれる必要がある。

賠償を請求しうる損害の範囲は、被害者側に発生した損害の具体的被害によって異なるが、一般的には睡眠を妨害されたとか、仕事や勉強に集中できないとか、病状が改善されないなど精神的苦痛が多く、慰謝料として金銭的な賠償を求めることになるであろう。なお、後掲の裁判例⑩のように、騒音測定費用を全額認めたものもある。

騒音の程度が、マンションの共同生活に大きな影響を与えるような場合には、区分所有法57条から法59条に基づく請求が可能となることは、前述したとおりである。

6　管理組合の役割

　騒音がマンション全体に影響するほどではなく、専ら上下階や隣家の問題である場合、それは居住者同士で解決すべき問題であり、管理組合として関与すべきでないという見解もある。

　しかし、騒音問題は互いにエスカレートすることが多く（後掲裁判例⑦参照）、これを放置しておくと、住みにくい住戸が増えることとなり、場合によっては刑事事件にまで発展しかねず、マンション全体の資産価値にも影響してくることになる。

　それゆえ、管理組合としては、問題が発生した場合には、早期に関与する、具体的には客観的な第三者の立場からのアドバイス等をすることによって、問題をエスカレートさせないようにする必要がある。

　また、音の感じ方は千差万別であるところ、騒音と感じるか否かには、付き合いの程度等による心理的影響を受けるとの指摘もある。

　それゆえ、管理組合としては、日頃から互いが互いを知り、さらには理解し合えるよう、コミュニティ活動を心がけることによって、騒音問題を未然に防ぐことが可能となりうる。仮に問題が生じたとしても、コミュニティ活動の充実により管理組合に対する信頼が醸成されていれば、管理組合からのアドバイスも双方にとって受け入れやすいものとなり、早期に解決することが可能となるであろう。

7　騒音をめぐる裁判例

　マンションにおける騒音に関する裁判例として、以下のようなものがある。

　①　福岡地判昭和60・5・21判タ605号91頁　　マンション居住者が、他のマンション入居者の引っ越し荷物の積み下ろし作業に伴う騒音等により精神的苦痛を被ったとして、管理組合に対して、管理費の減額と90万円の慰謝料を請求した事案。判決は、社会生活上受忍すべき限度を超え

ていないとして、請求を認めなかった。

② 東京地判平成3・11・12判時1421号87頁　マンション階下の居住者が上階の居住者に対して、上階の床をフローリング床にしたために生じた騒音を理由に、床を畳敷等に変更することと、変更までの間のフローリング床の使用禁止および218万円の損害賠償を求めた事案。判決は、受忍限度の範囲内として請求を認めなかった。なお、判旨では、双方とも相手方の立場を理解すべきものである旨懇切に付言されている。

③ 東京地決平成4・1・30判時1415号113頁・わかりやすい81　マンション1階のカラオケスタジオについて、区分所有者の共同の利益に反することを理由に、夜間の一定時間帯の使用禁止が認められた。

④ 東京地判平成6・5・9判時1527号116頁　マンションの居室をフローリング床に改装したことによる階下への生活騒音によって、不眠症、ストレスによる顔面神経麻痺となり、転居、売却を余儀なくさせられたとして損害賠償を請求した事案。判決は、受忍限度内のものであるとして棄却した。

⑤ 東京地裁八王子支判平成8・7・30判時1600号118頁・わかりやすい82　絨毯張りだった床をフローリング床にしたことによって、騒音被害が従前の4倍になったとした事案。判決は、受忍限度を超え不法行為を構成するとして上階の区分所有者に対し慰謝料金75万円の支払を命じたが、フローリング床の撤去、復旧工事の請求については「差止め請求を是認する程の違法性があると言うことは困難」として棄却した。

⑥ 東京地判平成9・10・15判タ982号229頁　住戸内の改装工事により階下の居住者に騒音被害を与えたのが受忍限度を超えるとして工事業者と設計・監理した一級建築士に賠償責任が認められ、工事の依頼者の責任は否定された。

⑦ 東京地判平成10・1・23判例集未登載
　ⓐ 直上階の区分所有者がフローリング床に改装したことによって、受忍限度を超える生活騒音が発生しているとしてなされた階下の区分所

有者の損害賠償請求が棄却された。

ⓑ 階下の区分所有者による生活騒音を理由にした抗議行動（3年間にわたって繰り返された短くて10分、長くて1時間に及ぶ天井を叩く行動、深夜あるいは早朝抗議電話をかけ続ける、19回にわたってパトカーを呼ぶ）が、暴力行為に匹敵する違法行為にあたるとして、階下の区分所有者に対して200万円の損害賠償を命じた。

⑧ 東京地判平成17・9・13判時1937号112頁・わかりやすい78　区分所有者である母親から使用貸借により居住していた者につき、条例が定める深夜の騒音基準値を上回る騒音や振動、さらには叫び声を故意に昼夜継続的に発生させたと認定し、これらの行為による区分所有者の共同生活上の障害が著しいとして、区分所有法60条に基づく請求が認められ、また、区分所有者である母親に対しても区分所有法59条に基づく請求が認められた。

⑨ 東京地判平成19・10・3判時1987号27頁・わかりやすい86　マンションの上階の子ども（3歳～4歳）が廊下を走り回ったり、飛んだり跳ねたりする音が受忍限度を超えるものとして、下階の住戸の居住者が上階の子どもの父親に対して慰謝料を求めた事案。判決は、音の程度がかなり大きく聞こえるレベルである50dB～65dB程度のものが多く、午後7時以降、時には深夜にも及ぶことがしばしばあったことを認定し、被告としては音が特に夜間および深夜には原告住戸に及ばないように子どもを躾けるなど住まい方を工夫し、誠意のある対応を行うのが当然であることなどを指摘したうえで、騒音が受忍限度を超えるものであるとして、慰謝料30万円および弁護士費用6万円の支払を認めた。

⑩ 東京地判平成24・3・15判時2155号71頁　⑨裁判例と同様、上階の子どもの飛び跳ね、走り回りなどによる騒音が受忍限度を超えるものとして、階下の居住者夫婦が上階の居住者に対して、騒音の差止めと慰謝料等を請求した事案。判決は、受忍限度を超えるものとして、午後9時から翌日午前7時までの時間帯は40db(A)を超える騒音、午前7時から

午後9時までの時間帯は53db(A)を超える騒音の差止めを認めたうえ、夫婦1人につき慰謝料30万円、治療費・薬代、騒音測定費用の損害賠償も認めた。

(湖海信成・稲岡良太)

V　マンションの中の事故への対応

　マンション外壁が剝げ落ち、通行人やマンション居住者に怪我を負わせることや、マンション駐車場に駐車してある区分所有者の自動車が傷をつけられることがある。また、マンションの行事に参加していて居住者が怪我をすることもあるだろう。このような場合、その責任は誰がとるのか。本項では、これらの問題について検討する。

1　外壁の落下による事故

　ビルの壁やタイルが落下する事故が発生することがある。マンションの外壁の剝げ落ちにより、マンション居住者や通行人などに怪我を負わせた場合は、管理組合がその賠償の責任を負わねばならない。
　まず、既に外壁にひび割れが生じていて剝げ落ちる危険性があるならば、外壁は共用部分なので管理組合が補修しなければならない。したがって、このような危険な状態であるのに、その修理をせず、これを放置していたために怪我を負わせた場合には、管理組合は注意義務違反を理由に、賠償責任（民法709条）を問われることになる。損害としては、治療費、休業損害、慰謝料などが含まれる。
　管理会社にマンションの管理を委託している場合には、このような補修等の必要性の点検やその実施を担当しているのが通常であるから、管理会社にも管理委託契約上の義務違反の問題が生じ、管理会社も損害の賠償を負担しなければならない。
　なお、このような場合に、管理組合の理事個人に対して職務怠慢等を理由に個人責任を問うのは通常は困難である。ただし、危険性が明白であり、住民から補修の要求が強く出されており、その対策は容易であるにもかかわらず、全く放置して何の対策もとっていないなど、その怠慢が極めて著しい場合は責任の認められることがあるものと考える。

また、仮に、危険性が予見できない場合であっても、管理組合が賠償責任を免れることは困難である。なぜなら、建物などの工作物の瑕疵により他人に損害を与えたときは、注意していたか否かにかかわらず、工作物の所有者は賠償の責任を負うとの特別の定めがあるからである（民法717条）。そして、建物の外壁は前記のとおり共用部分なので、最終的には所有者である区分所有者全員が責任を負うことになるが、実際に費用を負担するのは区分所有者の団体である管理組合となる。管理組合の財産、たとえば管理費や積立金などで被害者の損害を完全に賠償できないときは、不足分につき、区分所有者全員が個人的にも負担しなければならない。その負担割合が法的にどのように決まるのか、また、現実にどのような割合で負担するかは、たとえば均等にするのか、管理費の負担割合と同様にするのかなど、さまざまな考え方ができるが、規約に定めがあればそれに従い、ない場合には共有持分割合となる。総会で決することも可能である。

さらに、このように原因がマンションの外壁であると確定できず、個人の専有部分かあるいは共用部分のいずれの箇所か不明の場合には、共用部分の設置または保存に瑕疵があると推定されることになっている（法9条）。したがって、事故の原因箇所が不明である場合も管理組合の責任となる。

さて、管理組合が財政的には賠償をすることが可能であるとしても、事故の態様次第ではその負担は相当なものとなってしまい、日常の管理にも影響を及ぼしかねない。

この対策としては、管理組合が保険に加入する以外に方法はない。マンションを対象とした種々の保険が考えられているが、施設賠償責任保険や、マンション総合保険の施設賠償責任担保特約がこのような場合には適用される。この施設賠償責任保険は、マンションの施設の不備による事故の場合にも適用される。たとえば、玄関スロープが滑りやすい材質でできているのに予防対策をとっていなかったために、居住者が転んで怪我をした場合や、駐車場が陥没しているのに放置したために車輪が落ち込んで車や人が損傷・負傷した場合などで、実際に保険金が支払われた例がある。

なお、外壁の剥げ落ちの原因としては、工事が不完全である場合のほか、セメントに混ぜる砂の種類に問題がある場合なども考えられる。外壁の剥げ落ちは通常では予想できない事故なので、管理組合が被害者に対して賠償するのとは別に、管理組合としては建物の瑕疵を理由に、売主に対して担保責任を追及しうる場合が多いだろう（瑕疵担保責任の内容などに関しては第2章を参照されたい）。また、外壁が剥げ落ちるような瑕疵は「建物としての基本的な安全性を損なう瑕疵」（後掲・最判平成19・7・6、最判平成23・7・21）ということができるから、建物の設計・施工をした者に対して、不法行為に基づく損害賠償として、建物の修補に要する費用や事故による被害者に対する賠償金を請求することができよう。そして、このような外壁の剥げ落ちは、たまたま1カ所であっても、同一時期の同一工事であれば、他の箇所にも同様の危険性がありうるので、専門家を交えて徹底的に調査しておく必要がある。

　これらの例のほか、管理組合として賠償責任を負わなければならない場合として、次のような例が考えられる。

　立入禁止とされている屋上に子供が上がって遊んでいて落下したような例で、屋上への出入りを禁止するなどの危険を防止するための措置をとっていなかった場合である。ただし、屋上への出入口に扉を設けて施錠していたのに、これを乗り越えて侵入したような場合などは通常予想し得ない事態なので責任を負わない。さらに、エレベーターで指を挟んで怪我をした場合なども、エレベーターの安全管理が不十分であれば管理組合が責任を負うことになる。管理業務を管理会社に委託している場合は管理会社の責任も生じるし、エレベーターの保守点検は専門業社に依頼していることがほとんどなので、その点検作業等に問題があったとなれば、業者も責任を免れない。

2　駐車場における事故

　次に、マンションの駐車場に駐車中の車が傷つけられた場合について考えてみる。

原因としては種々考えられるが、マンションの建物や設備の不備などのために傷ついたのであれば、前記と同じように考えられるので、管理組合が責任を負わなければならない。
　次に、マンション駐車場内で自動車同士が接触事故を起こしたような場合には、一般の例と変わりはなく、当事者間で解決されるべき問題で、管理組合は無関係となる。
　最も問題となるのは、駐車車両に対する子供のいたずらによる損傷や誰の仕業か不明な車両の損傷の場合と管理組合の責任の有無の点である。たとえば、加害者が子供とわかっている場合に、被害者がその子供の親に賠償請求できるかどうかとは別に、管理組合がマンション駐車場の管理責任者として、その管理が不十分であることを理由に責任を問われることがありうるかなどの点である。
　マンション居住者は、申出順あるいは抽選などにより駐車場を利用する権利（通常、駐車場専用使用権と呼ばれている）を取得し、その利用の代わりに使用料（維持費など種々に呼ばれている）を負担するのが原則である。そして、支払われた使用料は通常マンションの管理費に組み込まれ、駐車場の整備等にあてられる。管理組合はこのような形でマンション駐車場を管理しているので、駐車場内で発生した事故に関しても、管理組合が賠償責任等を負わねばならないのではないかとも考えられる。
　しかし、駐車場といっても、マンション敷地の一部に白線を引いただけの場合は、周りに囲いがあるわけでなく、誰もが通行し、子供も遊戯できる状況であることや、前記使用料もマンション外の一般有料駐車場の料金よりも極めて割安であること、その使用料も駐車の対価というよりは共用部分の維持管理に寄与する趣旨のほうが大きいことなどを考えあわせると、管理組合に賠償責任まで負担させるのは困難であろう。もっとも、最近は機械式の駐車場も多く、管理の方法も異なるので、状況次第では責任の生ずることもあり得よう。
　なお、このような事故が発生した場合のトラブルを避けるために、マンシ

ョン駐車場の使用規則に管理組合が責任を負わない旨の規定を設けておくとか、駐車場使用者との間で同趣旨の合意書を作成しておくなど事前の対策も検討すべきである。

そして、管理組合に賠償責任が発生しない場合には、適用されるマンション保険はないので、自動車の所有者が保険に加入するなど自分で対策を講じておくのが望ましい。

3　住民相互の行事等での事故

マンション内で居住者を対象として、ハイキングやソフトボールあるいは子供祭など、種々の行事を行うところもあるだろう。

その行事中には、参加者が怪我をすることも起こり得よう。このような場合も管理組合が賠償責任を負うことになるのであろうか。

団体行事中の事故と賠償責任の負担者の問題は、マンション内の行事に特有なものではなく、一般の町内会行事やその他種々の団体行事の場合と考え方は同じである。そして、その行事の主催者は誰か、具体的な責任者は誰か、行事の実施に際して安全保持に対する配慮はなされていたか、責任者は監督責任を果たしていたか、事故の原因は何かなどが検討され、その責任の所在が確定される。

したがって、管理組合の責任の有無に関しても上記と同様に考えることとなるが、現在種々の保険が実施されているので、このような事故に備え、行事ごとに掛け捨ての保険に団体として加入しておくのが、怪我をした居住者にとっても、また、その主催者にとっても必要なことであろう。

4　その他の事故

その他、住戸の窓やベランダに置いてあった植木鉢が落下して、居住者に怪我を負わせたような場合もあるが、責任はその住戸の区分所有者あるいは居住者個人が負うことであって、管理組合が責任を問われることはない。つまり、専有部分や、専用部分における事故については区分所有者や居住者個

人の問題であるからである。

5　裁判例

この点に関連する裁判例は以下のとおりである。

① 浦和地判昭和56・9・28判時1035号110頁　賃貸マンション出入口の錠製片引扉に乗って子供が遊んでいたところ、門扉が倒れて子供が圧死した事案。判決は、門扉の設置または保存について瑕疵があったとして所有者に民法717条の工作物責任を認めた。ただし、子供の親の監督義務を怠った過失を8割とした。

② 浦和地判昭和59・9・5判タ540号215頁　7階建てマンションの一般に利用されない屋上から女子高校生が転落死した事案。判決は、屋上への出入口には金属製扉と柵が設置、施錠されているのに、同女は扉と柵を乗り越えて屋上に立ち入ったのであるから、通常予測される危険の発生を防止するに足りうる安全性を有していたとして、区分所有者の民法717条の工作物責任を否定した。

③ 東京地判平成7・11・15判タ912号203頁　新築マンションの玄関ドアに手指を挟まれて小指切断等の傷害を負った11歳の子が、ドアの自動閉扉速度が適切に調整されていなかったことが原因であるとして、マンションの売主、建設業者、孫請業者らに対して損害賠償を求めた事案。ドアの閉扉速度は、建設省告示「建築物性能等認定事業登録規程」の基準を満たしており、閉扉速度の調整は市販の器具で素人でも容易に調整できる構造であり、川辺に立地するマンションは特別な存在ではなく、風向が一定で強風の影響を常時受けることが明白かつ容易に予測される等の特別な事情も認められないとして、注意義務違反を否定し、請求を退けた。

④ 大阪地判平成6・8・19判時1525号95頁・判タ873号200頁　賃貸マンションで廊下に備え付けられていた消化器がいたずらで投げ捨てられて隣家の屋根を破損した事案。判決は、廊下の壁に裸のまま立て掛けて

おいたのは、消火器の設置保存に瑕疵があるとして賃貸人に民法717条の責任を認めた。

⑤　最判平成19・7・6判時1984号34頁・判タ1252号120頁　　建物の設計・施工者等は、建物の建築にあたり、契約関係にない居住者等に対する関係でも、当該建物に建物としての基本的な安全性が欠けることがないように配慮すべき義務を負い、設計・施工者等がこの義務を怠ったために建築された建物に上記安全性を損なう瑕疵があり、それにより居住者等の生命、身体または財産が侵害された場合には、設計・施工者等は、不法行為の成立を主張する者が上記瑕疵の存在を知りながらこれを前提として当該建物を買い受けていたなど特段の事情がない限り、これによって生じた損害について不法行為による賠償責任を負うというべきであって、このことは居住者等が当該建物の建築主から譲渡を受けた者であっても異なるところはないとの判断を示した。

⑥　最判平成23・7・21判時2129号36頁・判タ1357号81頁　　上記⑤の最高裁判決にいう「建物としての基本的な安全性を損なう瑕疵」とは、居住者等の生命、身体または財産を危険にさらすような瑕疵をいい、建物の瑕疵が、居住者等の生命、身体または財産に対する現実的な危険をもたらしている場合に限らず、当該瑕疵の性質に鑑み、これを放置するといずれは居住者等の生命、身体または財産に対する危険が現実化することになる場合には、当該瑕疵は、建物としての基本的な安全性を損なう瑕疵に該当する。この観点からすると、当該瑕疵を放置した場合に、鉄筋の腐食、劣化、コンクリートの耐力低下等を引き起こし、ひいては建物の全部または一部の倒壊等に至る建物の構造耐力にかかわる瑕疵はもとより、建物の構造耐力にかかわらない瑕疵であっても、これを放置した場合に、たとえば、外壁が剥落して通行人の上に落下したり、開口部、ベランダ、階段等の瑕疵により建物の利用者が転落したりするなどして人身被害につながる危険があるときや、漏水、有害物質の発生等により建物の利用者の健康や財産が損なわれる危険があるときには、建物

としての基本的な安全性を損なう瑕疵に該当するが、建物の美観や居住者の居住環境の快適さを損なうにとどまる瑕疵は、これに該当しないものというべきである。そして、建物の所有者は、自らが取得した建物に建物としての基本的な安全性を損なう瑕疵がある場合には、上記⑤の最高裁判決にいう特段の事情がない限り、設計・施工者等に対し、当該瑕疵の修補費用相当額の損害賠償を請求することができるものと解され、上記所有者が、当該建物を第三者に売却するなどして、その所有権を失った場合であっても、その際、修補費用相当額の填補を受けたなど特段の事情がない限り、いったん取得した損害賠償請求権を当然に失うものではないとの判断を示した。

（湖海信成・小川達雄）

VI 水漏れ事故への対処

1 専有部分か共用部分か

　マンションは上下に住戸が重なって建っているので、いったん水漏れ事故が発生すると予想もしないほどの多くの人が迷惑を被り、重大な被害の出ることがある。したがって、マンション生活の中では疎かにできない問題である。

　この問題を検討するには、水漏れ発生箇所はどこか、その原因は何かなど、具体的な場合を分けて考えなければならない。水漏れ箇所が共用部分、たとえば廊下の配水管や高架水槽などから発生している場合か、専有部分つまり各住戸内から発生している場合かを確定する必要がある。その違いにより、後に述べるように誰が責任を負うべきなのかなどの点に重大な影響が生ずるからである。

　共用部分と専有部分との区別に関しては、区分所有法2条3項・4項に規定されているが、具体的には各マンションの管理規約の定めをみるほかない。しかしながら、管理規約の内容もさまざまであり、規約の条項を読んだだけでは共用部分と専有部分の区別、特に、双方の境界に関しては、十分に明らかでない例が多いようである。一例をあげると、給水管につき、各住戸のメーターボックスにある水道メーターは共用部分か、あるいは専有部分かが管理規約上はっきり定められているかどうか、また、排水管は縦管が共用部分、枝分かれした横管が専有部分との区分が多いようであるが、そのような区分が明確になされているのかなどの点である。実際にトラブルが発生する前に、管理組合において、できるだけ具体的、かつ詳細に明確にしておくことが大切である。

　なお、水漏れ箇所が、共用部分と専有部分のいずれであるかが判明しない場合には、共用部分の設置または保存の瑕疵に原因があるものと推定される

ことになっている（法9条）。両者の区別は、責任主体が管理組合となるか当該専有部分の区分所有者となるかにも影響を与えるところ、立証の困難性に鑑み、被害者保護のために上記推定規定が設けられている。

共用部分と専有部分の区別に関する参考判例として、最判平成12・3・21判時1715号20頁・わかりやすい83は、階下住戸の天井裏に配された排水管の枝管につき、マンションの特定の専有部分からの汚水が流れる排水管の枝管が共用部分に該当する旨判示している。専ら専有部分の用に供する枝管であっても、その設置場所や構造によっては共用部分に該当することもありうるとして、共用部分か専有部分かどうかの区別を実質的に判断すべきことを明らかにしたものである。マンション内の排水管の漏水事故については、排水管の設置場所との関係で個々の区分所有者による維持管理が困難なことも多く、また、排水管の機能保全の観点から、マンション全体での一体的な管理の必要性という点を無視できないことを考慮したものであり、妥当である。

2 事故の原因

次に、水漏れの原因について検討する。

大きく分けて3つの場合が考えられよう。マンション建築時の設備工事自体に原因がある場合、通常の耐用年数を経て老朽化したことに原因がある場合、さらには水道栓の閉め忘れや物を詰まらせるなどの人為的な原因による場合、である。

(1) 設備工事の欠陥

設備工事自体に原因がある場合は、一般的に工事の瑕疵として取り上げられている問題である。マンション新築に際しての給水設備工事に関しては一定の水圧テストが課せられているので、通常は給水施設からの漏水は極めて少ないが、給水管の固定が不十分であったために繋ぎ目が緩んでしまった例や、地中に埋められた給水管の繋ぎ目の防腐工事の不完全さが原因で錆びて折れた例も報告されている。

さらに、たとえば、住戸の風呂場や炊事場の改装に伴い、給排水設備の変

281

更工事をしたことが原因で漏水が発生する場合も皆無ではない。これは改装工事のミスとして処理されるべきこととなるが、原因が改装工事部分そのものであることが明らかであれば対策は容易であっても、改装工事が既設の給排水設備に影響を与えていたような場合には、後日生じた漏水が、当初の瑕疵によるものか、あるいは改装工事のミスによるものなのかを判断するのは困難な場合もあり得よう。

(2) 設備の老朽化

次に、施工業者の当初の工事に欠陥がなく、清掃等の十分なる管理をしていても、長年使用していると、腐食等の影響もあり、繋ぎ目が錆びてもろくなることもありうる。特に、建築年代の古いマンションでは、給排水管等に亜鉛メッキ鋼管が用いられていたため、錆が溜まって管の内側を狭くしたり、錆びの影響により元々肉厚の薄い鋼管の繋ぎ目に穴が開いて漏水する例がみられる。老朽化した給排水管は内部をコーティングするなどの方法など対応策もいろいろ検討されてはいるようであるが、結局のところは全部の取替えよりほかに改善策はないであろう。設備の耐用年数に応じた計画的な大規模修繕工事を行うことが必要かつ大切である。

(3) 人為的原因

そして、人為的な原因による階下への漏水として最も多いのは、風呂の水栓の閉め忘れや、洗濯機の排水ホースがはずれたことによる溢水を原因とするものである。その他、玄関やトイレの床、ベランダ等の水洗いも階下への漏水の原因となる。風呂場はまだしも、洗濯機からの溢水は、床に防水措置が施されていないのが普通であるから階下にそのまま漏水することが多く、被害は深刻なものとなる。近時は漏水防止のための器具や警告装置も種々販売されているが、最近、ガスに関してではあるが、警告装置が設置されていながら機能せず爆発事故に至った事例も発生しているので、警告装置に全面的に頼るのは問題である。

もう1つの事故例は、排水管が詰まって排水口から溢水する場合である。トイレットペーパー以外の紙や生理用品をトイレに流して詰まった場合や毛

髪や廃油などを流したり排水管の清掃が不十分なために排水の流れが徐々に悪くなって溢水する場合などであるが、これらは生活上のマナーさえ守れば、十分に防止できる事故である。なお、このような排水管が詰まった場合には、その位置や詰まった物の種類次第では、取り除くことが難しかったり、思いもよらぬ大工事になることもある。いずれの場合も居住者の日頃の注意が必要である。

(4) 定期清掃

　居住者がいかに通常の生活上のマナーを守って利用し、日々の清掃を行っていても、排水管の詰まりを防ぎきれない場合もある。排水管の詰まり、漏水事故には、台所から流される油脂の固化、風呂場からの毛髪の停滞等が原因となることが多い。油脂が夏みかんくらいの大きさの固まりになって管内に固着し、1階専有部分が汚物だらけになった事例なども報告されている。

　そこで、こういった居住者による日常清掃では防ぎきれない排水管の詰まりを防止するために重要となるのが、管理組合による排水管の定期清掃である。管理組合による排水管の清掃方法は、高圧洗浄機を使用して、管内の付着物、堆積物を除去する高圧洗浄法が用いられるのが一般である。建築物衛生法では、排水設備の清掃は6ヵ月以内ごとに1回行うこととされているので、管理組合による定期清掃が実施されていないマンションで、排水管の詰まりが原因となって漏水事故が発生した場合には、管理組合の責任が問われかねない。日頃から、計画的に定期清掃に取り組んでおく必要があるといえる。

3　事故と責任

　それでは、このような水漏れ事故が発生し、階下の住戸等に被害が発生した場合には、誰が、どのような範囲で責任を負うのであろうか。既に述べた水漏れ事故の発生場所と原因に応じて順次検討してみよう。

　損害賠償を請求できるのは、被害を受けた者である。区分所有者の場合もあるし、賃借人等の居住者の場合もある。また、管理組合の場合も考えられ

る。

　一方、責任を負うのは、水漏れの原因をつくった者ということになるが、新築の際の給排水設備の工事により瑕疵が生じた場合には、マンションの分譲主ということになる。分譲主が建設会社に、建設会社が設備工事業者に、順次、その責任を追及することになるのが通常あるが、被害者側としては分譲主のみを相手として瑕疵担保責任を問えば足りよう。なお、この分譲主が負うべき瑕疵担保責任の内容や、その権利を主張しうる期限、アフターサービス期間との関係等に関しては別項を参照されたい。いわゆる瑕疵なのか、あるいは経年による老朽化なのか、さらには管理または利用方法に問題があるのかを確定することは必ずしも容易ではない。しかしながら、マンションの給排水管が特別な事情もないのに20年も経ない間に異常を来すとは考え難く、専門家に調査してもらうべきではあるが、繋ぎ目からの漏水の多くは当初の工事方法が不完全であったとして対処しうる。先にも紹介した地中の給水管の繋ぎ目からの漏水事故に関しては、施工後4年ほどを経ていたが施工業者が工事の不完全さを認め、自己の費用負担で給水管工事をやり直すことになったとのことである。

　次に、浴室や炊事場の改装工事後に漏水事故が発生した場合は、既に触れたように、その箇所が改装工事部分そのものである場合には、その工事業者の施工ミスと考えられるので、業者は、工事の依頼者に対し債務不履行を理由として完全な工事と与えた被害の賠償をしなければならない。階下等にも損害を与えた場合には、業者はその部分に関しても賠償する義務を免れない。しかし、改装部分そのものからでなく、既設の給排水管の繋ぎ目からの漏水の場合には、最初の設備工事の瑕疵なのか、あるいは今回の改装工事の影響があるのかの確定が困難である点は既に指摘したが、事故の発生が改築工事後すぐの場合などは工事の影響が全くないとは言い難いと考えられるので、その点に注意を払いながら調査する必要がある。そして、このような問題点を残さないためにも、改装工事後の検査は不可欠である。

　浴室や洗濯機の水を溢れさせて階下に水漏れの損害を生じさせた責任は、

溢れさせた居住者が全面的に負担せねばならない。マンション住戸の賃借人の不注意による場合には、その賃借人の責任であってマンション住戸の所有者すなわち区分所有者は何らの負担も負わないこととなる。もっとも、水道栓が元々壊れていたような場合には、賃貸人である区分所有者に賃貸物を水漏れのしない良好な状態で賃借人に使用させる義務違反が認められるから、賃借人に対して貸主として債務不履行責任を負うことがありうる。

　排水管を詰まらせた場合も、それが居住者の不注意であれば居住者の責任となる。共用部分の排水管を詰まらせて漏水や溢水をさせた場合にも、厳密にはその原因をつくった者が責任を負うことになるが、特別な場合を除き、どの住戸が排水管を詰まらせたかを確定することは困難であろうから、結局は、共用部分の管理不十分として、管理組合自身の責任となろう。なお、民法717条には、工作物の設置または保存に瑕疵あるときには、第一義的に占有者、第二義的に所有者が責任を負う旨の定めがある。工作物の占有者は、自らが損害の発生を防止するのに必要な注意をしたことを立証すれば免責されるが、工作物の所有者の責任は無過失責任となっている。

　なお、管理組合で個人賠償責任保険をかけているマンションも多く、専有部分からの階下への水漏れ被害は保険によりカバーされることになろう。

　さらに、共用部分の排水管の清掃が不十分であることが明白な場合は、当然に管理組合が責任を負わねばならず、マンションの管理を管理会社に委託している場合は、管理組合はその会社に対して管理委託契約の不履行を理由に損害の賠償を請求することになる。

　以上、いずれの例においても、漏水や溢水がいくつかの原因の競合によって発生した場合の責任は、その原因を生ぜしめた者全員が共同で負うこととなり、その者らの内部における負担の割合は、その責任の大小によって決せられることになる。

　マンション内で漏水事故等が発生した場合は、至急の対応が必要となるので、管理組合が、一定の条件の下、漏水の疑いのある専有部分に、当該専有部分の区分所有者の事前の承諾なしに立ち入ることができるよう標準管理規

約の規定を改正する検討もなされている。また、給排水管からの漏水箇所を調べる際に必要となるので、マンション全体の配水管経路図を管理組合で保管しておくことが大切である（電気配線図等に関しても同様である）。

　漏水事故とは異なるが、マンションの地下駐車場に浸水して駐車中の自動車が損害を受ける被害も発生している。設計ミスや施工ミスであれば分譲主の責任となるが、予想外の大雨による浸水などの場合には、設計基準を満たしている限り責任を問えないこともありうる。排水の管理が不適切であった場合、たとえば排水溝が詰まっていたり、排水モーターのスイッチの入れ忘れなどは、管理組合あるいは管理会社の責任となる。

　駐車場における自動車の冠水事故につき、分譲主が責任を認めて和解金を支払った例も報告されている。

4　裁判例

本件に関連する裁判例として次のものがある。

① 　大阪高判昭和49・1・18判時744号61頁　　公団賃貸住宅の排水本管の汚水逆流による漏水の事案。判決は、清掃不十分を理由に、公団に民法717条の工作物責任を肯定した。

② 　大阪高判平成3・8・29判時1410号69頁　　賃貸ビルの共用部分の排水管の詰まりにより、1階の賃借人店舗の床に溜まった汚水が地下1階に漏水し地下1階の賃借人が損害を被った事案。判決は、賃貸人の債務不履行責任と1階賃借人の民法717条の占有者としての工作物責任を肯定し、両者の責任は不真正連帯債務の関係にあるとした。

③ 　東京地判平成4・3・19判時1442号126頁　　マンションベランダの排水口の管理の不備等が原因で階下の部屋に漏水した事案。判決は、階上の部屋の賃借人に民法717条の占有者としての工作物責任を肯定するとともに、同部屋の区分所有者にも民法717条の所有者としての工作物責任を肯定した。

④ 　東京地判平成5・1・28判時1470号91頁　　マンションの専有部分の

配管接続部分のパッキンの劣化に起因する漏水事故の事案。階下の区分所有者が、階上の区分所有者の責任のほか、マンションの管理会社の管理契約上の債務不履行責任等を追及したが、判決は、漏水事故の原因が専有部分にあり共用部分でないとして管理会社の責任を否定した。

⑤　東京高判平成9・5・15判時1616号70頁　　特定の区分所有者の専用に供されている排水管の枝管であっても、その区分所有者の専有部分内に存在していないものは共用部分にあたるとした（前掲・最判平成12・3・21の原審）。

⑥　福岡高判平成12・12・27判タ1085号257頁・わかりやすい44　　共用部分である屋上排水ドレーンのごみ詰まりによる漏水事故の事案。判決は、管理組合の管理過誤を認め、漏水により損害を被った区分所有者との関係では、管理規約上の債務不履行責任を、区分所有建物の賃借人との関係では民法717条の工作物責任を、それぞれ肯定した。

⑦　東京地判平成23・4・25判時2116号123頁　　区分所有建物の室内にカビが発生したこと等の原因が、隣室の床下排水管からの漏水に起因するかが問題となった事案。判決は、漏水とカビ発生等との間には因果関係がないとして、損害を被った区分所有者に保険金を支払った保険会社から管理組合に対する求償金請求を否定した。

（湖海信成・寺前愛子）

Ⅶ 賃借人をめぐる紛争

1 共同の利益に反する賃借人の行為

　区分所有者は、建物の保存に有害な行為その他建物の管理または使用に関し、区分所有者の共同の利益に反する行為をしてはならないとされている（法6条1項）が、同様の義務が、区分所有者以外の専有部分の占有者にも課せられている（同条3項）。占有者とは、自己のためにする意思をもって物を支配している者である。具体的には、専有部分の賃借人、寮や社宅などの形での居住者、不在所有者の留守宅の預かり人などである。

　賃借人が建物の管理または使用に関し、区分所有者の共同の利益に反する行為をするときは、他の区分所有者の全員（通常は管理組合が全区分所有者を代理する）は、その賃借人に対して、その違反の行為を停止し、その行為の結果を除去し、またはその行為を予防するため必要な措置をとるよう請求することができる（法57条4項）。この請求のために訴訟を提起するには集会の決議（区分所有者および議決権の各過半数で決する）によらなければならない（同条2項）。

　賃借人の上記の違反行為による区分所有者の共同生活上の障害が著しく、他の方法によってはその障害を除去して共用部分の利用の確保その他の区分所有者の共同生活の維持を図ることが困難であるときは、区分所有者の全員（通常は管理組合が全区分所有者を代理する）は、その専有部分について賃貸借契約の解除と引渡しを請求することができる（法60条1項）。

　この請求は集会の決議（区分所有者および議決権の各4分の3以上の多数決による）に基づき、訴えをもってする。なお、この決議をするときは、あらかじめその賃借人に弁明する機会を与えなければならない（法60条2項）。集会への出席を求める文書を送付する等の方法で、弁明の機会を与えれば足りるのであって、賃借人が実際に弁明するかどうかは決議の効力に無関係であ

る。

2　規約および集会決議の賃借人に対する効力

　賃借人は、建物またはその敷地もしくは附属施設の使用方法について、区分所有者が管理規約または集会の決議に基づいて負う義務と同一の義務を負う（法46条2項）。賃借人が義務を負うのは、建物等の使用方法に関する義務に限られる。その場合の使用方法に関する義務の範囲は、一般的にいえば、建物等の物的利用にかかわる共同生活上の諸規則（その違反行為に対する制裁措置の定めを含む）に基づく義務である。廊下、エレベーター、駐車場、集会室などの使用規則、専有部分内でのペット飼育、深夜のピアノ演奏の禁止の規則などはその典型的な例である。

　賃借人は、建物等の使用方法に関して区分所有者と同一の義務を負うので、規約の設定・変更、その他集会の決議について利害関係を有する。したがって、賃借人に利害関係のあるような決議をする場合には、賃借人は集会に出席して意見を述べることができるとされている（法44条1項）。

3　賃借人に対する管理費請求

　区分所有者が管理組合に対して管理費や修繕積立金の支払義務を負うのは、共用部分の共有者として共用部分の管理の費用を負担する義務があるからである（法19条）。したがって、共有者ではない賃借人には、管理費や修繕積立金の支払義務はない。

　区分所有法46条2項は、賃借人に対して規約の遵守義務を課しているが、同項が遵守義務を課す範囲は「建物等の使用方法」に限定される。したがって、規約で賃借人に区分所有者と同様の管理費支払義務を定めたとしても、金銭支払義務は使用方法の義務ではないから賃借人を拘束することはできない。

　賃借人が賃貸人に支払う家賃の中から未払の管理費等を回収するためには、管理組合はまず賃貸人に対し、管理費等の支払を命ずる判決または支払

督促を取得し、それによって賃料債権を差し押さえるという方法をとるのが通常であるが、判決や支払督促の取得をせずに、直ちに先取特権（法7条、民法304条）に基づいて賃料債権を差し押さえる方法をとることもできる。

　マンションにおける管理実務では、規約において区分所有者に対し、賃貸借契約したことを管理組合へ届け出るよう求め、同時に賃借人にも管理組合に対する誓約書の提出義務を課し（標準管理規約（単棟型）19条2項）、この誓約書中の文言によって賃借人と管理組合との間に債権関係が発生するよう工夫している。たとえば、同誓約書の中の「私は、本マンション○○○号室の賃貸借契約締結に際し、管理規約、使用細則及び総会決定事項等を誠実に遵守し、並びに本マンションの生活秩序を乱す一切の行為を行わず、良好な住環境の確保に努めることを誓約します」という文言に続けて、「区分所有者が支払うべき管理費等が滞納されたときは、管理規約第○○条により、私が賃貸人に支払うべき家賃から滞納管理費等を支払うことに異議はありません」との文言を入れるのである。

（中島繁樹）

第10章

補修・復旧・建替え・
再生をめぐる紛争

I　はじめに

　マンションの寿命は永遠ではない。いずれ、マンションの建物は老朽化が進み、あるいは震災等の天災、火災等で損傷を受け、住居として使用できなくなることがある。しかし、適正な維持・管理をしていけば半永久的に使用することも夢ではない。

　住居として使用できなくなるまで建物の老朽化が進行しないように、管理組合にはマンション建物の維持・管理を行う責任があるが、区分所有法は、共用部分の管理として、維持・管理のために補修工事をする場合の合意形成方法、負担割合について定めている（法17条・18条）。さらに、マンション建物の一部が壊れて住居として利用できなくなった場合については「復旧」として、補修の場合とは異なる合意形成の方法を定めている（法61条）。

　補修の究極にあるものは建替えである。震災等の天災、老朽化の放置等でマンションが居住の用に供し得なくなったとき、建替えの動機が生ずる。敷地の有効利用が建替えの理由となる場合もある。区分所有法62条（団地については法69条・70条）は、全員の合意ではなく、多数決で建替えをしようとする場合のルールを定めている。

　「補修」という言葉は法律用語でなく、修繕、改修という言葉を使用することもあるが、ここでは「補修」という言葉を用いることにする。国土交通省が発表している「改修によるマンションの再生手法に関するマニュアル」では、マンションの建物各部の性能・機能をグレードアップする工事を「改良工事」、補修および改良工事により建築物の性能を改善する工事を「改修工事」と、言葉を使い分けている。

　さらに、マンションの既存性能のグレードアップに加えて、増改築によりマンションに新たな性能・機能を付加し、マンションの水準を向上させる工事がある。このような工事は、マンションの「更新」「再生」「リニューアル」「リモデリング」等さまざまな言葉で表現されているが、共用部分の

「処分」を伴うものであり、区分所有法17条（共用部分の変更）の規定では対処できない場合がある（「処分」と「変更」の限界については、折田泰宏「マンションの補修・改修、リモデリング」丸山英氣＝折田泰宏編『これからのマンションと法』390頁参照）。

（折田泰宏・小林久子）

Ⅱ　マンションの補修

1　マンションの「補修」と「復旧」

　一般に「補修」も含めて共用部分の管理にかかわる事項について、区分所有法17条では、共用部分の変更（ただし、その形状あるいは効用の著しい変更を伴わないものを除く）は集会の特別決議で決するものとし、法18条1項では、それ以外の通常の管理事項（共用部分の維持、利用、改良）は集会の普通決議で決することとしている。なお、保存行為は各区分所有者がすることができる（法18条1項ただし書）。

　しかし、建物の共用部分の一部が消滅した場合の対処方法としては、「復旧」として、区分所有法61条で特別の規定を設けている。

　建物の一部の滅失には至らないが、破損、汚損、機能低下、不具合が生じている場合には、狭義の管理行為としての「補修」をなすことにより効用を回復する。「補修」という用語は、通常は「建替え」に対比する言葉として使用されているが、本稿で「補修」というのは、区分所有法17条・18条による特別あるいは普通決議によって実施することができる工事のことを指すものとする。

　「補修」と「復旧」とを区別する実益があるのは、①「補修」は管理組合の管理行為の一部であるから、棟の共用部分の管理が団地管理組合に委ねられている団地の場合には団地管理組合による決議によって実施することが可能であるが、「復旧」は団地管理組合の管理行為とはみられず（法66条において法61条の準用がなされていない）、各棟ごとの決議が必要とされること、②復旧決議に反対した区分所有者は買取請求権を行使することによって権利の補償を図る制度が用意されている（法61条7項）こと、である。

2 補修の手続

マンションは、区分所有権の対象となる居室部分のような「専有部分」（法2条3項）と、区分所有者全員の共有である廊下や階段室、屋上などの専有部分以外の建物部分や建物の附属物等の「共用部分」（法2条4項・4条1項。なお4条2項参照）および「敷地」から成り立っているが、補修を必要とする箇所が上記のいずれに属するかによって管理組合のかかわり方、手続が異なる。

(1) 専有部分の補修

居室の中の壁紙、床板、天井板の経年変化・毀損等、専有部分に効用減退、損傷がある場合は、当該区分所有者の責任と費用で補修工事をすることになる。

専有部分の補修については集会の決議を経る必要はなく、他の区分所有者の共同の利益に反しない限り（法6条1項）何らの制約もない。なお、補修工事をするために共用部分や他の区分所有者の専有部分を使用することができる（同条2項）が、使用によって損害を与えた場合にはその損害を償わなければならない（同項後段）。

以上が原則であるが、専有部分の補修の場合でも、床板をフローリングに替えることでマンション全体に大きな騒音を発生させる事件が多発したことから、専有部分の修繕についても管理規約で規制をしているところが多い。標準管理規約でも、専有部分の修繕について、あらかじめ理事長に申請し、書面による承認を受けなければならないと規定している（標準管理規約（単棟型）17条参照）。

また、給排水管については、原則は、専有部分内と共用部分内とで専有部分と共用部分との境界を定めているが（標準管理規約（単棟型）7条3項参照）、マンションによっては給水管、排水管が床スラブを抜けて下階の天井を這わせている構造になっているところがあり、また、同構造のマンションで排水管から水漏れした事件で、区分所有法2条4項にいう専有部分に属し

ない建物の附属物にあたり、共用部分にあたるとして管理組合に責任を負わせた裁判例（東京高判平成9・5・15判時1616号70頁、最判平成12・3・21判時1715号20頁・判タ1038号179頁・わかりやすい83）もあったことから、「専有部分である設備のうち共用部分と構造上一体となった部分の管理を共用部分の管理と一体として行う必要があるときは、管理組合がこれを行うことができる」（標準管理規約21条2項参照）と定めている管理組合が増えている。

　共用部分であるが、ベランダ、バルコニー等特定の区分所有者が専用使用している箇所については、当該特定区分所有者に管理責任を負わせている管理規約も多い（標準管理規約21条1項ただし書参照）。

(2) 共用部分等、敷地の補修

　区分所有法は、廊下、エレベーター、給排水設備、敷地の緑地帯など建物の共用部分、附属施設、附属建物や敷地の管理について、その程度に応じて、管理の種類を以下のように分類している。補修工事もこの管理の一内容である。

① 法18条1項ただし書による「保存行為」
② 法18条1項本文による「狭義の管理」
③ 法17条1項による「変更行為」

①については各区分所有者が単独で、②については普通決議、③については特別決議を経てなすことができる。

(イ) 保存行為

　玄関のガラスや階段の欠損の修理、エレベーター、給水水槽等の定期点検、廊下・敷地等の汚損の清掃のような、共用部分の現状を維持するための必要最小限の行為あるいは緊急を要する行為については、「保存行為」として、各区分所有者が単独で行うことができる（法18条1項ただし書・21条）。

　これらの行為は、共有者である他の区分所有者のため、利益になることはあっても、不利益になることはないからである。工事の程度、緊急度、費用の額を考慮して「保存行為」か「狭義の管理行為」かが判断されることになる。

なお、保存行為の扱いについては管理規約で別の定めをすることが認められている（法18条2項）から、たとえば、規約で、保存行為についても管理者、理事長の同意を要すると定めることは有効である。ただし、このような規約による制限があったとしても、緊急事態であって管理者、理事長の同意を得られる状況にはなかった場合にまで、この規約による制限が有効に働くと考えるべきではない。

　管理者（法25条）がおかれている場合には、保存行為は管理者の権限となる（法26条1項）ので、まず管理者（通常は管理組合理事長）に職務の遂行を要請し、それでも管理者が保存行為を行わない場合に初めて区分所有者が単独で行うことができると考えるべきである。

　　㈹　狭義の管理
　(A)　原　　則
　通常の管理といえる補修工事、たとえば外壁のクラック部分の樹脂注入による補修、外壁塗装の塗替え、配管類の取替え、エレベーターの修理といった行為については、狭義の管理行為として、区分所有者および議決権の過半数の賛成による普通決議で実施することができる（法18条1項・39条1項）。

　(B)　規約による要件の変更
　前項の要件は管理規約で変更することが許され（法18条2項）、また集会の普通決議要件も規約によって変更が可能である（法39条1項）から、多くの管理組合では出席者の議決権の過半数で決するとしているところが多い（標準管理規約（単棟型）47条では、議決権総数の過半数を定足数とし、出席組合員の議決権の過半数で決することとしている）。

　区分所有法18条1項の要件を規約で変更する例としては、①管理者あるいは理事会・理事長に決定権限を委ねるとして要件を緩和するもの、②逆に特別多数決議を要するものとするとして要件を加重するもの等の変更が考えられる。

　(C)　特別の影響を受ける者の承諾
　共用部分の狭義の管理行為について、専有部分の使用に特別の影響を及ぼ

すべきときは、その専有部分の区分所有者の承諾を得なければならない（法18条3項・17条2項）。このような場合には、集会の決議がなされたとしても、その区分所有者の承諾を得ない限り、その決議は効力がない。駅前再開発事業で建設された建物で、百貨店が屋上を利用することが、屋上の一部を住居としている者に対して「特別の影響を及ぼす」とした大阪高決昭和52・9・12判時868号8頁がある。

　共用部分の変更の場合も同じ制約があり、詳しくはその項で解説する。

　　㈄　変　更
　⒜　「変更」の概念
　共用部分の「変更」とは、その形状または効用を著しく変えることである（法務省民事局参事官室編『新しいマンション法』81頁）。

　前述の「改良」、「改修」工事は、共用部分の物的性状の変更であっても、従来の用途を基本的に変更せず、むしろその用途目的に沿って行われるものであるから、この場合は、具体的な事例において、共用部分の変更か、狭義の管理行為かは、しばしば争われるところであった。とりわけ区分所有者の経済的負担の大きい大規模修繕の決議において問題となることが多かった。しかし、区分所有法の平成14年改正により、共用部分の変更に該当する場合でも「軽微変更」であれば普通決議で決議できるとしたことにより、現場での混乱は少なくなったと思われる。

　⒝　「軽微変更」の場合
　　(a)　意　義
　共用部分の「変更」に該当する場合でも、「形状または効用の著しい変更を伴わないもの」（以下、「軽微変更」という）は、狭義の管理行為と同じ扱いとなり（法17条1項かっこ書）、普通決議で決することができる。

　これは、平成14年改正法で改正された点であり、改正前は、かっこ書の内容が「改良を目的とし、かつ、著しく多額の費用を要しないもの」とされていたが、大規模修繕の決議を得られやすくする目的で、上記のように改正されたものである。

マンション全体の外壁補修や塗装の塗替え、配管設備の更新、屋上防水のやり替え等のような大規模な補修工事は、日常的な管理事項とはいえず、改正前においては「狭義の管理行為」ではなく「変更」に該当するものと考えられるが、本改正によって、ほとんどの補修事例において形状、効用の著しい変更ではないとして過半数による決議が可能となった。

この「軽微変更」の判断基準について、改正の立法担当者は、「変更を加える箇所および範囲、変更の態様および程度等を勘案して判断される」としている（吉田徹編著『一問一答改正マンション法』24頁）。しかし、具体的場面においては、この「軽微変更」の適用について明確でない場合が多く、今後の事例の集積を待つしかない。

なお、標準管理規約47条関係のコメントに、立法担当者である法務省民事局参事官の見解を基としたと思われる軽微変更の具体例が記載されているので参考として紹介しておきたい。

① バリアフリー化の工事に関し、建物の基本的構造部分を取り壊す等の加工を伴わずに階段にスロープを併設し、手摺を追加する工事。

② 耐震改修工事に関し、柱や梁に炭素繊維シートや鉄板を巻き付けて補修する工事や、構造軀体に壁や筋交いなどの耐震部材を設置する工事で基本的構造部分への加工が小さいもの。

③ 防犯化工事に関し、オートロック設備を設置する際、配線を、空き管路内に通したり、建物の外周に敷設したりするなど共用部分の加工の程度が小さい場合の工事や、防犯カメラ、防犯灯の設置工事。

④ マンションのIT化工事に関し、光ファイバー・ケーブルの敷設工事を実施する場合、その工事が既存のパイプスペースを利用するなど共用部分の形状に変更を加えることなく実施できる場合や、新たに光ファイバー・ケーブルを通すために、外壁・耐力壁等に工事を加え、その形状を変更するような場合でも、建物の軀体部分に相当程度の加工を要するものではなく、外観を見苦しくない状態に復元するのであれば、軽微変更に該当。

⑤　計画修繕工事に関し、鉄部塗装工事、外壁補修工事、屋上等防水工事、給水管更生・更新工事、照明設備、共聴設備、消防用設備、エレベーター設備の更新工事。

　⑥　窓枠、窓ガラス、玄関扉等の一斉交換工事、すでに不要となったダストボックス、高置水槽等の撤去工事。

　特別多数決議を要するものとしては、エレベーターの新設工事、集会所、駐車場、駐輪場の増改築工事で大規模なものや著しい加工を伴う工事、集会室を廃止して賃貸店舗に転用する工事、建物の１階の柱の下部をすべて切断し、免震部材を挿入するような耐震改修工事等が想定できる。

　　(b)　平成14年改正法17条の管理規約に対する効力

　管理規約において、共用部分の管理に関して、旧法17条１項と同じ内容で、共用部分等の変更（改良を目的とし、かつ、著しく多額の費用を要しないものを除く）は特別多数決で決するものと定めている管理組合が多い。旧標準管理規約（単棟型）においても、45条３項２号でそのように規定している。この規定によれば、一般に著しく多額の費用を要する大規模修繕は特別多数決を要することになる。

　しかし、平成14年改正法は、区分所有法17条１項の改正について、昭和58年改正の際のような経過規定をおかなかったために、上記の規約に対する効力が問題となる。

　立法担当者は、旧標準管理規約は「その規定振りから、区分所有法で特別多数決議事項とされているものを確認的に明らかにした趣旨にすぎないものと考えられますから、区分所有者の意思解釈からいって、今回の法改正後も、こうした規定の効力がそのまま維持されるとみるのは無理があるでしょう。……したがって、前記標準管理規約のような規定がある場合（大規模修繕の決議要件を４分の３以上の特別多数決と定めている場合も同様と考えられます。）でも、一般的には、改正法施行後は、普通決議で大規模修繕を実施できるものと考えられます」と述べている（吉田編著・前掲書22頁）。

　しかし、区分所有法17条１項の要件は、後述するように、規約でこれを緩

和することは許されず、厳格化することは許されると考えられている。そうとすれば、改正法からすると、多額の費用という加重の要件のある規約上の規定が当然に無効となることについて、上記理由では説明ができていないと考えざるを得ない（稲本洋之助＝鎌野邦樹『コンメンタール・マンション区分所有法〔第2版〕』98頁は、これは「規範上の空白」であり、立法の手当が必要であるという）。しかも、実務的には、大規模修繕工事について費用が多額になる場合には、決議の執行の円滑さの観点から4分の3の多数決を得ることが妥当であると考えている管理組合も多くあり、「区分所有者の意思解釈からいって、今回の法改正後も、こうした規定の効力がそのまま維持されるとみるのは無理がある」というものではない。

　上記の立法担当者の見解があるため、平成14年改正後も、規約の改正をしないまま大規模修繕工事の決議を普通決議でなす例が多く現れている。しかし、法的効力に問題を残すことになるので、大規模修繕について普通決議で決議したいのであれば、これに先立って平成14年改正法にあわせて規約を改正しておくことが望ましい。

(C)　議決要件

　共用部分の変更は、集会を招集して区分所有者および議決権の各4分の3以上の多数による決議をもって行う（法17条1項本文）。この決議については、規約で区分所有者の定数を過半数にまで減ずることが認められている（同項ただし書）。この「定数」というのは、区分所有者の数に関する要件のことであり、「4分の3」を「過半数」までの範囲で減ずることを規約で定めることができる。

　規約でこの議決要件を緩和することは、特別に法律で、上記の限度で認めたものであって、これ以上の緩和は許されない。しかし、議決要件を加重することについては排除されていない。たとえば規約で全員一致を必要とすることも可能である（稲本＝鎌野・前掲書104頁）。

(D)　特別の影響を受ける特定区分所有者の承諾

　共用部分の変更によって専有部分の使用に特別の影響を与える場合には、

その影響を受ける区分所有者の承諾を得る必要がある（法17条2項）。

「特別の影響」とは、その変更行為の必要性、有用性と当該区分所有者が受ける不利益とを比較衡量して、受忍限度を超える程度の不利益をいう。敷地上の緑地等を削って駐車場を増設することによる環境悪化や騒音は、専有部分の使用に特別の影響を及ぼすものではないとした事例（東京高決平成元・3・20センター通信1992年8月号）、増築工事が専有部分に及ぼす採光・日照の影響は、共同住宅生活者としての受忍限度内であって、居室としての使用に特別な影響を及ぼすものではないとした事例（神戸地判平成3・5・9判タ784号247頁）がある。

(E)　補修等の費用の負担

補修、共用部分の変更等の管理行為については、その負担は、専有部分の床面積の割合（法14条1項）に応じて区分所有者が負担する（法19条）。ただし、負担割合は規約で別段の定めをすることができる（法14条4項）。

(F)　敷地および附属施設への準用

建物の敷地または共用部分以外の附属施設が区分所有者の共有に属する場合には、法17条から19条までの共用部分の管理についての規定が準用される（法21条）。

（折田泰宏・小林久子）

III マンションの「復旧」

1 「復旧」と「建替え」

　マンションの建物が老朽化したり、天災等により建物としての効用・機能に著しく支障が生じてきたマンションの場合は、その再生について、区分所有法はその程度に応じて「復旧」、「建替え」の手続を定めている。

　なお、建物が倒壊あるいは崩壊してしまったような「全部滅失」の場合については、阪神・淡路大震災を契機として平成7年3月24日に公布・施行された「被災区分所有建物の再建等に関する特別措置法」（平成7年法律第43号。以下、「被災マンション法」という）によって「再建」の手続が整備されたが、これについては本章のVIで取り上げる。

　「復旧」とは、区分所有建物の一部が「滅失」した場合に当該部分を原状に回復することをいう。「滅失」とは、本来的な効用を確定的に喪失している状態をいい、建物の一部がそのような状態にあることを「一部滅失」、建物全体がそのような状態にあることを「全部滅失」と呼ぶ。「滅失」の状況とは、物理的な損壊状況だけでなく、機能的に効用を喪失しているかどうかも判断基準とすべきである。

　したがって、老朽化により建物の効用が喪失し「朽廃」に至っている場合も、「滅失」に準じて区分所有法61条が適用されると考えてよい（同旨・柏谷秀男「マンションの一部滅失」塩崎勤編『裁判実務体系(19)　区分所有関係訴訟法』472頁）。損傷の程度が著しい場合も同様である（同旨・稲本＝鎌野・前掲書331頁）。

　全部滅失か一部滅失かが争われた裁判例として、神戸地決平成7・10・17判時1560号127頁がある。これは、阪神・淡路大震災によって被災したマンションで、敷地の所有権（共有持分権）を有していない区分所有者が建物の補修工事に着手したことに対し、敷地の共有持分権者が全部滅失であるとし

て補修工事の差止めおよび土地明渡しを求めた仮処分申請事件であるが、建物の軀体部分が新築工事の約4分の1の費用で修復されたことなどの理由で全部滅失でないと認定された。

単に老朽化により建物全般の機能が衰退している程度の場合は「滅失」とはいえず、区分所有法上「復旧」手続の対象にはならない。この場合は「補修」をすることとなるが、前述したように共用部分の変更に該当するか否かで補修決議の要件が異なってくることとなる。なお、平成14年改正法では、このような場合に「建替え」も選択できるようになった。

「建替え」とは、元の建物を取り壊して新たな区分所有建物を再築することをいう。昭和58年法では、多数決決議での建替え決議が可能な場合は、「老朽、損傷、一部の滅失その他の事由により、建物の価額その他の事情に照らし、建物がその効用を維持し、又は回復するのに過分の費用を要するに至つたとき」という要件（以下、「過分性要件」という）が必要とされていた（旧法62条1項）。しかし、平成14年改正法ではこの要件がなくなったため、復旧の場合はもちろん、補修の程度で済む場合も建て替えることは可能となった。

2 復旧の手続要件

(1) 専有部分の復旧

専有部分の復旧だけならば、その専有部分の区分所有者が単独で自己の費用をもって復旧することが可能である。共用部分の復旧とは違い、滅失の規模の大小を問わず専有部分を復旧する権利はその区分所有者にある。

共用部分の復旧決議や建替え決議が存在していても、専有部分の復旧についてはその決議に拘束されない（石田喜久雄「建替え」法律時報55巻9号33頁）。また、集会の決議が専有部分の復旧に及んでいる場合にも、その決議に拘束されるのは、その決議に賛成した区分所有者だけである。

なお、滅失した専有部分の区分所有者がこれを復旧しようとしない場合に、その区分所有者の同意なしに他の区分所有者が代わって復旧すること

は、建物全体の保存に必要であると認められる場合において、区分所有法57条1項による予防的措置として許されることがあると考えられる。

 専有部分の復旧にあたっては、これを従前とは異なる構造や形態に修復することもできるが、マンション全体の共同利益に反するような構造等の変更は許されない（法6条1項）。前述したように、規約によっては専有部分の補修について理事長あるいは理事会の承認を必要としているところもある（標準管理規約（単棟型）17条参照）。

 なお、区分所有者は、専有部分の復旧のために、必要に応じて共用部分や他の区分所有者の専有部分を使用することができる（法6条2項）が、使用により損傷を与えた場合には賠償金を支払わねばならない（同項後段）。

 専有部分の復旧に要した費用については、当然ながら、復旧について集会の決議があったとしても当該区分所有者のみが負担することになる。

　(2)　共用部分の復旧

 建物の一部が滅失したマンションの共用部分の復旧は、区分所有法61条の定めるところにより集会の決議によるが、一部の滅失といってもその規模によって復旧に要する費用等が大きく異なるため画一的に取り扱うことは適切でない。

 そこで、区分所有法61条は、滅失部分の価格（時価）が滅失前の建物の価格の2分の1以下かそれを超えるかで異なる手続を定めている。2分の1以下の場合を「小規模滅失」、2分の1を超える場合を「大規模滅失」という。

 両者の手続上の主な相違点は、〔表〕のとおりである。

　(イ)　小規模滅失か大規模滅失かの判定

 小規模滅失か大規模滅失か、すなわち建物価格の2分の1以下の滅失か否かという判定は、現在の建物の時価と滅失前の建物の価格とを比較して、前者が後者の2分の1を超えるか否かで判断することになる。ここで求められるべき建物の「価格」は、不動産鑑定評価の手法により求めることとなる。

 不動産鑑定評価の手法については、原価法、取引事例比較法、収益還元法があり、滅失後の現在の時価を算出するには復旧に要する工事の適正な見積

〔表〕 小規模滅失と大規模滅失との手続上の相違点

		小規模滅失	大規模滅失
①	決議要件	普通決議	特別決議
②	規約での別段の定め	可	不可
③	区分所有者単独での復旧	可	不可
④	買取請求権の有無	無	有

りが必要である。

　大規模滅失と小規模滅失を分ける基準が「価格」とされているため、その判断は困難な場合も少なくないが、復旧の手続が全く異なってくることになるので、その判定は各区分所有者の利害に重要な影響がある。

　なお、日本不動産鑑定協会カウンセラー部会は、阪神・淡路大震災の被災マンションの大規模・小規模滅失の判定のための簡易手法のマニュアル（「区分所有法第61条による1/2滅失判定手法について」（平成8年2月））を公表している。

　これは、被災建物について取引事例、収益事例が乏しいなどの理由で、原価法による積算価格だけで判定しようとするもので、次頁の算定方式による。

　この方式では、再調達価格、復旧費用、耐用年数をファクターとして滅失度が算出されることになるが、マンションの建物の維持・管理の履歴が全く考慮されないことになり、高経年のマンションについては少額の復旧費用でも滅失度が2分の1を超えてしまうことになる。この方式は被災マンションの滅失度についての簡易な判定という意味で有用であるが、できる限り取引事例法による判定も導入する必要がある（なお、取引事例法をも加味した判定手法の試案として、平松宏子「マンション滅失の大規模・小規模の判定について」日本マンション学会第5回大会研究報告集43頁がある）。

> 1 －被災建物価格／被災前建物価格＝滅失割合
> 被災前建物価格＝再調達価格×現価率
> 被災建物価格＝（被災前建物価格－復旧費用）×（１－震災修正率）
> ＊震災修正率は、被災建物価格の評価で「傷物」として市場性が著しく劣り、市場性が回復するのに時間がかかることを考慮して、期間リスクをみたものである。
> ＊現価率は、建物の主体部分と附属設備それぞれの耐用年数による減価率を査定し、これを１から控除し、さらに観察減価による調整をしたものである。
> 耐用年数によって減価率は大きく異なってくる。

　また、上記「価格」の判定は、建物の「価格」が基準とされているので、建物のうち、専有部分と共用部分とがどのような比率で滅失したかは問題とされない（稲本＝鎌野・前掲書335頁）。

　㈹　共用部分の復旧手続
(A)　小規模滅失の場合
　滅失部分の価格が建物の価格の２分の１以下である小規模滅失の場合の復旧については、集会（総会）の復旧決議による方法と、集会の復旧決議がない場合に区分所有者が単独で行う方法の２種類の手続が定められている。
　(a)　集会の復旧決議による方法
　集会を招集し、区分所有者および議決権の各過半数による決議に基づき復旧する（法61条３項）。
　しかし、この手続に関しては規約で別段の定めをすることが認められており（法61条４項）、別段の定めをした場合には規約に従うことになる。たとえば、規約において、上記決議要件を緩和し、また、集会の決議を要しないで当然に区分所有者全員で復旧すべきことを定めることも有効である。
　後に述べる大規模滅失の復旧決議とは違い、集会の招集にあたって議案の

要領を通知することまでは要求されていない（法35条5項）。

　復旧に要する費用は、復旧決議に対する賛否にかかわらず、区分所有者全員で共用部分の持分割合に応じて負担することになる（法19条・14条）。専有部分あるいは共用部分の一部に滅失部分が偏在している場合でも決議で費用負担の割合を変えることはできない。ただし、管理規約に別段の定めがあれば規約に従うこととなる（法19条）。したがって、費用負担の割合を共用部分の割合と異なる割合としたいが規約にはその定めがない場合は、まず規約の変更手続を経なければならない。

　なお、小規模滅失の場合の復旧とは原状に回復することをいい、構造や形状を変更する場合を含まないと解されているので、構造等の変更があり法17条1項の「共用部分の変更」に該当して、同条の特別多数決議が必要とされる場合は、復旧決議とは別にその決議が必要である。

　(b)　区分所有者が単独で行う方法

　共用部分の復旧決議がなされない場合、各区分所有者は単独で滅失した共用部分を復旧することができる（法61条1項本文）。しかし、復旧に着手するまでに復旧決議がなされたときはその決議に拘束され、単独の復旧工事は許されなくなる（同項ただし書）。

　区分所有者が単独で復旧した場合、その復旧に要した費用は共有持分の割合に応じて他の区分所有者に対し償還請求ができる（法61条2項）が、請求を受けた区分所有者は、償還金の支払について裁判所に期限の許与を求めることが認められている（同条13項）。

　単独による復旧は、方法や程度に統一がとれず、また費用償還をめぐる紛争も生じやすいので、集会の決議により復旧を図ったほうがよいことはいうまでもない。

　なお、集会で共用部分の復旧決議が否決された場合には、特段の事情がない限り、区分所有者の過半数の人の意思が復旧を拒否しているものと解され、この意思は区分所有者全員に効力を生じているから、各区分所有者は個別に復旧工事をすることができず、費用償還請求もできないとの見解がある

（稲本＝鎌野・前掲書337頁）。団体の意思として復旧をしないことを明らかにした以上は、区分所有法61条1項・2項の適用の余地はなくなると解すべきであり賛成である。

(B) 大規模滅失の場合

(a) 集会による復旧決議

滅失部分の価格が建物価格の2分の1を超える大規模滅失の場合は、集会を招集して区分所有者および議決権の各4分の3以上の多数による決議によって復旧を行う（法61条5項）。この規定は強行規定であり、規約によって議決要件を緩和することは許されない。

集会の招集にあたっては、議案の要領を通知しなければならない（法35条5項）。

集会の議事録には、議事の経過の要領およびその結果（法42条2項）以外に、後述する買取請求権の権利者と相手方を確定するため、区分所有者の賛否を記載することが要求されている（法61条6項）。

大規模滅失の場合の復旧は、特別多数決議が要求されていることから共用部分の変更に相当する内容をも含むと解されるので、復旧の内容が共用部分の構造や用途を変え、「変更」に該当する場合でも、復旧決議とは別に区分所有法17条1項の決議を経る必要はないと解する（同旨・稲本＝鎌野・前掲書342頁）。

復旧に要する費用は、買取請求権を行使した者を除き、区分所有者全員が持分割合に応じて負担することになる（法19条）。費用の分担金の支払について、裁判所に期限の許与を求めることができないのは小規模滅失の場合と同様である（法61条13項）。

(b) 集会による復旧決議がなされない場合の措置

大規模滅失でありながら、復旧決議がなされない場合、区分所有法62条の建替えの決議を選択することも可能である。

しかし、建替えの決議も復旧の決議もなされない場合、大規模滅失の場合は区分所有法61条5項の法文上、小規模滅失の場合のように区分所有者が単

独で復旧することはできないと解される。しかし、専有部分は本来区分所有者が単独で自由に復旧できるものであるから、各区分所有者はその専有部分を復旧するのに必要な範囲に限って共用部分も自己の費用で復旧することができると解すべきである。この場合の費用は法61条2項に基づいて他の区分所有者に償還請求をすることはできないので、一般の不当利得（民法703条）あるいは事務管理（同法702条3項）の法理によることになる（稲本＝鎌野・前掲書343頁）。

なお、区分所有法は、このような場合には、区分所有者が次項の買取請求権を行使して、区分所有関係から離脱する選択も認めている。

3　買取請求権

区分所有法は、大規模滅失について復旧決議があったときに、復旧決議に反対した区分所有者が行使できる買取請求権（法61条7項）と、大規模滅失でありながら復旧の決議がなされない場合に行使できる買取請求権（同条12項）の2種類の買取請求権の制度を設けている。

(1) 復旧決議があった場合の買取請求権

(イ) 意　義

この場合の買取請求権は、大規模滅失の場合において復旧を選ぶことを望まない区分所有者において、区分所有関係からの離脱を認めて復旧事業に要する費用の負担を免れることを可能とし、また離脱にあたって財産的保障を実現しようとする制度である（山野目章夫「区分所有権の買取請求」法律時報68巻7号16頁参照）。

(ロ) 当事者

買取請求ができる権利者は、復旧決議に賛成した区分所有者以外の区分所有者であり、相手方となるのは同決議に賛成した区分所有者およびその承継人（特定承継、包括承継の両者を含む）である。当事者を確認できるように、復旧決議の議事録に各区分所有者の賛否を記載することになっている（法61条6項）。

なお、買取請求をする相手方は賛成者の１人、数名もしくは全員のいずれであってもよい。たとえば、Ａ、Ｂ、Ｃ、Ｄ、Ｅ５名のマンションでＢ、Ｃ、Ｄ、Ｅの４名の賛成で復旧決議が成立した場合、Ａからは、相手方をＢ１名、Ｂ、Ｃの２名、Ｂ、Ｃ、Ｄの３名、Ｂ、Ｃ、Ｄ、Ｅの４名とする４通りの買取請求が可能である。

　(ハ)　**買取指定者**

　(A)　制度の意義

　平成14年改正法で、買取請求手続に「買取指定者」制度が新設された。この制度は、復旧決議の日から２週間以内に決議賛成者全員の合意により指定した者（買取指定者）が、その旨を決議賛成者以外の区分所有者に対して書面で通知したときは、その通知を受けた区分所有者は、買取指定者以外には買取請求権を行使できなくなるという制度である（法61条８項）。

　平成14年改正前は、このような制度がなかったために、復旧決議の後に買取請求が無秩序に行使され、買取請求権を行使された者にとっても多大な負担がかかる可能性があった。買取請求権は形成権であるとされ、受ける側には諾否の自由はなく、資金的な用意ができるか否かに関係なく、意思表示の到達とともに売買契約が成立してしまうものであるから、阪神・淡路大震災の際には、実際に嫌がらせ、脅迫の手段に使われ、復旧決議に支障が生じた実例もみられた。そのため、管理組合としてはあらかじめ買取請求権の行使の方法を定めておくか、誰に対して買取請求権が行使されたとしても管理組合が引き取る等のルールを設定しておくことが推奨されていたが、そのようなルールの法的効果には疑問があった。そこで、後述の再買取請求権の新設とともに買取指定者の制度を新設することで、上記の問題の立法的解決を図ったものである。

　(B)　買取指定者の資格

　買取指定者は、上記の制度の趣旨から、区分所有者である必要はなく、また自然人、法人を問わない。複数でもよい。実際には復旧工事を請け負う工事業者あるいは同業者と提携する不動産業者が買取指定者となることが想定

される。

(C) 買取指定者の指定の手続

買取指定者は、復旧決議の賛成者の全員で合意されることによって指定されるが、その合意の方式は限定されていない。集会の決議で指定するものではないので、全員から合意書を取り付けるのが通常の方法であろう。

しかし、この指定の手続および決議非賛成者への通知は復旧決議の日から2週間以内に行わなければならないので、実務的には、復旧決議前から買取指定者をあらかじめ選定しておき、決議後に速やかに合意書を取り付けていかないと、大規模なマンションでは上記の期間制限に間に合わないおそれがある。

(D) 買取指定者から決議非賛成者への通知

買取指定者を指定した場合は、買取指定者から復旧決議の非賛成者にその旨を通知することにより、買取請求権を行使できることになる。その期間は、復旧決議の日から2週間以内であるが、通知の発信が期間内であればよいと解する。なお、この通知は口頭ではなく書面でなくてはならない。

(E) 指定および通知の効果

買取指定者の指定がなされ、通知が上記の期間内になされた場合は、通知を受けた復旧決議非賛成者は買取指定者に対してのみ買取請求ができることになる。もし、上記期限後に通知がなされた場合、あるいは通知がなされなかった決議非賛成者は、原則に戻って復旧決議の2週間経過後に決議賛成区分所有者の誰に対しても買取請求をすることができる。

買取指定者に対して買取請求をするには、復旧決議の日から2週間を経過していなくてもよく、通知受領後はいつでも買取請求をすることができる。なお、買取指定者も、買取請求の代金の支払について裁判所に相当期間の期限の許与を求めることができる（法61条13項）。

(F) 買取指定者の資力の担保

復旧決議賛成者が、買取指定者の制度を悪用して、故意に資力のない者を買取指定者に指定し、非賛成者の投下資本の回収という目的の実現を妨げよ

312

うとすることが考えられる。このようなことを防ぐために、平成14年改正法は、買取指定者を指定した場合でも決議賛成者に何らかの責任をもたせることにした。すなわち、買取指定者が売買代金支払債務の全部または一部を履行しないときは、決議賛成者全員（買取指定者が復旧決議賛成者であるときは、その者を除く決議賛成者全員）が買取指定者に連帯して責任を負うこととし、他方で保証人に準じた検索の抗弁権（民法453条）を認めた（法61条9項）。また、この場合に、履行の請求を受けた決議賛成者は、裁判所に相当期間の期限の許与を求めることができる（法61条13項）。

　㈡　再買取請求権

　大規模滅失で復旧決議があった場合に、決議の日から2週間以内に買取指定者が指定されず、または指定はされたがその者からの通知がないときは、決議非賛成区分所有者は、決議賛成者に対し買取請求ができる。この場合に、その請求を受けた決議賛成者は、その請求の日から2カ月以内であれば、他の決議賛成者の全部または一部に対し、決議賛成者以外の区分所有者を除いて算定した区分所有法14条に定める割合に応じてその建物および敷地に関する権利を時価で買い取るように請求できる（法61条7項後段）。

　この規定は平成14年改正法で新設されたもので、改正前は認められていなかった（ただし、復旧の決議がなされない場合に行使できる買取請求権（現行法61条12項・旧法61条8項）の場合は従前から認められている）ので、第三者との間で任意に売却処分するしかなかった。

　この再買取請求の制度は、決議賛成者の負担の衡平を確保するため、最終的には決議賛成者の全部で負担する措置を講じようとしたものである。したがって、買取請求を受けた者は、他の決議賛成者に対し、その者の共有持分の割合に応じて再買取請求ができるにとどまることとしている。

　㈥　買取請求権行使の期間と理事長・買取指定者の催告権

　買取請求権の行使は、復旧決議の2週間経過後にすることができる。しかし、平成14年改正までは期間の制限がなく、たとえば復旧工事が完成後においても行使することが可能であり、権利関係の不安定な状態が継続すること

313

を許していた。

　平成14年改正法では、この問題を、復旧決議の集会を招集した者（通常は理事長）、買取指定者が指定されている場合は買取指定者が、4ヵ月以上の期間を定めて買取請求をするか否かについて決議非賛成者に書面で催告し、この期間内に買取請求をしない場合はその権利を喪失するとする規定（法61条10項・11項）を設けることで解決を図った。

　㈩　買取請求権の行使の方法

　買取請求権は形成権の性質を有しているので、請求者が一方的に意思表示をすることで足りる。法律的には書面による必要もない。しかし、重要な意思表示であるので、意思表示の日付、内容が確認できる書面で意思表示をなすことが望ましい。ただし、時価について具体的な金額を明示する必要はない。

　買取請求の対象となる区分所有権が共有の目的物となっている場合、議決権の行使が一体的に行われなければならないのと同じく、買取請求権の行使も不可分一体的になされるべきであると解する（同旨・山野目・前掲論文19頁）。もし個別に買取請求ができることを認めると、一部の共有者だけがその持分の買取請求をした場合には、買取請求を受けた区分所有者は共有の物件を買わざるを得なくなり、あまりにも不当を強いる結果となる。

　㈻　買取請求権の行使の効果

　買取請求権の行使の意思表示によって、直ちに、請求者は売買代金請求権を、相手方は引渡請求権および所有権移転登記手続請求権をそれぞれ取得することになる。

　ただし、直ちに相手方に売買代金を支払わせることが相当でない場合もあることを考慮して、買取請求を受けた相手方はその支払について裁判所に期限の許与を求めることができることとしている（法61条13項）。

　区分所有権の移転する時期については、買取請求権の意思表示の時期であると単純に言い切れない問題がある。この問題は、特定物売買における所有権移転時期に関する民法176条の法解釈理論と共通する課題であり、判例は

売買契約が成立すると同時に所有権が移転するとし、学説には代金支払時、引渡し時、移転登記時、段階的移転等諸説がある。しかし、本件買取請求権については、請求者がいつ区分所有者としての権利義務を喪失し、管理費等の支払義務を免れるかという問題と連動することも考慮しなくてはならない。所有権移転時については明確で客観的に定まることが望ましく、そのためには原則的に買取請求の意思表示時＝売買契約成立時に所有権が移転するものと考えるべきであるが、買取請求後も請求者が占有・使用を継続している場合は、請求者に管理費等相当分の負担を不当利得あるいは損害金として負わせることができると考える（稲本＝鎌野・前掲書345頁は、「買取請求をした者が目的物の引渡しをし、またはその提供をした場合には、請求者の利益において権利の移転が生ずる」とする）。したがって、買取請求の意思表示後は、集会における議決権の行使もできなくなる。

　買取請求を受けた者が代金の支払をしない場合には、請求者は代金の支払を求める訴訟を提起することになる。また、支払請求を断念して売買契約を解除することもできる。この場合にはあらためて別の区分所有者に買取請求をすることができる（山野目・前掲論文18頁）。

　逆に買取請求を受けた者が代金を提供したにもかかわらず、請求者が所有権移転登記手続あるいは明渡しに応じない場合は、被請求者から請求者に対して所有権移転登記あるいは明渡しを求めて訴訟を提起するか、債務不履行により売買契約を解除することになる。

　抵当権、先取特権、質権などの担保物権が設定されていたり、差し押さえられている区分所有権についても買取請求が妨げられる理由はない。この場合に抵当権、差押えの存在は時価の価格については考慮されない。買取請求を受けた区分所有者には、その負担がついたまま所有権が移転することとなるが、抵当権や差押えが対抗力を有している場合、抵当権の実行や強制競売によって最終的には買取請求を受けた区分所有者は当該区分所有権を喪失する結果となる可能性があるので、民法576条・577条により代金の支払を拒絶することができる。しかし、買取請求をした区分所有者が代金の供託を請求

してきた場合は供託しなければならない（民法578条）。

　対象不動産に先取特権、質権、抵当権の登記がある場合は、買取請求を受けた区分所有者は、民法378条以下の抵当権消滅請求の手続（先取特権、不動産質にも準用される）によって、担保物権登記の抹消を求めて最終的な解決を図ることになる。しかし、上記手続をせず、あるいは上記手続の結果、抵当権等の実行により、買取請求を受けた区分所有者がその区分所有権を失ったときは、売買契約を解除することができる（民法567条）。強制競売の場合も同様である（同法561条）。

　　㈭　買取請求の時価

　買取請求において最も問題となるのは代金額である。区分所有法61条7項は、その価格は建物および敷地権の「時価」であるとする。

　ここでいう時価は、建物が一部滅失した状態での価格であり、同じ建物であっても請求者である区分所有者の専有部分の状況により価格が異なる。時価について当事者間で合意が成立しない場合は裁判で決めるしかない。

　阪神・淡路大震災により損壊したマンションの復旧をめぐって買取請求の時価が争点となった訴訟で、一審の大阪地裁（大阪地判平成10・8・25判時1668号112頁）、控訴審（大阪高判平成14・6・21判時1812号101頁・わかりやすい92）および上告審（最判平成14・12・16判例集未登載）は、買取請求における時価は、基本的に「買取請求時において被災しなかったものとした場合の価格」から「復旧工事費」を控除して算定するとしている。

　この事件では、①原告・請求者の「時価は、被災直前の取引価格から共用部分復旧工事費の負担額と専有部分復旧工事費を控除した額であり、復旧工事費用は被災前の状態に復旧しかつ安全性を確保するのに必要最小限の工事に対応する費用のみを指す」との主張と、②被告・被請求者の「買取請求の制度は、買取請求を受ける者において実質的出捐がなく、損害が発生しないことを予定しているものであり、買取請求時点で復旧工事が完了しているものと仮定して復旧後の想定評価額から共用部分復旧工事費分担金、専有部分復旧工事費、諸経費（所有権移転登記手続の登録免許税、登記手続費用、未払管

理費・積立金、転売の際の仲介手数料、清掃、不要物の処分費）を控除した額とすべきであり、復旧工事費用は現在の常識的なマンションとして販売可能な程度にまで修繕するに要する費用である」との主張の適否が争われた。

　一審判決は、①買取請求権の法的性質は形成権であり、その行使時に所有権が移転し時価もその時点を基準とすることとし、②時価の算定方法は、被災しなかったものとした場合の価格から共用部分復旧工事費と専有部分復旧工事費を減価して算定すべきものとして、原告・買取請求者の主張を支持した。また、同判決は、この時価算定において考慮すべき復旧工事費用は、被災前の状態に復旧するとともに安全性を確保するのに必要かつ相当な工事に対応する費用を指す（機能向上のための費用は含まない）とし、現実に計画され支出された費用ではないことを判示した。控訴審判決も、代金額は減額されたが上記の考え方は同じである。しかし、控訴審では、復旧工事によっても被災により相当のダメージを受けた建物であることは避けられない事実であり、かつ、復旧工事はマンション全体の傾斜をそのまま残した工事であるとして20％程度の減価を認めているから、「被災しなかったものとした場合の価格」を算定の根拠として使用しているとはいえず、必ずしも論理は一貫していない。

　買取請求権の時価の算定方法については、区分所有法の平成14年改正における法制審議会での審議の際に議論の素材には上がったものの法律上明確にされるには至らなかった。また、裁判例としても現在までは前記の事例１つにとどまっている。しかし、買取請求権の行使を受けた決議賛成の区分所有者、買取指定者は、復旧工事の完了後はこれを転売するのが通常の行動であると思われるが、中古マンションの市場では復旧工事後もいわゆる「きずもの」扱いされ、期待どおりには市場価格が形成されないのが常識であるから、実際の転売価格は、そのようなことを考慮しない前記裁判例が認めた算出方法による価格に到底届かないと思われる。したがって、上記価格では、買取請求を受けた者が損害を被る可能性が大きい。

　買取請求の制度の意義は、復旧決議の非賛成者が区分所有関係から離脱す

317

る機会を与えることにあると考えられ、その結果買取請求を受ける決議賛成者が利得をし、あるいは損害を被ることは予定されていない。したがって、買取請求の時価は、復旧工事完成後の処分価格と一致することが理想ではあるが、それが不可能であるとしても、本件において被告・被請求者が主張した「復旧後の想定評価額」から復旧工事費を控除する算定方法による価格のほうがより適切で現実的であると考える（稲本＝鎌野・前掲書345頁、鎌野邦樹「区分所有法61条7項の買取請求権の『時価』について」千葉大学法学論集14巻1号43頁以下）。澤野順彦「買取請求・売渡請求における『時価』」丸山＝折田編・前掲書626頁は同旨であるが、復旧前の建物における区分所有者の生活上の利益を考慮すべきであるとし、具体的には移転実費、造作、附帯設備機器等買取価額、営業用建物の場合には営業上の利益の損失相当額等も考慮すべきとする。

ただし、復旧工事費の見積内容については、原則的には「被災前の状態に復旧するとともに安全性を確保するのに必要かつ相当な工事に対応する費用」に限定し、よほど設備が陳腐化していた場合には常識的な範囲で現在の状況に適合する程度の工事費用が認められるとするべきである。

(2) 復旧・建替えの決議がない場合の買取請求権

建物の一部が滅失した日から6ヵ月以内に建替え決議も復旧決議もなされない場合、各区分所有者は他の区分所有者に対し、その期間経過後に建物および敷地に関する権利を時価で買い取ることを請求することができる（法61条12項）。これは、相互の利害が対立したままでは、区分所有関係を解消する以外に解決の手段がないとの考えで認められた制度である。この制度は他方で、「特定の将来的解決を指向する区分所有者に複数の専有部分を集約して帰属させることにより多数派の形成を間接に促す作用をもつ」とみる見解もある（山野目・前掲論文16頁）。

買取請求権が行使されると、買取請求者との関係では復旧等の決議ができなくなるが、買取請求による区分所有者の変動がなされた後に復旧等の決議をすることは可能である。しかし、買取請求を受けた区分所有者が復旧ある

いは建替えのために多大の負担を負うことになるので、その決議には当該区分所有者の同意が必要であると解される（濱崎恭生『建物区分所有法の改正』375頁、稲本＝鎌野・前掲書360頁）。

　この場合の買取請求ができる権利者はすべての区分所有者であり、相手方は自己以外のすべての区分所有者である。復旧決議がなされた場合の買取請求権とは異なり、全区分所有者が対等の立場でそれまでの議事に対する賛否に関係なく誰から誰に対しても行使することができる。たとえば、甲から買取請求を受けた乙は、甲の権利と自分の権利をあわせて丙に対して買取請求することもできる。買取請求の時価や買取請求権の法的性質の問題については、復旧決議がなされた場合の買取請求権と同様である。

　もし買取請求権がこのように順次行使されていき、最後の1人が残った場合には、取りあえず代金支払についての期限の許与を裁判所に申請し、買取資金が用意できた段階で全部の権利を買い取って単独所有者として建替えや復旧あるいは処分をすることになる。資金が用意できない場合には全部の権利を一括して第三者に売却し、各区分所有者への代金を一括精算するという方法も考えられる。

　しかし、現実には、以上に述べたような現象は起こり得ないと考える。区分所有者が買取請求をする以上は、現実に速やかに売買代金を回収できることを期待するものと思われるが、そのような相手方の存在をあらかじめ知ることは困難であり、仮にある区分所有者に買取請求をしたとしても最終的に区分所有権の帰属がどのように集約していくのかが全く予想できず、したがって、売買代金がいつ、いくら回収できるかを予測することは極めて困難であるということになる。このような状況で買取請求という行動に出る区分所有者は極めて少数であると思われる。区分所有法は、区分所有関係の解消について多数決による解決の制度を設けていないが、本項によって実質的な区分所有関係の解消を目論んだものとすれば、机上の空論であったということができる。

　なお、平成25年の被災マンション法改正で、被災マンションに限定してで

はあるが、区分所有関係の解消（具体的には、取壊し、建物敷地売却、敷地売却の各処分）が多数決でできる制度が創設された（後記Ⅵ参照）。

（折田泰宏・南ゆうひ）

Ⅳ　建替えをめぐる紛争と対処法

1　マンションの建替えと区分所有法の決議要件の変遷

(1)　はじめに

　マンションの建替えという難題は、平成7年1月の阪神・淡路大震災において、突如、現実の問題としてマンション住民の眼前に立ちはだかった。マンションの建替え自体はこれまでにも例がなかったわけではなく、それまでにも約60件の実例が存在していたが、それらの例は、いずれも容積率に余裕があり、建て替えることによって従前の建物よりも容積の大きい建物の再建が可能で、専有部分の拡大あるいは余剰床を販売して建替え資金に充当することが可能であるというようなケースであり、全員一致の合意で実現してきたものである。

　しかし、マンションが老朽化し、あるいは災害で損傷し、建物を維持すること自体が客観的にみて不合理となった場合に、全員の同意がなければ建替えができないとすると、いつまでもマンションの再建はできないおそれがある。そこで、昭和58年改正法は、そのような場合に限定して、区分所有者および議決権の各5分の4以上という特別の多数決により建替えができる規定を新設した。

(2)　58年法

　58年法は、多数決でマンションの建替えを決議できる要件として、決議要件とは別に、①「老朽、損傷、一部の滅失その他の事由」が存在し、②「建物の価額その他の事情に照らし、建物がその効用を維持し、又は回復するのに過分の費用を要する」ことを要件としていた（旧法62条1項）。これを客観的要件と呼んでいた。また、再建建物の目的が旧建物と同一であり、また敷地の同一性の要件が必要とされた。

321

(3) 平成14年法

　建替え決議の要件の改正は、平成14年改正の最重要課題であった。旧法62条１項の上記客観的要件が廃止され、再建建物の目的が旧建物と同一であることの要件も廃止され、また敷地の同一性の要件が緩和された。したがって、阪神・淡路大震災の被災マンションを中心にその解釈をめぐってなされてきた旧法の客観的要件の解釈をめぐっての議論は過去のものとなったが、この点については憲法29条２項（財産権の保障）に抵触する疑いがあるとの議論がある（この改正の経緯および問題点については、鎌野邦樹ほか編『改正区分所有法＆建替事業法の解説』85頁以下を参照されたい。また、団地の一括建替えの手続を定めた法70条の違憲論についてはⅤで後述する）。

　また、区分所有法改正と相前後して、建替えの実務を進めるについて極めて重要な「マンションの建替えの円滑化等に関する法律」（平成14年法律第78号。以下、「建替え円滑化法」という）が成立した。この法律は、区分所有法による建替え決議後の手続についての法律とされているが、建替えを志向するマンションにおいては、実際には建替え決議の準備段階から同法の適用を意識して進めていかざるを得ない。

　なお、平成14年法では、団地内の一部の建物の建替えおよび一括建替えについての規定を新設した。旧法には規定されていなかったために団地の建替えについては多くの問題が生じていた点であり、重要な改正事項であるが、法制審議会の審議を経ずに成立した経緯がある。この点については後記Ⅴで触れることとし、以下の説明は、１棟の建物の建替えを前提とするものである。

2　建物の全部滅失の場合と区分所有法62条１項の適用

　建物の全部滅失の場合は区分所有法62条１項の適用はないとするのが通説である。建物が全部滅失した場合には、区分所有関係が消滅し、元の区分所有者の間には敷地の所有権の共有関係または借地権等の準共有関係が残るだけであるからである（半田正夫「滅失による復旧再建その他」玉田弘毅ほか編

『建物区分所有権法』122頁)。区分所有権が建物の専有部分と共用部分を基礎として成立していると考えられている以上、このように考えざるを得ないということである。このように考える以上、全部滅失の場合には、土地の共有者の全員の合意がなければマンションの再建はできないことになる。

　この議論は、区分所有権の法的性格にも関係する興味深い論点であるが、丸山英氣千葉大学名誉教授は、全部滅失を法の欠缺状態にある場合とみて、「区分所有権は、専有部分への権利、共用部分への権利、敷地への権利そして物権化した構成員への権利から構成されている。これらの4つの要素は不可分一体性をなしている。別々の処分、譲渡は不可能である。このことは再建の場合にも同じことであり、全員一致によるこのような団体的拘束を離脱する合意があって初めて、通常の共有関係に立つことになる。つまり、前記の拘束から解放されるのである。したがって、区分所有者全員によるこのような合意がなければ、依然として団体的拘束のもとにあると考えるべきである」と述べている（丸山英氣『区分所有建物の法律問題』309頁、同『マンションの建替えと法』247頁)。また、「区分所有建物の全部滅失後も一般の土地共有者よりもはるかに強い共同体的関係が存在するのであり、そのような実態を考えると、再建の可否を見定めるのに必要な一定期間、区分所有関係はその限度において存続する」(吉田真澄「被災区分所有建物の再建・復旧等」ジュリスト1070号163頁)との見解もある。

　大規模災害による全部滅失の場合につき、この問題は、実務上の処理としては、被災マンション法が、全部滅失の場合の多数決決議によるマンション再建手段を立法化したことにより解決した。この立法は、前記通説の考えからすると法律の欠缺を埋めるための特別法ということになるが、丸山教授の立場からは、特別措置法は「法解釈のうえで疑義がある点を一義的にした」ものであり、3年間分割請求を禁止したこと、買取請求権の行使を1年間制限した（法61条7項では6ヵ月）ことにより優遇措置をとったことに意義があるとする（丸山・前掲書（マンションの建替えと法）248頁)。

　なお、被災マンション法は、平成25年6月26日に改正されて、再建だけで

なく、多数決による解体・売却処分も認めるようになっており、その内容は後記Ⅵで説明する。

建物の老朽化が進んで「朽廃」（建物としての効用が完全に喪失した状態）に至っている場合や、被災マンション法適用のための政令指定がなされない災害による全部滅失のような場合などには、被災マンション法を適用する余地はない（人為的な取壊しによる全部滅失の場合についても適用外であったが、上記改正法により適用されるようになった）。この場合には、なお上記丸山説、吉田説を採用して区分所有法62条の類推適用を認めるべきかどうかを検討する意味がある。

3　区分所有法62条1項の建替え決議と建替え円滑化法

(1)　はじめに

区分所有法は、建替え決議の制度を設けてはいるが、決議の実施に関しては、建替えに参加しない者に対する売渡請求と建替えの合意に関する規定をおくだけで、建替事業の実施主体や事業のしくみについては具体的な定めがない。

このため、建替えを実施する場合の団体の運営ルールや構成員の権利義務関係が不明確であり、また、その団体に法人格がないため各種契約行為を円滑に行いにくいという問題もあった。また、建替えに伴う建物の取壊しにより、区分所有権、抵当権、賃借権などの関係権利がいったん消滅せざるを得ないことから、事業実施中の権利関係が不安定となり、合意形成の障害ともなっていた。

以上のような事情から、マンション建替組合の設立、権利変更手続による関係権利の変換など、マンションの建替えの円滑化等に関する措置を講じるため、「マンションの建替えの円滑化等に関する法律」（平成14年法律第78号）が平成14年6月12日に成立し、同年12月18日に施行された。

(2)　建替え円滑化法の対象マンション

建替え円滑化法において対象となるマンションは、「2以上の区分所有者

が存する建物で人の居住の用に供する専有部分のあるもの」と定義されている（同法2条1項1号）。これは、平成12年に制定された「マンション管理適正化法」におけるマンションの定義と概ね同じである。

建替え円滑化法では、さらに事業の認可基準において、建替え前のマンションの住戸数が国土交通省令で定める数以上であることとされており（同法12条4号）、同法施行規則では5戸と定められている（同規則13条）。さらに、建替え前のマンションの住戸の規模についても世帯構成に応じて国土交通省令で定める基準を満たす必要があり（建替え円滑化法12条7号）、同法施行規則では原則床面積が50㎡以上とし、やむを得ないと認められる場合には30㎡以上とするが、単身者の居住用マンションについては25㎡としている（同規則15条1項1号）。

したがって、上記の要件を満たす区分所有建物が建替え円滑化法による建替事業の対象とされることになる。

なお、建替え円滑化法は、建替えマンションについて自動的に適用されるものではなく、建替事業を行おうとするマンションが建替え円滑化法の適用を受けなくてはならないという義務はない。

(3) 建替え円滑化法の概要

(イ) 基本方針等

国および地方公共団体は、マンション建替え円滑化のため必要な政策を講ずる責務を負う（建替え円滑化法3条）。

国土交通大臣は、マンション建替え円滑化に関する基本方針（以下、「基本方針」という）を定め、これを公表しなければならない（建替え円滑化法4条）。基本方針においては、マンション建替え円滑化のための施策の基本的方向、合意形成の促進に関する事項、良好な居住環境確保に関する事項等が定められる。

(ロ) マンション建替事業の施行者

マンション建替事業の施行者は、区分所有法62条の建替え決議を前提とする建替組合による施行と全員同意が前提の個人施行の2つが考えられてい

325

る。
　(A)　マンション建替組合
　マンション建替組合は、建替え決議に基づく建替事業を実施することを目的として、同法によって設立される法人である。
　　(a)　設　立
　マンション建替組合は、区分所有法の建替え決議の内容により建替えを行う旨の合意をした者が、5人以上共同して、定款および事業計画を定め、都道府県知事の認可を受けて設立する（建替え円滑化法9条）。この場合、認可を申請しようとする者は、建替え合意者およびそれらの者が有する区分所有法上の議決権の各4分の3以上の同意を得なければならない。
　また、団地における建替えのように、同一敷地に存する複数のマンションで決議が行われた場合には、それらのマンションの建替え合意者は1つの建替組合を設立し、共同で事業を実施することができることとされている。
　　(b)　定款および事業計画
　定款は、組合運営の最高規範であり、組合の名称、所在地、役員の定数、任期等を定める（建替え円滑化法7条）。
　事業計画は、再建マンションの設計の概要、資金計画等を定めるものであるが、区分所有法に基づく建替え決議との整合性を確保するため、その内容は建替え決議の内容に適合したものでなければならないものとされている（建替え円滑化法10条）。
　　(c)　組合員
　組合が設立されると、建替え合意者は、組合設立に関する同意の有無にかかわらず、すべて組合員となる（建替え円滑化法16条）。
　組合員の有する区分所有権等を継承した者も組合員となり、従前の組合員が組合に対して有していた権利義務は、承継した組合員に移転する（建替え円滑化法19条）。また、民間事業者のノウハウ、資金力等を活用する観点から、必要な資金力および信用を有する民間事業者等が、参加組合員として事業に参加することができる。この場合、参加組合員の参加は、定款によって

定められることが必要である（同法17条）。

　(d)　役員、総会および審査委員

組合には、役員として、理事3人以上および監事2人以上がおかれ、理事の互選により理事長が定められる（建替え円滑化法20条）。

組合の総会は、総組合員で組織され、定款および事業計画の変更、収支予算、賦課金、権利変換計画等の決定は、総会の議決を経なければならないものとされている（建替え円滑化法26条・27条）。

総会の議事は、原則として、出席組合員の議決権の過半数で決するが（建替え円滑化法29条）、定款および事業計画の一定の重要事項の変更などは、組合員の議決権および持分割合の各4分の3以上で決する（同法30条）。

組合運営の効率化を図るため、組合員が選挙する総代によって組織される総代会を設け、特別な議決を要する事項等以外の総会の権限を行わせることができる（建替え円滑化法31条・32条）。

土地、建物の評価についての公正を期するために、組合に、審査委員をおき、権利変換計画の決定等についてはその過半数の同意を得なければならないこととした。審査委員は、土地および建物の権利関係または評価について特別の知識経験を有し、公平な判断をできる者のうちから総会で選任する（建替え円滑化法37条）。

　(e)　解　散

組合は、設立認可の取消し、総会の議決および事業の完成またはその不能により解散する（建替え円滑化法38条）。

　(B)　個人施行者

マンション建替事業は、建替組合のほか、マンションの区分所有者が、1人でまたは数人共同して、個人施行者として施行することができる（建替え円滑化法5条2項）。個人施行者による建替事業は、区分所有法の建替え決議を前提としていないが、事業計画の決定や権利変換計画の決定などにつき、関係権利者を含むすべての権利者の合意が必要である。

個人施行者による事業は、組合による団体的な意思決定によらず、関係者

327

の全員合意によって進めることを希望する場合や、区分所有法の建替事業を柔軟に実施できるようにするために設けられた制度である。

なお、参加組合員と同様、民間事業者等のノウハウ、資金力等の活用を可能とする観点から、区分所有者以外でもマンションの区分所有者の同意を得たうえで個人施行者として事業を施行することができる。

　　(ハ)　マンション建替事業の施行

(A)　建替組合による区分所有権等の売渡請求

後に述べるように、区分所有法は、建替え参加者側に反対者の有する区分所有権等の売渡請求権を付与し、区分所有権のすべてを取得できるようにすることによって、建替えの実現を担保している。

この場合、売渡請求権は、個々の区分所有者が行使することが原則となっているが、買取りのための資金力を有するとは限らない個々の権利者がこれを行使するということは現実的ではなく、建替え円滑化法は、組合が、区分所有法と同様の売渡請求権を行使できるものとした。

組合は、設立認可の公告の日から2カ月以内に、区分所有法63条1項の催告を受けて建替えに参加しない旨を回答した区分所有者に対し、区分所有権および敷地利用権を時価で売り渡すべきことを請求することができる（建替え円滑化法15条）。この売渡請求権は、区分所有法におけると同様、いわゆる形成権であり、その意思表示が到達した時に、相手方の意思の如何にかかわらず、売買契約が成立し、所有権が移転する効力が生じる。

(B)　権利変換手続

マンション建替事業では、建物および土地に関する多種、大量の権利の処理が必要となるが、建替え円滑化法は、都市再開発法に基づく市街地再開発事業の場合に準じた権利変換の手法を採用した。これにより、区分所有権、敷地利用権、抵当権、借家権などの関係権利について、従前のマンションの取壊しに伴って消滅させることなく、再建マンションに円滑に移行させることとした（建替え円滑化法第3章第1節第2款・第3款）。

328

(a) 権利変換手続開始の登記

権利変換の実施に伴って不動産取引の安全が害されることのないよう、施行者は組合設立認可の公告等の後遅滞なく権利変換手続開始の登記を申請しなければならないとし、権利変換手続の円滑な進行を確保するため、その登記がなされた後には権利の処分につき施行者の承認を要することとした（建替え円滑化法55条）。

(b) 権利変換を希望しない旨の申出

従前のマンションについて区分所有権または借家権を有する者は、組合設立認可の公告等の日から30日以内に、施行者に対して、権利の変換を希望せず、それらの権利に代えて金銭の給付を希望する旨を申し出ることができる（建替え円滑化法57条）。区分所有者からの申出としては、積極的に建替えに参加する意思はないが、建替え決議そのものには反対でない者が、決議に賛成した後に事業から離脱するような場合が想定される。

(c) 権利変換計画

権利変換計画では、従前のマンションに係る権利に対応して与えられる再建マンションに係る区分所有権、敷地利用権、借家権、抵当権等の権利の内容、権利変換期日等が定められる（建替え円滑化法58条）。

権利変換計画は、関係権利者の利害の衡平に十分の考慮を払うとともに、建替え決議の内容に適合して定められなければならない（建替え円滑化法59条・65条）。

(d) 権利変換計画の決定等

組合が権利変換計画を定めるにあたっては、組合員の議決権および持分割合の各5分の4以上の多数による総会の議決を経るとともに、組合員以外の関係権利者の同意を得て、都道府県知事の認可を受けなければならない（建替え円滑化法57条・30条）。

権利変更計画に関する総会の議決に賛成しなかった組合員に関しては、その議決から2カ月以内に、組合がそれらの組合員に対して区分所有権等を時価で売り渡すべきことを請求できるとともに、それらの組合員の側からも組

合に対して区分所有権等を時価で買い取るべきことを請求できる（建替え円滑化法64条）。これらの請求権も、いずれもいわゆる形成権である。なお、このどちらの請求権も行使されなかった場合は、権利変換計画に賛成しなかった組合員についても、権利の変換が行われる。

　(e) 権利の変換

　施行者は、権利変換計画の認可を受けたときは、その旨を公告し、関係権利者に関係事項を書面で通知しなければならない（建替え円滑化法68条）。

　権利変換期日に、従前のマンションの敷地利用権は失われ、従前のマンションは施行者に帰属する。施行者はこれによって、従前のマンションを除却する権原を有することになる。これとともに、従前のマンションについて区分所有権、敷地利用権または借家権を有していた者は、権利変換計画の定めるところに従い、再建マンションの区分所有権、敷地利用権または借家権を取得することになる（建替え円滑化法70条・71条）。

　従前のマンションに係る抵当権等は、権利変換期日以降は、権利変換計画の定めるところに従い、再建マンションの区分所有権等の上に存することとなる（建替え円滑化法73条）。

　建替事業については、隣接地を取り込み、または敷地の一部を処分することによる敷地の拡大、縮小等を伴う事業に対応できるようにされている。この場合、権利変換期日において、隣接する敷地（隣接施行敷地）は新たに敷地利用権が設定され（建替え円滑化法70条2項）、再建マンションの敷地とならない土地（保留敷地）の権利は施行者が取得し、これを処分することとなる（同法70条等）。

　(f) 権利変換に伴う登記

　再建マンションの敷地に関する登記は権利変換期日後に、建物に関する登記は建築工事完了後に、施行者が一括して申請する（建替え円滑化法74条・82条）。

　(g) 清　算

　再建マンションの区分所有権または敷地利用権の価額とこれに対応する従

前のマンションの権利の価額との間に差額があるときは、施行者は、これを清算金として徴収または交付する（建替え円滑化法85条）。

㈡　**賃借人等の居住安定のための措置**

国、地方公共団体および施行者は、基本方針に従って、従前マンションに居住していた借家人や、建替えに伴って転出することとなる区分所有者の居住の安定の確保に努めなければならないものとされている（建替え円滑化法90条）。

㈥　**保安上危険または衛生上有害なマンションの建替え促進のための措置**

建替え円滑化法に基づくマンション建替事業の制度は、当事者である区分所有者が自発的に合意形成を図り、建替えの意思決定を行った場合を前提に、その実施の円滑化のための措置を講じるものである。しかし、老朽化が著しく危険または有害な状況に至っているようなマンションについては、行政側から建替えを勧告し、法律上一定の助成等の措置を講じることによって建替えの促進を図ることとしている。

(A)　建替え勧告

構造または設備が不良で居住の用に供することが著しく不適当な住戸が相当数あり、保安上危険または衛生上有害な状況にあるマンションについて、市町村長は、その区分所有者に対して、建替えを行うべきことを勧告することができる（建替え円滑化法102条）。

建替え勧告の対象となるマンションの基準については、不良住宅密集地区を買収方式で整備する住宅地区改良事業における不良度の判定基準を参考にしながら、国土交通省令により、構造の安定性、設備の老朽度等の項目につき客観的な基準が整備されている。

(B)　居住安定計画

建替え勧告が行われたマンションの建替え実施者（施行者その他の勧告マンションの建替えを行う者）は、当該マンションに居住していた借家人および建替えに伴って転出することとなる区分所有者の居住の安定の確保等に関する計画を作成し、市町村長の認定を申請することができる（建替え円滑化法

331

104条・112条)。

　居住安定計画においては、代替住宅の規模、構造、家賃、所在地等が定められるが、この場合、代替住宅は、規模、構造、家賃等が妥当な水準であるとともに、生活環境に著しい変化を及ぼさない地域内において確保されなければならない(建替え円滑化法104条・105条・112条・113条)。

(C)　居住安定のための措置

　居住安定計画に代替住宅として位置づけられた公営住宅、特定優良賃貸住宅、高齢者向け優良賃貸住宅および市町村借上住宅については、入居の特例が認められるとともに、家賃の減額ができるものとしている(建替え円滑化法118条〜121条)。

　居住安定計画に係る賃貸人は、賃借人に移転料を支払わなければならず、その移転料については市町村および国が補助できるものとされているとともに、賃貸借の更新拒絶または解約申入れをする場合は、正当事由に係る借地借家法の規定は適用されない(建替え円滑化法122条〜124条)。

(4)　区分所有法と建替え円滑化法との規定上の関係

　区分所有法の建替え決議の制度と建替え円滑化法との間に密接な関係をもたせており、このことは建替え円滑化法の以下の規定に象徴的に現れている。また、本章では、区分所有法上の建替え決議の手続を解説しながら、できる限り関連する建替え円滑化法の規定を紹介するようにした。建替え円滑化法を適用しない建替えの場合は、その部分を無視していただきたい。

①　組合は、区分所有法の建替え決議の内容によりマンションの建替えを行う旨の合意をしたものとみなされた者によって設立される(建替え円滑化法9条1項)。

②　組合が作成する事業計画は、建替え決議の内容に適合したものでなくてはならない(同法10条2項)。

③　組合が作成する権利変換計画は、建替え決議の内容に適合していることが都道府県知事の認可の基準の1つとなっている(同法65条2号)。

(5) 区分所有法と建替え円滑化法が取り扱う対象マンションの相違

　区分所有法は、居住用のマンションのほか、事務所ビル等商業用ビルを含め、およそ建物を区分して所有する形態の建物すべてを対象としている。しかし、建替え円滑化法は、その対象を一定の規模以上の住宅用マンション（住宅専用マンションではない）に限定していることに注意しなければならない。

　また、建替え円滑化法は、区分所有法の建替え決議を前提とした建替事業だけでなく、建替え決議を前提としない事業手法である個人施行の制度、危険または有害なマンションの建替え勧告制度等、幅広い建替えを対象としている。

　建替え円滑化法施行から10年余りを経過した平成25年1月の時点で、同法を適用したマンション建替えは52件と報告されている。このうち詳細が明らかな43件の事例において39件が組合施行で、4件が個人施行でなされている（一般社団法人マンション再生協会調べ〈http://www.manshon.jp/tatekae/ta_jirei_index.html〉）。これ以外に、建替え円滑化法を適用せず、いわゆる全部譲渡方式による建替え事例も報告されている。

　今後、民間事業者が参加してマンションの建替えをする場合、①組合施行で、事業者は参加組合員の一員として参加する、②個人施行で、事業者は個人施行者として参加する、③建替え円滑化法を適用せず、従来の等価交換方式で事業者が区分所有者から全部譲渡を受けて建替事業に取り組む、の3方法が主流となると思われる。

　建替え円滑化法を適用することは大変な手間がかかり、また評価方法等法律上の規制が厳しく、事業者にとってはできれば避けたい方法である。しかし、権利変換手続等、建替事業を円滑に進める手段が揃っており、選択に迷うところであろう。

　個人施行方式は関係権利者全員の同意が必要であり、現在の時点で数が少ない原因の1つであると思われるが、組合施行に比べて手続が簡略であり事業期間が短縮できるといわれている。

333

いずれの方法も一長一短があるが、管理組合としては、区分所有者の経済的負担、建替え完了までに要する期間、合意の可能性の有無・程度等を見定めながら、慎重に検討していく必要がある。

(以上1～3につき、折田泰宏・浅井　亮)

4　建替え決議の議決要件

(1)　はじめに

平成14年法は、建替え決議は、「区分所有者及び議決権の各5分の4以上の多数で、建物を取り壊し、かつ、当該建物の敷地若しくはその一部の土地又は当該建物の敷地の全部若しくは一部を含む土地に新たに建物を建築する旨の決議」であると規定した（法62条1項）。すなわち、58年法での客観的要件（費用の過分性）、使用目的の同一性の要件は完全に廃止され、敷地の同一性の要件も緩和され、再建建物の敷地が旧建物の敷地の一部である場合でもよく、また逆に再建建物の敷地の一部に旧建物の敷地の全部あるいは一部が含まれればよいということになった。

建替え決議の議決要件は、区分所有者および議決権の各5分の4以上であり、この要件と上記の敷地要件を満たせば、建替え決議は成立する。

この議決要件は、規約その他の合意、決議で緩和することはできない。しかし、議決要件を厳格化する方向での規約の定めは許される（稲本＝鎌野・前掲書375頁）。

(2)　区分所有者の特定

議決にあたって区分所有権者の特定はどのようにするか、不動産登記記録上の所有者と真実の所有者が異なる場合に問題となる。厳格に考えれば、登記記録上の所有者でなく真実の所有者に議決権があることになるが、管理組合としては不動産登記記録でしか確認する方法がないので、これに従って区分所有者を特定している限り無効と評価される程度の手続の瑕疵はないと考えられる。

これに対して、神戸地判平成13・1・31判時1757号123頁〔東山コーポ事

件〕は、「仮に実質的な権利関係で決するとすると、実質的な権利関係は第三者が容易に知りえないことがあるため、管理組合に過度の負担を強いる可能性がある上、採決後に、採決に参加した特定の者が実は真実の区分所有者ではなかったと主張すること……が許され、ときに採決の結果……が覆えされることになり、法的安定性が損なわれるおそれが大きい。したがって、誰が……『区分所有者』であるかを決する基準としては、画一的で明確性のある登記簿上の記載によるとするのが相当」であると言い切っている。しかし、上記判決は、真実の所有者を証明する資料（たとえば、相続を証明する戸籍謄本、遺産分割協議書、売買契約書）が存在する場合にも、登記記録上の記載が優先するとまでいっているものとは考えれられない。もし、それらの資料を無視して不動産登記記録上の所有者に議決権を認めた場合には、決議の有効性に影響を与える瑕疵となると解する。

(3) 建替えに参加する意思のない決議賛成者の票の効力

　この論点は、これまで建替え決議の効力の問題として必ず論じられてきた点であるが、区分所有法の平成14年改正の審議段階ではこの点は解釈に委ねることとして立法的な解決はなされなかった。

　真意は建替えに反対であり建替えに参加する意思がなかったとしても、集会で建替え決議に賛成した以上、その意思表示は建替え賛成として有効であると考えられる（民法93条本文）。しかし、他の区分所有者が、当該区分所有者の真意が建替えに反対であると知っている場合または知りうる状況にあった場合に、たとえば当該区分所有者が自分は反対であるけれども賛成票に投じると公言しているような場合は無効となると考えられる（同条ただし書）。

　ところで、建替え賛成者が、決議後に参加意思を変更し、建替事業に非協力的になった場合には、区分所有法63条4項の売渡請求権の行使をすることができず、建替えの実務では大きな障害となる。建替え円滑化法では、権利変換計画に賛成しなかった者に対して建替合意者による組合（建替組合）が売渡請求権を行使することができ、また当該区分所有者からも組合に対して買取請求権を行使することができる制度を設けて、この問題を解決してい

る。

(4) 敷地についての要件

(イ) 区分所有法上の敷地要件

平成14年法では、再建建物の敷地は、従前の建物の敷地の一部でもよく、またその一部を少しでも含む土地でよいことになった（法62条1項）。旧法では、従来の建物と同一の土地に建築しなければならないとされていた。ただし、区画整理による換地上に建て替える場合は同一の土地とみなされるので離れた土地であっても問題はない。

全く別な土地に建物を建て替えることは、移転費用の節約にもなり合理的な建替え方法であると思われる。しかし、平成14年法は、遠く離れた場所での建替えも許されるとなると、同一の場所での建物の所有や使用の継続を希望する区分所有者の利益を不当に奪うおそれがあるとして敷地要件の全面的な廃止にまでは至らなかった。

しかし、平成14年法により、既存不適格の問題を解消するために隣地を購入したり借地をしたりすることによって敷地を広げることが可能となった。また、敷地に余裕のある場合に一部を売却して、その残地を利用して建て替えることもできるようになった。

(ロ) 建替え円滑化法上の敷地要件

建替え円滑化法では、平成14年法にあわせて、敷地に関して以下の重要な規定を設けた。

(A) 保留敷地の処分

建替え円滑化法は、再建マンションの敷地とならない土地（「保留敷地」）の権利は、施行者が取得し、これを処分できる制度を規定した（同法70条3項・89条）。

(B) 隣接施行敷地の利用

建替え円滑化法は、敷地要件の緩和措置によって隣接地が敷地として組み込まれることになる場合を想定した規定をおいた。同法ではこれを「隣接施行敷地」（同法11条1項）と呼んでいるが、建替えに際して施行者が隣接地を

購入する場合と隣地所有者との共同建替えを計画して敷地の一本化を図る場合とがある。

隣接施行敷地の所有権または借地権について、権利変換期日において、権利変換計画の定めるところに従って、その権利が失われ、またはその上に施行再建マンションの敷地利用権が設定される（建替え円滑化法70条2項）。

事業計画には敷地の区域を記載することが要件とされ（建替え円滑化法10条）、「隣接施行敷地」の権利者は事業計画に対し意見を述べる権利、権利変換計画に対する同意権が与えられている（同法11条2項・57条2項）。また、隣接施行敷地の権利者が、権利変換期日において、その権利を失い、またはその権利の上に借地権等の敷地利用権が設定されることに対し、補償金が交付される（同法75条）。

また、都道府県知事が建替え合意者の組合を認可するには、「隣接施行敷地」に建築物その他の工作物が存在しないか、これを除却または移転できることが確実であることが条件となっている（建替え円滑化法12条3号）。

(C) 敷地に関する権利の権利変換

区分所有法による建替えでは、敷地利用権についての手当がなされていない。そのために、建替えの結果、マンションの専有部分の面積が従前と異なり、そのため従前の敷地利用権の持分の割合に齟齬が生じたり、あるいは、余剰床が生じる場合には敷地利用権がない区分所有権が生じることとなる。これを是正するには、区分所有者全員で敷地利用権の個々の持分についての交換分合による調整が必要となり、実際上は極めて困難であって放置することとなる。

建替え円滑化法は、権利変換期日において、権利変換計画に従い、施行マンションの敷地利用権が喪失し、再建マンションの敷地利用権は、新たにその敷地利用権が与えられるべき者（組合員、参加組合員、施行者）が取得する（同法70条1項）とされており、権利変換の制度の導入によって、前記の問題は解決した。

5 建替え決議の内容

(1) はじめに

　建替え決議で定める事項は、①新たに建築する再建建物の設計の概要、②建物の取壊しおよび再建建物の建築に要する費用の概算額、③その費用の分担に関する事項、④再建建物の区分所有権の帰属に関する事項の4点であり、平成14年法においても変更はない（法62条2項）。

　団地型マンションの一括建替えの場合の決議事項については、単棟のマンション建替えとはやや異なるので後述する。

　建替え円滑化法では、建替え決議後に設立される建替え合意者の組合（建替組合）について都道府県知事の認可を受けるに際して事業計画を定めなければならないが、この事業計画は建替え決議の内容に適合したものでなくてはならないとしている（同法10条2項・47条2項）。また、権利変換計画も知事の認可を得るには建替え決議の内容に適合していなければならない（同法65条2号）。このように建替え決議の内容は、その後の建替え手続の出発点となる重要なものである。

　以下、各事項について説明する。

(2) 再建建物の設計概要

　設計概要では、鉄骨鉄筋コンクリート造などの構造材料、階数、建築面積、延べ床面積、各階の床面積、各専有部分の用途、配置、床面積などを示さなければならない。

(3) 解体費用、再建建物の建築費の概算

　この建築費用の概算は、区分所有者の判断の参考となることを目的とするものである。予定額を示すことで足り、ある程度幅のある示し方をすることも許される。

(4) 解体費用、建築費用の費用分担

　この分担額についても、区分所有者の判断の参考となることを目的とするものであり、必ずしも具体的な額まで示す必要はない。負担割合を決定する

基準を示すことで足りる。負担割合の原則は、再建マンションの取得専有部分の面積割合であると考えられる。

いずれにしても、この負担については各区分所有者の衡平を害さないように定めなければならない（法62条3項）。衡平を害する定めは無効となる。

(5) **区分所有権の帰属**

区分所有権の帰属とは、再建建物のどの専有部分を誰が取得するか、その場合の対価はどうなるかという事柄である。最初から各専有部分の帰属先を決めてしまうこともできるが、決議段階では建替え参加者が確定していないのが通常であるから、決定の方法・基準を定めれば足りる。

再建マンションが従来の建物と全く同じ規模・構造である場合には、従前と同じ位置の専有部分を取得するように定めることができるが、この場合でも、必ずしも全員が建替えに参加するとは限らず、また区分所有者によってはより広い専有部分に、あるいは上層の専有部分に移動することを希望する者も出てくる。再建マンションが従来のマンションとは規模・構造が大きく異なってくる場合には、帰属を決定する方法はさらに工夫が必要とされる。たとえば、各建替え参加者の希望を原則とし、同一専有部分に希望が競合すれば抽選で決めるという方法も考えられる。また、建替え決議では、いったんは建替え参加者全員に帰属するように定めることにしておいて、権利変換計画の中で建替え参加者に対する帰属先を定めるということも考えられる。

この再建マンションの区分所有権の帰属についても、各区分所有者の衡平を害さないように定めなければならない（法62条3項）。衡平を害する定めは無効となる。

建替え円滑化法を適用した場合には、建替え決議に定められた帰属方法に従い、権利変換計画において、より具体的な帰属を定めることになるが、権利変換計画においても従前のマンションの「専有部分の位置、床面積、環境、利用状況等又はその敷地利用権の地積若しくはその割合等」と再建マンションのそれらとを総合的に勘案して相互の衡平を害しないように定めなければならないとされている（建替え円滑化法60条2項）。

339

なお、建替え円滑化法は、権利変換によって区分所有者が再建マンションで取得する区分所有権・敷地利用権の価額と従前のマンションの区分所有権・敷地利用権の価額とに差額が生じた場合の清算手続を規定し、権利変換の結果不衡平が生じた場合の調整をしている（同法85条）。これらの額の概算額は、権利変換計画の内容に記載することになっている（同法58条1項3号・4号）。区分所有法では敷地利用権の帰属についての定めが規定されていないが、この調整も建替え円滑化法による権利変換計画の中でなされることになる。

ちなみに、建替え円滑化法では、従前のマンションの価額は、公告（組合施行の場合は組合設立認可の公告、個人施行の場合は施行認可の公告）から30日を経過した日の近傍類似の土地または近傍同種の建築物に関する同種の権利の取得価額を考慮して定めるとされ（同法62条）、また、再建マンションの価額は、区分所有権については、マンション建替事業に要する費用の額を再建マンションの専有部分の床面積等に応じて按分した額以上であって、市場価額概算額を超えない範囲で定めるとされ、また敷地利用権は市場価額概算額とされている（同法63条、同法施行規則35条）。

余剰床ができる場合には、建替え決議でその帰属先を定めておく必要がある。建替え円滑化法は、この余剰の専有部分、敷地利用権、保留敷地は施行者（組合施行の場合はマンション建替組合、個人施行の場合はその施行者）に帰属すると定めている（同法60条3項）ので、同法によって建替えを遂行する場合は、決議においてもそのように定めておく必要がある。

6 建替え決議のための総会の招集手続と議事録

(1) 建替え決議の手続が新設された経緯

平成14年法では、マンションの建替え決議の要件は大幅に緩和され、区分所有者および議決権の各5分の4以上の特別多数決のみの要件となったが、これは建替えすべきか否かという判断を区分所有者の自治に委ねることにしたことを意味するといってもよい。

しかし、マンションの建替えは反対者にとってはその区分所有権という財産権の剥奪を意味し、また賛成者にとっても多額の費用負担が伴うものであるから、その重大性に鑑みて、その決議はすべての区分所有者が熟慮し十分な議論を経てなされなくてはならない。そのためには、区分所有者に十分な情報を開示し、また熟慮する期間を確保することが必要である。平成14年法では、決議要件の緩和と引換えに決議の事前手続要件を課して、区分所有者に対する手続保障を整備した。

(2) 建替え決議の手続についての平成14年法の内容

(イ) 集会招集通知の時期についての特則

区分所有法62条の建替え決議のための集会の通知は、少なくとも集会日の2カ月前に通知を発送しなければならない（法62条4項本文）。

区分所有法は、一般の集会については、集会日の1週間以上前に発すればよい（法35条1項本文）としているが、建替え決議を目的とする集会の招集通知については特別に発送時期を2カ月以上前に繰り上げることとしたのである。

また、区分所有法は、一般の集会については、上記発出期間を規約で伸縮できるとしている（法35条1項ただし書）が、建替え決議を目的とする集会については、特別に発出期間を長期にした趣旨から、規約で伸長することはできるけれども短縮することは認められないとした（法62条4項ただし書）。

(ロ) 通知事項の追加

平成14年法においても、建替え決議を目的とする集会の招集通知については、会議の目的を示して通知する（法35条1項本文）だけでなく議案の要領をも通知しなくてはならないことになっている（同条5項）。この議案の要領というのは、建替え決議の場合は、区分所有法62条2項に規定する事項、すなわち、①新たに建築する建物の設計の概要、②建物の取壊しおよび再建のための費用の概算額と分担についての事項、③再建建物の区分所有権の帰属についての事項であり、この内容の要領をあらかじめ通知しなくはならないことになっている。

しかし、区分所有者がマンションの建替えをするか否かを検討し判断するには、現在の建物を補修維持していくことと、新たな建替えをすることとの間の経済的負担等の比較検討のためにさまざまな情報が必要であり、平成14年法では、上記議案の要領に加えてあらかじめ通知すべき情報として以下の事項を追加した（法62条5項）。

① 建替えを必要とする理由
② 建物の効用の維持または回復（建物が通常有すべき効用の確保を含む）をするのに要する費用の額およびその内訳
③ 建物の修繕に関する計画が定められているときは、その計画の内容
④ 修繕積立金の額

①は、現在の建物を取り壊して新しい建物を建て替えなくてはならないと考える理由である。建替えの理由としては、老朽化、設備等の陳腐化、震災等による著しい損傷、敷地の効用増などさまざまな理由が想定される。旧法では敷地の効用増を目的とする建替えは認められなかったが、平成14年法ではその制限はなくなったと考えられる。しかし、区分所有者が住み慣れた建物を取り壊し、多額の資金を拠出して建て替える以上は、区分所有者にその利害得失を説明できる具体的で合理的な理由が必要である。したがって、「建物が老朽化したため」とか「建物が著しく損傷したため」というような抽象的な表現では「建替えを必要とする理由」を通知したとは認められない。

②は、建替えをしないで現在の建物を維持していくと仮定した場合に想定される修繕等費用とその内訳である。老朽化でかなり傷んでいるマンション、震災等で被害を受けたマンションの場合ですぐにも大規模な補修が必要とされる場合は、複数の業者から必要な箇所の補修費用の見積りをとって適正な補修費用を提示することになる。

現時点で大規模な修繕をする必要がないマンション、たとえば定期的に屋上防水、外壁塗装、鉄部の防錆塗装または配管の更新が確実になされているマンションでは、建替え決議を準備する時点では大規模修繕を前提とした費

用というものは発生しない。この場合は、長期修繕計画に沿って長期的に修繕を実施していく場合の将来の費用の額と内訳を提示することになる。長期修繕計画が作成されていないマンションでは、あらためてこれを作成する必要がある。長期修繕計画が作成されている場合も、作成されてから年数が経過し建物の現状と適合しない内容となっている場合も同様である。

　平成14年法は、上記の補修費用について、建物の効用維持・回復という現状維持を目的とした補修だけでなく、「建物が通常有すべき効用の確保」のための工事も含むとしている。これは、建物自体は問題ないけれども、部屋が狭い、エレベーターがない、浴室がない、旧耐震基準による建物であるなど、現時点での一般的な社会通念からして現在の居住水準を満たしているとはいえないマンションについて、これらの改善をなす工事を意味する。

　③は、管理組合がすでに長期修繕計画を定めている場合は、その内容を通知しなくてはならないということである。長期修繕計画は、区分所有法上その作成義務が課されているわけではないが、マンションの居住水準を良好に維持していくためには計画的な大規模修繕を適切に実施していくことが必要であり、長期修繕計画を作成し、あらかじめ区分所有者の間で合意を得ておくことが推奨されている（マンション管理適正化法に基づく「マンションの管理の適正化に関する指針」（国土交通省告示第1288号）。以下、「適正化指針」という）。

　長期修繕計画が作成されていないマンションの場合も、前述したように、建替え決議を準備する時点では補修工事をする必要がないマンションの場合は、建替えに要する費用との比較資料として、あらためて長期修繕計画の作成が必要となることが考えられる。

　④は、大規模修繕等のために修繕積立金が積み立てられている場合に、その金額を通知する必要があるということである。

　(ハ)　**説明会の開催の義務づけ**

　マンションの集会での一般的な決議でも、集会を招集し、議案を提出した理事会、管理者は、必要に応じ議案の説明をなすことが行われている。しか

し、建替え決議の内容の重要性から、区分所有法62条2項の決議の各議案および前述した同条5項の通知事項について、説明が尽くされ、かつ説明を受けた後にさらに熟考する機会を保障するために、平成14年法は集会日より1カ月以上前までに説明会を開催することを義務づけた（法62条6項）。

　事前に通知された事項について適切に判断するには、建築等の専門的な知識が不足していたり、また通知事項の根拠となる諸資料を見なくては十分な理解ができないことが考えられる。したがって、建替え決議の集会の場で質疑応答の機会を設けるだけで、最終的な判断を区分所有者に求めることは無理がある。実際にも、過去のマンション建替え事例をみると、方針決議から始まり、何年もかけて多数の説明会を開催し、極力多くの区分所有者の理解を得る努力がなされているマンションが多い。しかし、これはあくまで任意に行われてきたものに過ぎず、平成14年法が決議要件を多数決だけにしたことと引換えに、少なくとも事前の説明会を一度は開催することを法律的に義務づけることによって、区分所有者の権利を手続的な面から保障しようとしたものである。

　説明会の開催の手続は、集会の招集の手続の規定が準用される（法62条7項）ので、区分所有者全員に開催の通知を発しなければならない。なお、建替え決議を目的とする集会の招集と異なり、集会日の1週間以上前に発すればよいことになっているので、実務的には、建替え決議の集会の招集と同時に説明会の開催の通知をすることが考えられる。

　説明会の要領について法は何らの規定もおいていないが、理事長（集会の招集者）は通知事項について説明し、説明会に出席した区分所有者から質問があれば回答する必要があると考える。一方的な説明だけで終始し、区分所有者からの質問に対して何も回答しない説明会は、法の定める説明会であるとは解されないと考える。

　説明の内容は、専門的な分野にわたることも考えられるので、通知事項の作成準備にかかわった建築専門家等に同席してもらい、説明の補助をしてもらうことが適当である。多くの質問が出て、さらに調査の必要が出てくれ

ば、調査後に再度説明会を開催する等柔軟に対処することも必要であるが、説明会が再度開催された場合に、建替え決議のための集会日を延期して、再度の説明会との間を1カ月おく必要はないと考える。

(3) 議事録作成の注意点

建替え決議をした総会の議事録には、各区分所有者の賛否を記載しなければならない（法61条6項）。事後に建替え参加者を確定する手続のために必要だからである。ただし、議事録に賛否の記載をしなかった場合に決議が無効になるわけではない。しかし、集会の招集者が区分所有法63条1項の催告をするには、それに先立って議事録の更正手続が必要であり、これがなされない限り、同条2項の期間は進行しないと解する見解がある（稲本＝鎌野・前掲書396頁）。

7 建替え決議の効力

区分所有法62条1項の議決要件を欠く建替え決議、従前の敷地と離れた敷地に建て替えようとする建替え決議、同条2項で掲げる4事項のいずれかの定めを欠く建替え決議、同条3項の衡平を害する内容の建替え決議、同条4項の集会の招集通知期間を遵守しないでなされた建替え決議、同条5項で掲げる4事項の通知を欠く建替え決議、同条6項・7項による説明会を欠く建替え決議は、いずれも無効である（稲本＝鎌野・前掲書382頁）。

建替え決議の法的効果は、区分所有法63条に基づく売渡請求権と法64条による建替え賛成者間での合意の擬制の2つであると考えられるから、建替え決議の無効はこれらの効力が生じないということになる。

　　　　　　　　　　　　（以上4～7につき、折田泰宏・伏見康司）

8 建替え決議と建替え不参加者に対する措置

(1) はじめに

建替え決議に賛成しなかった人、つまり反対した人および棄権した人は建替えに参加することを強制されることはない。しかし、建て替えるには建物

を取り壊さなくてはならず、建替えに協力しない区分所有者がマンションに居住する限り建替えを実現することはできない。そこで、区分所有法は、建替え参加区分所有者から不参加区分所有者に対して売渡請求権を行使して、その区分所有権と敷地利用権を強制的に買い取る制度を設けている。

この売渡請求権の行使の制度については平成14年法では何らの変更もない。しかし、建替え円滑化法との関係で注意すべき点がある。

(2) 売渡請求権の行使

建替え決議集会の招集者（たとえば、管理規約で招集者が理事長と定められている場合は理事長）は、建替えの参加者と不参加者を確定するために、決議に賛成しなかった区分所有者あるいは決議に加わらなかった区分所有者に対して、決議後遅滞なく建替えに参加するか否かを回答するように書面で催告しなくてはならない（法63条1項）。この催告は、配達証明付内容証明郵便ですることが望ましい。

なお、区分所有者が死亡していたり、第三者に譲渡をしているときは、相続人や譲受人に対して催告しなければならない。所在不明の区分所有者の場合には、公示送達という方法がある。

催告を受けた区分所有者は、催告を受けた日の翌日から2ヵ月以内に建替えに参加するか否かを回答しなければならず（法63条2項）、もし、その期限内に回答をしなかった場合には建替えに参加しない旨の回答をしたものとみなされる（同条3項）。

この2ヵ月という期間は回答の到達日が基準となる。なお、総会で建替え決議に賛成した人は、その後に考えが変わったとしても法律的に不参加の意思表示に変更する手続はない。

上記の手続で建替えに参加しないことが確定した区分所有者に対して、建替え参加者（1人でも複数でもよい）または参加者全員の合意により指定された買受指定者（通常は建替え事業に協力するディベロッパーが指定されることが多い）は、区分所有権および敷地利用権を時価で売り渡すように請求することができる。これが売渡請求権である。

346

この売渡請求権の行使は、催告に対する回答期間満了の日から2カ月以内にしなければならない。復旧決議の場合の買取請求権と同様に、この売渡請求権の法律的性質も形成権であると解されている。すなわち、この請求権が行使されると、相手方の意思とは無関係に、相手方との間で時価による売買契約が当然に成立することとなり、買主（売渡請求権行使者）には代金支払義務、売主には所有権移転登記手続の協力や明渡しの義務が生じることになる。

ただし、売渡請求を受けた者がすぐには引っ越し先の住居が見つけられない等、明渡しにより生活上著しい困難が生ずるおそれがあり、かつ、建替え決議の遂行に甚だしい影響を及ぼさないと認められる顕著な事情がある場合には、裁判所に、売買代金の支払または提供の日から1年を超えない期間で明渡期限の猶予の許可を求める制度が定められている（法63条5項）。

売渡請求権の行使によって、建替え反対者等の不参加者は強制的に区分所有関係からはずされることになる。しかし、建替え参加者が、売渡請求権を行使しないまま前記の期間を経過してしまうと、もはや売渡請求はできなくなってしまい、不参加者が任意に協力しない限り事実上建替事業は遂行できないことになる。

建替え決議後に不参加者が敷地利用権のみを第三者に売却した場合、本来は第三者には決議の効力は及ばないが、建替えの実行に対する妨害行為とみられるため、法は、建替え参加者またはその承継人は、当該参加者またはその承継人に対し、その敷地利用権の売渡請求をする権利を認めている（法63条4項後段）。

売渡請求権の行使にあたって具体的な金額を示す必要はない。売渡請求における「時価」は客観的に定まるものであるから、適正な時価で売り渡すべき旨を通知すればよいと考える（澤野順彦「時価の算定」塩崎勤編『裁判実務大系(19) 区分所有関係訴訟法』505頁、神戸地判平成11・6・21判時1705号112頁〔グランドパレス高羽事件〕）。

しかし、請求を受けた区分所有者がその価格で売り渡すかどうかを判断で

きるようにできる限り具体的な金額を提示すべきである。そして、具体的な金額を提示しない限り、明渡請求、所有権移転登記請求はできないと解するべきである。

また、この売渡請求権の行使に関して、敷地利用権が賃借権の場合で、土地賃貸人が賃借権の譲渡を許可しないときは、競売または公売によって第三者が取得した場合において裁判所による許可を定めた借地借家法20条1項を類推適用して、裁判所の許可を得ることができると考えられる（東京地決平成17・7・19判時1918号22頁〔代官山マンション事件〕）。

(3) **建替え円滑化法の手続による場合**

建替え決議後、建替え円滑化法によって建替組合を設立して建替事業を遂行する場合は、建替え決議反対者に対してとりうる措置についてのメニューが多くなった。

まず、建替え円滑化法9条は、マンションの区分所有権または敷地利用権を有する者であってその後に当該建替え決議の内容により当該マンションの建替えを行う旨の同意をした者も区分所有法64条に規定するマンション建替え賛成者に含まれると規定し、法63条1項による催告に対して不参加の回答をした区分所有者あるいは催告による回答期限を徒過してしまった区分所有者についても建替組合に参加することが認められることになった。

建替え円滑化法では、建替組合が売渡請求権を行使することができることになっていることに留意する必要がある。この場合、建替組合は、建替組合の知事認可の公告後2カ月以内に売渡請求権を行使しなくてはならない。ただし、区分所有法との整合の必要性から、公告の日が区分所有法63条2項の催告期間満了の日の前であるときは、催告期間の満了日が基準日となるとしている（建替え円滑化法15条1項）。

なお、この売渡請求は建替え決議から1年以内にしなければならないとされている（建替え円滑化法15条2項本文）ので、建替組合が売渡請求権を行使する場合は、公告のための手続期間も考慮して、余裕をもって建替組合の知事認可を得る必要がある。ただし、何らかの事情で認可決定が遅れた場合な

ど、この期間内に請求することができない正当な理由があるときはこの限りではない（建替え円滑化法15条2項ただし書）。

ところで、区分所有法は建替え賛成者が、決議の後に参加意思を変更し、建替事業に非協力的になった場合の対処について何らの規定もおいていない。このような区分所有者に対しては法63条4項の売渡請求権の行使をすることができず、建替えの実務では大きな障害となることになる。

しかし、建替え円滑化法は、この問題について、建替え円滑化法を適用して組合施行で進める場合に限定して以下のように解決した。

① 建替え決議に賛成した区分所有者は、全員組合員になることが強制され（同法16条）、建替事業から離脱するには、任意に区分所有権を第三者に売却するか、建替組合の知事認可の公告後30日以内であれば、権利変換を希望せず、これに代えて金銭給付を希望することができる（同法56条1項）。ただし、この申出は知事認可の公告後30日の期間経過後6ヵ月以内に権利変換計画の認可が行われないときは、その6ヵ月の期間経過後30日以内に撤回することができ、また新たにその申出をすることができる（同条5項）。

② 建替え円滑化法の権利変換計画は、総会における組合員およびその持分割合の各5分の4以上の多数決で議決されるが、計画された建替事業に参加したくない場合は、これに反対することができる。この場合に、建替組合は、権利変換計画に賛成しなかった者に対して、権利変換計画の議決があった日から2ヵ月以内に、売渡請求権を行使することができ（同法64条1項）、また当該区分所有者からも組合に対して同じく議決があった日から2ヵ月以内に買取請求権を行使することができる（同条3項）。なお、区分所有法63条6項・7項の規定が準用され、建替え円滑化法64条1項の規定に基づく売渡請求については、再売渡請求の制度も用意されている。

③ 建替事業から離脱しない区分所有者は、権利変換計画に従い、従前の建物、敷地に対する権利を失うとともに再建マンションの区分所有権を

得ることになり（同法71条2項）、また、施行者の定めた期限までに明渡しをしなければならない（同法80条1項・4項）。

(4) 売渡請求権行使の場合の時価

　(イ) 時価の算定方法

　売渡請求権が行使された場合の「時価」の算定方法について、区分所有法の平成14年改正における法制審議会区分所有法部会での検討課題にはあげられていたが、平成14年法では何らの手当もなされなかった。

　この時価の算定は、当事者間の協議で決まらなければ裁判で決着をつけることになるが、この時価だけを裁判所で決定してもらうという非訟事件的手続はない。買主から所有権移転登記手続および明渡しの裁判を提起するか、売主から売買代金の支払を求める訴訟の中で決められることになる。

　この時価は、売渡請求権を行使した当時における区分所有権および敷地利用権の客観的取引価額である（稲本＝鎌野・前掲書402頁）。問題となるのは具体的な評価の方法である。建替え円滑化法4条により定められた基本方針では、国の責務として、時価の算定基準の明確化に資するための事例の集積努力がうたわれている。

　なお、区分所有権および敷地利用権の価額を求めるについては、まず、①建物および敷地利用権全体の評価を求め、②その額から一定の割合を乗じて、個別の区分所有権および敷地利用権の価額を求めることになるが、そのいずれについても考え方が分かれている。

　(ロ) 建物および敷地利用権全体の時価算定

　(A) 通説的考え方

　立法担当者の考え方および裁判例の多くは、建物および敷地利用権全体の時価は、①建替えが実現した場合における再建建物および敷地利用権の価額から建替えに要した経費を控除した額であるとする。この額はまた経済的にみれば、②再建建物の敷地の更地価格から現存建物の取壊しに要する費用を控除した額に合致するとする（濱崎・前掲書400頁）。

　この考え方は、「売渡請求権の行使の時には、建替え決議がなされている

のであるから、その時価は、原則として建替えを予定した場合の評価によるべきである」とするものである。一般的には、この評価は建替えを予定していない場合の評価よりも、はるかに高いものとなるが、「建替えの決議がされても、建替えが実現されるかどうかは未確定であるから、その不安要素は、時価の算定上マイナス要素として考慮することも考えられるが、参加者が望む建替えの実現のために不参加者の権利を強制的に買い取るものであることを考えると、衡平上、この点は原則として考慮すべきではない」とする（濱崎・前掲書401頁）。

また、建物が既存不適格となっており、従前の建物よりも容積の小さい建物しか建築できないような場合には、建替え後の建物の時価が従前よりも低額になる場合も想定される。このような場合には、建替え不参加者に対しては、少なくとも従前の建物および敷地の評価による価額を時価と解すべきであるとする（濱崎・前掲書401頁）。

なお、立法者は、営業権については時価に含まれないと解している（昭和58年4月15日衆議院法務委員会会議録・中島一郎政府委員答弁）。

以上の考え方を採用した裁判例としては、神戸地判平成11・6・21判時1705号112頁〔グランドパレス高羽事件〕および同控訴審である大阪高判平成12・7・13判例集未登載があり、また神戸地裁伊丹支判平成13・10・31判例集未登載〔宝塚第3コーポラス事件〕は、敷地の更地価格から取壊費用を控除する方法で算定した鑑定書を採用している。

なお、東京地判平成16・2・14判時1875号56頁〔同潤会江戸川アパートメント事件〕は、採用した算出方法によって上記①と②の価額に差異が生じるとし、①および②の各価額についてそれぞれ相当な算出方式により具体的数値を算出し、その各数値を比較考量したうえに、さらに、当該建替えにおける個別的事情も加味した総合的判断を行ったうえで、最終的な時価の算定を行うものとしている。具体的には、①については、近傍類似地域の新築分譲マンションの販売事例等から再建建物の新築販売価格の総額を算出し、ここから現存建物の取壊費用および再建建物の建築に要する費用を控除して算出

351

するとし、また②については、利用方法に限定のない白紙の更地価格ではなく、近傍類似地域において再建建物に類似する分譲マンションの敷地にする目的で開発業者によって取得された事例を対象とする取引事例比較法によって算出するとする。

(B) 通説以外の諸説

上記のような通説の考え方には疑問を抱く立場から、以下のような考え方が提案されている。

　(a)　再建建物の敷地の更地価格から現存建物の取壊しに要する費用を控除した額（通説の②）とするという考え方（丸山・前掲書140頁）

この考え方は、通説の①の算定手法は、敷地利用権の市場価格と建築工事費・販売経費等の積算価格が再建後の建物の市場価格と同一であると想定しているが、実際の市場価格は種々の経済的要因によって影響を受け、それと一致するとは限らない。したがって、その価額について、売主側の了解を得ることは困難であるとして、通説の②のみを採用する（丸山・前掲書138頁）。

しかし、この手法に対しては、更地価格の評価について建替えによって実現されるべき利益を価格に反映させるべきではないか、従前の建物の価格を反映させる必要はないか（建替え不参加者は従前建物のままでよいと考えており、その意に反して建物を取り壊されるのであるから、その時期の建物の価格を時価に反映させるべきではないか）という疑問が呈されている。また、丸山説では、営業権、総合設計制度等により容積率にボーナスが与えられた場合の更地価格の値上り分も時価算定に考慮すべきであるとする（丸山・前掲書140頁、営業権については稲本＝鎌野・前掲書404頁も同旨）。

　(b)　通説①の「再建に要した費用」から、仮住居費、移転費用、コーディネーター費用等の建替事業固有経費を除いて算出すべきであるという考え方（丹治初彦ほか編『被災不動産の法と鑑定』177頁〔若崎周〕）

この考え方は、通説の①と②の各価額は一致しないと考えるものであり、①の「再建に要した費用」の中には、建築工事費、設計費、建設金利、販売諸経費、管理費、仮住居費、移転費用、コーディネーター費用、建物取壊費

用が含まれるが、再建後の建物の価額には上記項目のうち仮住居費、移転費用、コーディネーター費用等の建替事業固有経費は含まれないから、②による評価と比較すると上記の各項目の額だけ少ない評価となる。建替え不参加者に対して、建替事業固有経費を負担させるのは均衡を失するので、②による評価は採用すべきでないとする。

　(c)　区分所有権の価格、敷地利用権の価格、移転実費、営業損失、開発利益を加算した額とする説（塩崎編・前掲書509頁〔澤野順彦〕、丸山＝折田編・前掲書626頁〔澤野順彦〕）

　この考え方は、売渡請求の時価は、建替えに参加しない区分所有者の所有する区分所有権および敷地利用権の経済的価値に見合ったものであり、かつ、従前と同様の生活（居住、営業）状態が維持、継続できる程度のものでなければならないとする。また、区分所有建物の建替えは、建替えを希望しない、また建替えに参加できない者を排除して建替えを強行しようとするものであるから、権利者の権利を十分に保障しなくてはならないとする。

　具体的には、公共用地の取得に伴い生ずる損失の補償に準じ、区分所有権および敷地利用権の対価、移転実費、営業上の損失が補償されなくてはならないとする。また、敷地に余剰容積がある場合など建替えにより再開発利益が発生することが明らかな場合は、当該開発利益（従前の建物が存する状態における土地価格と建替え後の建物が建築された状態における土地価格の差額）も時価に含まれるように配慮すべきであるとする。

　(d)　区分所有権の時価と敷地利用権の時価との合算額であるとする考え方（神戸地判平成12・3・3判例集未登載）

　この考え方は、通説の②の算出方法を批判し、補修費用が本件マンションの被災後の建物価額に匹敵する場合には妥当であるが、被災後の建物価額がかなりの額で認められる場合には、通説②の算定方法は、「区分所有権」の時価をも売買代金に含ませている区分所有法63条4項の規定の文言に反するとするものである。さらに、「補修よりも遙かに高額な再建築費用の負担を適当としない少数派住民は、残存価額がある自己の区分所有権をその意に反

して強制的に取り上げられることになるのであるから、その残存価額の補償が一切必要ないとの解釈は余りにも公平を害し、……法の趣旨に反する」とする。

(C) 検　討

以上の諸説の考え方の違いは、区分所有権における内在的な制約をどのように考えるかという点から出発しているものと思われる。区分所有権を本来の所有権と同等あるいはそれに近い権利であるという立場からは、売渡請求による所有権の剥奪に対して、相応の補償をするべきであると考えることになる。前記(B)(c)説がその立場であり、公共用地の取得に伴う損失補償の基準に準じた補償が提案されている。一方、区分所有権はその団体性からくる内在的制約を有する権利であるとする考え方からは、通説あるいは前記(B)(a)説のような割り切った考え方がとられることになる。

区分所有法63条4項の条文が、「区分所有権及び敷地利用権を時価で売り渡す」としていることからすると、法は、その対価以外に立退き補償等の支払は考えていないことが明らかであるから上記(c)説は採用しがたい。しかし、以下に述べる事情、特に平成14年法によって建替え決議において客観的要件が必要でなくなり、建替え決議の時点において建物の価値がゼロであるとは言い切れない場合が出てきたことから、「時価」の解釈および算出方法については、従来の説にとらわれないで柔軟に考える必要があると考える。

① 区分所有法は、「時価」で売り渡すことによって、売渡請求者にも相手方にも損得がないことを前提として考えていると解され、その点が重要なポイントであって、必ずしも、建替え決議が存在することを前提とした時価と解すべき理由はない。

通説は、売渡請求がなされた時点は、建替え決議がすでになされた以後であるから、時価は当然に建替え決議が前提となるとするが、この解釈は形式的過ぎる。建替え反対者にとっては建替え決議という事態そのものが自己の意思に基づかないことであり、財産的価値としては決議前の時価を認識しているのであるから、時価の評価を決議後の時価とする

ことを押し付ける合理的な理由は存在しない。
② 平成14年法により建替え決議の客観的要件が廃止され、敷地の有効利用という目的だけで建築年数の短い建物も建替え決議による建替えが可能となった。したがって、建物の価値をゼロと考える通説の②および前記(B)(a)説の算出方法は、平成14年法の下では成立しない。
③ 建替え決議の存在を前提とする時価と、これを前提としていない時価との相違の原因の１つは開発利益にあると考えられるが、開発利益については売渡請求者がこれを得るべき理由はないから、開発利益が見込まれる限りは、これを売渡請求の相手方に帰属させるべきである。

以上の観点および売渡請求者とその相手方との間の衡平性を総合的に考慮すると、建替え決議を前提としない時価と建替え決議を前提とする時価の高いほうを売渡請求権行使の際の時価とすることが妥当であると考える。地震等の災害による損壊における建替え決議の場合は後者が、敷地の有効利用目的の建替えの場合は前者が高くなる傾向があると思われる。なお、建替え決議を前提とした時価とする場合には、その時価は、建替え後の市場想定価格から当該区分所有者が負担するはずであった建替えに要する経費を控除した額となるが、この経費には建替事業固有経費は含めるべきではなく、前記(B)(b)説の考え方に賛成する。

(ハ) 個別の区分所有権および敷地利用権の評価

前記(ロ)の手法で得られた価格は当該マンション全体の価格であるから、個々の区分所有権および敷地利用権の時価をいかに求めるかという問題がある。

これについては、①震災前のマンション価格比で配分、②敷地権割合で配分（前掲・神戸地裁伊丹支判平成13・10・31）、③専有部分の床面積割合で配分、④分譲時のマンション価格比で配分、⑤区分所有権については専有部分の床面積で、敷地利用権については共有持分割合で配分（前掲・東京地判平成16・2・14）、⑥各住戸の階層別・位置別効用比を乗じて算出（前掲・神戸地判平成11・6・21）、という算出方法が考えられる。従前のマンションで各

区分所有権の間の価格差が大きくないときは②または⑤による配分が実際的で、簡便である。しかし、価格差が大きいときは①④または⑥で配分するのが衡平であると思われる。

　　㈡　不動産鑑定上の問題点

　区分所有権および敷地利用権の時価の算出については、いずれの方法を採用したとしても、不動産鑑定の手法により判定されることとなる。しかし、これが容易ではない。マンションに対する鑑定評価は、マンションの経済的価値の主要部分を「専有部分の空間価値」ととらえており、専有部分、共用部分および敷地利用権とが一体となって、専有部分の経済的価値として凝集されていると考える（丸山＝折田編・前掲書143頁〔合田英昭〕）。個々バラバラに評価して合計するというものではない。鑑定評価手法としては、積算価格を求める原価法、比準価格を求める取引事例比較法、収益価格を求める収益還元法（DCF法）があり、これらを関連づけて決定されるものとされている（不動産鑑定評価基準）。

　積算価格については、不動産鑑定評価基準による原価法の基礎となるマンションの耐用年数の考え方（たとえばSRC、RCについては軀体部分の耐用年数は40年、設備は15年）に問題があると思われる。管理が行き届き、定期的に大規模修繕を実施しているマンションの場合も、管理を怠っているマンションも、耐用年数を一律に考えることは、実際のマンションの耐用年数および市場価値と大きく乖離することになる。また、収益価格を求める方法は、賃貸用不動産または一般企業不動産の価格を求める場合に有効であるが、分譲マンションには馴染まない。

　売渡請求における時価算定について、実態に即した説得力のある鑑定手法の開発が望まれる。

　　㈥　抵当権、仮登記がある場合の時価算定

　専有部分または敷地利用権の上に抵当権、先取特権、質権が設定されている場合や所有権移転請求権保全の仮登記がなされている場合に、その負担を時価から控除する必要はない（濱崎・前掲書402頁）。売渡請求者は、抵当権

あるいは仮登記が抹消されるまでは代金支払を拒絶することができるからである（民法576条・577条。なお、同法577条2項により先取特権、不動産質がある場合にも準用されている）。

抵当権については、売渡請求者は、自己が所有権を取得後に抵当権消滅請求の手続（民法378条以下）によって解決することができる。これに対して、相手方は売渡請求者に対して、遅滞なく抵当権消滅請求をすべきことを請求し、また代金の供託を請求することができる（同法577条1項後段・578条）。これらの請求に応じて売渡請求者が抵当権消滅請求または供託をしないときは、売渡請求者は代金支払拒絶の権利を失う。売渡請求者が抵当権消滅請求により担保権者に代価を支払ったときは、相手方にその償還を請求することができるから（同法567条2項）、相手方には、その金額を控除して売買代金を支払えばよい。

なお、建替え円滑化法では、権利変換の手続で抵当権は再建マンションに継承されることになり、抵当権の存在は建替事業の障害事由にならなくなった。

(ハ) 専有部分に借家人がいる場合の時価算定

専有部分が借家契約の対象となっている場合に、時価から借家権価格を控除する必要はないか。立法担当者は、「建替決議がされたときは、賃貸借の期間満了時に更新を拒絶し、または期間の定めがない場合に解約の申し入れをするについての正当事由が肯定されるのが通常であろうから、その限度において考慮」されるだけであると説明する（濱崎・前掲書402頁）。

これに対して、正当事由を充足するために負担することとなる費用は時価の算定に考慮すべきであるとする説（青山正明編『注解不動産法(5) 区分所有法』364頁〔上野健二郎＝田中公人〕）、借家権価格を控除すべきであるとする説（稲本＝鎌野・前掲書404頁）があるが、後者の説が妥当である。特に、建替え円滑化法では借家権も権利変換の対象としたことから、建替え決議だけで正当事由が肯定されることはより困難になった。したがって、借家権価格、また返還すべき敷金あるいは保証金がある場合はその額も時価算定の考

慮に入れるべきであると考える。ただし、同法は危険有害マンションについてのみ、解約の正当事由に係る借地借家法上の適用を排除している（同法124条）。

9 建替えへの合意形成

(1) 建替え円滑化基本方針

　平成14年法によって、建替え決議については、手続規定は厳格になったものの、決議自体は多数決だけで決せられることになった。また、これまで建替えについて障害事由となっていた抵当権、賃借権の問題が建替え円滑化法における権利変換手続の導入で解決された。さらに、同法では借家人や建替えに伴って転出する区分所有者の居住の安定の確保について国、自治体の努力義務が規定されるなど、建替えへの合意に向けての環境づくりは一段と整備された。

　しかし、建替え決議の合意形成を円滑に進めるには、多数決決議に安易に頼らず、それは最後の手段として考え、できる限り区分所有者全員の合意が得られるように合意形成を図る必要がある。無理に進めると区分所有者への情報不足、区分所有者間の感情的な軋轢等の問題が発生し、建替え決議の効力、売渡請求の価額等をめぐって裁判沙汰となることがあり、当初の予想以上にコストと時間がかかることになる。急がば回れの精神が必要である。

　建替え円滑化法4条は、国土交通大臣が、マンションの建替えの円滑化等に関する基本的な方針を定め、これを公表しなければならないこととしている。この規定に基づき、同大臣は基本方針を策定して平成14年12月19日付けで告示した（国土交通省告示第1108号）。

　基本方針では、建替えに向けた合意形成の促進に関して管理組合が取り組む事項として以下の事項をあげている（同方針第二１）。

① 建替えの検討にあたっては、特にその初動期において、適切な時期に説明会を開催するなど区分所有者等の建替えに関する知識の普及に努めるとともに、各区分所有者等の意向把握を十分に行うよう努める必要が

ある。
② 建替えの検討にあたっては、検討内容の区分所有者向けの情報提供の徹底による透明性の確保に努めるとともに、必要に応じ、高齢者所帯に配慮した建替え計画の作成に留意する必要がある。
③ 建替えと修繕その他の対応による所要費用、改善効果等を客観的に把握し、比較するよう努める必要がある。
④ 建替えの検討に必要な費用について、各区分所有者の衡平な費用分担に配慮するとともに、管理費または修繕積立金の充当について、明確な取決めを行うよう努める必要がある。
⑤ 同一敷地に複数のマンションが存する場合において、一部のマンションを先行して建て替える際には、当該マンションの建替え計画のみならず、その他のマンションが建替えを行うことを仮定した場合の建替え構想を示しつつ、当該建替えによる影響の程度が容易に把握できるように努める必要がある。

(2) 国土交通省の合意形成の進め方に関する指針

上記基本方針では、国は区分所有者等の合意形成の進め方に関する指針を作成することとされ、国土交通省は「マンションの建替えに向けた合意形成に関するマニュアル」と「マンションの建替えか修繕かを判断するためのマニュアル」を発表しており、同省のホームページ〈http://www.mlit.go.jp/jutakukentiku/house/mansei/manseitatekae.htm〉で参照できる。

この「マンションの建替えに向けた合意形成に関するマニュアル」では、建替え決議までの合意形成の基本的な進め方として、ステップⅠ（準備段階）、ステップⅡ（検討段階）、ステップⅢ（計画段階）の3段階に分けて説明している。そのプロセスをフローチャートで示すと〈図〉のようになる。

準備段階とは、区分所有者の中の有志による勉強会の段階である。検討段階では、専門家の応援を得て、建替え構想の策定、建替えか修繕かの検討をする。その結果、建替えへの方向を選択した場合は、理事会に総会での建替え推進決議、建替え決議に向けた建替え計画を検討するための計画組織の設

〈図〉 建替え決議までの合意形成の基本的な進め方

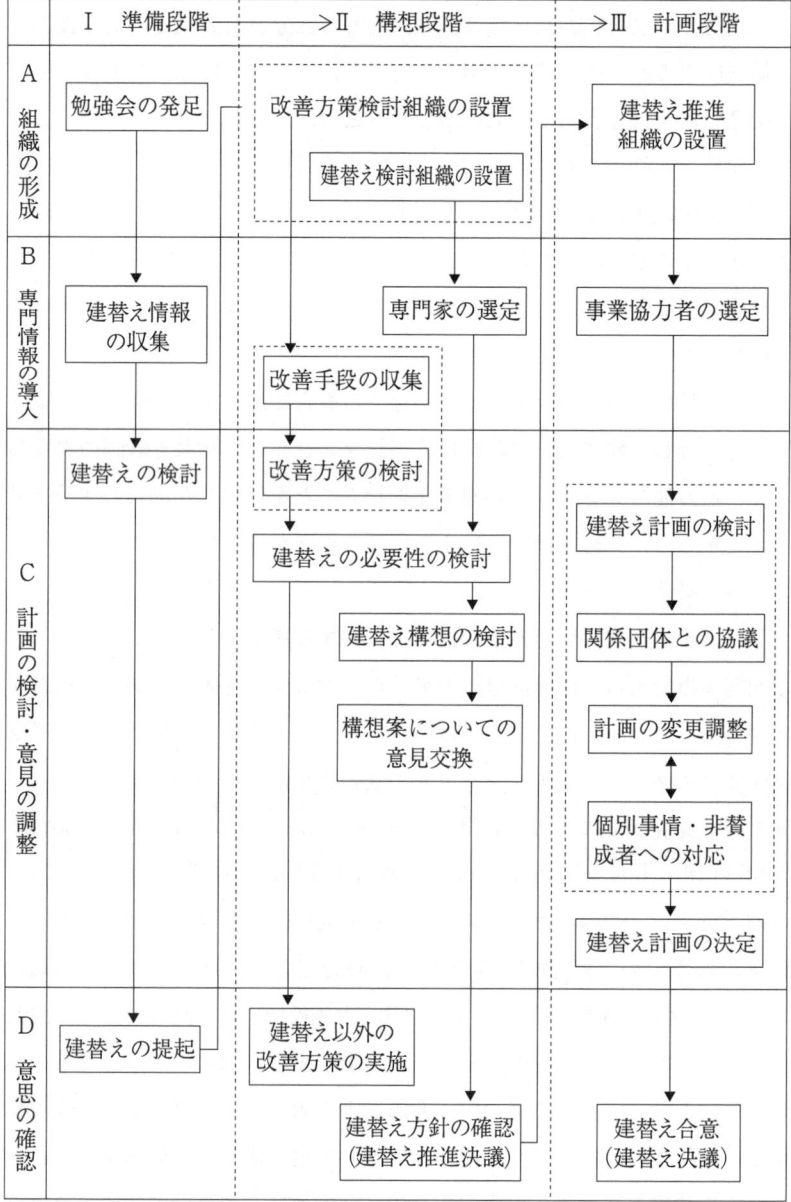

	Ⅰ 準備段階	Ⅱ 構想段階	Ⅲ 計画段階
A 組織の形成	勉強会の発足	改善方策検討組織の設置 建替え検討組織の設置	建替え推進組織の設置
B 専門情報の導入	建替え情報の収集	専門家の選定 改善手段の収集	事業協力者の選定
C 計画の検討・意見の調整	建替えの検討	改善方策の検討 建替えの必要性の検討 建替え構想の検討 構想案についての意見交換	建替え計画の検討 関係団体との協議 計画の変更調整 個別事情・非賛成者への対応 建替え計画の決定
D 意思の確認	建替えの提起	建替え以外の改善方策の実施 建替え方針の確認 （建替え推進決議）	建替え合意 （建替え決議）

※国土交通省「マンションの建替えに向けた合意形成に関するマニュアル」参照

置と検討のための資金の予算づけを提案することになる。この案が総会で承認されればステップⅢの計画段階に移行する。計画段階でも専門家の協力を得ながら、建替えについての区分所有者の意向の調査、その意向を反映させた建替え計画案の作成、資金計画、地方自治体・近隣住民との協議、建替え不参加と思われる区分所有者に対する対応等について具体的に検討し、建替え決議の決議事項、通知事項について作成準備する。

これら基本方針、合意形成マニュアル等は法的拘束力を有するものではないが、建替え決議が適正になされたか否かが争われた場合の判断基準となりうる。

10 建替え決議の有効期間

売渡請求権を行使して不参加者から強制的に区分所有権を買い取り、建替事業を進めることができるようになったにもかかわらず、諸般の事情で、建替えが実行されずに放置されるという場合がある。このような場合には、取壊工事に着手した場合と取壊工事さえ着手していない場合とで扱いが変わる。

建替え決議がされた日から2年以内に建物の取壊工事が着手されない場合には、売渡請求権を行使された人は買戻請求をすることができる（法63条6項）。売り渡したときの代金と同じ代金を提供して買戻しを請求できる。この買戻請求ができる期間は2年目を経過した日から6ヵ月以内と決められている。ただし、この6ヵ月以内でも取壊工事が始まっていれば買戻請求はできなくなる。買戻請求の相手方は、その区分所有権を現に有する者である。

なお、取壊工事の着手が遅れていることについて正当な理由があれば、決議後2年を経過しても直ちには買戻請求権は生じるものではない（法63条6項ただし書）。たとえば、売渡請求を受けた区分所有者が任意に明渡しをしない場合には、裁判を提起して確定判決を得て強制執行をしなくてはならないが、このような場合には2年の期間を過ぎてしまったとしても正当な理由が認められると思われる。この場合には、買戻請求ができる期間は、買戻請

求権者が取壊工事を妨げる理由がなくなったことを知った日から6カ月、または上記理由がなくなった日から2年のどちらか早い時期までと定められている（同条7項）。

この買戻請求権は形成権とされ、これが行使されると当事者間に売買契約が成立したこととなり、区分所有権と敷地利用権が元の区分所有者に戻る。つまり、建替え不参加者が区分所有者として戻ることになり、その結果、不参加者の合意がない限り建替え計画は実行できなくなる。

建物の取壊しがなされたものの、いつまでも再築の着工がなされない場合には、買戻請求権（この場合には敷地しか残っていない）は行使できない。その意味では建替え決議の効力について有効期限は存在しない。

しかし、建物取壊し後に敷地が第三者に一括売却され、建替え決議の実行が不可能となった場合に、これが、当初から取壊し後の売却を計画しながら、建替え反対者を排除するために建替え決議を行ったとするなら、詐欺による売買に準じるものとして売渡請求権行使による売買の効果を取り消し、民法96条3項の適用を留保して、敷地の譲受人に自己の権利を主張することができるとの見解がある（稲本＝鎌野・前掲書408頁）。

　　　　　　　　　　（以上8〜10につき、折田泰宏・浅井　亮）

11　建替え決議後の具体的手続

(1)　はじめに

建替え決議後の建替事業の遂行については、区分所有法は何も定めていない。区分所有法64条において、建替え決議の賛成者間において建替え決議の内容による合意が擬制されるとの規定があるだけである。

建替え円滑化法は、この不備を埋めるために制定されたものであり、同法を適用する場合は、同法に従って事業を進めることとなる。

しかし、建替え円滑化法を適用しない建替事業については、区分所有法64条だけを基礎として建替事業を進めていかざるを得ない。以下、同法を適用しない場合の手続について検討する。

(2) 建替事業の主体

　建替え参加者が建替えを進めていくには、この事業を推進するための組織（以下、「再建組合」という）をつくる必要がある。その名称は、たとえば○○建設組合とか○○建替え委員会とか呼ばれる。建替え円滑化法は、同法に基づく組合についてのみ「マンション建替組合」の名称を許しており、他の者はこの名称を使用できない（同法8条1項・2項）。

　区分所有法64条は、建替え参加者は、「建替え決議の内容により建替えを行う旨の合意をしたものとみなす」としており、この合意により民法の組合契約類似の契約が相互に締結されたものとして、民法667条以下の組合に関する規定が適用されるものと解される。

(3) 管理組合と再建組合

　従来の管理組合は、旧建物の管理のための組織であり、建替え推進の組織にはなり得ない。したがって、建替え決議の後は管理組合とは別に再建組合が併存することになる。この組織は、管理組合とはあくまで別な組織であり、会計は別にしなければならない。

　それでは、再建組合が組織されることにより、管理組合の運命はどうなるか。有力説は、「建替え不参加者の排除＝建替え合意の成立によって、区分所有関係は消滅する。その結果、専有部分と敷地利用権の分離処分はもとより、共用部分共有持分の処分も可能となる」とする（稲本＝鎌野・前掲書412頁）。しかし、この説でも、建物の取壊しまでの過渡的な期間は、区分所有法および従前の管理規約が適用されるとし、また管理組合は清算手続が行われることとなり、清算結了まで清算法人として存続するとする。

　しかし、法理的にいえば、建物の取壊しまでは区分所有関係は存在していると考えるべきであるとの見解があり、これによれば、「建替え決議から建物の取り壊し時までは、2つの団体（筆者注・管理組合と再建組合）が競合して存在し、ついで、建物の取り壊し時に、前者（筆者注・管理組合）が消滅することになるため、その権利義務関係の後者（筆者注・再建組合）への承継の問題が発生し、さらに、後者は……再建の成功とともに解散するから、

これに代わって新たに登場する区分所有者の『団体』との承継問題が発生する、という複雑な経過をたどる」（荒川重勝「建替えおよび復旧」丸山英氣編『区分所有法〔改訂版〕』354頁）こととなる。
　区分所有法は、管理組合法人について、その解散事由の1つとして「建物の全部の滅失」ということを明確に規定しているから（法55条1項1号）、任意団体である非法人の管理組合の場合もこれに準じると解するべきであり、荒川説のほうが説得的である。
　具体的な問題としては、管理組合としての業務として、管理費、修繕積立金の徴収、管理会社との契約関係、建替え不参加者に対する清算等について、その期限が問題となる。管理費等の支払義務は取壊し時まで残存すると解する。実際にも取壊しまで最低限の管理費は必要である。ただし、管理規約を改正して管理費等を減額あるいは廃止することはできる。管理会社との契約関係も、解約しない限りは取壊し時までは継続することとなる。
　建物取壊しの時点では、いまだ建替え不参加者に対する清算金の支払は発生しないと解する。建物が取り壊された時点では、すでに売渡請求権は行使されているのであるから、管理組合の解散により清算の配分を受ける区分所有者はすべて建替え参加者であるということになる。したがって、売渡請求の際の時価には清算金の額が反映されるべきものである。あるいは、解散時の清算金については権利を留保する旨の合意をしておけば混乱が避けられる。
　なお、管理組合の残余財産は区分所有者に配分するのが原則であるが、管理規約を改正して別な定めをすることができる。たとえば、再建組合に帰属させることも考えられる（管理組合法人について法56条で「規約に別段の定めがある場合を除いて……各区分所有者に帰属する」と規定している）。
　また、管理組合の修繕積立金を建替え計画の推進の費用に利用することも、規約に定めれば可能である。標準管理規約では、修繕積立金の使途の1つとして、建替え決議または建替えに関する区分所有者全員の合意後であっても、建替え円滑化法によるマンション建替組合の設立の認可または個人施

行の場合の建替事業の認可までの間は、建物の建替えに係る計画または設計等に必要がある場合には、その経費に充当するため、修繕積立金から管理組合の消滅時に建替え不参加者に帰属する修繕積立金相当額を除いた金額を限度として、修繕積立金を取り崩すことができるとの趣旨の規定をおいている（標準管理規約（単棟型）28条2項）。標準管理規約では、管理組合の消滅は建物取壊し時ではなく、前記有力説の立場から、区分所有法64条の合意の成立時と考えているようである。

(4) 再建組合の業務

再建組合は、建替え決議の後に建替え参加者が集まり、設立集会を開催し組合規約の制定、役員選任を行うこととなる。

業務執行は、組合員の過半数の決定で行うこととなる（民法670条1項）が、実際には、組合規約により、組合員全員から委任を受けた業務執行者を選任して、業務を遂行することになると思われる。

しかし、建替え決議の内容を変更または追加する場合は全員の合意が必要である（稲本＝鎌野・前掲書414頁）が、この「変更」にあたるか否かというのは微妙な問題がある。

組合員の地位の譲渡について、組合契約の場合は制約があるが、区分所有法は、参加者は自己の区分所有権および敷地利用権を譲渡できることを前提として、その承継人は同法64条の拘束を受けることを定めている。したがって、区分所有権等の移転とともに組合員の地位も当然に移転すると解される（濱崎・前掲書410頁）。

立法担当者は、区分所有法64条の拘束は区分所有者である限り逃れられないから、組合員の脱退、除名に関する民法の規定の類推適用の余地はないとする（濱崎・前掲書410頁）。しかし、建替え参加者の破産（民法679条2号）、除名（同条4号）については類推適用をする余地があるとの有力説がある（稲本＝鎌野・前掲書414頁）。建替えに参加しながら、建替え費用の負担金を確定的に支払えない（破産の場合）、あるいは故意に支払おうとしない（このような場合に、区分所有法は何ら対策を用意していない）場合には、上記類推

適用が有効に機能する場合がある。除名された者は民法681条2項により、金銭で持分の払戻しを受けることとなる。しかし、参加者の各区分所有権および敷地利用権が出資される形式の組合の場合でなければ実効性に乏しく、また、そのような形式の組合であっても、建替え円滑化法が適用されない再建組合は法人格がないために、それらが再建組合名義にはなっていないので実効性に乏しいという問題がある。

建替事業の成功またはその成功の不能が確定したときは、再建組合は解散する（民法682条、稲本＝鎌野・前掲書415頁）。解散にあたっての清算手続は、民法685条ないし688条が類推適用される。なお、「経済事情の変化、参加者の不和・対立による建替え不能など、やむを得ざる場合にも、民法683条の類推適用により参加者の請求で組合を解散できる」と解される（丸山・前掲書170頁）。

(5) 建替えに向けての作業項目

再建組合が建替えに向けてさまざまな作業の主体となるが、以下に必要な作業項目をあげる。

① 再建組合の設立、規約の承認、役員選出
② 設計業務委託契約の締結
③ 基本設計、実施設計図書の作成
④ 開発許可、建築確認手続
⑤ 借家人との立ち退き交渉
⑥ 近隣との折衝
⑦ コンサルタントあるいはディベロッパーが関与する場合の契約締結
⑧ 住居移転の世話
⑨ 工事代金の徴収、融資の斡旋あるいは再建組合としての借入れ
⑩ 建物の解体工事の請負契約の締結
⑪ 建築工事請負契約の締結
⑫ 完成後の新管理組合の結成

12　建替え・再建事業の手法の実際

　マンション再建の方式について区分所有法は何ら規定することなく、阪神・淡路大震災後の現場では予想もつかないさまざまな困難を経験しながら事例が積み重ねられてきたが、大きく分けて、①自主再建方式、②事業代行方式、③全部譲渡方式、とに分類される。

(1) 自主再建方式

　この方式は、区分所有者（解体後の場合は敷地共有者）が建設業者と直接建築請負契約を締結して再建を進める方式である。建替え円滑化法による組合施行の事業はこの方式が原則である。

　この方式が適用されるマンションの特徴は、比較的小規模なマンションであって、組合員の統率がとりやすいことである。この方式の長所は、事業代行方式や全部譲渡方式と違って、業者に流れる経費がないので5％から10％は経費を安くすることができることである。したがって、従前と同じ建物あるいはそれより容積が小さい建物しか再築できず、余剰床をつくり得ない場合はこの方式しか考えられないともいえる。

　この方式には、以下のような問題点がある。

①　世話人の労苦が大変である。この事業を管理組合あるいは再建組合・建替組合独自で進めていくには強力なリーダーシップがあり、ある程度の専門的知識を有する人物の存在が必要である。また、これに協力する専門家も必要である。成功している事例の多くは設計事務所のバックアップがあり、また弁護士が援助している例もある。

②　再建団体には法人格がなく、また信用もないため、融資契約、工事請負契約共に各区分所有者が個々で締結しなければならないことが多い。

(2) 事業代行方式

　この方式は、事業を実際に遂行するのはディベロッパー等の事業者であるが、事業主体はあくまで再建組合・建替組合にある点で全部譲渡方式と異なる。建替え円滑化法による組合施行、個人施行の場合にもこの方式を組み合

わせることは可能である。どの範囲の業務を委託するかは契約の内容による。

　この方式の場合、事業委託先はディベロッパーになることが多く、増加床の販売も委託する場合に、その売買価格についてまで責任をもたせることは困難であるので、最後まで建替え工事の負担金が確定しないというリスクがある。

　(3)　**全部譲渡方式（等価交換方式）**

　この方式は、いったんディベロッパー等に敷地を全部売却し、建物完成後に再分譲を受ける方式である。

　この方式は、建築請負業者や金融機関にとっては最も安心できる方式であり、ディベロッパーも利益を確保できる可能性があり、区分所有者にとっても経費は割高とはなるが負担金が固定するという安心感がある。阪神・淡路大震災後およびそれ以前に実施されたマンションの建替えの多くはこの方式で行われた。

　(4)　**その他の方式**

以上の方式以外に次のような方式が考えられる。

①　土地信託方式　　この方式は信託銀行が従来から行っている土地信託を利用するものである。

②　定期借地権型方式　　この方式は、阪神・淡路大震災後のマンション復興において、兵庫県住宅供給公社が建替え資金を準備することが困難なマンションのために実際に行われた方式である。すなわち、区分所有者が公社に敷地を売却し、公社はそこに定期借地権マンションを建築し、区分所有者に再分譲する方法である。

③　移転型建替え方式　　土地を処分（売却・交換）して別な土地で再建する方式である。

④　市街地再開発事業型建替え　　区画整理・再開発事業が進行する中で建て替える方式である。この方式では、個々の区分所有者が権利者として参加することとなるが、区分所有法上の建替え手続も必要となる。

⑤　不動産特定共同事業型・不動産ファンド型建替え方式　　これは一般の投資家を参加させる方式である。

13　既存不適格マンションの建替えとその対策

　古い年代に建てられたマンションでは、建築当時は建築基準法や条例の規制に適合しているのに、その後の法改正、条例制定などで現行法制では違法とされる建物がある。これを既存不適格という。典型的な例は容積率の規制が建築当時よりも厳しくなっている場合であるが、その他、日影規制、高度制限、ガレージ設置義務の強化なども問題となる。

　このようなマンションでは、建替えをしても従来の床面積を確保できず、区分所有者全員が戻ることができないか、1戸あたりの専有面積が大幅に減少するという事態となる。

　阪神・淡路大震災の際には、旧建設省はこの問題を解決するために、平成7年3月17日、建築基準法に定める「総合設計制度」の基準等各種許可基準を緩和するように被災地の自治体に通達を出し、これを受けて兵庫県と神戸市等6市は、総合設計制度についての特例措置をとり、日影規制、用途規制については弾力的な許可にかからしめることとした。

　しかし、老朽化による建替えの場合は、このような特別な扱いを期待することはできない。建替えの計画策定にあたっては、最初にこの問題を十分に検討すべきであり、容積が不足する場合には、「総合設計制度」や「市街地住宅総合設計制度」の活用をするか、建替え賛成者が容積が不足する分の区分所有権を買い取るしか解決方法はない。建替え円滑化法による基本方針においても、国・自治体において、建築基準法に規定する総合設計制度による容積率制限または高さ制限の緩和、都市計画法に基づく地区計画制度の活用等により、一団地の住宅施設を定めた都市計画の廃止等適切な対応に努めることがうたわれている。

14　建替えに関する訴訟手続上の諸問題

(1)　保全処分

　売渡請求権行使後、区分所有権および敷地利用権について移転登記を受けるまでの間に、相手方が第三者にこれを譲渡すると、いわゆる二重譲渡の関係になる。したがって、そのおそれがあるときは、これを阻止するため、売渡請求者は、売渡請求権行使後速やかに処分禁止の仮処分命令を得てその登記をしておく必要がある。

　さらに、売渡請求権行使後、相手方が建替え決議の効力を争い、あるいは売買代金の額を争うことで、専有部分の明渡しあるいは所有権移転登記手続を行わない場合は、相手方に対し、明渡しおよび所有権移転登記手続を求める裁判を提起することとなるが、この判決確定まで建替事業が進まないことになると、老朽化が極度に進行している場合や被災マンションの場合は、建替え参加者に大きな損害が発生することが予想される。

　この場合には、相手方に対して明渡しを求める断行の仮処分を求める必要がある。阪神・淡路大震災の際にはこの種の断行の仮処分が数例認められている。なお、所有権移転登記手続請求については、建替事業の遂行には直ちには必要となるものではないから、断行の仮処分の必要性は認められないであろう。

(2)　売渡請求期間徒過と建替え決議無効確認の訴えの利益

　建替え参加者からの売渡請求権行使は、催告の回答期間が経過した後2ヵ月以内に行使しなければ請求権は失効する。この場合、建替え決議は当該不参加者に対して何らの拘束力ももたないこととなり、事実上建替え決議による建替えの遂行は不可能となる。

　そうとすれば、建替え決議無効の訴訟が提起されていた場合、訴えの利益がなくなるか否かが問題となる。この場合でも、建替え決議は建替え参加者に対してはなお拘束力があり、また期間内に有効になされた売渡請求権行使は有効であるとの見解と、建替え決議そのものが目的達成不能ということで

効力を失い、従前の区分所有者は建替え決議への賛否および売渡請求権の行使の如何にかかわらず、従前の権利を当然に回復するとの見解がある（都市的土地利用研究会編『マンションの復旧・建替・再建法律相談ハンドブック』76頁〔副田隆重〕）。

　どちらの見解によっても、売渡請求権行使期間を徒過した場合には建替え決議無効確認の訴えの利益は認められないこととなるが、売渡請求権は形成権であるから、すでに有効に売渡請求権が行使され、代金の支払、明渡し、所有権移転登記手続も完了している場合に、これを無効とする後者の説の根拠は見出し難い（一方が不履行の状態にあるときは、契約の解除による解決という手段がある）。したがって、このような売渡請求権の相手方が提起した決議無効確認訴訟については訴えの利益は存続すると思われる。

　建替え参加者については、建替え決議による法的効果は、建替え決議の内容によって建替えを行う合意が擬制される点にあるが（法64条）、決議に基づく建替えが事実上不能となった以上、合意擬制は何らの意味ももたないから、訴えの利益が生じる余地はないといわざるを得ない。

　　　　　　　　　　（以上11～14につき、折田泰宏・稲岡良太）

V　団地の建替え

1　はじめに

　１つの敷地に複数の区分所有建物等があり、その建物所有者が全員で敷地を共有している形態の団地マンションは多くみられる。このような団地で、その１つまたは複数の区分所有建物が建替えをしようとする場合に、そのマンションでは全員合意あるいは区分所有法62条による建替え決議をする必要があることは当然であるが、他の棟の区分所有者との関係について58年法では何らの規定もおいていなかった。そのために、敷地の利用関係については民法の共有の一般原則から共有土地上の建物の建替えは共用部分の変更に該当するとして、共有者全員の合意が必要であると考えられていた（民法251条）。

　平成14年法では、団地の建替えについて、一定の要件を備えた団地について多数決による建替えを可能とした。

　区分所有法が一定の法的効果を与えている団地とは、敷地が一筆であることは要件とされず、また、各棟の区分所有者が敷地を共有していることも要件ではない。集会場等の附属施設を共有しているだけでも団地関係は成立する。また、団地内の建物は専有部分のある建物だけである必要ななく、戸建ての家屋が存在していてもかまわない。

　これらの団地の諸形態のうち、敷地が団地建物所有者全員の共有（敷地利用権が賃借権等所有権以外の権利であるときはその準共有）に属している団地についてのみ、団地内の一部建替えのための区分所有法69条、一括建替え決議のための法70条の適用があるとし、さらに、法69条の場合は、団地内の数棟の建物の全部または一部が専有部分のある建物であればよいが、法70条の場合は、団地内建物の全部が専有部分のある建物であり、かつ、団地内建物について団地管理組合が管理する旨の管理規約が設定されていることが条件と

されている。

2 団地マンションでの1棟あるいは複数棟の建替え（法69条による建替え）

(1) はじめに

団地マンションでの1棟あるいは複数棟の建替えをするには、団地管理組合の承認のために、団地管理組合の集会で4分の3以上の多数決で承認決議を得なくてはならない（法69条1項）。

(2) 区分所有法69条1項が適用される団地

前述したように、区分所有法69条が適用される団地は、敷地が団地建物所有者全員の共有（敷地利用権が賃借権等所有権以外の権利であるときはその準共有）に属している団地である。専有部分のある建物（区分所有建物）だけの団地であるとは限定されない。いずれの土地も全員の共有である限り、これらの建物の敷地が複数の筆数である場合にも適用がある。

(3) 建て替える建物の所有者の同意あるいは建替え決議の必要性

区分所有法69条1項の承認決議とは別に、建て替える建物が区分所有建物の場合は、法62条1項による建替え決議あるいは区分所有者全員の合意、建て替える建物が戸建ての場合はその所有者の同意が必要であることは当然である（法69条1項各号）。

承認決議に先行して建替え決議をしておくことは義務づけられていない。後述するように、承認決議には事前に再建建物の設計概要等を示さなければならないので、実際には建替え決議が先行することが多いと考えられるが、建替え決議を先行させたとしても、承認決議が否決されると建替え決議およびこれに伴う売渡請求権行使は意味がなくなることになる。したがって、あらかじめ再建建物の計画を具体化しながら、先に承認決議に付すという進め方も実際的な方法であると思われる。

本条の承認決議に必要なのは、建物の設計の概要と建物の位置だけである（法69条4項）。建替え決議に必要な再建費用と負担割合、再建後の区分所有

373

権の帰属については、他の棟の区分所有者との関係では必要とされないからである。しかし、実際には建替え決議に向けてかなり以前から資料は作成されていると思われるから、承認決議を建替え決議に先行して求めることは実務的には何ら問題はないと考えられる。そのようにすれば、団地全体の将来の建替えのマスタープランがすでにできておればこれに適合させることができ、また、いまだマスタープランができていないとしても、承認決議を求めることでその作成を促すことができる。一度承認決議が否決されたとしても、団地の他の建物の区分所有者と協議する機会をもって、その要望に適合した再建建物の計画を練り直して再度承認決議を求めることが考えられる。

(4) **建替え承認で建替えが認められる土地**

平成14年法では、建替えが承認される土地について、その建物が所在する土地またはこれと一体として管理もしくは使用をする団地内の土地（団地建物所有者の共有に属するものに限る）に新たな建物を建築することができると規定している（法69条1項）。

この規定によれば、建替えをしようとする建物が建っていた土地に限定されることなく、また、複数の筆の土地が団地の敷地として設定されている場合に、その土地が団地建物所有者の共有に属する限りは、別な筆の土地上にマンションを再建することも認められることになる。

(5) **承認決議の議決権とその割合**

建替え承認決議での議決権割合は、その建物がある土地の共有持分割合である（法69条2項）。この議決権については規約で別段の定めをすることは認められていない（同項）。

団地管理組合の通常の決議の議決権については、区分所有法66条で棟別管理組合の議決権に関する規定（法38条）が準用され、共用部分の持分割合とされているが、承認決議ではこの規定が排除されている。また、法66条によって準用されている法30条1項の規約に別段の定めがある場合も排除されている。これは、決議は団地管理組合の集会の場で行うとしても、団地管理組合が通常行っている管理のための決議とは性質が異なり、かつ敷地の利用に

374

関することであるので、土地の共有持分割合で議決できるようにしたのである。団地建物所有者の頭数も議決要件とされていないことに留意しておく必要がある。

  (6) 承認決議での建替え実施建物の区分所有者の議決権の取扱い

 団地管理組合で建替え承認決議をするにあたって、建替えを実施する建物が区分所有建物であって建替え決議がすでになされている場合には、その建物の区分所有者は全員建替え承認決議に賛成する旨の議決権を行使したものとみなされる（法69条3項本文）。

 その建物での建替え決議で反対していた区分所有者も、その棟としての意思決定がなされた以上は、建替え承認決議であらためて反対することはできないとしたものである。このため、団地管理組合の集会における4分の3という承認決議の要件は事実上緩和されることとなる。

 ただし、その区分所有者が団地内の異なる区分所有建物に専有部分・敷地利用権を所有している場合に、その専有部分・敷地利用権による議決権行使についてまで拘束することは合理性が認められない。そこで、このような他の建物の敷地利用権に基づいて有する議決権については建替え承認決議に賛成したものと扱われないとしている（法69条3項ただし書）。

  (7) 建替え承認決議の手続

 建替え承認決議のための団地管理組合の集会は、建替え決議の場合と同様に集会日の少なくとも2カ月前にその通知を発しなければならない。また、議案の要領のほかに新たに建築する建物の設計の概要、その建物が建設される位置を示す資料を通知とともに発送しなければならない（法69条4項）。この発出期間は、規約で縮めることはできないが伸長することは認められる（同項ただし書）。なお、建替え決議では必要とされている説明会（法62条6項）の開催は要求されていない。

  (8) 他の建物の建替えに特別影響がある場合の措置

 建替え承認決議の対象となる建物の建替えが、団地内の他の建物の建替えに特別の影響を及ぼす場合には、その特別影響を受ける建物が区分所有建物

375

の場合は、区分所有者全員の議決権の4分の3以上の議決権を有する区分所有者の賛成、区分所有建物でない場合はその建物の所有者の賛成が得られなければ建替えをすることはできない（法69条5項）。

　この特別影響の典型的な場合として、建替え実施建物が従来の容積よりも大きい建物を再建しようとする場合に、他の建物に配分されるべき容積を侵食することとなり、将来他の建物が建替えをしようとする場合に支障が生じる事態が考えられる。このような事態を避けるために、その建替えによって他の建物が将来の建替えに特別な影響が及ぶような場合に、当該建物の区分所有者から建替えの同意を得ることを要求したのである。

　しかし、影響を受ける建物が区分所有建物である場合に、その建物の区分所有者全員から賛成を取り付けることを要求することは現実的でなく、その区分所有者全員の議決権の4分の3以上の議決権（土地の共有持分割合）を有する区分所有者の賛成でよいとした。

　なお、この賛成の意思表示を確認するために、団地管理組合での承認決議とは別に各建物において賛否の決議を求める必要はない。承認決議の際の賛否の内容で当該建物の区分所有者の4分の3以上の賛成があるか否かで決せられる。

　区分所有法69条5項は、「建替えに特別の影響を及ぼすべきとき」と規定しているから、日照、騒音被害等の人格的被害等の影響はこれに該当しないことは明らかである。これらの被害は差止め、損害賠償請求等の民事的対応で解決されるべきものである。

　なお、形式上は特別影響があると認められる場合でも、その程度が軽微であり、また一時的であるような場合には、同意を必要とされる程度の特別影響として評価されないか、それを主張して建替えに賛成しないことが権利濫用であると認められる場合がある。

　(9)　複数の建物が建替えを行う場合の一括承認

　建替え承認決議の手続は、1棟だけでなく団地内の複数の建物が建替えをする場合には、その複数の建物の建物所有者は、その合意によって一括して

建替え承認決議に付することができる（法69条6項）。

　この場合に、その建物が区分所有建物であるときは、建替え決議の集会の際に区分所有者および議決権の各5分の4以上の多数で複数の建物の建替えについて一括して建替え承認決議に付す旨の決議をすることができ、この決議があったときはその旨の合意があったものとみなされる（法69条7項）。

　隣接する建物群が、同時に建替えを検討し始めた場合、共同して建替えを進めることにより、1棟だけの建替えの場合に比べて建築計画の内容に豊かさをもたせることができ、また屋外空間にもゆとりをもたせることができる。また、統合した1つの建物にしない場合でも調和のとれた建物群として計画することができる。大規模な団地の場合、全体を一括して建て替えることは無理であるとしても、いくつかの建物群に分けて小規模に建替えを進めることであれば実現の可能性が高いことも考えられる。

　このような場合は、個々の建物の建替えごとに団地管理組合の集会で承認決議に付するのではなく、計画全体として一括して承認決議に付することが現実的で合理的であると考えられる。

　また、建替え決議の成立した建物の区分所有者は承認決議においては賛成とみなされるので、複数の建物の建替えについて一括して承認決議に付する場合には、結果的に複数の建物すべてについての建替え承認決議に賛成したとみなされる結果となり、集会における4分の3以上の多数の獲得を達成する可能性は高くなる。

　建替えを実施しようとする複数の建物が個々に承認決議を得るか、一括して承認決議を得るかは、その建物の区分所有者の判断に任されており、一括して建替え承認決議に付する場合には、その建物の区分所有者全員の合意があることが要件とされている（法69条6項）。しかし、実際上、区分所有者から個々の同意を取り付けることは大変な手間であるため、便宜上、建替え決議の集会の際に区分所有者および議決権の各5分の4以上の多数で複数の建物の建替えについて一括して建替え承認決議に付す旨の決議をすることができ、この決議があったときはその旨の合意があったものとみなされることに

した（同条7項）。

(10) **団地内での一部建替えと敷地持分の異動**

団地内で一部の建物の建替事業が実施され、従前よりも建物の規模が変わったり、戸数が増減したりした場合に、それまでの敷地の共有持分割合と専有面積割合が異なってくることがある。団地の敷地の共有持分は一般的には各専有部分面積割合で定められているからである。

これを整合させるには、建替え棟とそれ以外の棟の各区分所有者の間で共有持分の調整をする必要がある。しかし、この作業は団地建物所有者全員の間で共有持分の一部の売買契約を締結し、実印・印鑑証明を用意して所有権移転登記手続を行うことを意味するものであり、これを実行することは極めて困難であろう。現実には、団地の敷地全体での整合性は断念し、建て替えた建物の区分所有者間だけでの調整で済ませることになると考えられる。

(11) **建替え円滑化法との関係**

建替え円滑化法では、2以上の建替え決議マンションにおいて、建替え合意者は、5人共同して1つの建替組合の認可申請をすることができる。この場合、組合の設立について、建替え決議マンションごとに建替え合意者の4分の3以上の同意が必要である（建替え円滑化法9条6項・2項）。個別に建替組合を設立することもできるが、再建建物の計画に応じて、建替組合も一体で設立することが適切な場合がある。

また、建替え円滑化法では、権利変換計画あるいは危険有害マンションで建替え勧告を受けたマンションでの賃貸人居住安定計画および転出区分所有者安定計画について、敷地に権利を有する者（組合員を除く）の同意が必要とされている（同法57条2項・104条3項・112条4項）。しかし、すでに建替え承認決議がなされた団地内建物の団地建物所有者の同意は必要とされない（同法57条2項ただし書1号・104条3項ただし書2号・112条4項）。

3　団地マンションでの一括建替え

(1)　はじめに

平成14年法では、一定の要件を満たす団地については、団地管理組合の集会での決議によって団地全体の一括建替えができるという思い切った規定を新設した（法70条）。しかも、後述するように、各棟において3分の2以上の建替え賛成の意思表示がある限り、団地管理組合の建替え決議に拘束されることになった。

(2)　一括建替え決議ができる団地

前述したとおり、団地のうち、一括建替え決議が認められる団地の要件は、①団地内の建物がすべて区分所有建物であること、②その敷地が全部の建物の区分所有者の共有に属すること、③各建物が団地管理組合の規約で団地管理組合の管理の対象とされていることの3点である。

団地内の一部の建物の建替えについての区分所有法69条よりも適用される団地の範囲は厳格となっており、団地内の建物に戸建てが含まれている場合あるいは各棟の管理を団地管理組合に任せることなく独自にしている場合は、この規定を適用することはできない。これは上記3点の要件が揃った団地は一体性が強いと考えられ、一括建替え決議に馴染むという考え方からきている。

なお、このうち③の点については、団地管理組合の規約を改正し、かつ各棟の管理組合での区分所有者および議決権の各4分の3以上の多数による決議を経ることで、その管理を団地管理組合の管理対象とすることができる（法68条1項）。

(3)　一括建替え決議の要件と違憲性

(イ)　一括建替え決議の要件

団地管理組合の集会で、団地内建物の区分所有者および議決権の各5分の4以上の多数決による議決を得ることが必要である（法70条1項本文）。この場合の議決権は、土地の共有持分割合が基準とされる（同条2項・69条2

項)。さらに、その集会で、団地内の各建物ごとに、その区分所有者の頭数の3分の2以上でかつ専有面積割合による議決権について3分の2以上の議決権を有する者が賛成していることが必要とされる(法70条1項ただし書)。

平成14年法では、以上のとおり、1棟の単位でみると3分の2の多数で建替えが容認されることになり、共用部分の変更の決議要件である4分の3よりも緩和された要件であり、かつ、この条項は法制審議会の審議を経ず、法務省、国会だけで立案されたものであることから、区分所有法62条1項の改正によって客観的要件を廃止したことと同様に、合理性、必要性に問題があり、憲法29条に抵触する可能性がある(この点の詳細については、鎌野邦樹ほか編著『改正区分所有法&建替事業法の解説』86頁～111頁、133頁～135頁参照。なお、千葉恵美子「建物区分所有法70条と憲法29条」(法学教室別冊判例セレクト2009)15頁、吉田邦彦「老朽化マンション(特に団地)の建替えを巡る諸問題と課題」判例時報2080号3頁も参照されたい)。

(ロ) 千里桃山台団地最高裁判決

しかし、千里桃山台団地最高裁判決(最判平成21・4・23判時2045号116頁・わかりやすい[94])は、規制の目的、必要性、内容、制限される財産権の種類、性質および制限の程度等を比較考量して判断すれば、憲法29条に違反するものではないとして、区分所有法70条は憲法29条に違反しないと判断した。その理由は、以下のとおりである。

① 区分所有権の行使(区分所有者の行使に伴う共有持分や敷地利用権の行使を含む。以下同じ)は、必然的に他の区分所有者の区分所有権の行使に影響を与えるもので、他の区分所有権の行使との調整が不可欠であり、他の区分所有者の意思を反映した行使の制限は、区分所有権自体に内在するものであって、これらは、区分所有権の性質というべきものである。

② 区分所有建物について、大多数の区分所有者が建替えの意思を有していても一部の区分所有者が反対すれば建替えができないということになると、良好かつ安全な住環境の確保や敷地の有効活用の支障となるばか

りか、一部の区分所有者の区分所有権の行使によって、大多数の区分所有者の区分所有権の合理的な行使が妨げられることになる。区分所有法62条1項は、十分な合理性を有するものというべきである。

③　そして、区分所有法70条1項は、団地内全建物一括建替えは、団地全体として計画的に良好かつ安全な住環境を確保し、その敷地全体の効率的かつ一体的な利用を図ろうとするものであるところ、区分所有権の上記性質に鑑みると、団地全体では同法62条1項の議決要件と同一の議決要件を定め、各建物単位では区分所有者の数および議決件数の過半数を相当超える議決要件を定めているのであり、同法70条1項の定めは、なお合理性を失うものではない。

④　売渡請求権により経済的損失についても相応の手当がされている。

(4)　決議の内容

一括建替えの決議は、団地内の建物を一括してその全部を取り壊し、かつ、その敷地もしくはその一部の土地または敷地の全部もしくは一部を含む土地に新たに建物を建築する旨の決議である。区分所有法62条1項の建替え決議と同様に、再建建物の敷地が元の敷地と一部重なっていることが必要である以外に決議の内容については何らの制約もない。

建替え決議には以下の事項を定めなくてはならない（法70条3項）。

①　再建団地内敷地の一体的な利用についての計画の概要

②　新たに建築する建物の設計概要

③　団地内建物の全部の取壊しおよび再建建物の建築に要する費用の概算額

④　上記費用の分担に関する事項

⑤　再建建物の区分所有権の帰属に関する事項

これらは①を除いて1棟の建替え決議の場合に準ずるものである。①は、一括建替え決議の制度が設けられた趣旨から、単に建物だけでなく団地の敷地全体について一体的な利用に関する計画の概要を求めたものである。

(5) 一括建替え決議の手続

一括建替え決議の手続は、1棟単位で行う建替え決議と本質において異なるところはないという考えから、手続も1棟単位で行う建替えの規定が準用されている（法70条4項）。すなわち、平成14年法で取り入れられた法62条4項（集会の招集時期の繰上げの特則）・5項（通知事項の追加）・6項（説明会の開催）、63条（売渡請求）、64条（建替えに関する合意）等の規定が準用されており、1棟単位で行う建替え決議の場合と差異はない。

なお、売渡請求権は、団地内の区分所有者間であれば他の建物の区分所有者であっても、売渡請求権を行使することができると解する。

(6) 建替え円滑化法との関係

建替え円滑化法は、団地の一括建替え決議があった場合にも、1棟の建替え決議と同様に、建替組合の設立（同法9条）、建替組合による売渡請求権の行使（同法15条）、権利変換手続の導入（同法58条）、権利変換計画に賛成しなかった組合員に対する売渡請求（同法64条）等の規定を整備している。

また、建替え円滑化法は、団地一括建替えに関して以下の規定をおいている。

① 一括建替え合意者は、5人以上共同して都道府県知事の認可を受けて建替組合を設立することができる（同法9条3項）。

② ①の認可を申請する場合、一括建替え合意者の4分の3以上の同意と一括建替え決議マンション群を構成する各マンションごとのその区分所有権を有する一括建替え合意者の3分の2以上の同意を得なければならない（同法9条4項）。

③ 2以上の一括建替え決議マンション群、または1以上の建替え決議マンションおよび一括建替え決議マンション群に係る建替え合意者が、5人以上共同して建替組合の設立の認可を申請することもできる（同法9条6項）。この制度を活用することにより、複数の団地型マンションの共同建替えが容易になることが期待されている。

④ 建替え円滑化法において「マンション」とは、「2以上の区分所有者

が存する建物で人の居住の用に供する専有部分のあるもの」と定義されている（同法2条1項1号）ので、店舗、事務所用区分所有建物がある団地については、区分所有法70条1項による一括建替え決議がなされても、建替え円滑化法は適用されないことになる。

そこで、区分所有法70条1項の建替え決議の際に、その団地内建物の一部が「マンション」（上記定義によるマンション。以下同じ）であり、かつ、再建団地内敷地に新たに建築される同条3項2号に規定する再建団地内建物の一部が「マンション」である限りは、その他の建物が「マンション」でないとしても、これをマンションとみなして、建替え円滑化法が適用されることとした（建替え円滑化法2条2項）。

（折田泰宏・小林久子・南ゆうひ）

VI 被災区分所有建物の再建等に関する特別措置法（被災マンション法）

1 はじめに

　災害等で一部滅失したマンションは、区分所有法に従った多数決での建替えが可能であるのに、全部滅失したマンションは区分所有法を適用することができず、民法の共有の規定が適用されるため1人でも反対者がいると建替えができないこととなる。

　そこで、阪神・淡路大震災が契機となって震災後の平成7年3月17日に「被災区分所有建物の再建等に関する特別措置法」（平成7年法律第43号）が制定され、同月24日に公布されて、区分所有建物が全部滅失した場合でも一定の要件の下で多数決決議による建替え（同法では「再建」という）が可能となった。

　その後、平成23年3月11日に発生した東日本大震災においては、地盤沈下による傾き等大規模な被害を受けたマンションがいくつかあり、いずれも大多数の区分所有者の意向として、再建（建替え）ではなく、解体して敷地を売却処分することによる解決を求める事態が生じた。

　しかし、それまでの被災マンション法は再建を前提とした規定しかなく、建物を解体して敷地を売却処分し、その換価金を分配するには民法の共有の規定が適用され、全員同意が必要とされる。したがって、反対者が1人でもいれば、重大な被害を受けた区分所有建物が長期間放置されることになりかねないといった問題が生じた。また、それまでの被災マンション法は災害による全部滅失の場合だけに適用されるものであり、大規模一部滅失の建物を人為的に解体した場合にも適用されるかどうかについて疑義があった。

　そこで、被災マンション法が改正されることとなり、平成25年6月19日に成立、同月26日に公布・施行された（以下、「平成25年改正法」という）。

　この平成25年改正法では、多数決決議によって、全部滅失の場合における

敷地売却と、大規模一部滅失の場合の取壊し・敷地売却と建物・敷地売却の措置がとれることとなった。

また、平成25年改正法では、従前には欠落していた団地の場合の再建の規定が新設され、団地内の建物が滅失した場合における当該被災マンションの再建・当該被災マンション以外の建替えの措置と、当該団地内建物の一括建替えの措置を設けた。

2　被災マンション法の概要

(1)　被災マンション法適用の条件

被災マンション法（以下、断らない限り「平成25年改正法」を指す）の改正前では、大規模な火災、震災その他の災害で政令の定めるものにより建物が全部滅失した場合においてのみ適用されたが、平成25年改正法では、一部滅失の場合にも適用を受けることとなった（同法1条）。

(2)　敷地の分割請求の禁止

被災マンション法は、再建決議、敷地売却決議等を容易にするため、同法が適用される災害を指定する政令の施行日から起算して1カ月経過した日の翌日から同政令施行日から3年までの期間は、敷地の分割請求を禁止している（同法6条1項）。一部滅失の場合で取り壊されたときも、同政令施行日から3年までの期間は敷地の分割請求が禁止される（同条2項）。ただし、5分の1を超える敷地共有権者等から請求するなど、再建決議等ができないと認められる顕著な事由がある場合には、原則どおりいつでも敷地の分割請求をすることができる（同条1項ただし書）。

(3)　区分所有法61条12項による買取請求権行使の制限

区分所有法61条12項は、建物の一部が大規模滅失した場合に、滅失した日から6カ月以内に同条5項による復旧決議または同法62条1項による建替え決議（団地の場合は同法70条1項による一括建替え決議）がないときは、各区分所有者が、他の区分所有者に対して建物および敷地について買取請求権を行使することを認めている。

被災マンション法は、同法による再建決議、敷地売却決議等を容易にするために、上記「滅失した日から6カ月以内」の期間を上記政令の施行の日から起算して1年以内とした（同法12条）。

(4) 全部滅失の場合における被災マンションの再建手続

(イ) 主体および議決権

区分所有法では、建替えの意思形成を行う主体は区分所有者であるが、全部滅失したマンションでは、すでに区分所有者は存在せず、元の区分所有者はその敷地の敷地利用権を有している者にすぎない。したがって、敷地利用権が所有権である場合は敷地共有持分を有する敷地共有者が、地上権や賃借権の場合は敷地の準共有者が再建手続の主体となる（同法2条）。

なお、平成25年改正法においては、管理者をおくことができるとした（同法2条）。

議決権については、被災マンション法は、「敷地共有持分の価格の割合」により議決権を定めるとしている（同法3条による区分所有法38条の読み替え準用）。共有持分の割合でもなく、また滅失した建物の専有部分面積の割合でもないことに留意しなくてはならない。

(ロ) 決議のための集会

(A) 集会の招集

建物の全部滅失により区分所有関係は消滅し、管理組合は消滅したことになるから、管理組合の理事長・理事、管理者は、その地位を失い、再建決議を行うための集会の招集権限はない。そこで被災マンション法は、敷地共有持分等の価格の5分の1以上を有する敷地共有者らが招集することとした（同法3条による区分所有法34条5項の読み替え準用）。集会の決議により管理者をおいた場合には、以後は管理者に対して集会の招集請求することになる（同法3条による区分所有法34条3項の読み替え準用）。

再建決議を目的としない集会の招集については、区分所有法の通常の集会の規定が準用され、会日より少なくとも1週間前に議案の要領とともに招集通知を発しなければならない。なお、全員の同意があれば招集手続を省略す

ることができる（被災マンション法3条による区分所有法35条1項本文・2項・5項・36条の準用）。

再建決議のための集会の通知発出期間について、区分所有法の建替え決議と同様に、これを2カ月前とし、かつ説明会開催を義務づけた（被災マンション法4条4項・6項）。

招集の通知については、敷地共有者らの所在を知ることができないときは当該区分所有建物の敷地内の見やすい場所に掲示することで足りるとする（被災マンション法3条2項）。

(B) 集会の議事・議長等

集会の議長は、集会を招集した敷地共有者の1人が務める。ただし、別段の決議によって議長を選任することができる。管理者を定めた場合は管理者が議長を務めることもできる（被災マンション法3条による区分所有法41条の読み替え準用）。

(C) 集会の省略

敷地共有者等は、全員の合意があるときは、集会を開催しないで書面または電磁的方法によって決議することができる（被災マンション法3条による区分所有法45条1項ないし3項・5項の読み替え準用）。敷地共有者等が少ないマンションでは有用な決議方法である。

(D) 議決権の行使、議事録の保管等

集会の議事、議決権の行使、議事録の保管等についても被災マンション法3条により区分所有法39条、42条が読み替え準用されている。

(ハ) 再建の決議

(A) 決議要件

再建の決議については、その可決成立には敷地共有者等の議決権の5分の4以上の賛成が必要である（被災マンション法4条1項）。区分所有法上の建替え決議の要件とは異なり頭数は考慮されないことに注意が必要である。

平成14年改正区分所有法62条1項と同様に、再建建物は従前の建物と使用目的が同一である必要はなく、また敷地は、従前の建物の敷地を一部でも含

387

むか、その一部の土地でもよい（被災マンション法4条1項）。

　(B)　決議事項

　再建の決議では、①再建建物の設計の概要、②再建費用の概算、③費用の分担に関する事項、④再建建物の区分所有権の帰属に関する事項の4つの事項を決議しなければならない（被災マンション法4条2項）。

　実務上は、事業手法や事業体制についても決議されることになるだろう。

　なお、区分所有法による建替えと同様、費用の分担や区分所有権の帰属については衡平を害さないことが要求されている（被災マンション法4条3項）。

　　㈠　売渡請求の手続

　再建決議が成立した後の反対者に対する催告や売渡請求の手続に関しては、区分所有法の建替えの手続規定が準用されている（被災マンション法4条9項による区分所有法63条の読み替え準用）。

　また、再建の工事の着手が遅延する場合は、売渡しを請求された敷地共有者等に再売渡請求を認める制度が認められている点も区分所有法と同様である（被災マンション法4条9項の準用による区分所有法63条6項・7項の読み替え準用）。

　　㈥　期間の制限

　再建の決議は、大規模災害を指定する政令の施行日から3年以内にしなければならない（被災マンション法2条）。この期間を経過すると同法による多数決での再建はできなくなる。

　　㈦　建替え円滑化法との関係

　被災マンション法によるマンション再建については、建替え円滑化法の適用はない。

　(5)　全部滅失の場合における被災マンションの敷地売却決議手続

　　㈣　はじめに

　敷地売却決議の手続は基本的に再建と変わるところがない。全部滅失の場合において、被災マンション法2条、3条の規定は再建決議と敷地売却決議について共通の手続を定めており、敷地売却決議手続を定めた同法5条で

388

は、再建決議を定めた同法4条の4項から8項、建替え決議手続の売渡請求等を定めた区分所有法63条1項から3項まで、4項前段、6項、7項、合意の擬制を定めた区分所有法64条を読み替え準用している。

(ロ) 敷地売却決議の成立要件

敷地売却決議は、敷地共有者等の議決権の5分の4以上の賛成が必要であり、①売却の相手方となるべき者の氏名または名称、②売却による代金の見込額を決議しなければならない（被災マンション法5条1項・2項）。

(6) 一部滅失の場合における被災マンションの建物敷地売却決議手続

(イ) 主体および議決権

全部滅失の場合と異なり、一部滅失したマンションでは区分所有者が存在していることから、区分所有者らが建物敷地売却手続の主体となる（被災マンション法7条）。

(ロ) 建物敷地売却決議のための集会

建物敷地売却決議の集会の招集手続については、集会の会日より少なくとも2カ月前に招集通知を発しなければならず、少なくとも1カ月前までに説明会を開催しなければならない（被災マンション法9条4項・6項）。議案の要領のほか、①売却を必要とする理由、②復旧または建替えをしない理由、③復旧に要する費用の概算額をも通知しなければならない（同条5項）。

招集の通知については、区分所有者が政令で定める災害が発生した以後に管理者に通知を受けるべき場所を通知したときは、その場所にあてすれば足りるとし（被災マンション法8条2項）、区分所有者らの所在を知ることができないときは当該区分所有建物またはその敷地内の見やすい場所に掲示することで足りるとする（同条3項）。

(ハ) 建物敷地売却決議の成立要件

建物敷地売却決議は、区分所有者、議決権および当該敷地利用権の持分の価格の各5分の4以上の賛成が必要である（被災マンション法9条1項）。また、同決議では、①売却の相手方となるべき者の氏名または名称、②売却による代金の見込額、③売却によって各区分所有者が取得することができる金

銭の額の算定方法に関する事項を決議しなければならない（同条2項）。

　　　㈡　売渡請求

　賛成者の反対者に対する売渡請求手続については区分所有法63条が、合意擬制については区分所有法64条が読み替え準用されている。（被災マンション法9条9項）

　⑺　**一部滅失の場合における被災マンションの建物取壊し敷地売却決議**

　一部滅失の場合には、区分所有者集会において、区分所有者、議決権および当該敷地利用権の持分の価格の各5分の4以上の賛成をもって、当該区分所有建物を取り壊し、かつ、当該建物に係る敷地を売却する旨の決議をすることもできる（被災マンション法10条1項）。

　この場合においては、①区分所有建物の取壊しに要する費用の概算額、②費用の分担に関する事項、③建物の敷地の売却の相手方となるべき者の氏名または名称、④建物の敷地の売却による代金の見込額を決議しなければならない（被災マンション法10条2項）。

　決議の手続については建物敷地売却決議の手続が、反対者に対する売渡請求については区分所有法63条が、合意擬制については区分所有法64条が読み替え準用されている（被災マンション法10条3項）。

　⑻　**一部滅失の場合における被災マンションの建物取壊し決議手続**

　一部滅失した区分所有建物について、区分所有者および議決権の各5分の4以上の多数で、取り壊す旨の決議をすることができる（被災マンション法11条1項）。

　この場合には、①区分所有建物の取壊しに要する費用の概算額、②費用の分担に関する事項を決議しなければならない（被災マンション法11条2項）。

　取壊し決議を目的とする集会の招集手続については、建物敷地売却決議の手続が、反対者に対する売渡請求については区分所有法63条が、合意擬制については区分所有法64条が読み替え準用されている（被災マンション法11条3項）。

(9) 団地内の被災マンションが滅失した場合における再建決議手続
　(イ)　団地建物所有者等集会

　団地内建物の全部または一部が区分所有建物であり、かつ、その団地内の土地が当該団地内建物の所有者の共有に属する場合において、団地内の全部または一部の建物が政令で定める災害により滅失したときは、当該団地建物の団地建物所有者らは、集会を開き、管理者をおくことができる（被災マンション法13条）。その期間は政令施行日から3年を経過する日までである（同条）。

　管理者、集会については区分所有法の規定が読み替え準用される。招集通知について団地建物所有者等の所在を知ることができないときは団地内の見やすい場所に掲示してすることができる（被災マンション法14条2項）。

　(ロ)　再建承認決議

　滅失した団地内の建物（取壊し決議または全員合意により取り壊された場合も含む）が所在していた土地が当該団地内建物の団地建物所有者等の共有に属し、かつ、当該滅失建物について再建決議等がある場合には、団地建物所有者等の集会において、議決権の4分の3以上の賛成による再建承認決議が得られたときは、当該滅失建物は、当該土地またはこれと一体として管理もしくは使用する団地内の土地に新たに建物を建築することができる（被災マンション法15条）。

　(ハ)　建替え承認決議

　滅失した団地内の建物以外の建物が所在する土地が当該団地内建物の団地建物所有者等の共有に属し、かつ、当該建物について建替え決議等がある場合には、団地建物所有者等の集会において、議決権の4分の3以上の賛成による建替え承認決議が得られたときは、当該建物を取り壊し、かつ、当該土地またはこれと一体として管理もしくは使用する団地内の土地に新たに建物を建築することができる（被災マンション法16条）。

　(ニ)　建替え再建承認決議

　団地内に滅失した団地内の建物とそれ以外の建物が所在する土地が当該団

地内建物の団地建物所有者等の共有に属し、かつ、当該建物について建替え決議および再建決議等がある場合には、団地建物所有者等の集会において、議決権の4分の3以上の賛成による建替え承認決議が得られたときは、当該建物を取り壊し、かつ、当該土地またはこれと一体として管理もしくは使用する団地内の土地に新たに建物を建築することができる(被災マンション法17条)。

  (ホ) 一括建替え等決議

 政令で定める災害で団地内の全部または一部の建物が滅失したときは、団地内建物の敷地またはこれに関する権利の共有者である当該団地内建物の団地建物所有者等で構成される団地建物所有者等の集会で、団地建物所有者および議決権の各5分の4以上の賛成、さらに、当該団地内建物ごとに議決権の3分の2以上の賛成で、当該団地内建物について一括してその全部を取り壊し、かつ、その敷地内に新たな建物を建築することができる(被災マンション法18条)。

3　残された課題

 団地内の建物の全部滅失、大規模一部滅失の場合については、敷地売却、建物敷地売却決議についての規定は設けられていない。また、いずれの決議についても決議後の手続については決められていない。区分所有法の建替えについては建替え決議後の事業法として建替え円滑化法が定められたが、被災マンション法でもその整備が必要であると思われる。

(折田泰宏・伏見康司)

Ⅶ 建物の単位

　1敷地内の建物群を数棟の建物とみるか、1棟とみるかは、復旧、建替えの決議の方法、内容にさまざまな影響を与えることになり、極めて重要な前提問題であるが、この判断は単純ではない。

　マンションの建物はさまざまな形態があり、数個の独立した建物がエキスパンション・ジョイントでコの字型やL字型に連担しているもの、あるいは単に渡り廊下だけでつながっているものがある。また、建物が複数ありながら、エントランスやエレベーターが1棟にしかなく、各棟が共同で利用しているものがある。地上では独立しているように見えても、基礎は同一でつながっている場合もある。この場合に、一般に不動産登記記録上は1つの建物として登記されており、また管理規約も1つの建物として作成されていることが多い。このように複数の建物がつながって建築されている理由としては、本来単一の建物として建築するのが経済的であるが、耐震性能をもたせるために、建物を分けてエキスパンション・ジョイントでつないでいるという場合が多い。また、1つの敷地の中で、接道義務、道路斜線、隣地斜線、日影規制等の建築基準法の要請を満たすために、渡り廊下でつなぐようなことで1棟としている例もある。

　これらの場合に、建物の数を考えるには、以下の考え方がある。
① 不動産登記記録によって1棟性を判断する。これは登記申請時に1棟であるとの専門的審査を経ていること、判断が明解であることを理由としているが、建物の棟数という実体法上の問題を公示（対抗要件）にすぎない登記を基準にして考えてよいのかという疑問がある。
② 各棟がおのおの構造上・機能上の独立性を有するかによって1棟性を判断する（稲本洋之助「被災区分所有建物の復旧・建替え・再建(1)」法律時報67巻8号67頁）。この考えでは、エントランス、エレベーターの位置や個数、集会所、管理人室の位置等が重要な要素となる。この見解は、震

393

災復興に際して復興方針の決定を促進させるとともに、少数者の利益を保護するという志向が背景にあり、実践的であると思える反面、現場での基準として必ずしも明解とはいえない難点がある。また、「数棟全体の区分所有者の結束がよく、棟ごとに異なったきめ細かい対策を全体として決定することができるという場合には、棟ごとの決定にこだわる必要はない」と述べている（同論文69頁）点は、上記判断基準と一貫しないと思われる。
　③　原則的に数棟と考え、敷地や建物の共用部分を核として区分所有者の意思で団地を構成しているとみるべきであると考える（丸山英氣「連棟式マンションでの再生手続き」不動産鑑定32巻10号57頁）。

　私見は、③の考えに近いが、管理組合にとって、数棟か1棟かという問題は決議の場をどこに求めるかという根本的な前提問題であって、客観的で明確な判断基準が求められるべきであり、区分所有者の全体的な意思が最も重要な基準であると考える。すなわち、不動産登記記録上も、管理規約上も1つの建物であり、日常の管理、補修においても1つの建物として全体で費用負担してきたような場合には、区分所有者は当初から1つの建物として認識してきたものであり、区分所有者の全体的意思を尊重し、管理規約を改正して数棟の建物群による団地として変更する手続を経ない限り、区分所有法上も1つの建物として扱うことを原則とすべきである。

　この考え方では、損傷の程度が異なるとか、費用負担能力の差異で各棟の意見が一致しないことがありうる。しかし、その場合は、管理規約を改正して、あらためて団地管理規約とする手段が残されているから不公平を強制することにはならない。丸山・前掲論文も、「（ABCの建物があって、B建物のみの建替えが必要とされる場合に）現実的には、すべての建物の関与のもとで、例えばB建物区分所有者の負担を大きくする一方、修繕引当金の相当額を充当するなどの妥協により集会の決議をするという方向以外にないのではないかと思われる」と述べている。

（折田泰宏・伏見康司）

第11章

不良入居者をめぐる紛争

I 総論

1 対応策検討のポイント

　不良入居者という法的定義はない。マンションの入居者に迷惑をかける者全般を広く指すことばであり、厳密な定義も実務上必要がない。暴力団に関係する場合とそれ以外という2つに分類する方法もあり、前者は管理規約上の「暴力団排除規定」という特殊な問題もあるが、いずれも義務違反者への措置の問題として考えるものである。不良入居者を問題とするのは、そのような者が存在することはマンション内共同体の利益に反するという価値判断を当然の前提として、その予防と事後の有効かつ合理的措置を考える点にある。

　ある行為に対する措置を考えるには次の点を検討する必要がある。

① 管理規約に禁止事項の規定があるか。あるとすればその行為は該当するか。
② 区分所有法6条1項の「共同の利益に反する行為」といえるかどうか。
③ 管理規約には違反行為に対する措置の規定があるか。
④ 法的手段かそれ以外の手段か。その両方か。
⑤ 法的手段としてもそのうち何を選択するか。法律的構成はどうするのか。
⑥ 誰が当事者となるのか。
⑦ 手続的要件、たとえば理事会、総会決議はとれるのか。費用はどうするのか、等である。

2 区分所有法と管理規約

　区分所有法は第7節（57条ないし60条）で義務違反に対する措置を規定し

ているが、これは法6条1項の「共同の利益に反する行為」に対する法的対応措置を内容としているものであり、規約に違反した場合の法的効果やその措置についての規定はない。

　しかし、管理組合では規約や細則で禁止事項を列挙しているのが一般である。その行為が規約違反行為であれば、規約規定上の対応措置を考えることとなるが、その場合でも規約で書いておけばいかなる措置も可能というわけではなく、区分所有法が規定する措置とのバランスから一定の限界がある。

　規約上の禁止事項には、区分所有法6条1項の「共同の利益に反する行為」を具体的に列挙したものと、「共同の利益に反する行為」とまではいえないが禁止事項としているものとの2種類があり、前者は絶対的禁止事項、後者は相対的禁止事項と称されている。

　規約上の絶対的禁止事項違反行為は同時に区分所有法6条1項違反行為であるから、法57条ないし60条の措置はその要件を充足する限り利用することが可能である。したがって、規約上も対応措置が規定してあれば、規約上と区分所有法上の二重の根拠をもって請求権が発生することとなる。規約にて区分所有法上の規定より要件を緩和したり、より強い制裁手段を規定していた場合、規約だけを根拠にして法的手段に訴えても請求が通るかどうかは疑問であるので、区分所有法上の要件を満たしておくことが必要である。

　相対的禁止事項については規約違反を根拠とすることとなる。この場合、規約上使用禁止、競売、引渡しの対応措置を規定していたとしても、規約違反だけを根拠としては困難である。これらより制裁の程度が弱い差止請求、原状回復請求等の方法については、規約上それができるとの規定がなくとも、規約違反を根拠として可能と考えるが説は分かれている。

　区分所有法が規約違反行為の効果につき何らの規定をしなかったことからやや錯綜しているのであるが、当該行為が規約違反なのかどうかという評価と同時に法6条1項の「共同の利益に反する行為」といえるかどうかという2段階にわたる判断をすることが肝要なのである。規約上これが絶対的禁止事項であり、これが相対的禁止事項であると書いているわけではないのであ

397

るから、この区別は結局「共同の利益に反する行為」といえるかどうかとの判断を媒介としなければなし得ない。

3 「共同の利益に反する行為」の類型

「共同の利益に反する行為」は、一般に次の類型に分類されている。
① 建物の不当毀損行為（例：隣接する2部屋を所有する者がその間の壁を取り去る）
② 建物の不当使用行為（例：危険物を持ち込む）
③ プライバシーの侵害ないしニューサンス（例：騒音、悪臭）
④ 建物の不当外観変更行為（例：外壁改造、看板設置）

しかし、当該行為が上記類型のどこに入るかはあまり意味はない。分類に入っているから直ちに共同の利益に反する行為であるというわけではなく、また上記類型に入らない行為でも共同の利益に反する行為と評価されることもある。行為の形態と程度、他の占有者、区分所有者の被る迷惑、被害の程度、建物が被る損害の程度等によって個別的に判断せざるを得ない。たとえば騒音であっても、発生時間によっては音量に対する判断も異なり、音質によっても違うであろう。増改築にしても、その箇所、程度、原状回復の難易、建物の構造への影響度等によって判断するのであり、義務違反の強さの程度は濃淡があり、この濃淡によって措置の手段も異なってくることとなるのである。

4 法的手段以外の方法

口頭、内容証明郵便等の文書による違反行為の停止、是正、原状回復の請求は、特に規約上それができるとの規定がなくとも当然に可能であり、管理組合としては通常この方法を行い、それでも実効性がない場合に法的手段を考えることとなる。規約で違約金の定めがあればあわせてその請求もしておくとよい。

5　法的手段

法的手段を考える場合、次の2点を検討する必要がある。
① 法律的構成　　区分所有法か一般民事法か。
② 仮処分か正式裁判か。あるいは両方か。

(1) 法律的構成

一般民事法としては、各区分所有者の専有部分の所有権に基づく物権的請求権、共用部分や敷地については共有持分に基づく物権的請求権、各区分所有者の人格権を根拠とする構成が考えられる。所有権や人格権を根拠とする場合には、当事者は実際にその行為により損害を被るおそれがある区分所有者に限定されるであろう。

たとえば、法的手段につき組合内で手続的要件を具備し得ない場合や、「共同の利益に反する行為」とはいえない程度の行為で、しかも規約上禁止事項にも該当していないが、実際に損害を被っている区分所有者は所有権や人格権を根拠として法的手段をとることが可能ということである。

この場合には、区分所有者個人が裁判等の当事者となることとなる。

(2) 区分所有法上の法的根拠

区分所有法上の法的根拠は法6条1項・3項と規約または集会決議である。

したがって、通常は上記二重の要件を満たすように考えるべきである。この2種の権利は管理組合という団体に帰属しているものである。

このほか、区分所有者個人が区分所有法6条1項・3項または規約を根拠として請求しうるかとの問題があり、学説は分かれている。

区分所有法6条を根拠とする法的手段としては、次の規定がある。
・57条＝行為の禁止、行為の結果の除去、行為の予防措置等の請求。
・58条＝使用禁止の請求。
・59条＝区分所有権の競売の請求。
・60条＝占有者に対する引渡請求。

区分所有者に対しては区分所有法57条から59条を適用し、区分所有者以外の賃借人等の占有者に対しては法57条と60条が適用される。

区分所有法57条・58条・59条と順次措置が強化されており、したがって要件も以下のように順次厳しくなっている。

① 区分所有法57条の差止請求は、「区分所有者が6条1項に規定する行為をした場合またはその行為をするおそれがある場合」。

② 区分所有法58条の使用禁止請求は、「6条1項に規定する行為による区分所有者の共同生活上の障害が著しく、57条に規定する請求によってはその障害を除去して共用部分の利用の確保その他の区分所有者の共同生活の維持を図ることが困難であるとき」。

③ 区分所有法59条の区分所有権の競売請求は、「6条1項に規定する行為による区分所有権の共同生活上の障害が著しく、他の方法によってはその障害を除去して共用部分の利用の確保その他の区分所有者の共同生活の維持を図ることが困難であるとき」。

区分所有法59条1項の競売請求は、区分所有者の所有権を奪うという意味で最終的な手段であるため、いかなる場合に認められるかについては、裁判例の集積を待つしかないところであるが、暴力団事務所（札幌地判昭和61・2・18判タ582号94頁、名古屋地判昭62・7・27判タ647号166頁、京都地判平成4・10・22判タ805号196頁）だけではなく、騒音（東京地判平成17・9・13判タ1213号163頁・わかりやすい[78]）や管理費滞納（東京地判平成17・5・13判タ1218号311頁、同平成19・11・14判タ1288号286頁）のケースにも認められた裁判例があったが、さらに、新たな類型の裁判例が出されている。

管理組合が、それまでの各戸への電気供給方式を、各戸が東京電力と個別に契約する方式から、別の会社が高圧受電装置を設置して一括受電したうえで各戸に配電する方式に切り替える旨の総会決議が可決されたが、それを実行するには各戸が東京電力との契約を解除して別の会社と契約しなければならないところ、1戸だけが反対していた事案につき、それまでの同区分所有者の行動なども考慮して、区分所有法6条1項の共同利益に違反するもので

あり、違反行為停止請求や専有部分使用禁止では解決し得ないとして競売の申立てが認められた（横浜地判平成22・11・29判タ1379号132頁）。

区分所有法59条に基づく競売の場合には、剰余主義が適用されないとした東京高決平成16・5・20判タ1210号170頁・わかりやすい65〔サンピア鎌ヶ谷・執行抗告事件〕があることもあり、今後、利用される範囲が拡大していくのではないかと思われる。ただ、管理費長期滞納などによる競売請求が否定された裁判例（東京地判平成20・6・20わかりやすい67〔シテリオ渋谷・松濤事件〕）もあり、他にとるべき手段の存在の有無を検討するなど慎重に進める必要がある。

区分所有法60条は59条と同じ要件を必要とし、占有者の使用または収益を目的とする契約の解除とその専有部分の引渡請求である。法60条については、オウム真理教の教団施設として使用されている専有部分に関して引渡しを認めた判例がある（京都地判平成10・2・13判時1661号115頁、大阪高判平成10・12・17判時1678号89頁・わかりやすい79〔山科ハイツ事件〕）。

区分所有法6条を理由とする法的手段は、団体的権利行使であるので管理組合法人であれば格別、法人でない場合には法57条3項により、「管理者又は集会において指定された区分所有者」が当事者となる（法58条4項・59条2項・60条2項）。

法人でない管理組合は、権利能力なき社団として民事訴訟法29条に該当し、当事者能力を有するが、区分所有法57条3項の条文解釈上実際に裁判等を遂行するいわゆる当事者適格はないと解されている。ただし、個々の区分所有者による保存行為としての妨害排除請求については、法57条により制限されるとする説（東京地判平成6・2・14判時1515号91頁・判タ856号219頁・わかりやすい89〔ニュー新橋ビル事件〕）と、制限されないとする説（福岡地判平成7・1・20わかりやすい90〔住吉ハイツ事件〕）とがある。

管理組合としては訴訟を提起するには必ず集会決議を要するのであるから（法57条2項）、その際管理者（通常規約で理事長と決めている）または訴訟を追行する区分所有者を決議しておけばよい。理事長が管理者の場合、任期が

あって変更がありうるので訴訟追行権者を決議したほうが便利な場合もある。

　次に、規約または集会決議違反を根拠とする法的手段については、法人でない管理組合も権利能力なき社団として当事者適格を有し、かつ管理者も集会決議によって当事者となりうるが（法26条4項）、区分所有者の1人を訴訟追行権者として決議することはできない。

　規約違反だけを根拠とした場合、権利能力なき社団の代表者としてまたは規約で理事長が管理者となるとの規定がある場合に、区分所有法26条4項の規定により管理者としての資格において理事長が総会決議等を経ずに法的手段をとることが可能であるか、との論議がある（志田原信三ほか「マンションの管理に関する訴訟をめぐる諸問題(1)」判タ1383号29頁）が、実際には費用等の問題があり、また被告側よりこの点で争われると無用の争点が増えることにもなるので、法的手段は組合の総意で行うという形をとるべきであろう。

　以上によれば区分所有法6条、規約、集会決議各違反を競合的に根拠とする場合には、管理者で行うほかないのである。集会決議で管理者を裁判等の当事者とする旨決議しておけば、管理者は理事長と規約上定められていることが多いので、実際にはそのときの理事長が当事者適格を有することとなる。

　仮処分の当事者能力、当事者適格も同様に考える。

(3) 仮処分か本裁判か

　義務違反行為の中でも早急に差止め、原状回復等をしなければ意味がないような場合には、仮処分を申し立てることとなる。実際には裁判所で審尋等が行われ、その際事実上の和解が行われるのが一般である。

　ただし、話合いが成立しない場合には裁判所の決定をもらうこととなるが、この場合には裁判所の決めた保証金を法務局に供託する必要があり、資金の工面が必要となるので、組合では予算上可能かどうかの問題が出てくる。

　差し迫っていない場合には正式裁判の提起ということとなろう。

いずれにしても、法的手段に訴えるについては管理組合での共通の意思形成が大前提である。この場合、総会決議の有効性につき争われることもあるので、招集通知に記載する議題の書き方や総会における決議の仕方にも、たとえば法的手段をいくつか使う場合にはその1つひとつにつき、決議を経るなど慎重を期する必要がある。

〔編注〕　区分所有法58条ないし60条は、実例としては暴力団ないし暴力団員を対象とするものであったが、近時その適用分野が広がりつつあるので紹介しておく。
　・東京地裁八王子支判平成5・7・9判時1480号86頁・わかりやすい52　区分所有者の賃借人が住居専用部分を会社事務所として使用していることが、区分所有者の共同生活の維持を困難とするとして、賃貸借契約の解除および引渡しを認めた事例。
　・東京地判平成7・11・21判タ912号188頁　マンションの居住者の使用借人の野鳩の餌付けおよび飼育が区分所有者の共同の利益に反する行為であるとして、使用貸借契約の解除と引渡しを認めた事例。

（清水隆人）

Ⅱ　暴力団入居の対処方法

1　事前阻止の方法

　暴力団がいったん入居してしまうと、それを退去させるのは容易なことではない。区分所有法57条以下の諸規定を利用して退去させることは可能であるが、実際にそれを行うには大変な苦労と費用を要する。暴力団の入居を事前に防ぐことができれば、それが最善である。

　そのマンションが暴力団の入居に適していなければ、入居してくる危険は少ないはずである。暴力団入居に適しない環境にするには、次のような方法がある。

(1)　専有部分の使用目的をマンション管理規約で限定すること

　マンション標準管理規約（国土交通省作成）では、専有部分の用途として、「区分所有者は、その専有部分を専ら住宅として使用するものとし、他の用途に供してはならない」と定めている。このような規定があれば、専有部分が組事務所に利用されることに対する牽制になる。

　しかし、上記のような規定だけでは不十分であるとして、独自の詳細な規約を定めることがある。たとえば、次のとおりである。

例1　（暴力団、不良入居者等の排除責任）

(1)　区分所有者は、暴力団またはその構成員その他共同生活の秩序を乱す行為をするおそれがある者に、その専有部分を譲渡または貸与してはならないとともに、自ら暴力団の構成員となり、またはその専有部分を暴力団事務所として使用し、もしくは次の各号に列記する行為をしてはならない。

　1　本マンション対象物件内への暴力団の組織、名称、活動等に関する看板、名札、写真、絵画、提灯、代紋、その他これに類する

物件の掲示または搬入
 2　対象物件内に暴力団構成員、同準構成員等を居住させ、または これらの者を出入りさせる行為
 3　対象物件内または本物件に近接する場所における、暴行、傷害、脅迫、恐喝、器物損壊、逮捕監禁、凶器準備集合、賭博、売春、ノミ行為、覚醒剤・拳銃・火薬類等に関する犯罪の実行、または賃借人と関係ある者のこれらの犯罪の実行
 4　対象物件内または本物件に近接する場所において粗野または乱暴な言動をして、他の居住者、管理者、出入者等に迷惑、不安感、不快感等を与える行為
(2)　区分所有者は、その専有部分を第三者に貸与する場合、「借受人が暴力団もしくはその構成員であることが判明したとき、または前項各号のいずれかに該当する行為をしたときは、何ら催告を要せずに該当賃借契約は当然解除となり、借受人は本物件を明け渡さなければならない」旨を明記した賃貸借契約書を取交し、その賃貸借契約書の写しを理事長あてに提出しなければならない。
(3)　区分所有者または借受人が前第(1)項または第(2)項の規定に違反したときは、当該区分所有者はこの排除と被害者に対する賠償の責に任じなければならない。
(4)　区分所有者が第(1)項または第(2)項の規定に違反したときは、当該区分所有者を除く他の区分所有者の決議に基づき、当該区分所有者に対してその専有部分の全面的使用禁止を請求することができる。
(5)　前項の決議は、区分所有者及び議決権の4分の3以上の多数で決する。
(6)　第(4)項に関する費用は、訴訟に伴う弁護士費用を含めすべて当該区分所有者の負担とする。

例2　（規約の遵守および暴力団等の排除義務）
(1)　区分所有者は、円滑な共同生活を維持するため、この規約、使用

細則および総会決議（以下「規約等」という）を誠実に遵守しなければならない。
　(2)　区分所有者は、同居する者および本マンションに出入りさせる者に対して、この規約等に定める事項を遵守させなければならない。
　(3)　区分所有者は、その専有部分を暴力団の構成員またはその組織その他本マンションの他の区分所有者の共同利益に反する行為、または共同生活の秩序を乱す行為をするおそれのある者に対して、譲渡または貸与してはならない。
　(4)　区分所有者は、自ら暴力団の構成員になり、またはその専有部分を暴力団事務所に使用してはならない。
　(5)　区分所有者は、その専有部分に暴力団の構成員を居住させ、または反復して出入りさせてはならない。
　(6)　専有部分に暴力団の構成員が居住し、または反復して出入りするときは、他の区分所有者は、総会の決議に基づき、当該専有部分の区分所有者および占有者に対し、その専有部分の全面的使用禁止を請求することができる。
　(7)　前項の決議は、区分所有者および議決権の4分の3以上の多数で決する。
　(8)　前項に関する費用は、訴訟に伴う弁護士費用を含めすべて当該区分所有者の負担とする。

　上記のような暴力団排除の規定があれば、それだけで大きな牽制効果があると思われる。

(2)　事前阻止のための管理組合の対応

　管理規約の中で「暴力団構成員にその専有部分を譲渡又は貸与してはならない」と定めていても、そのような譲渡や貸与がこの規定を無視して行われてしまった場合、その譲渡や貸与そのものを無効とすることはできない。
　したがって、管理組合としては、譲渡や貸与を、前もって察知し、阻止の

ための対応行動がとれるようにしておくほかはない。そのため、マンションの管理規約の中に事前届出の制度を定めることがある。たとえば、次のような規定を置く。

　　（専有部分の譲渡および貸与）
(1) 区分所有者は、その専有部分を第三者に譲渡または貸与しようとする場合は、その予定日の20日以前に、第○号書式により、管理組合に予告届を提出しなければならない。
(2) 管理組合は、前項の予告届を検討し、必要に応じて調査を行った結果、譲渡または貸与の相手方が暴力団員等、区分所有者の共同の利益に反する行為または共同生活の秩序を乱す行為をするおそれがある者と判断した場合は、理事会の決議により区分所有者に対し譲渡または貸与の中止を勧告することができる。
(3) 区分所有者は、専有部分を第三者に譲渡または貸与する場合には、その譲渡または貸与にかかる契約内容に、この規約等に定める事項を遵守する旨の条項を定めるとともに、契約の相手方にこの規約等に定める事項を遵守する旨の条項を定めた第○号書式による誓約書兼入居届を入居の前日までに、理事長に提出させなければならない。

　譲渡または貸与について事前の届出を義務づけることができれば、管理組合は事前に入居予定者が暴力団構成員でないかどうかを調査することができる。入居予定者と必ず面接をするという方法をとっている管理組合もある。
　単なる事前届出という方法を、さらに一歩進めて、譲渡および貸与に管理組合理事会の承認を要する旨の規定を置くという方法も考えられるが、そこまで管理組合理事会が干渉することの当否の問題は残る。
　上記の事前届出があったとき、入居予定者が暴力団構成員ではないこと、また暴力団構成員には譲渡したり貸与したりしないことを、区分所有者に誓

約してもらうという方法もある。その場合は、事前に提出を求める「予告届」の末尾に、「当マンションは、暴力団員やその組織等に譲渡・貸与することを禁止しています」との文言をあらかじめ記載しておくことにする。

また、管理組合で、あらかじめ、売買または賃貸の場合の仲介業者を指定しておき、区分所有者にその業者を通じて取引することを義務づけるという方法がある。その場合、その仲介業者には、買主または賃借人の選定にあたって、暴力団構成員が入居しないよう最大限の注意を払うことを誓約してもらい、仲介の結果について管理組合に対して報告してもらうようにするのである。

2 排除方法の類型

(1) はじめに

暴力団関係者をマンション内から排除する方法として、次の3種類がある。第1は、暴力団関係者の行為そのものを差し止めること、第2は、暴力団関係者が使用する専有部分について建物使用そのものを排除すること、第3は、暴力団関係者が有している区分所有権および敷地利用権を競売手続によって他に売却してしまうことである。

区分所有法57条から60条は、区分所有者・占有者が建物の保存に有害な行為その他建物の管理または使用に関して区分所有者の共同の利益に反する行為をした場合、またはそのおそれがある場合に義務違反者に対して他の区分所有者の全員または管理組合法人がとりうる措置を定めている。すなわち区分所有者に対しては、①行為差止めの請求（法57条）、②使用禁止の請求（法58条）、③競売の請求（法59条）を、占有者に対しては、①行為差止めの請求（法57条）、②引渡請求（法60条）を定める。順次強力な措置となっているが、共同利益が侵害される程度に応じて必要な措置をとることになる。

これらの請求は、区分所有者全員または管理組合法人の「集団的権利」として認められたものである。各区分所有者としては、物権的請求権、人格権、不法行為等を根拠として救済を求めることはできるが、その救済の方法

は前述の行為差止めにとどまり、不十分である。義務違反者とりわけ暴力団による侵害を排除することは、個々の区分所有者の権利による措置だけでは困難であり、管理組合が区分所有者を統率し集団的権利として行使することが不可欠である。

　前述のとおり、区分所有法57条から60条まで定められた請求は順次段階的に強力な措置として規定されているが、これらの請求は段階を追って請求しなければならないものではない。上記各請求はそれぞれ要件を異にしており、また、切迫状況があり使用禁止でなければ目的も達し得ない場合においては、差止請求を経ずに直ちに使用禁止の請求や競売の請求をすることも認められる。

　なお、「暴力団員による不当な行為の防止等に関する法律」(以下、「暴力団対策法」という)によれば、同法によって指定暴力団と認定されると、団員の暴力的要求行為が禁止され(同法9条)、公安委員会は中止命令を発することができる(同法11条1項)。この中止命令に違反すると刑事罰が科される(同法46条)。

　さらに、指定暴力団の対立抗争時においては、公安委員会は組事務所使用制限命令を発することができ(暴力団対策法15条)、違反すれば同じく刑事罰が科される(同法47条5号)。これらの措置は行政処分であり、対象は指定暴力団、指定暴力団員の行為に限定されているが、民事上の措置とあわせて求めれば効果的である。

　なお、平成23年10月までに全国の47都道府県すべては、いわゆる暴力団排除条例をもつに至った。同条例には、青少年の健全な育成を図るための措置として、いわゆる200m規制が定められている。すなわち、暴力団事務所は、小学校、中学校、高等学校、図書館、公民館の敷地の周囲200mの区域内において開設または運営してはならないとされた。これに違反すると、1年以下の懲役または50万円以下の罰金に処せられる。この規定に抵触する事実があるときは、その事実そのものが暴力団事務所排除の直接的根拠となる。

(2) 行為の停止と行為結果の除去
　(イ)　区分所有法57条による行為差止請求

　区分所有法57条は、区分所有者が他の区分所有者の共同の利益に反する行為をした場合に、その行為を停止し、その行為の結果を除去し、またはその行為を予防するため必要な措置をとる方法について定める。

　暴力団関係者による共同利益背反行為としては、居住用の専有部分を組事務所として使用する行為、建物の一部を事務所用に改造する行為、建物の外部に物品を付加して外観を変更する行為などがこれに該当する。

　以上のような行為の差止めの請求は、区分所有法58条以下に定める措置とは異なり、訴えによる必要はなく、裁判外での請求も可能であるが、暴力団に対する事案において裁判外での請求の実効性は期待できない。

　訴えにおける請求の趣旨は、たとえば、「被告は別紙物件目録記載の専有部分の建物を〇〇組の事務所又は連絡場所として使用してはならない」とする（東京地判平成10・12・8判時1668号86頁）。

　(ロ)　規約違反を理由とする差止請求

　建物、敷地、附属施設の管理、使用に関する区分所有者相互間の事項は、規約で定めることができ（法30条1項）、占有者は、これらの使用方法につき区分所有者が規約または集会の決議に基づいて負うのと同一の義務を負う（法46条2項）。したがって、その規約または決議で定められている事項については、区分所有法57条の要件を具備しない場合であっても、当該規約または決議自体を根拠として、管理組合法人は自己の名において、法人格を有しない管理組合は権利能力なき社団として民事訴訟法29条により、また管理者は区分所有法26条4項により、それぞれ区分所有者全員のために差止訴訟を提起することができる（法務省民事局参事官室編『新しいマンション法』296頁）。ただし、この場合、訴訟の提起にあたっては法57条2項に準じ、集会の決議が必要であると解される（丸山英氣編『区分所有法〔改訂版〕』316頁〔山口忍〕）。

　マンション管理規約中に、「区分所有者は、自ら暴力団の構成員となり、

又はその専有部分を暴力団事務所に使用してはならない。区分所有者は、その専有部分に暴力団の構成員を居住させ、又は反復して出入りさせてはならない」との規定が存するときは、その居住する人物が暴力団の構成員であるという事実だけを理由として、当該人物に対し専有部分からの退去を請求することができる。この場合、訴えの請求の趣旨は、たとえば「被告は別紙物件目録記載の専有部分の建物から退去せよ」とする。

(3) 専有部分の使用の禁止

(イ) 意　義

区分所有法58条の使用禁止の請求は、法57条の行為停止等の請求と法59条の区分所有権の競売の請求の中間的措置である。

(ロ) 要　件

①区分所有者が共同の利益に反する行為をし、またその行為をするおそれがあること、②その行為による区分所有者の共同生活上の障害が著しいこと、③区分所有法57条の差止請求によってはその障害を除去して共用部分の利用の確保その他区分所有者の共同生活の維持を図ることが困難であること、である。

(ハ) 請求の内容・方法

請求の内容は、相当期間の専有部分の使用禁止である。

「相当期間」は、区分所有法59条の競売の請求との関係からすると、あまりに長期使用を禁止することは所有権を剥奪する結果となる。したがって、数カ年程度と解するのが多数説である。

なお、どの程度の長期間が必要であるかについて、裁判所が諸般の事情を考慮して定めるものであるから、訴状の請求の趣旨にはこの期間を記載する必要はなく、たとえ記載がなされていたとしても、裁判所はこれに拘束されないというべきであろうとする見解がある（丸山編・前掲書321頁〔山口〕）。しかし、期間の問題は重要な争点となるもので、処分権主義によれば、訴状には期間を明示する必要があり、その期間の範囲内で裁判所が認定するものと考える（同旨：篠田省二編『現代民事裁判の課題(6)』802頁〔永井ユタカ〕）。

411

本条の請求は訴えをもってしなければならない。請求の趣旨は、たとえば「被告による別紙物件目録記載の建物専有部分の使用を本判決確定の日から3年間禁止する」となろう（福岡地判昭和62・5・19判タ651号221頁、大阪地判平成13・9・5判時1785号59頁）。

　　㈡　裁判・執行

使用禁止の請求を認容する判決は、形成判決であり、この判決によって、判決が定めた期間、当該区分所有者による専有部分に対する使用禁止義務が発生する。この判決により、当該区分所有者およびその家族等占有補助者はその期間中専有部分および共用部分の使用が禁止される。ただし、当該区分所有者が他にこれを賃貸するなどして第三者に使用させる行為、当該区分所有者による専有部分の保存行為は許される。

この判決によって発生する当該区分所有者の義務は、いわゆる不作為不代替義務であるから、これに対する強制執行は、民事執行法172条の間接強制の方法により行う。すなわち、執行裁判所が、債務者に対し、債務の履行を確保するために相当と認める一定の額の金銭を債権者に支払うべき旨を命ずる方法により行う。なお、この金銭の支払命令は、債務名義となる（民執法22条3号・172条5項）。

したがって、当該区分所有者が、命令に対し任意に義務を履行しない場合には、支払命令に基づき当該区分所有物件について金銭債権執行の方法により強制競売を行うことができる。ただし、この競売は金銭債権の執行であるから、剰余を生ずる見込みのない場合の措置（民執法63条）等の民事執行法上の制約を受ける。

　⑷　**区分所有権および敷地利用権の競売**

　　㈠　意　義

区分所有法59条は、悪質な区分所有者の区分所有建物を処分する権利に重大な制約を加え、管理組合構成員から排除する強力な措置である。本競売請求が認められた事例として、暴力団組長が賃貸使用していた場合（京都地判平成4・10・22判時1455号130頁）がある。

412

㈹　要　件

　要件は、専有部分の使用禁止の請求（法58条１項）より厳しく、他の方法によっては共同生活上の障害を除去して共同生活の維持を図ることが困難であることが必要である。

　この要件を具備するかどうかが争点となった事案において、福岡地判平成24・２・９判例集未登載は、「被告が本件専有部分の使用の禁止の判決確定後も本件専有部分の区分所有権等を第三者へ譲渡せず、又は譲渡できず、同判決で定められた期間経過後に再び本件専有部分を自ら使用する可能性は相当程度高度であるといえる」こと、「被告が本件専有部分を住戸として使用していると称していても、事実上暴力団事務所として使用する可能性があること」を理由として挙示し、区分所有法58条の禁止の方法では他の区分所有者の共同生活の維持を図ることが困難であると判断した。

　㈵　請求の内容・方法

　本条の請求も訴えをもってしなければならない。請求の趣旨は、たとえば「原告は、被告が有する別紙物件目録記載の区分所有権及び敷地権について競売を申し立てることができる」となろう。

　なお、競売申立権に仮執行宣言を付することができるかについては、これを付した判決（名古屋地判昭和62・７・27判時1251号122頁）と付さなかった判決（札幌地判昭和61・２・18判時1180号３頁）がある。形成判決に仮執行宣言を付することができるか否かは肯否分かれるところではあるが、競売請求を認容する判決が直ちに実体的な区分所有関係に変動をもたらすものではないことからすれば、結論が明白で必要性もある事案については肯定すべきと思われる（同旨：篠田編・前掲書〔永井〕）。

　㈡　裁判・執行

　区分所有権の競売請求に対する判決は、原告に対し、当該区分所有権およびその敷地利用権を競売することができる旨の判決であり、その性格は、原告に競売権を創設する形成判決である。判決が確定すれば、原告は裁判所に対し区分所有建物の競売の申立てをすることができる。この申立ては、民事

執行法195条の「その他の法律の規定による換価のための競売」であると解されているが、この競売は後述のとおり換価を主たる目的とするものではないので同条の競売ではなく、その性質に応じて民事執行法の規定が準用されるに過ぎないと解する余地もあろう。

　この申立ては、判決確定の日から6カ月を経過したときはすることができない（法59条3項）。また、この競売においては、当該区分所有者またはその者の計算において買受けをしようとする者は、買受けの申出をすることができない（同条4項）。

　民事執行法195条の「その他の法律の規定による換価のための競売」手続において、物上負担の処遇、特に、目的不動産上に抵当権・先取特権が存する場合の処置について議論があったが、現在の競売実務においては、不動産執行におけると同様に担保権は売却により消滅し（民執法59条）、売却代金は順位に応じた配当に付せられている（東京高決平成16・5・20判タ1210号170頁・わかりやすい65）。

　この競売手続の趣旨からして、剰余を生ずる見込みのない場合の措置（民執法63条）の制約は、受けないものと解される（同旨：法務省民事局参事官室編『新しいマンション法』320頁）。同条の趣旨は、優先債権者の権利の保護および無益な強制執行の防止にあるが、この競売手続は債権者の金銭的満足を得ることを目的とするものではなく、競売の申立人にとって競売価格は重要な目的ではないにもかかわらず、申立人に剰余を生じる価格での買受けの申出や申出額に相当する保証の提供を求めるのは不当だからである。また、売却代金によって手続費用すら賄うことができない場合には、その不足分を競売の申立人に負担させるのが競売の実務である。

(5)　占有者の専有部分使用の排除

　(イ)　意　義

　暴力団事務所は、賃借物件であることが多く、また当該区分所有者は多くの場合暴力団の親交者である。したがって、区分所有者は占有者の義務違反に対しても手段を講じようとはしない。本条は賃借人等専有部分の悪質な占

有者からその占有権限を剥奪し、区分所有建物の利用関係から排除する措置である。

本引渡請求が認められた事例として、暴力団組長が賃貸使用していた場合（前掲・京都地判平成4・10・22）、貸借人が特殊な宗教団体（オウム真理教）の教団施設として使用した場合（京都地判平成10・2・13判時1661号115頁）などがある。

　(ロ)　要　件

要件は、区分所有権の競売の請求（法59条1項）と同一である。

　(ハ)　請求の内容・方法

本条の請求は、占有者の占有の基礎となった契約の解除と専有部分の引渡請求であり、訴えをもってしなければならない。

占有者の占有権限となる契約の当事者双方との間で合一的に画定される必要があるから、区分所有者たる貸主と借主との双方を共同被告とする必要的共同訴訟となる。

請求の趣旨は、たとえば「被告○○と被告△△との間の別紙物件目録記載の建物部分に関する賃貸借契約を解除する。被告△△は原告に対し別紙物件目録記載の建物部分から退去しこれを引き渡せ」となろう。

なお、占有者が無権限者であるときは、契約解除の必要はないから、占有者のみを被告として訴訟を提起すればよいことになる。しかし現実には、貸主・借主間の関係は不明であることが多く、訴え提起の段階では両名を共同被告として提訴し、この関係が判明すれば請求の趣旨を変更することとなろう。

　(ニ)　裁判・執行

占有者に対する引渡請求を認容すべきときは、裁判所は、契約の解除と専有部分の引渡しを命ずる判決をする。

この判決は、第三者の請求によって契約の解除を命ずる形成判決である。

引渡しの強制執行は、通常の不動産の明渡しと同様の方法で行う。すなわち、執行官が債務者の目的物に対する占有を解いて債権者にその占有を取得

させる方法により行う（民執法168条1項）。なお、専有部分の引渡しを受けた原告は、これを遅滞なく、占有権限を有する者に引き渡さなければならない（法60条3項）。

3 訴え提起の準備

(1) 請求の当事者

(イ) 請求権者（原告）

　使用禁止請求、競売請求、解除引渡請求の請求権者（原告）は、いずれも区分所有者全員または管理組合法人とされている。管理組合に法人格があればその管理組合法人が原告となる。

　管理組合に法人格がない場合の上記各請求につき、請求権者がいずれも法によって定められた特別の団体的請求権であることに鑑みて、他の未払修繕積立金等の請求の場合のように権利能力なき社団の法理によって管理組合が請求権者となるということはできない、とする説が有力である。

　したがって、この立場では、管理者が「△△管理組合管理者○○○○」として、または総会決議によって特定の区分所有者を訴訟追行権者として指定してその者が「訴訟追行権者○○○○」として、個人名をもって原告となる（法57条3項）。

　ただし、下級審の判例には権利能力なき社団の法理によって管理組合が請求権者として取り扱っているものも少なくないようである（東京地判平成7・10・11判タ915号158頁、東京地判平成7・11・21判タ912号188頁等）。

　具体的な事例では、総会決議によって、理事長や副理事長等を訴訟追行権者として選任して訴訟追行権を付与する場合が多い。

　訴訟追行権者に指定された者は、任意的訴訟担当の一種であるから、理事長等をやめたり、区分所有者でなくなってもその訴訟追行権を喪失しない。

(ロ) 相手方

　暴力団組長が区分所有者の場合は、組長に対して使用禁止請求または競売請求を行う。

第三者が区分所有者で組長が賃借人である場合は、その両者間の賃貸借契約等の解除請求について区分所有者と組長は必要的共同訴訟の被告となるので、両者に対して解除請求をし、組長に対しては解除に基づく引渡請求をすることになる。

　また賃借人がいて、組長が転借している場合も、賃借人と組長を相手として解除請求することになる。

　区分所有者が組長と全然別個の個人や法人であり、調査しても、現実に占有使用している組長と区分所有者や賃借人との関係が不明であるときは、区分所有者、賃借人、組長など関係者のすべてを相手に請求せざるを得ない場合がある。

　この場合は、区分所有者に対し使用禁止請求または競売請求、賃借人または組長に対して賃貸借契約や転貸借契約等の解除請求、引渡請求等のそれぞれの請求をしながら、その後の裁判の推移や相手方の主張に応じて請求および相手方の範囲を特定していくことになる。

　　　(ハ)　**賃借権の仮登記権者**

　組の若頭などの組幹部が賃借権の仮登記を有している場合もある。

　この場合には、占有者たる組長とは共同占有者として取り扱うべきである。

　なお、賃借権仮登記の基礎となった契約関係の解除は解除請求によって可能であると解されるが、仮登記自体の抹消登記手続請求は区分所有者本人しかできない。

　　(2)　**相手方の特定**

　各請求を行うためには、相手方は暴力団であり、その組事務所に使用されていることの特定が必要となるが、「○○組事務所」の看板や提灯で表示している場合以外には、その特定は意外に難しいものである。

　居室の内部は、大抵、一見して「組事務所」のはずであるが、管理規約の定めに基づく室内への立入調査等も困難である。

　このため、通常は、人の出入り状態、人相、風体、挙動（すごみをきかせ

417

る、ボディチェックする、違法駐車するなどの行為）、襲撃に備えた鉄製扉・窓枠・監視用テレビカメラ等の設置、脱出用のベランダ・窓の改造等の外部的事実を調査したり、出前配達の人に室内の状況や人の様子を聞いたり、所轄警察署ないし暴力追放運動推進センターに相談して情報を得るなどして、暴力団であると特定することになる。

(3) 占有形態の確認

次に、区分所有者は誰か、占有者は誰かの占有形態の確認が必要となる。これは、前述のとおり、請求内容と相手方の特定のために必要な事項でもある。自らの調査が原則となるが、暴力団が入居している場合は警察から情報提供等の協力も期待できるので相談してみるとよい。

区分所有者が組長と別個の個人や法人である場合は、賃貸借によって組長が占有使用しているのが普通であるが、賃借名義人が組長と別個の個人または法人であって、さらに転借されている場合や占有使用の契約関係が不明の場合がある。

したがって、前述のような方法で情報を集めたり、仮処分によって居室内に立ち入った際（将来の本訴に備えて情報収集のため、仮処分の形態は必ず執行官の居室内立入りが伴うものを選択すべきである）に、その状況を調査し、占有関係の認定資料や文書の探索によって、占有形態をできる限り明確にする必要がある。

なお、民事保全法の平成15年改正によって債務者不特定の不動産移転禁止仮処分制度（民事保全法25条の2・54条・62条）が新設されたことから、占有者をめまぐるしく変更することによって執行妨害を図ることを排除するため、保全処分命令の時点では占有者の特定を不要とし、執行時点の占有者に保全処分を発令することが可能となった。したがって、占有者が不明の場合も、専有移転禁止仮処分を求めて執行する時点で占有者を特定できるようになった。

(4) 総会の招集
　(イ) 議　案
　管理組合理事会において具体的な請求の内容と相手方を一応確定したら、管理組合総会を招集して、当該請求に関する相手方、当該請求を訴えの方法で行うこと、具体的な請求の内容、理事長等への訴訟追行権の付与、訴訟費用の出捐などの事項を決議することになる。
　(ロ) 総会招集通知
　総会招集通知（以下、「招集通知」という）には、上記の事項を議案として具体的に明示する必要がある。また招集通知には、上記事項以外に、請求の基礎となるべき違反事項も、具体的に明示しておくほうが望ましい。
　欠席者の委任状にも、上記事項を明示して、委任の範囲を明確にしておくべきである。
　招集通知は、区分所有者が組長である場合、当然、組長にも出す。招集通知が郵送の場合は、後日、その到達等を否認されないために、他の区分所有者と別に、内容証明郵便で出す必要がある。
　(ハ) 弁明の機会の付与と意見陳述権
(A) 弁明の機会の付与
　解除引渡請求のための総会決議をする場合は、占有者にあらかじめ、弁明の機会を与えなければならないとされている（法60条2項・58条3項）。
　この趣旨は、占有者の利益を剥奪することを決議するという重大性に鑑みて、決議前に特定の利害関係人である占有者に弁明の機会を付与することを決議の要件とした、総会を主催する管理組合の義務規定であって、占有者が管理組合に対し、総会に出席して弁明の機会を求めることができる権利ではないと解されている。
　この弁明の機会の付与の方法について具体的な規定はないので、理事の1人が事前に聴取してその結果を総会に提示することでも足りると考えられるが、その内容の取りまとめや報告の仕方如何では後日の紛争も予想される。
　また、占有者に弁明書等を提出させて総会の席上で読み上げること、ある

419

いは総会に呼び出して弁明させることも認められるが、この場合は、株式会社の株主総会に準じた対策と準備が必要になる。

さらに、占有者に、総会で弁明の機会を与えるべく呼出をしても応じない場合も多く、この場合には「事前に弁明の機会を付与した」ことを証明するために、呼出状に、招集通知に準じて、特に、使用禁止または解除および引渡請求の根拠となる具体的な違反事実を記載していかなる点に弁明を求めるのかを明示して、「弁明されたく、総会に出席してください」等の旨を付記して内容証明郵便で送付する方法が適当である。

(B) 意見陳述権

占有者は、総会の目的たる事項に利害関係を有する場合は、総会に出席して意見を述べることができるとされ（法44条1項）、総会への出席権および意見陳述権が認められている。

この権利を保障するために、招集権者は通知発送後遅滞なく、招集通知に記載した内容と同じ事項を建物内に掲示することが義務づけられている（法44条2項）。この掲示した事実を証明するために、掲示している状態を日付入り写真に撮っておくことが必要である。

また、組員が掲示物を破棄する場合も多く、掲示物の破棄行為は、管理組合の招集手続の妨害として業務妨害に該当する可能性があり、少なくとも、共同生活の秩序を破壊する新たな違反行為になるので、破棄された状況も日付入り写真に撮る。このとき、押ピン等で掲示した場合に破棄されても掲示紙がなくなっただけでは破棄の事実が明らかではないが、掲示紙を掲示板に糊付けして掲示しておけば、破棄されても糊跡が残り、これを写真に撮影することで破棄の証拠とすることができる。

なお、区分所有法44条の占有者の意見陳述権は、特に問題となる法60条の解除引渡請求においてそもそも適用がなく、占有者の防御は弁明の機会の付与（法60条2項）やその決議によってなされる訴訟手続内で行使すれば足りるという否定意見もある（濱崎恭生『建物区分所有法の改正』280頁）。

(C) 弁明の機会の付与と意見陳述権の関係

420

占有者に区分所有法44条の意見陳述権が保障されていると解する立場では、総会の場において占有者に弁明の機会を付与する場合に、占有者に対する弁明の機会の付与と占有者の出席権および意見陳述権の関係が問題となる。

この点は、前述のとおり、特定の占有者に対する弁明の機会の付与は総会決議の要件であり占有者の意見陳述権の行使とは異なるものであるから、決議の事前に具体的な弁明の機会が付与されることが必要であると解される。

したがって、後日、弁明の機会を付与されなかったとの主張をされないために、区分所有法44条2項の掲示とは別個に、招集通知に準じた弁明の機会付与のための呼出状等を送付して、事前に弁明に関する文書の提出を求めたり、または総会に出席して弁明することを促す必要がある。

そして、占有者が出席して弁明した場合、総会で占有者に弁明をさせた事実およびその弁明の内容等を議事録に記載する。なお、占有者は議決権がないので、採決を妨害するおそれがある場合は、議場外に退出させることができる。

(D) 区分所有者の意見陳述権と弁明の機会の付与の関係

区分所有者である組長は、当然、区分所有者として、招集通知を受け、総会に出席して意見陳述できる。

法によれば、使用禁止請求または競売請求の決議の場合に、事前に弁明の機会の付与をすべきであるとされており（法58条3項・59条2項）、占有者における意見陳述権と弁明の機会の付与と同様の問題があるが、結論としては、区分所有者に対しても、個別に弁明の機会を付与すべきである。

この場合、区分所有者一般としての招集通知と特定の区分所有者に対する弁明の機会の付与のための呼出とを峻別できればよく、区分所有者への招集通知書と別に弁明のための呼出状等の送付まで必要であるとは解されないので、1通の文書に、招集通知に関する事項を記載した後に「貴殿には、右総会に出席されて本議案にかかる貴殿の前記（違反）行為につき弁明をされたい」等の弁明の機会の付与に関する記載をして、当該区分所有者に送付すれ

421

ばよい。

(ホ) 区分所有者と占有者のいずれに弁明の機会を付与すべきか

区分所有者と占有者がそれぞれいる場合、両者に、いずれも事前に弁明の機会を付与すべきかどうかが問題となるが、横浜山手ハイム事件は、解除引渡請求の事案であるが、その上告審判決は「違反者たる占有者に弁明の機会を付与すれば足り、当該区分所有者に、占有者と別個に弁明の機会を付与することを要しない」（最判昭和62・7・17判時1243号28頁・判タ644号97頁・わかりやすい⑧）とした。この点については、すべての事案で占有者だけに弁明の機会を付与すればよいかどうかは注意が必要であるという意見が多い。

(ニ) **特別決議**

区分所有者に対する使用禁止請求または競売請求、占有者たる賃借人または組長に対する賃貸借契約等の解除請求および引渡請求をするための決議は、いずれも、区分所有者および議決権の各4分の3の特別決議が必要である（法58条2項・59条2項・60条2項）。

議決権は、規約に定められている場合は規約により、そうでない場合は専有部分の床面積の割合による（法38条・14条）。

なお、違反行為者である区分所有者の議決権は制限されないから、当該区分所有者の議決権が議決権割合の4分の1を超える場合には、議決はできないことになる。

(ホ) **警察への要請**

組長や組員らが総会で、議事を混乱させたり、威迫や暴力的行動を行うことが危惧される場合は、事前に所轄署に相談して警備などを要請しておくべきである。

(5) **都道府県暴力追放運動推進センターによる援助**

各都道府県ごとに「暴力追放運動推進センター」が置かれている。同センターは、「暴力団員による不当な行為の被害者に対して見舞金の支給、民事訴訟の支援その他の救援を行うこと」を事業目的の1つとしている（暴力団対策法32条の3第2項9号）。平成24年8月の同法の改正により、同センター

422

は暴力団事務所の使用禁止等請求の訴訟をしようとする者のために、同センターの名前を使って訴訟の原告となることができるようになった（同法32条の4第1項）。この制度を利用すると、マンション管理組合の代表者に代わって同センターが訴訟追行者となることができる（平成25年1月30日施行）。

4 仮処分

(1) 仮処分の必要性

暴力団組事務所の排除は、緊急を要する問題である。

組事務所の存在は、抗争の場合において襲撃の目標となり、いつその巻き添えにあうかもしれないとの不安感・危険感と同居せざるを得ない他の区分所有者の生活は堪え難いものがあるからである。

したがって、早急に組事務所を排除する手段をとるべきであるが、本案訴訟では、その解決までに日数を要する結果となってしまう。

組事務所が存在すること自体において、抗争に巻き込まれる危険は常に存在するもので、他の区分所有者にとって、共同生活上の障害が著しいというべきであり、組事務所排除のために積極的に仮処分を活用すべきであるといえる（塩崎勤編『裁判実務大系(19)』441頁）。

(2) 占有移転禁止・処分禁止の仮処分の可否

当事者恒定のための処分禁止の仮処分は認められるか、という問題がある。

占有者に対する解除・引渡請求権（法60条）に関しては、専有部分に関する契約の解除請求は被告について必要的共同訴訟であることを理由に、貸主につき当事者恒定のための処分禁止の仮処分を肯定し、使用禁止請求権（法58条）、競売請求権（法59条）については、当該専有部分の占有が移転されあるいは処分がなされれば共同生活からの排除の目的は達せられることを理由に、専有部分の占有移転禁止や処分禁止の仮処分を否定する見解がある（篠田編・前掲書〔永井〕）。

一方、専有部分の占有移転禁止等を求める仮処分は肯定できるとする見解

423

（東京地裁保全研究会編『民事保全実務の諸問題』245頁）や、競売請求権を本案として処分禁止の仮処分を肯定する見解（髙柳輝雄『改正区分所有法の解説』173頁）がある。

確かに、組事務所が移転すれば共同生活からの排除の目的は達成されるといえそうである。

しかし、暴力団の組事務所の場合は、執行妨害目的で、他の組事務所や暴力団の組員、親交者へ当該専有部分を移転・処分する可能性が極めて高いものである。そのようなことになれば、それまで継続していた本案請求や取得した本案判決が無駄になり、あらためて新たな組事務所の排除を求めねばならないということになり、組事務所の排除を求めることは極めて困難になってしまう。当該専有部分の移転・処分は、決して共同生活の利益の回復につながるものではない。したがって、占有移転禁止や処分禁止の仮処分は肯定すべきである。

処分禁止の仮処分を認めた例としては、福岡地決平成元・8・28がある（九州弁護士会連合会編『民事介入暴力対策仮処分事例集〔改訂版〕』70頁）。この事案は、暴力団の組長Aが区分所有権を取得して、その組の系列下にある組長Bを事務局長として配下の組員らを常駐させ、暴力団組事務所として使用していたというものである。被保全権利は解除・引渡請求（法60条）および使用禁止請求（法58条）並びに競売請求（法59条）であるが、裁判所は、A、Bに対する占有移転禁止、Aに対する処分禁止の仮処分を認めている。

なお、民事保全法の平成15年改正によって債務者不特定の不動産占有移転禁止仮処分制度（民事保全法25条の2・54条・62条）が新設され、占有者が特定できない場合でも不動産移転禁止仮処分ができるようになったことは前述したとおりである。

占有移転禁止の仮処分は、通常、債務者に使用を認める執行官保管型で申立てされるのが通常である。しかし、債務者に使用を認めるのであれば、仮処分の執行後でも、本案判決確定まで暴力団組事務所の利用を是認する結果となってしまい、組事務所を可及的に排除するための方策としては妥当性を

欠くことになる。といって、債権者（管理組合）に使用を認める執行官保管型をとることはできない。なぜなら、暴力団組事務所が、当該専有部分の占有者である場合に、区分所有法60条の解除・引渡請求権を求める判決が認容された場合でも、管理組合は、当該専有部分の引渡しを受けたのち、これを当該専有部分の区分所有者に引き渡さなければならないのであって、管理組合には、当該専有部分を使用する何らの権利もないからである。

この場合は、執行官の保管のみを求めるべきである。

執行官の保管に付することのみを命じた仮処分が執行された場合は、債権者も債務者も、当該専有部分を使用することができないことになる（兼子一編『判例保全訴訟(下)』814頁、日本執行官連盟「民事執行実務」15号51頁）。債権者である管理組合は、使用できなくても不都合は生じないし、暴力団も使用できないのであるから、組事務所の排除の効果をあげることができるのである（かかる仮処分の例として、九州弁護士会連合会編・前掲書64頁以下参照）。

なお、マンションの事案ではないが、人格権に基づく暴力団事務所の執行官保管の仮処分が認められた例として、秋田地判平成3・4・18判時1395号130頁がある。

(3) 使用禁止請求の仮処分の可否

専有部分使用禁止請求権（法58条）を被保全権利とする使用禁止請求の仮処分を認めることを否定する見解がある。これは請求権が判決の確定を待って初めて生じる形成権であることを理由とする（法務省民事局参事官室編・前掲書315頁）。

しかし、形成権であることから直ちに仮処分は認められないとするのは、あまりにも形式的であろう。

被保全権利が、使用禁止請求という形成権であっても、本案訴訟の確定判決を待っていたのでは、権利者が著しい損害を被る場合は、その侵害の危険を除去または防止するため、仮処分は認められると解すべきである（短期賃貸借解除の仮処分に関してであるが、東京地裁保全研究会編・前掲書107頁）。

このように解しても、被保全権利である使用禁止請求権の存否が、後日、

425

本案訴訟によって確定することが予定されているし、訴訟の終結によって仮に形成された権利関係を原状に復せしめる可能性があるから、仮処分の付随性、仮定性の要求に反することもないのである（財産的関係の形成権について仮処分を肯定する見解として、丹野達『保全訴訟の実務(I)』344頁。区分所有者らの義務違反行為により、居住者らの生命・身体の安全や建物の構造上の安全性に対する回復し難い危険が差し迫り、かつ、違反者の態度に照らすと法57条による差止めの仮処分の裁判を遵守する見込みが全くない等の事情の存するときは、使用禁止の仮処分が認容される場合もあり得ないわけではないとする見解として、東京地裁民事保全研究会編・前掲書245頁）。

使用禁止請求の仮処分の申立ての趣旨は、「債務者は別紙物件目録記載の建物に自ら立ち入ったり、又は第三者をして立ち入らせてはならない。執行官は、右命令の趣旨を適当な方法で公示しなければならない」ということになろう。これは、使用禁止が、専有部分の立入りも禁止（ただし、保守のための立入りは除く）されると解されるためである。使用禁止請求の仮処分が肯定された例として、福岡地決昭和62・1・31および福岡地決平成元・8・28がある（九州弁護士会連合会編・前掲書66頁・70頁）。

この仮処分により、効果がない場合は、民執法172条に基づく間接強制の申立てを行うことになる（九州弁護士会連合会編・前掲書71頁）。

(4) 競売請求の仮処分の可否

競売請求の仮処分が認められるかは、形成権について仮処分を肯定する見解でも仮処分の付随性、仮定性の見地から議論があろうし、保全の必要性の点からも問題があると考える。

(5) 占有者に対する解除・引渡請求の仮処分の可否

前述の使用禁止請求の仮処分を肯定するのと同様に認められると解すべきである。肯定した例として、福岡地決昭和62・4・9がある（九州弁護士会連合会編・前掲書67頁）。

しかし、管理組合には、当該専有部分を使用・収益する権利はないのであるから、引渡しを求める実益は存在しない。

組事務所の排除という目的からみれば、前述の執行官保管型の占有移転禁止の仮処分で同様の目的は十分達成することができるのである。

したがって、実務的には、執行官保管のみの占有移転禁止の仮処分を求めるのが妥当である。

5　不動産明渡しの強制執行の注意点

不動産の明渡しの強制執行は、執行官が債務者の目的物に対する占有を解いて債権者にその占有を取得させる方法により行う（民執法168条1項）。

平成15年改正前の民事執行法の下では、不動産の明渡しの強制執行手続においては、執行官は目的外動産の債務者への引渡しが義務づけられており、さらに、目的外動産を債務者等に引き渡すことができないとき（債務者等が任意に受領しない場合を含む）は、執行官がこれを保管しなければならない（同法168条4項）ので、債権者側で目的外動産の保管場所を確保することが必要であった。平成15年の民事執行法の改正により、目的外動産を債務者等に引き渡すことができないときは、執行官は、即時にまたはいったん保管した後に最高裁判所規則に定めるところにより売却できることとなった（民執法168条5項、民事執行規則154条の2第1項）。この改正により、改正前に目的外動産を処分するため、不動産の明渡しの強制執行の際に、あわせて債務者に対する金銭債権に基づく動産執行の申立てを行うとする実務上の工夫は不要となった。

不動産明渡執行においては、占有認定の問題すなわち不動産の占有者が誰かが現場で問題になることがある。暴力団事務所の場合、実質上の占有主体である組長などは名義人とはならず、妻や子分などが名義人になっていることがあり、原則を貫くと名義借用のような場合に執行ができない不都合が生じることが問題とされている。この場合は、申立代理人において訴えの提起、仮処分の申立ての段階で組長を共同占有者として被告あるいは債務者に加えて被告あるいは債務者の範囲を拡張しておく工夫や、執行時において組長を占有主体と認定できるような工夫、具体的には上記の例の場合で妻を債

務者の占有補助者と認定できる資料を執行官に示すなどの工夫をして、執行官が実質的な占有者が占有主体と判断できるようにすれば執行は可能となろう。

なお、不動産占有移転禁止仮処分等の保全処分の執行がなされている場合は、民事執行法の平成15年改正により、判決による明渡執行の際に、債務者を特定しないで執行文の付与がなされ（民執法27条3項）、その執行文の付された債務名義に基づく強制執行がなされたときは、その強制執行の時においてその不動産の占有を解かれた者が債務者となる（同条5項）とされた。つまり、占有移転禁止仮処分等の保全処分が執行されているときは、明渡しの強制執行の際にも、誰が占有しているかを特定する必要がなくなり、占有者を転々とさせることによる執行妨害ができなくなった。

明渡執行における執行開始時期はいつかとの問題がある。断行の仮処分の場合、仮処分命令が言い渡された日または債務者に対して仮処分命令が送達された日から2週間を経過したときは執行できない（民事保全法43条2項・52条1項）ので、注意を要する。

この点については、従来は任意の催告だけでも着手ありといえるというのが執行官の考え方であったが、現在では不動産明渡執行については、現実に物を動かすなどの強制力の行使がないと開始ありとはいえないとするのが実務である。物の移動の程度についても形式的な物の移動では足りず、不動産の明渡しの着手と評価するに足りる相当の物の移動が必要と考えられている。したがって、移動した物の保管場所を確保することが必要となる。ちなみに動産差押えについては、物色もしくは任意の催告が行われれば執行開始ありと考えられている。明渡しの猶予をしたときは反対説もあるが、最高裁は執行の着手があったとはいえないものとしている。また、1回目の明渡執行に赴いたとき既に債務者が任意搬出中であっても、それだけでは執行の着手ありとはいえないものとされている。

（中島繁樹）

428

● 執筆者一覧 ●

（執筆順）

氏　　名	事務所所在地	TEL FAX	執筆担当
丸山　英氣	〒105-0001　東京都港区虎ノ門1-17-1　虎ノ門5森ビル9階　港共同法律事務所	03-3591-8156 03-3591-8158	第1章
田中　峯子	〒105-0001　東京都港区虎ノ門1-17-1　虎ノ門5森ビル9階　港共同法律事務所	03-3591-8156 03-3591-8158	第2章
花井　増實	〒460-0002　名古屋市中区丸の内2-18-14　ランドスクエア・マルノウチ7階　万朶総合法律事務所	052-220-7061 052-220-7062	第3章
高栞　美奈	〒444-0864　岡崎市明大寺町川端19-13　山七東岡崎ビル3階　椿総合法律事務所	0564-65-2314 0564-26-4514	第3章Ⅲ
深津　茂樹	〒446-0032　安城市御幸本町11-27　第2大嶽ビル3階　深津法律事務所	0566-73-0770 0566-73-0755	
橋場　弘之	〒060-0061　札幌市中央区南1条西10丁目3　南一条道銀ビル4階　田村・橋場法律事務所	011-272-7779 011-272-7769	第4章Ⅰ
石川　和弘	〒060-0042　札幌市中央区大通西10丁目4　南大通ビル東館8階　弁護士法人札幌・石川法律事務所	011-209-7150 011-209-7151	第4章Ⅱ・Ⅲ
笹森　学	〒060-0042　札幌市中央区西12丁目　北海道高等学校教職員センター6階　北海道合同法律事務所	011-231-1888 011-281-4569	第4章Ⅳ
小倉　知子	〒802-0002　北九州市小倉北区京町2-7-7　ONOビル5F　ナリッジ共同法律事務所	093-531-3515 093-531-3553	第5章Ⅰ、第8章Ⅲ
石口　俊一	〒730-0013　広島市中区八丁堀4-24　キュラーズ女学院前5階　石口俊一法律事務所	082-222-0072 082-222-1600	第5章Ⅱ
畑中　潤	〒803-0816　北九州市小倉北区金田1-5-2　WIN小倉2階　畑中・野上・岩岡法律事務所	093-562-3131 093-562-3132	第5章Ⅲ

執筆者一覧

髙橋健一郎	〒231-0011 横浜市中区太田町1-4-2 関内川島ビル902 髙橋健一郎法律事務所	045-650-4670 045-650-4671	第6章Ⅰ
小平　展洋	〒231-0011 横浜市中区太田町1-4-2 関内川島ビル902 髙橋健一郎法律事務所	045-650-4670 045-650-4671	第6章Ⅱ
濱田　　卓	〒231-0023 横浜市中区山下町51-1 読売横浜ビル703区 横浜マリン法律事務所	045-211-0644 045-211-0645	第6章Ⅲ
河住　志保	〒231-0005 横浜市中区本町2-10 横浜大栄ビル2階 横浜開港法律事務所	045-226-5854 045-226-5827	第6章Ⅳ
中村　　宏	〒231-0021 横浜市中区日本大通17 JPR横浜日本大通ビル8階 横浜合同法律事務所	045-651-2431 045-641-1916	
中村　　仁	〒803-0817 北九州市小倉北区田町13-19 岩松田町ビル601号 中村仁法律事務所	093-571-3076 093-571-8475	第7章
緒方　　剛	〒803-0817 北九州市小倉北区田町14-28 ロイヤービル6階 ひびき法律事務所	093-581-2022 093-581-8410	第8章Ⅰ
山上　知裕	〒803-0817 北九州市小倉北区田町14-28 ロイヤービル6階 ひびき法律事務所	093-581-2022 093-581-8410	第8章Ⅱ・Ⅵ
原田　美紀	〒803-0815 北九州市小倉北区原町2-1-6 リーガルテラス101 原田・川原法律事務所	093-383-8751 093-383-8772	第8章Ⅳ
中藤　　寛	〒802-0003 北九州市小倉北区米町1-2-22 小倉NSビル5階 開成法律事務所	093-513-5107 093-513-5108	第8章Ⅴ・Ⅶ
小鉢　由美	〒802-0003 北九州市小倉北区米町1-1-1 小倉朝日ひびきビル303 平和通り法律事務所	093-953-6237 093-953-6238	第8章Ⅷ
時枝　和正	〒802-0003 北九州市小倉北区米町1-4-21 ニチフ米町ビル702 時枝法律事務所	093-512-5233 093-512-5277	第8章Ⅸ
渡辺　晶子	〒802-0002 北九州市小倉北区京町2-7-7 ONOビル5F ナリッジ共同法律事務所	093-531-3515 093-531-3553	第8章Ⅹ

執筆者一覧

松坂　徹也	〒810-0042　福岡市中央区赤坂1-12-15　読売福岡ビル4階　松坂法律事務所	092-781-6370 092-781-7662	第9章I
和田森　智	〒730-0013　広島市中区八丁堀4-24　キュラーズ女学院前5階　石口俊一法律事務所	082-222-0072 082-222-1600	第9章II
荒木　勉	〒803-0816　北九州市小倉北区金田2-2-5　以和貴金田II702　田村法律事務所	093-592-2493 093-592-5857	第9章III
河合　洋行	〒803-0817　北九州市小倉北区田町14-28　ロイヤービル6階　ひびき法律事務所	093-581-2022 093-581-8410	
湖海　信成	〒604-0986　京都市中京区丸太町通富小路東入ル　高山ビル3階　洛中法律事務所	075-222-0852 075-221-7466	第9章IV〜VI
稲岡　良太	〒604-0845　京都市中京区烏丸通御池上ル　ヤサカ烏丸御池ビル5階　けやき法律事務所	075-211-4643 075-211-8552	第9章IV、第10章IV
小川　達雄	〒607-8080　京都市山科区竹鼻竹ノ街道町10　山科セントラルビル4階　山科総合法律事務所	075-583-5055 075-583-5056	第9章V
寺前　愛子	〒604-0986　京都市中京区丸太町通富小路東入ル　高山ビル3階　洛中法律事務所	075-222-0852 075-221-0878	第9章VI
中島　繁樹	〒810-0073　福岡市中央区舞鶴3-8-1　まいづる中央ビル206　中島法律事務所	092-721-4312 092-761-3976	第9章VII、第11章II
折田　泰宏	〒604-0845　京都市中京区烏丸通御池上ル　ヤサカ烏丸御池ビル5階　けやき法律事務所	075-211-4643 075-211-8552	第10章
小林　久子	〒604-0845　京都市中京区烏丸通御池上ル　ヤサカ烏丸御池ビル5階　けやき法律事務所	075-211-4643 075-211-8552	第10章I・II・V
南　ゆうひ			第10章III・V
浅井　亮	〒604-0845　京都市中京区烏丸通御池上ル　ヤサカ烏丸御池ビル5階　けやき法律事務所	075-211-4643 075-211-8552	第10章IV

伏見　康司	〒604-0845 京都市中京区烏丸通御池上ル　ヤサカ烏丸御池ビル5階　けやき法律事務所	075-211-4643 075-211-8552	第10章 IV・VI・VII
清水　隆人	〒810-0073 福岡市中央区舞鶴1-8-16 清水隆人法律事務所	092-781-1185 092-781-0030	第11章 I

あとがき

　本書の初版は平成10年4月発行であるから、思えばもう16年が経過しようとしている。おかげで本書は、初版以来好評をいただき、ここに第4版を発行できることになった。

　平成14年の第2版では、平成10年の一連の駐車場専用使用権をめぐる最高裁判決の出現と平成14年改正区分所有法の成立、さらにマンション管理適正化法やマンション建替え円滑化法などの新法の成立という重大な変化があって、これらの変遷を取り入れた。本のスタイルについても初版の縦書きを横書きに改めている。しかし、執筆陣の変更はほとんどなかった。

　平成18年の第3版では、新たな判例の集積を踏まえ執筆陣の若返りをかなり進め、新規書き下ろし原稿に入れ替えた。

　第3版のあとがきを書いたのは原稿もほぼ出揃った平成17年11月であったが、ちょうどその頃、構造計算書偽造問題が明らかとなり、建築確認制度・検査制度に対する信頼性が大いに揺らぐとともに、建築士制度の根本的な見直しを迫る事態となっていた。そして耐震偽装マンションについて、国あるいは地方自治体による敷地の買取り、解体費全額公費支援、行政による建替え等が進行中であった。このような事態から、私は来る第4版では構造計算書偽造問題について取り上げたいと記している。しかし今思えば、構造計算書偽造問題は建築基準法制全般にかかわる問題であって、区分所有というマンション固有の問題ではない。したがって、今回の第4版でも取り上げるに至らなかったのであるが、不明をお詫びする次第である。

＊　　　　　＊

　さて、初版から第2版、そして第2版から第3版と、これまで4年ペースで改訂してきたのに、今回の第4版は第3版から8年近くが経過している。その間、判例の集積は以前にも増して進んでいる。したがって、第4版では、書き下ろし新原稿に入れ替えるとともに、執筆陣の大幅若返りを進めている。

あとがき

　今回の第4版の改訂作業開始は、『わかりやすいマンション判例の解説〔第3版〕』（2011年10月刊）の改訂作業を終えた頃である。作業を始めた際、日本マンション学会有志による2003年（平成15年）3月末から4月初旬にかけて実施したドイツ（ポッダム大学）およびフランス調査の講義録等を巻末資料とすることを考えていた。ところが、資料の収集をするうちに、巻末資料にするには分量が多すぎることが判明し、結果として民事法研究会から、『ドイツ・フランスの分譲マンション管理の法律と実務調査団報告書』を全国マンション問題研究会（全国M研）編として昨年3月に出版した。いわば本書の副産物である。

　私個人としては、本書の執筆参加を全国マンション問題研究会や同研究会のメーリングリストを通じて呼びかけた責任上、基本的に全原稿に目を通し、執筆者に意見を述べさせていただいた。しかし、半分以上が全くの新原稿であり、目を通して意見を述べる作業がなかなか重い負担となってしまった。第4版を最後に今後は若い人に編集作業も委ねたいとつくづく思っているところである。

*　　　　*

　ところで今回の第4版の編者は、これまでの日本マンション学会法律実務研究委員会から、全国M研になっている。前記『わかりやすいマンション判例の解説』も、第3版から全国M研編として出版しているので、その経緯について同書のはしがきを引用させていただく。

　「昭和63年に管理組合諸団体と連携して訴訟を担当する弁護士らによる全国M研が設立されていました。そして全国M研を母体として、平成4年に日本マンション学会（学会）が設立され、全国M研は学会内の法律実務研究会として発展的に解消したものとして位置づけられました。ところで学会員の構成は、建築技術系の研究者・実務家、法学や住居学系の研究者、あるいはマンション管理士などが多く占めることとなりました。結果として、弁護士などの法律実務家はむしろ少数派となり、大会メインシンポジウムで法律実務的なテーマが選択されることも少なくなっていき、旧来の訴訟実務的な議

あとがき

　論の場は秋期に開催される法律実務研究会に限られていったのです。そのようなことから法律実務家は、大会ではなく法律実務研究会にのみ出席して、具体・個別事件における訴訟技術論の論議に参加するという傾向が強くなったように思われます。ところが法律実務研究会は、学会の下部組織としての位置づけから、分譲会社や管理会社など管理組合とは利害相反するような者の参加も認めざるを得ません。特に平成9年に北九州で開催された研究会では、このような参加者への資料配付とその発言をめぐって、参加弁護士から守秘義務との抵触、利敵行為になりかねないといった意見が出される事態となったのです。そこで、学会下部組織として従来の全国M研と同じスタイルの議論内容を継続することは困難であるということが共通認識となり、学会とは別組織の全国M研を復活しようという呼びかけがなされ、翌平成10年熊本で復活後の第1回目として全国M研が開催され、以後年1回のペースで研究会が開催され、今日に至っています」。

　「復活後の全国M研は、常置事務局を設けず次回開催地が幹事を引き受けるという緩い組織原理を踏襲してきましたが、再開後10年を過ぎた平成20年、会員からメーリングリスト立上げや常置事務局設置の要望がなされ、平成21年横浜での全国M研で会則を設けるとともに事務局を私の事務所(ひびき法律事務所：北九州)に置くこと、また代表幹事に中村仁弁護士(北九州)、事務局長に私が就任することが決まりました」。

＊　　　　＊

　全国M研は、平成23年秋に京都、平成24年秋に広島、平成25年秋に函館で開催し、今年は10月に東京で開催する方向で調整中である。本書は全国M研編としての3冊目の出版物となるが、全国M研としても今後さらなる活性化を期していきたいと考えているところである。

　最後に本書が、少しでも全国の訴訟実務家あるいは管理組合の役員や管理会社の方々のお役に立てれば幸いである。

　　平成26年3月

弁護士　山　上　知　裕

〔編者所在地〕
〒803-0816　北九州市小倉北区田町14-28
ロイヤービル6階　ひびき法律事務所内
TEL 093(581)2022　　FAX 093(581)8410

マンション紛争の上手な対処法〔第4版〕

平成26年4月20日　第1刷発行

定価　本体4,000円＋税

編　者　全国マンション問題研究会
発　行　株式会社　民事法研究会
印　刷　文唱堂印刷株式会社

発行所　株式会社　民事法研究会
〒150-0013　東京都渋谷区恵比寿3-7-16
　　［営業］TEL 03(5798)7257　FAX 03(5798)7258
　　［編集］TEL 03(5798)7277　FAX 03(5798)7278
　　　http://www.minjiho.com/　　info@minjiho.com

落丁・乱丁はおとりかえします。　ISBN978-4-89628-926-8　C2032　￥4000E
表紙デザイン　袴田峯男

▶注目の 95 件の最新・重要判例を取り上げ、全面的に改訂！

わかりやすい マンション判例の解説〔第３版〕
——紛争解決の実務指針

全国マンション問題研究会　編

Ａ５判・467頁・定価　本体4,000円＋税

本書の特色と狙い

- ▶第３版では、不在区分所有者協力金を定める規約変更をめぐる最高裁判決などの最新・重要判例を加え、全体についても最新の法令・実務に対応させるとともに構成も全面的に見直し改訂！
- ▶長年にわたりマンション問題の研究と紛争の解決に取り組んできた全国の弁護士が、膨大な関係判例を分類・整理し、増大する紛争や訴訟に的確・迅速に対応するための方策を、関係判例を綿密かつ詳細に分析しつつ、あるべき解決指針を論じた実践的手引書！
- ▶マンションの管理や管理組合の運営に必要なすべての実例が網羅されているので、管理組合や管理会社にとっては必備の書！
- ▶弁護士、司法書士、マンション管理士などの実務家をはじめ、日頃マンションの管理問題に関与されている方々の必読書！

本書の主要内容

- 第１章　周辺住民との紛争（3件）
- 第２章　マンション分譲契約をめぐる紛争（10件）
- 第３章　登記・借地権・団地をめぐる紛争（5件）
- 第４章　敷地をめぐる紛争（3件）
- 第５章　専有部分性をめぐる紛争（3件）
- 第６章　屋上・外壁・バルコニーをめぐる紛争（6件）
- 第７章　駐車場専用使用権をめぐる紛争（6件）
- 第８章　管理組合の運営をめぐる紛争（8件）
- 第９章　居住ルール・管理規約をめぐる紛争（11件）
- 第10章　財務をめぐる紛争（18件）
- 第11章　管理委託契約・管理者をめぐる紛争（4件）
- 第12章　不良入居者をめぐる紛争（3件）
- 第13章　生活をめぐる紛争（6件）
- 第14章　当事者適格をめぐる紛争（4件）
- 第15章　建替えをめぐる紛争（5件）
- ・判例索引　・事件（マンション）名索引

発行　民事法研究会

〒150-0013 東京都渋谷区恵比寿 3-7-16
（営業）TEL.03-5798-7257　FAX.03-5798-7258
http://www.minjiho.com/　info@minjiho.com

▶ドイツ、フランスのマンション法および管理実務等に関する調査報告書！

ドイツ・フランスの分譲マンション管理の法律と実務 調査団報告書
（2003年3月29日〜4月7日）

全国マンション問題研究会　編

A5判・162頁・定価　本体1,500円＋税

―― 本書の特色と狙い ――

▶2003年3月末から4月初旬にかけて、日本マンション学会の有志調査団としてドイツおよびフランスを訪問した際の議事録、団員によるメモをまとめた報告書！

▶わが国のマンション管理の実務や区分所有法の現状と今後の発展に参考となる情報が満載！

―― 本書の主要内容 ――

第1部　ドイツ視察報告

〔ドイツ視察日程表〕
1. 歓迎レセプション
2. ドイツ住居所有権法の概要
3. ドイツの住居所有権の管理
4. ドイツ住居所有権法の当面の課題
5. 不動産管理会社GAGFAH（ベルリン市内）訪問
6. 住居所有権問題の裁判手続
7. 選択的民事司法と住居所有権の仲裁裁判
8. ドイツの住宅経営団体
9. アパート、分譲マンション訪問

第2部　フランス視察報告

〔フランス視察日程表〕
1. フランス・マンションガイダンス
2. 定期総会について
3. マンションの管理者の職業と倫理
4. マンションの会計における法改正
5. マンションシステム、居住者組織、法律制度の発展
6. マンションの会計機能
7. フランスのマンション制度の良い面と悪い面
8. マンション委員会について
9. フランスマンション視察

発行　民事法研究会

〒150-0013 東京都渋谷区恵比寿 3-7-16
（営業）TEL.03-5798-7257　FAX.03-5798-7258
http://www.minjiho.com/　info@minjiho.com